基金项目

国家自然科学基金项目"高校学生分类成长规律体系及培养机制研究"（71964008）项目

教育部文科重点研究基地重大项目
"高等学校分类设置与质量提升研究"项目
（项目编号：18JJD880004）资助

国家大学生学情调查研究　Research on National College Student Survey

丛书主编　史秋衡

大学生反应性评价研究

An Empirical Study on the Reactivity Assessment of College Students

史秋衡　蒋晓蝶　季玟希　孙希幔　著

厦门大学出版社　国家一级出版社
XIAMEN UNIVERSITY PRESS　全国百佳图书出版单位

图书在版编目（CIP）数据

大学生反应性评价研究 / 史秋衡等著. -- 厦门：
厦门大学出版社，2023.6
（国家大学生学情调查研究 / 史秋衡主编）
ISBN 978-7-5615-8814-7

Ⅰ. ①大… Ⅱ. ①史… Ⅲ. ①大学生－学生生活－研
究－中国 Ⅳ. ①G645.5

中国版本图书馆CIP数据核字(2022)第189633号

出 版 人	郑文礼
责任编辑	曾妍妍
美术编辑	李夏凌
技术编辑	朱 楷

出版发行 厦门大学出版社

社 址	厦门市软件园二期望海路 39 号
邮政编码	361008
总 机	0592-2181111　0592-2181406(传真)
营销中心	0592-2184458　0592-2181365
网 址	http://www.xmupress.com
邮 箱	xmup@xmupress.com
印 刷	厦门集大印刷有限公司

开本	720 mm×1 000 mm　1/16
印张	25.75
插页	2
字数	530 千字
版次	2023 年 6 月第 1 版
印次	2023 年 6 月第 1 次印刷
定价	96.00 元

本书如有印装质量问题请直接寄承印厂调换

厦门大学出版社
微信二维码

厦门大学出版社
微博二维码

总　序

国家的未来在人才,人才培养质量是高等教育发展的永恒主题和生命线。虽然高等教育质量是一个复杂的概念,但毋庸置疑,高等教育质量建基于"学生"这一人才培养主体。国际高等教育质量观曾经将声誉和资源作为最主要的评价标准,但最终回归到了强调学生主体质量提升这一核心议题上来,其内涵包括学业挑战度、学生能力建构、学生成功等话题,甚至超越这些话题。因为学生才是高等教育质量的生成主体,理所当然地也是高等教育质量体现的主体。

在美国高等教育院校认证模式中,新的认证原则要求关注学生在校期间的学习体验;在英国的院校审计模式中,强调院校应当采取严格的手段提升学生的学习质量;在我国的审核评估模式中,学生发展被列为评估的一级指标。以学生为主体的高等教育质量评估实践存在不同的表现形式。一方面,学生可以作为"质量承载者"对学习结果进行评估,比如学生学业挑战度测评、学习成果测评、学生满意度测评;另一方面,学生也可以作为"质量体验者"对学习过程进行感知,比如学习方式养成、学习投入度调查、学生能力建构。

从强调以学生为主体的高等教育质量评估理念,到注重以学生为主体的高等教育质量评估实践,这一转化过程中存在着知与行之间的鸿沟,而大数据分析则是填补这一鸿沟的利器。在世界范围内兴起的大学生学习调查,如美国的"大学生学习投入度调查"(NSSE)、英国的"大学生调查"(NSS)、澳大利亚的"大学生课堂体验调查"(CEQ)、中国的"国家大学生学情调查"(NCSS),都体现了一种基于大数据的循证管理。所谓大数据,强调的是全面数据、完整数据与系统数据,据此考察数据之间的关系并发现未知的规律。[①] 循证管理包含用大数据说话,但不仅仅指用大数据说话。在循证中,研究证据观强调在决策及实践中以最佳的科学研究证据为基础;研究证据与个体体验证据结合观则强调利用个体体验判断对研究证据进行搜寻、记录、批判性评价以指导决策;多重证据观在以上观点基础上又将具体情境证据和利益相关者的偏好纳入证据中。[②] 也就是说,在获得数据及把握其因果关系的基础上,还应该结合具体情况很好地解读数据。大数据和循证管理两者相辅相成,缺一不可。

遵循以学生为主体的理念,以探寻大数据发展规律为手段和方式,这是国际高等教育质量评估的新趋势。作为世界高等教育大国,中国在 21 世纪也做出了高等教育评估范式的战略转型。2010 年,国家社会科学基金"十一五"规划教育学重点课题"大学生学习情况调查研究"(课题批准号:AIA100007)面向全国公开招标,本人有幸成为课题的首席专家和主持人。依托此国家重点课题,课题组根据国内外大学生学习与人才培养的相关理论、调查方案设计和实践进展,科学严谨地编制了具有自主知识产权的本土化的国家大学生学情调查问卷及研究方案。在众多协作校的大力支持下,本人领导的课题组对全国大学生进行了每年定期抽样调查,建立了连续 11 年调查形成的大型的、结构化的国家大学生学情调查数据库(NCSS),还先后开展了巴基斯坦、文莱和英国的大学生学情调查或联合调查。同时,课题组在这一数据库的基础上,围绕大学生学情的整体状态、重要专题、规律规则开展了深入的分析和全面的研究,并形成了宝贵的研究成果,现集结成本丛书出版。

"国家大学生学情调查研究"丛书是在整体研究、重要专题和规律规则研究成果的基础上进一步修改完善而成的。研究总报告将按课题立项设计,整体把握国家大学生学情状态的基本特征、重要规律、重大问题与解读要点。大学生学习信念专题重点厘清大学生学习信念的多维系统结构,找出其基本要素,探寻我国大学生学习信念的多样化特征及影响机制,研究大学生学习信念

---

① 舍恩伯格,库克耶.大数据时代:生活、工作与思维的大变革[M].盛杨燕,周涛,译.杭州:浙江人民出版社,2013:V.

② 颜士梅,梅丽珍.循证管理中"证据"的内涵及测量[J].软科学,2012,26(11):48-52,62.

在学习过程中如何发挥价值支持与动力支撑的作用，以及如何决定着学习的总体方向。大学生学习方式专题在集合前期研究基础上设计调研方案，有效解读我国大学生学习方式现状，并重点分析学习观和课堂学习环境如何对学习方式产生重要影响。大学生学校适应专题探寻多维结构基础上的系统适应特点，把握不同阶段的动态过程，并探讨校园压力和校园活动对大学生学校适应的重要影响机制。大学生学习满意度专题采用学生参与理论对大学生在大学学习中所扮演的角色进行描述，并在此基础上结合大学学习过程的要素理论，分析大学生总体学习满意度的特征及其重要性，剖析大学生学习满意度的内部结构，并从个人发展、群体收获、项目管理和制度建设等层面构建大学生学习满意度评价的逻辑模型。大学生学习成果专题从通识教育、专业教育和软技能学习成果三个维度，考察我国大学生学习成果的基本情况，探讨影响大学生学习成果的因素及其相互关系，分析我国大学生学习成果的形成机制。大学生学习投入度专题测量我国大学生学习投入度总体水平，分析大学生学习投入度对学习成果的作用方式与影响途径，研究改善学习成果的方式方法。大学生人际交往对学习力影响研究以哈贝马斯的交往理论、社会建构主义理论等相关理论为依据，考察大学生学习力的维度、结构以及人际关系对大学生学习力的影响方式，分析人际交往对不同群体大学生学习力各维度的影响特征。

丛书具有"顶天""立地"两大鲜明特点。"顶天"主要体现在两个方面：一方面，丛书研究成果建基于相关研究的国际前沿，与国际大学生学情调查和人才培养质量的研究焦点、研究成果以及评估范式接轨；另一方面，丛书是国家社科基金教育学重点课题立项成果，研究成果致力于为有效提升高校人才培养质量提供重大对策和建议。"立地"也体现在两个方面：一方面，丛书从大学生主体的视角出发，以国家大学生学情调查研究数据库为支撑，在对全国大学生学习情况调查的基础上形成实证研究成果，注重与大学生和协作校进行交互印证，从而保证了研究成果的客观性和准确性，有助于课题协作校的稳步发展和全国高校人才培养质量的有效提升；另一方面，丛书在总报告、研究专题和相关博士学位论文的基础上修改完善而成，有着扎实的理论基础、严谨的研究方法、浓厚的学理性和原创的研究结论。

基于上述"顶天""立地"的特点,丛书的出版必将极大地充实我国大学生学情研究,推进我国高等教育理论的成熟与完善。同时,丛书的出版也将为我们找准全面提高高等教育质量的抓手,丰富课程与教学论、高等教育学理论,推进高校人才培养模式的改革与实践,加快我国从高等教育大国向高等教育强国迈进贡献一份力量。

是为序。

史秋衡

2021 年 11 月 20 日

目　录

第一章

大学生反应性评价的多维立论

随着高等教育大众化进程的持续深入,高等教育经历着从数量扩张到质量提升的转型。在我国高质量发展转型的新时期,质量问题也日益突出,我国出台《中华人民共和国国民经济和社会发展第十四个五年规划和 2035 年远景目标纲要》,提出建设高质量教育体系,提高高等教育质量,强调高质量高等教育建设和人才培养质量提升,而大学生是高等教育质量改革与内涵式发展中最核心、最基础的环节,并作为高等教育最直接的内部利益相关者备受关注,尤其是大学生的反应性评价成为各方聚焦的中心,对大学生成长成才和高等教育内涵式发展改革具有重要的战略意义和现实意义。

第一节　问题提出

随着教育质量观及评价方式的嬗变,高等教育内涵式发展需要以大学生为主体,探索大学生反应性评价表现及其规律。但是当前关于大学生反应性评价的研究起步较晚,在内在结构、评价方式、评价表现等方面还有待进一步探索,需要从大学生主体角度出发,对大学生反应性评价表现做直观衡量,厘清大学生反应性评价的基本结构,采用学生自评方式评价大学生反应性评价的基本表现及其规律,以此成为大学生成长成才与高等教育质量建设的重要反馈窗口。

一、质量提振:高等教育质量提振及大学生成长成才需要进一步探索大学生反应性评价

大学生反应性评价作为透视高等教育质量的窗口,缘起于大学生学习与发展研究,是评估衡量学生发展成效的重要标准。随着教育质量观的嬗变与评估范式的转型,提振教育质量有必要从"学生"这一人才培养主体和教育规律的载体出发,重视大学生成长成才这一不断实现个体与社会和谐共生的过程,实现一种共生共荣、和谐通达的价值意蕴。① 党的二十大报告指出,要坚持教育优先发展、科技自立自强、人才引领驱动,加快建设教育强国、科技强国、人才强国。落实到高等教育领域,更要深入到"人"这一最关键因素,②从大学职能及中心任务出发,重新审视大学生反应性评价,以此为质量提振和社会建设的转折点,这理应成为高校与师生奋斗的重要目标,引起高校工作者与高等教育研究者的高度重视。

然而,我国自实施高等教育扩招政策以来,高校招生规模急剧扩张,越来越多具有不同生源背景和学习体验的学生进入高校。③ 高等教育外延式扩张的加快,也给高等教育带来了前所未有的质量挑战。比如,国家发展建设与高校人才培养之间的错位,使得加强创新驱动、从教育大国转向教育强国成为必然要求,也促使高等教育高质量改革成为当前高等教育发展的重中之重;④社会用人单位和毕业大学生之间的能力配置问题难以回避,大学生就业难、结构

① 史秋衡.国家大学生学情发展研究[M].厦门:厦门大学出版社,2020:1.
② 史秋衡,文静.大学生学习满意度测评逻辑模型的构建[J].大学教育科学,2013,140(4):53-60.
③ 史秋衡,矫怡程.不同类型高校大学生源质量的实证研究:基于"国家大学生学习情况调查"的数据分析[J].复旦教育论坛,2014,12(1):18-23.
④ 史秋衡,冯路玉.论高质量教育体系设计的逻辑指向[J].重庆高教研究,2022,10(1):15-20.

性失业等社会现象屡屡成为社会热点。一流大学和一流学科建设要以一流的人才培养作为支撑,[①]这些现象在一定程度上反映了我国高等教育建设和社会实践现实之间的脱节,促使教育领域关注大学生学习过程成效,尤其要注重透析大学生反应性评价,以此推动高质量的大学生成长成才。在这一过程中,我国重视高等教育质量建设与大学生成长成才问题,出台《中华人民共和国国民经济和社会发展第十四个五年规划和 2035 年远景目标纲要》等文件,正式提出提高高等教育质量,建设高质量教育体系,尤为强调高质量高等教育建设和人才培养质量提升。面对这一重点领域,我国极为关注大学生反应性评价这一透视高等教育质量建设的关键窗口,启动了"高等学校本科教学质量与教学改革工程"等项目,关注大学生的人才培养评价反馈;2018 年出台《教育部关于加快建设高水平本科教育全面提高人才培养能力的意见》,从新工科建设等方面加强专业学科建设,探索专业学科育人道路,提升大学生的各项评价指标水平;2019 年启动"六卓越一拔尖"计划 2.0,提出树立高等教育高质量人才培养的中国品牌,走质量发展之路,将中国高等教育内涵式工作纳入大学生评价;2019 年底印发《关于一流本科课程建设的实施意见》,进一步从金课建设方面着力提升大学生反应性评价水平,提出高等教育质量建设新路径。

二、学术争鸣:从大学职能视角廓清大学生反应性评价结构的需要

大学生反应性评价是我国高等教育改革发展过程中亟须理解和研究的重要命题,其中尤为需要对我国大学生反应性评价的结构进行分析,因此有必要从理论上梳理大学生反应性评价的结构,通过大规模调查研究获取大量材料数据,分析大学生反应性评价的实际情况,从而得出具有一般普遍性和现实性的大学生反应性评价结论。由于大学生反应性评价的内部结构研究需要理论支持,使其既具有理论性又具有可操作性,并进一步说明了研究的重要性和必

---

① 马廷奇.一流学科建设与拔尖创新人才培养[J].国家教育行政学院学报,2019,255(3):3-10.

要性,因此需要以大学职能研究的理论成果回溯来作为分析大学生反应性评价结构的前提。[1][2] 通过厘清大学职能的多维内涵图景、总结大学职能的多维演变,可以看出大学职能内涵研究是一个极为丰富的学术领域,具体而言有从政策、学术、国际等多个维度剖析相关大学职能的理论观点,也有从社会转型和大学职能内涵历史演变的关系角度,依据职能派生观点探讨大学职能如何对社会产生影响,并提出应该根据实际需要继续发展和完善中国特色社会主义制度下的大学职能研究。

然而,就普遍共识而言,大学职能一般分为三个部分——对人、对学与对研,这三者之间相互作用、相互影响、相互制约,呈现为三角循环的逻辑关系,并作为大学的三职能要素贯穿高等教育始终。在这三职能要素的相互作用过程中,学界研究发现学生不仅受到教师、环境等方面因素的影响,而且受到学生自身群体内部的影响,会分别对教师教学、院校环境、学生群体等评判是否满意、有多满意等,以学生的视角对大学期间的不同要素形成评价。为梳理大学生反应性评价结构,将反应性评价结构与大学职能三要素相结合,为大学生反应性评价结构能够得到更加准确、有效的廓清积累学术理论基础,本书在大学职能理论的支持前提下,将大学生反应性评价进一步分解为大学生对人际、对学习、对科研的反应性评价,在职能三要素理论奠基下,大学生反应性评价形成了大学生人际关系反应性评价、大学生学习收获反应性评价、大学生科研态度反应性评价。同时,本书也将试图通过数据分析结果,进一步提供实证支持,以此反推理论分析及其研究假设的合理性,为大学生反应性评价结构提供理论支持,促进大学职能理论的进一步整合,搭建我国人才培养理念与实践之间得以进一步沟通的桥梁,促进大学职能多要素和谐共存,推动相关大学职能研究,加快国际接轨,促进有效的知识对话与共享。

---

① 史秋衡,季玟希.我国大学职能内涵嬗变的多维分析[J].高等教育研究,2021,42(4):21-26.
② 史秋衡,季玟希.中华人民共和国成立70年来大学职能的演变与使命的升华[J].江苏高教,2019,220(6):1-7.

三、范式转向：从大学生自评实证探索大学生反应性评价的需要

随着教育质量观的嬗变和评价范式的转变，作为大学建设基础的高等教育质量研究不仅关注人力、财力和物力的投入，而且转向关注大学生的学习经历和学习表现，以学习收获为代表的大学生学习评价已成为评价高等教育质量的重要指标，并逐渐成为了解大学生学习过程及其成效的关键焦点之一。当前，高等教育正在经历从"供给者本位"向"需求者本位"模式的转变，高校治理和人才培养需要关注不同学习需求、学习投入和学习特点的大学生群体，[①②]从而能够具有针对性地采取举措，提升反应性评价水平，促进大学生学习进步和个人成长。

高等教育质量建设离不开对大学生主体的关注，大学生主体是高等教育质量研究的重要组成部分，是高校人才培养的重点，也是高等教育内涵式发展的出发点与落脚点。参与史秋衡教授主持的国家社会科学基金国家重点项目"大学生学习情况调查研究"（National College Student Survey，简称 NCSS，国家大学生学情研究数据库）（AIA100007），调查研究包含大量的大学生基本状况，其中大学生反应性评价的调查也包含其中。分析调查研究数据结果分析，得出当前大学生反应性评价的总体水平及其各个子维度标准的得分情况，并基于这一数据的比较分析，发现大学生反应性评价存在差异。在人口统计学变量和院校属性变量下，大学生反应性评价呈现出不同的表现特征，促使研究进一步深入探索为何会有这么多的不同之处。以此为问题导向采取访谈分析方法，可以初步发现不同学生在反应性评价方面存在差异性看法，造成这种差异性的原因是多方面的，但总体而言人口统计学变量和院校属性变量确实影响了大学生反应性评价。然而，这一实证结果仅限于小规模的数据测量和访

---

① 史秋衡,王芳.国家大学生学习质量提升路径研究[M].厦门：厦门大学出版社,2018:8.
② 史秋衡,杨玉婷.构建顶尖人才培养体系的特征与路径[J].中国高等教育,2022,688(7):10-12,27.

谈调查,证明在少数高校范围内确实存在大学生反应性评价差异,还需要进一步进行大规模数据测量和实证访谈,从而了解这种大学生反应性评价的差异性表现是否在全国范围内普遍存在。总体而言,当前调查结果初步显示大学生反应性评价差异存在的原因因人而异,并在很大程度上受到主体各主观因素的影响。为了找出大学生反应性评价差异之所以存在的更深层次原因,需要进一步探讨全国大学生反应性评价表现,梳理总结国内外相关文献,掌握大学生反应性评价的进展,并从定量研究、质性研究等不同研究范式,分析大学生反应性评价的现状及其影响因素。

第二节　研究价值

本书以大学生反应性评价为研究方向,试图站在学生的视角,厘清大学生反应性评价的内在结构基础,把握我国高校大学生反应性评价的整体现状和差异化特征,在此基础上探究对大学生反应性评价产生影响的可能性因素,并通过半结构访谈等方式了解大学生反应性评价现状特征的差异性原因及其影响因素的作用机制,因而具有重要的理论意义与实践价值。

一、学术价值

在高等教育规模逐步扩大的动态图景中,急速提升的高等教育供给推动了高等教育系统的扩张,更重要的是,这导致了高等教育的内在环境发生了巨大的变化,高等教育质量建设和内涵式发展成为新时期的战略方向目标。这对拓展我国大学生学习理论研究提出了新要求,需要从"人"出发,进一步关注大学生本身的大学生涯状态及评价。以"国家大学生学情调查"研究数据库项目为基础,对我国高校大学生反应性评价进行实证分析,为大学生反应性评价探讨及高等教育质量建设提供了极为庞大且可靠有力的数据支撑,具体学术价值为:第一,有助于丰富学界关于大学生反应性评价的相关研究成果。通过大范围的学情调查数据,在全国范围内推进对大学生反应性评价整体状况的把握和分析,促进大学生反应性评价相关理论的本土化发展。第二,探究大学生反应性评价的部分影响因素,采用实证调查研究方法,通过科学的抽样方法,了解大学生反应性评价的真实情况,采用统计学方法对数据进行分析处理,得出不同类型大学生的反应性评价状况及其特征,并通过半结构访谈等方法,对不同类别大学生反应性评价的差异性原因及其影响因素的作用方式进行深入分析,丰富大学生反应性评价理论,揭示更深层次的大学生反应性评价内在价值。第三,为引导大学生更积极地参与大学生活提供理论性指导,通过测量和分析大学生反应性评价的倾向和强度,了解大学生在人际关系、专业学习和科研体验等方面的表现,为促进人、学与研共生共荣提供一定的数据和理论支持,促进我国大学生学习理论的本土化再生产或再创造,从而有针对性地帮助大学生提高大学参与的积极性。

二、实践价值

第一,对大学生个体而言,测量大学生反应性评价的倾向和强度,分析我国高校不同类别大学生群体反应性评价的差异,以及探究大学生反应性评价的影响因素,有助于指导大学生关注自身的大学参与倾向,重视大学参与的形成和改变,促进大学生自觉改变价值行为,提升相关大学生反应性评价指标,夯实大学生在学习生活及职业生涯中的成长实效,助推大学生在未来学习和职业方面的全面发展。第二,对高校人才培养而言,探究大学生反应性评价将会为提升大学教育水平提供重要抓手,高校可以通过监测大学生反应性评价的基本状况,了解学生在大学参与中的基本体验和感受,从而及时调整和优化各类教学科研训练模式,提高大学生管理效率和水平;也可以通过对不同类别大学生反应性评价的差异性及其影响因素的分析,因材施教,[1][2]分类培养,关注特定类别学生群体的专门需求,从而形成一系列行之有效的培养方案和治

① 程颐.河南程氏遗书:卷十九[M].北京:商务印书馆,1935:276.
② 朱熹.四书章句集注·论语集注:卷十三[M].北京:中华书局,1983:362.

校措施,全面改善大学生反应性评价倾向,整体提升大学生培育质量和大学教育水平。第三,对国家发展而言,高等教育质量关乎我国的发展潜力和高度,建设一流的大学教育,促进高等教育内涵式发展,[①]需要进一步提高大学生群体的综合素养,为此关注大学生反应性评价,可以成为制定针对性实践举措的相关基础,促使国家根据现状及特征做出有针对性的政策调适,以此为切入点,提升大学生群体的大学参与成效,培养源源不断的高水平人才,从而对国家发展产生深远持久的积极影响。

第三节　研究假设

本书以大学生为研究对象,立足学生主体视角,依托文献法、问卷调查法、统计分析法和半结构访谈法等进行实证分析,其中对我国高校大学生反应性的总体现状和差异化特征分析部分,采用了量化方法,并为了验证及补充量化研究结果,获得对研究问题的完整性分析和解释,又借助半结构访谈法,深入解读大学生反应性评价状况背后的原因,梳理大学生反应性评价的影响因素及其作用实施的过程,从而更为全面细致地把握大学生反应性评价。基于研究思路、研究内容,提出以下研究问题:

其一,高校大学生反应性评价现状如何? 不同群体的大学生反应性评价呈现出怎样的特点?

其二,从人口学变量与院校变量角度出发,影响大学生反应性评价的因素有哪些?

其三,不同大学生群体间的反应性评价差异性特点存在的原因是什么? 各影响因素在大学生反应性评价中的作用形式如何?

其四,现状分析与影响因素的探讨对提升高校大学生反应性评价水平的实践有何启示?

---

① 史秋衡,谢玲."双一流"建设成效评价的价值逻辑[J].中国高等教育,2021,671(11):7-9.

基于此,着重考察三个问题:其一,探索大学生反应性评价的现状;其二,考察大学生反应性评价的影响因素;其三,深入分析大学生反应性评价各影响因素存在的原因,并为提高高校大学生反应性评价水平、提升高等教育质量提出更加有针对性的建议。

总体而言,育人是大学首要而基本的使命,学生作为教育过程中的主体,在学期间的学习和成长过程应受到高度重视。[①②] 应按教育规律办学,不断创造条件,消除大学生在校成长过程中的知行背离等现象,[③]不断推进高等教育质量改革和内涵式发展。为此,本书以大学生为研究对象,立足学生主体视角,展开大学生反应性评价研究。在这一过程中,尽量规避当前大学生评价研究中所存在的"人""学""研"三者之间重心失衡问题,突破大学生评价研究中过于重"学"的研究态势,从大学职能视角聚焦探索大学生对人际、对学习、对科研的态度/评价性反应,深入展开大学生人际关系满意度的自我评价与提升、大学生学习收获的差异化表现与对策、大学生科研态度的基本状态及其影响因素等方面的探索,分析我国大学生反应性评价的基本现状,并尝试从人口学变量与院校变量出发,分析大学生反应性评价差异性存在的原因,探究其影响因素与作用形式,为提升大学生反应性评价水平提供若干建议,切实推进高等教育质量改革与教育强国建设。

---

① 文静.大学生学习满意度:高等教育质量评判的原点[J].教育研究,2015,36(1):75-80.
② 文静.大学生学习满意度的模型修订与动向监测[J].教育研究,2018,39(5):50-58,75.
③ 史秋衡.从大学带走什么算得上优质毕业生[J].教育发展研究,2019,39(11):3.

第二章

大学生反应性评价的学术史源流

文献综述是研究启动的基本前提,也是研究得以顺利开展的坚实基石。在此,主要就大学生反应性评价、人际关系反应性评价、学习收获反应性评价、科研态度反应性评价等展开文献综述,并在此基础上界定相关核心概念。

第一节　大学生反应性评价的学术史概析

基于学术研究与国别探索双重视域,剖析当前大学生反应性评价的基本状态,并在此基础上从大学职能视角明晰大学生反应性评价结构,为下一步分析奠定基础。

一、大学生反应性评价的相关研究

为了达到深耕大学生反应性评价的目的,本书将学术成果与境外经验融会贯通,共促大学生反应性评价研究本土化生产或再生产。

（一）大学生反应性评价的学术研究现状

1.大学生反应性评价的研究范式融合

"范式"这一概念最早是由科学哲学家托马斯·库恩在1962年提出。库恩将范式归为一种理论体系、规则研究和方法的"结构"，在研究者的价值取向和观察世界的角度等方面发挥了规范作用，决定了问题的提出、材料的选择、方法的采用、适切标准的确立和问题的解决，范式代表了在研究并解决问题的过程中采取何种近似固定的方式。[①] 在高等教育研究领域中，相对系统地形成了体系范式、实效范式、文化范式等，但是这些范式的存在并不等于这些范式之间的矛盾或排他性，相反，这些范式是在尝试从不同的角度、不同的侧面，用不同的方法来研究同一种教育现象。当前，高等教育研究在强调范式科学性的同时，也认识到单一范式难以对某一教育问题进行深入理解与研究，因此主张不同范式之间相互支持与融合。[②]

以大学生反应性评价的相关研究范式为例，随着全球范围内高等教育质量观念的嬗变及高等教育实践的变化，当前大学生反应性评价呈现一条不断纵深发展的学术轨迹。现代高等教育评价及其相关高等教育质量研究源于世界范围内高等教育的迅速发展，与伴此而生的高等教育质量危机密切相关。进入20世纪以来，随着高等教育规模的不断扩大，公众开始对高等教育质量提出质疑和批评，要求采取措施对高等教育质量进行评价问责，尤其是在60年代末期，国际学生运动严重破坏了大学在人们心目中的形象，当时大多数人将其归因于高等教育的急速扩招，正是由于高等教育规模的扩大，使得大学生培养质量标准下降，使得高等教育质量难以保障。由此产生的高等教育质量问题被广泛讨论，促进了这一时期高等教育质量评估研究的大规模发展，其内容涉及招生、资助、课程、人力资源、学生生活、学校财政、校园设施、体育、同学交往等不同方面。在相关高等教育质量评估研究的发展中，教育质量这一概念不断变化，使得高等教育质量评估研究范式逐渐发生变化，追求更加本真的

---

① 库恩.科学革命的结构[M].李宝恒，纪树立，译.上海：上海科学技术出版社，1980：9-20.

② 李晓阳.跨学科研究：高等教育学研究范式的必然选择[J].大学（研究与评价），2007,12(5)：47-51.

教育理念,努力走出传统的高校管理模式,从管理导向转向教育质量导向,走向现代科学治理的道路。这种高等教育质量范式内在转变的外显表现之一在于学生地位从"边缘"向"中心"的转变,[①]从对院校资源的关注转向对学生成长多重因素的关注,认为有必要从"学生"这一人才培养的主体和教育规律的载体出发,分析大学生学习表现及其整体成长状况。

在这一转变过程中,包括大学生反应性评价在内的大学生研究范式也逐渐更加突出教育属性,这标志着大学生研究本身在尝试从"教育场外"向"教育场内"转变,主要体现在三个方面:第一,大学生研究重点从对与办学成本相关的入学率、学费和助学金等的研究,延伸到对大学生公民道德及大学生全面发展的研究。早期的高等教育研究倾向于将大学视为普通的社会机构,在"买方"与"卖方"的关系中,将学生本身视为"物",而忽视了大学作为高层次专业人才培养机构的教育属性,相关研究中对学生的关注也主要集中在办学成本等方面,关注的焦点主要是若招生人数急剧下降而学费收入减少或在经济萎缩时期如何实现办学效益。然而,高校在本质上是不同于其他社会机构的高水平人才培育机构,因此应该走向"教育场内",以一种"在场"的立场关注大学生自身的经验状况。这种教育属性的需求也反映在对大学生学习和成长的直接关注上,相关大学生研究的重点领域比之以往大大扩展,当然这也与高等教育大众化阶段高校竞争日益激烈、消费主义观念盛行和强调学生体验等密切相关。第二,大学生研究从主要聚焦于招生管理等方面,转向对大学生入学、学习、毕业后就业等整个成长阶段的关注,"学生学习收获""学生参与度""学生保留率""学生继续注册"等词语大量出现,在一定程度上说明高校如要在不同学校之间赢得竞争,应该立足于高等教育的内涵式发展,从反应性评价的角度,对大学生从入学到毕业的各个阶段进行全面而深入的研究,以制定相应的政策,确保高校吸引到优秀学生,并使其顺利毕业。1996 年,美国大学人事协会(American College Personal Association,ACPA)发表了一份题为《学生学习:势在必行》的报告,指出为了促进学生学习及其个人发展,应该从机构使

---

① 庞颖.美国院校研究问题域的范畴及其更迭:基于《院校研究新动向》(1974—2017 年)的批判话语分析[J].高等教育研究,2018,39(9):37-45.

命、教育政策、指导方针、师生关系协调、资源分配等方面给予支持,并补充说,应该重视学生主体及其学习,这对大学生研究范式的转变产生了影响,呼吁在大学生群体中开展研究时应注重从"教学"到"学习"的转向。第三,从关注贫困生完成学业到关注所有学生的个性发展。自 20 世纪 70 年代以来,国际学生援助日趋多样化,"学生帮助""学生援助"等对相对贫困学生的关注在一定历史时期内反映到大学生研究中来。但是自 2000 年以来,相关研究也将重点拓展到了非传统学生或弱势群体,如体育专业学生、转学生、少数民族等。从发展趋势看,高等教育应走向个性化,受此影响,包括大学生反应性评价在内的大学生研究范式已逐渐由帮助学生扩展到帮助学生、促进学生全面成长和发展等方面。

回归到大学生反应性评价研究本身,主要是以解决实际问题为价值旨归,判断范式的实际效果,在高等教育研究变革的过程中,形成了两条不同的研究路径:一条是从管理学角度研究大学生反应性评价,另一条是从质量学角度研究大学生反应性评价。管理视角下的大学生反应性评价研究,采用管理学的思维方式和技术路线,将大学视为一个普通的社会组织,将不同利益主体视为顾客,以顾客评价为出发点,将大学生反应性评价水平的提升作为立足点;质量视角下的大学生反应性评价研究,将大学生参与作为切入点,以高等教育质量提振作为最终结果指向。虽然两者的理论基础不同,但它们仍然在继续相互交融,在相互借鉴中共同进步。

2.大学生反应性评价的基本内容

大学生反应性评价本身是一个复合的、多元的概念,具有多维性、稳定性、相对独立性等特点。如上所述,由于理论基础及其假设的不同,大学生反应性评价研究形成了管理视角与质量视角等研究范式,并在不同范式中走向融合。因此,对大学生反应性评价基本内容的研究也是基于这两种范式而走向深入。

基于管理视角的大学生反应性评价研究,是以顾客评价理论为基础,在研究中坚持消费者假设,将大学生视为高等教育的消费者,对高等教育服务进行评价。[①] 大学生评价作为顾客评价的一种,一般而言反映的是一种心理感受,即大学生是否满意高等教育服务质量,这种满意度受到各种主客观因素的影响,随着各种主客观条件的变化而不断变化,即大学生是否满意高等教育服务也处于不断变化的动态过程中。[②] 相对而言,有学者认为顾客反应的评价体系是由顾客期望、感知质量和感知价值决定的,大学生主体反应的评价体系可以通过所在院校知名度、校园环境、教学质量、教学管理、后勤服务、就业等不同方面呈现,并且进一步地,每个大维度下还由各个子维度或者具体内容构成,从而形成一个层次递进、指标充分的大学生反应性评价体系内容。[③] 或者根据高校大学生作为顾客所体现出的顾客输入性、不可预测性、双向选择性、长期性等特点,将大学生反应性评价指标理解为五个方面,分别为办学理念、品牌形象、服务质量、服务过程、顾客认同等,并指出这种大学生反应性评价体系可以将反应性评价作为评价我国高校服务质量的重要指标,体现和强化大学生的主体性地位。而从高等教育的性质来看,尽管存在产业性的属性争议,但是总体而言存在共识,比如当国际组织确定高等教育性质时,仍然会将其纳入服务业,认为高等教育具有服务多方利益攸关主体的性质。因此,在高等教育普及化阶段,对高等教育质量的认识与理解在本质上仍着眼于高等教育对社会需求和个人发展满足程度的衡量。此外,从个体发展需求中所应运而生的大学生发展需求,也是高等教育服务质量评价的重点与难点。

基于质量视角的大学生反应性评价研究,区别于传统评估范式,需要对其重新进行审思。从高等教育服务质量评估的角度来看,传统评估方法的缺陷在于忽视了大学生主体参与的必要性和迫切性,要更好地评价高等教育,有必要深入地调查大学生主观心理状态与客观感受,以了解他们对高等教育质量的评价反应。没有调查就没有发言权,通过调查了解大学生是否满意、满意什

① 陶美重.高等教育消费研究:基于"学生消费者"的视角[M].武汉:华中师范大学出版社,2008:40-42.

② 刘凯,张传庆.中外高等教育满意度研究述评[J].高教发展与评估,2013,29(2):45-52,106.

③ 魏华飞,方文敏.高校顾客满意度内容体系研究[J].辽宁教育行政学院学报,2005,22(9):28-29.

么、如何满意,为全面改进高等教育质量建设提供依据,有效监控影响高等教育质量的各个环节和因素,不断创造反应性评价指标水平提升的条件,提高大学生反应性评价水平。当然,提高大学生反应性评价水平意味着高校声望的积累,形成顾客忠诚,这为高校的评价提供了一种新的方法,有助于提高质量管理水平。除了由学生基于高等教育质量感知形成的反应性评价外,参与者还体验了高等教育的现状,①将体验结果与预期结果进行了比较,形成了一种基于结果而描述出来的反应性评价。大学在尽最大努力帮助学生取得学术成功的同时,需要征求学生对其所提供的服务进行的反应评价,需要学生提出反馈意见。因此,大学生反应性评价是大学生通过参与和体验高等教育的全过程来进行评价,在大多数情况下教学反应性评价是大学生反应性评价的出发点和主要研究内容。但事实上,大学生反应性评价远远大于教学反应性评价这一概念范畴,对大学生反应性评价的研究不能仅仅停留在教师教学反应性评价层面,需要就基于参与的大学生反应性评价进行更为广泛的探索。

首先,从大学生感知认识的普遍重要性出发,高等教育的一个原则性使命在于满足大学生反应性评价的需求。学生的声音是进步的动力。基于感知的大学生反应性评价是识别大学生需求、确定学校改革重点措施的关键,在实践中体现为学术资源、奖金资助、重视个体、院校效能、行政效能和安全保障等方面。当然,对大学生感知的关注和对大学生反应性评价的重视也会直接影响到相关大学生工作的实效,二者基于大学生学习实效、工作满意度、就业实效等建立起密切的关系。

其次,教学反应性评价、课程反应性评价等一直是大学生感知高等教育质量的重要内容。教学反应性评价主要涉及学生对教师教学、教师角色和教师专业素质的感知评价,教师不再局限于"传道、授业、解惑"的知识传递层面,而是进入情感认知和角色影响层面,大学生也进入场域实现教学的主动参与,因此,现代教学仍然是大学生进行反应性评价的基本内容。在课程方面,有学者认为大学生课程反应性评价不仅与大学生辍学率、保留率密切相关,而且是评

---

① LEE J A. Students' perceptions of and satisfaction with faculty diversity[J].College student journal,2010,44(2):400-412.

价教师效能的一种方式,课程设计、授课者评价、课程内容评价等构成了大学生对课程的反应性评价,由此形成基于服务的大学生课程反应性评价模型,从学科知识、教师教学能力、班级管理和学生学业负担四个方面构成大学生课程反应性评价体系。[①]

当然,大学生的学习过程是大学生反应性评价体系不可或缺的一部分。同伴交往、内在动机、外在学习环境均是构成大学生学习过程的重要组成部分,比如内在学习动机和外部学习环境共同影响着大学生的学习风格。此外,学习动机和学习环境均对大学生反应性评价形成支撑,大学生的学习过程一方面缘于个人感知,另一方面是在与同伴交流之间形成相互影响,从而实现个人进步和群体发展。总结现有的研究成果,大学生反应性评价基本内容和结构需要被进一步认知和明确。

3.大学生反应性评价的测量方法

大学生反应性评价的多维性已经被研究者们广泛接受,如何对其进行测量一直是相关学术研究的热点之一。在界定大学生反应性评价基本内容的基础上,梳理现有的研究成果,其展示当前大学生反应性评价量化研究主要是从两个方面来测量大学生反应性评价:一方面是根据顾客评价理论构成初步的大学生反应性评价模型,并不断基于实证进行修正与调试;另一方面,主要通过选择样本或案例,在某一地区、某一学校、某一专业进行抽样调查,基于所获取数据进行统计分析,构建测量模型。

(1)评价模型测量方法

学界基于顾客消费者假设,形成了较为广泛成熟的客户反应性评价模型,并成功地将其从现代企业管理领域引入高等教育研究领域,基于顾客反应性评价开发了多种大学生模型,其中包括几种具有代表性的顾客反应性评价模型。

首先是顾客反应性评价指数模型。1989年,瑞典建立了世界上第一个全国性的顾客满意度模型,此后美国基于顾客反应性评价构建了新的指标模型,

---

① GEORGE F H,JEFFREY M B.The adult student and course satisfaction:what matters most? [J].Innovative high education,2012,37(3):215-226.

其中所纳入的顾客反应性评价指标被用来评价和改善美国的组织绩效。该模型由顾客期望、感知质量、感知价值、顾客抱怨、顾客忠诚度及其与顾客反应性评价之间的关系组成,并把大学生消费者以变量的形式纳入进来,与期望、质量感知、价值判断、不满意和学生忠诚等反应性评价的决定因素联系起来,同时也将影响大学生负面情绪、忠诚程度等情况与院校组织运作联系起来。① 在这一顾客反应性评价模型的基础上,我国学者依据我国大学生及学校的实际情况,提出了一种新的大学生反应性评价指标模型,该模型基于变量偏方差矩阵,建立了包含因果关系的结构方程模型,最后将教学质量、校园服务、大学形象、学生感知、承诺忠诚等因素确定为影响大学生反应性评价的因素,并用辽宁省数据对模型进行了验证。② 同时,在顾客反应性评价模型的基础上,利用散点图和坐标图的优势,计算了重要性指标与反应性评价之间的关系,反映了大学生反应性评价的影响因素及其重要性。③

其次是基于顾客假设的大学生反应性评价指标体系。指标体系的确定主要是基于对大学生这一高校顾客的角色识别。大学生既是高等教育服务的对象,又是知识传播中的接受者,体验了高等教育的全过程,在大学生反应性评价指标体系中发挥着重要作用。基于顾客假设的大学生反应性评价指标体系主要以教学状况、教学条件、师资建设、文体生活、自我发展等为指标模块,构成多个层次的指标框架,用来反映大学生反应性评价中较为重要的组成因子,并通过构建判断矩阵确定指标体系的权重和因子检验,最后将一致性检验与可靠性分析结果引入判断矩阵,分析各个组成因子在维护区、优势区、机会区和改进区中的具体定位。通过调查大学生对各个指标体系反应的评价,更有利于优化高校资源配置,提升大学生反应性评价水平,从而提高高校的竞争力。

再次,基于高等教育服务过程的大学生反应性评价模型。高等教育为大

---

① KAREN L P. A study of satisfaction and perceived learning and development of peer mentors in higher education[D].Morgantown:West Virginia University,2011.

② 刘武,李海霞,杨雪.中国高等教育顾客满意度指数模型的构建:基于辽宁省的数据[J].高教发展与评估,2008,24(4):59-65.

③ 何源.大学生学习满意度测度模型及其实证研究[J].高教探索,2011,118(2):34-40.

国家大学生
学情调查研究丛书

大学生反应性评价研究

学生提供的"服务"不仅体现在产品成果上，更重要的是体现于服务过程之中。由于顾客反应性评价的复杂性，研究者们还没有形成一个统一、公认的定义，这既是顾客反应性评价的特点，也反映了建立顾客反应性评价模型的难度。然而，也有学者认为，在市场营销中可以以"期望—绩效"模型为基础，将顾客反应性评价定义为高等教育服务过程中顾客所体验感知并表现出的一种评价，即基于过程构建反应性评价模型。[①] 迁移到高等教育中，大学生反应性评价模型可以以高校教育服务供给过程为基础，结合大学生对教育服务质量的实际感受和主观认知，包括服务质量的表现、性能和过程等，将结果的质量与过程的质量统一起来。其中，大学生作为消费者的主观感受及其反应性评价表现依赖于现实与期望之间的差距，与大学生的实际感受成正比，与大学生之前的期望成反比，形成反馈机制。

最后，卡诺模型在大学生反应性评价中的应用。卡诺模型作为营利性市场营销领域的一种成熟模型，由于能更有效地理解产品和服务的质量特征、可以为企业提供具体的战略定位等优势，已经被用来测量大学生反应性评价。卡诺模型根据客户需求，对产品、服务的属性进行分类和排序，在分析顾客需求与顾客反应性评价之间影响关系的基础上，反映了顾客反应性评价与产品、服务属性之间的非线性关系。对于产品或服务属性，受访者被分别以正面和负面的方式询问该属性。卡诺模型对特定属性的最终分类由最终响应频率的统计结果来决定。应用于大学生反应性评价中的卡诺模型可以用来分类统计各类影响我国大学生反应性评价的因素及其重要性关系，分析学生需求、院校战略、资源配置等，提升大学生反应性评价水平。

（2）问卷调查测量方法

由于世界范围内大学生规模迅速扩大，且分布地区与分布专业各有不同，难以面向世界各地各高校所有大学生展开全面的反应性评价测量，因此在这种情况下采用问卷调查方法研究部分大学生反应性评价是一种可行之策，即在科学合理的量表设计基础上，采用问卷调查抽样并回收调查问卷数据，以此

---

① 马万民,张美文.高等教育服务过程的顾客满意度模型[J].统计与决策,2006(5):150-151.

得到具有代表性的研究结论,并可以对某些抽样对象进行追溯,提升研究的内在价值。比如当前较为主流的某区域大学生反应性评价问卷调查,国内外学者选择某一区域,以地区为调查范围,对大学生反应性评价进行问卷调查。

在区域范围选择标准方面存在着不同的标准,比如"高等教育之后的职业:一项欧洲研究调查"项目(Careers after Higher Education:A European Research Survey,CHEERS)以欧洲为区域范围,设计了 18 个基于体验的大学生生涯经历问题,抽样选择了来自 11 个欧盟国家的 3000 名毕业生进行调查,这也是欧洲国家尝试为大学生提供高质量高等教育资源的努力之一,通过跨界数据的支持改善大学生生涯经历体验,但仍有许多工作要做。[①] 当然,更多的学者选择将问卷调查范围缩小到了一个国家或地区,使得研究更加具有针对性和适用性,比如有学者以波兰为调查区域,研究大学生反应性评价如何与其选择之间产生密切关联;[②]香港中文大学的研究人员对武汉市 359 名大学生进行调查,以积极心理学为理论基础,分析自尊如何影响大学生反应性评价指标,调查结果表明,个性通过人际关系、社会道德、社会背景等影响大学生反应性评价,也同时影响大学生自尊。[③] 此外,当前相关研究也尝试进一步聚焦到某一区域高校之中。国内学者也对我国部分省市大学生反应性评价进行了调查研究,比如面向北京市部分大学生、授课教师,进行反应性评价详细调查;[④]或者选择部分省份的某些高校类型或某些专业,对大学生进行反应性评价调查研究。此外,也有研究聚焦于某一项大学生反应性评价,在山东、海南、湖南等地展开相关大学生反应性评价调查,期望通过此类研究结果更好地把握具体地方高校大学生的反应性评价,使院校改革工作更加具有针对性;或者进一步聚焦于某一地方高校或专业的大学生,以此为具体的调查对象,增强了研究

---

① GARCÍA-ARACIL A.European graduates' level of satisfaction with higher education [J].High education,2009,57(1):1-21.

② SOJKIN B,BARTKOWIAK P,SKUZA A.Determinants of higher education choices and student satisfaction:the case of Poland[J].High education,2012,63(5):565-581.

③ CHEN S X, CHEUNG F M, BOND M H,et al.Going beyond self-esteem to predict life satisfaction:the Chinese case[J].Asian journal of social psychology,2006,9(1):24-35.

④ 王佳明,张丽娜.北京高校大学生对授课教师满意度的实证研究[J].中国科教创新导刊,2011,603(19):23-24.

成果的具体性和说服力。

在问卷调查所依托的专业方面,主要聚焦于经济管理类专业,而这也是与现代管理学科史上反应性评价的发展渊源相吻合的。以大学生反应性评价的某些具体内容进行专业研究,是基于"大学生是高等教育的利益相关者"这一假设,探究其反应性评价情况对提高高校的管理效率具有现实性意义。

在问卷调查所涵纳的内容方面,根据与大学生学习的密切程度,涵盖从内部教学要素到外部生活要素等诸多内容因素。首先,学习思维方式、心理健康素质等与大学生学习状态方面的反应性评价密切相关,比如相关研究将重心放在内在学习动机、深度学习动机等因素上,[①]这也是大学生反应性评价的一项重要工作,而这种深入各项内部因素的大学生反应性评价调查方式,可以更为深入地了解大学生在学习过程中的反应性评价结果。除了学习因素外,大学生生活层面的因素也会影响整个反应性评价,并且表现出一定的规律性特征,探究这些规律性特征有利于更好地开展大学生管理和高校治理改革工作。因此通常也将样本定为某一具体高校,随机抽样调查收集数据并进行分析。从大学生反应性评价的多维度内容构成出发,可以看出大学生反应性评价内涵丰富,受多种因素影响,因此需要探讨哪些因素可能影响大学生反应性评价,以及这些因素在多大程度上影响大学生反应性评价。在分析各种影响因素的同时,也应注意到大学生反应性评价与高等教育的其他方面存在着必然的内外部互动性关系,与高等教育的各个组成方面密切相关。

4.大学生反应性评价的影响因素

在影响因素方面,可以根据来源的不同而分为两个方面:学习经验方面和社会经验方面。学习经验方面的影响因素可以分为学习环境变量和师生互动变量,社会经验方面的影响因素包括校园氛围和同伴关系。也可以从资源角度,将大学生反应性评价的可能影响因素划分为教室和技术设备、教学、学习、图书馆、学生服务和市场导向等方面。各个影响因素之间相互发生互动关系,在大学生学习过程与成长中发挥重要作用,任何一方面因素的质量下降,都会

---

① 杨院.我国大学生学习方式研究:基于学习观与课堂学习环境的探讨[D].厦门:厦门大学,2012.

导致大学生反应性评价水平的下降。但除了整体性影响因素外,局部性影响因素的结合也是值得注意的,比如大学生的学习成绩也会在实际过程中影响到大学生反应性评价水平。因此,本书将从整体性影响因素和局部性影响因素两个方面,对大学生反应性评价影响因素的相关文献进行梳理。

(1)整体性影响因素

一是个体层面因素。作为学习者,大学生的特征自身便可以对大学生反应性评价产生影响,可以根据人口统计学事实的不变特征与学习行为自身呈现的塑造性特征,分为两个层面来进行分析。在人口统计学层面的影响因素方面,性别是其中最显而易见的影响性因素,对大学生反应性评价产生影响。有研究依据学院和大学教育目录(Education Directory Colleges and Universities)中的注册学生数据,分析了美国各地超过 15000 个大学生样本,发现性别对大学生感知到的反应性评价方面没有产生影响。[1] 但是随着时代的发展、科技的进步以及对这一问题认识的加深,学者们发现性别对大学生的学习过程和最终的反应性评价有着重要影响,并区分了可控因素和不可控因素。[2] 此外,民族背景、宗教背景也是影响大学生反应性评价的重要因素,其中宗教信仰将影响大学生的社会属性,进而影响大学生的学习需要、学习态度、学习经历并由此对大学生学习方面的反应性评价产生影响。除了大学生自身的人口统计学特征之外,大学生同伴关系也是当前研究领域中一个较为重要的影响因素。"三人行,必有我师焉",有学者通过调查寄宿制学校学生之间的人际关系,发现同伴关系与大学生生活条件方面的反应性评价表现之间存在显著的相关性,也有研究因此发现相互促进、相互学习的良好同伴关系可以对大学生反应性评价产生积极作用。[3] 学习和人际沟通是大学生活的重要组成部

---

① CUNNINGHAM M.A national study of the perceptions of male and female higher education student personal administrators:job satisfaction,job involvement,job-related tension,and self-esteem[D].Little Rock:Philander Smith College,1962.

② MACELI K M,FOGLIASSO C E,BAACK D.Differences of students' satisfaction with college professors:the impact of student gender on satisfaction[J].Academy of educational leadership journal,2011,15(4):35-45.

③ KAREN L P.A study of satisfaction and perceived learning and development of peer mentors in higher education[D]. Morgantown:West Virginia University,2011.

分,同伴关系已成为影响大学生反应性评价的重要因素,因此在大学生反应性评价研究中,有必要将同伴关系作为研究开展的重点。大学生的学习观、学习动机、学习风格等也可以构成大学生反应性评价的影响因素,这些影响因素的不同组合方式可能导致不同层次的大学生反应性评价。大学生的学习认知及学习动机是维持大学生学习行为的内在源泉,[1]有研究通过使用定量分析方法,确定了大学生学习动机与大学生反应性评价之间的相关关系,并更进一步分析了各项影响动机及大学生反应性评价的因素。[2] 此外,有研究也将关注点放在了学习投入,认为学习投入是大学生反应性评价的一个重要因素,不同参与程度的大学生呈现出不同程度的大学生反应性评价水平,[3]再次证明大学生反应性评价与其实际学习经验之间存在极为密切的关系,因此当前一些大学生学情调查将探索大学生的学习投入作为呈现大学生反应性评价水平及其学习过程质量的重要因素。

二是院校层面的因素。高校学习在本质上是一个教与学的过程,高校所提供的教学和学术指导影响着大学生的学习体验,可以将此归结为院校层面的学术因素,影响着大学生反应性评价,比如有研究发现大学生对课程、教学、专业、自身学业表现的感知及可能的疏离感均与大学生反应性评价水平显著相关。[4] 首先,从教学角度来看,教师与专业本身对大学生的学习过程及其反应性评价都有着显著影响,教师的教学准备、教学方法、课堂组织乃至个人素质都将影响大学生反应性评价,成为大学生反应性评价的重要影响因素,尤其是在教学组织当中,其对大学生的影响远远大于知识传播本身。当然,其中知识传播、教学支持和课堂气氛是影响大学生教学方面反应性评价的重要因素,但更重要的是,师生之间的沟通与互动往往对大学生成长有着更为重要的影

① YIN H B,WANG W Y.Undergraduate students' motivation and engagement in China:an exploratory study[J].Assessment & evaluation in higher education,2016,41(4):601-621.

② BEKELE T A.Motivation and satisfaction in internet-supported learning environments:a review[J].Educational technology & society,2010,13(2):116-127.

③ 汪雅霜,赵畅.国际大学生学习投入度研究的进展与趋势:基于 CiteSpace 和 VOSviewer 的文献计量分析[J].重庆高教研究,2021,9(2):111-127.

④ CARR D L, AVIES T L, LAVIN A M. The impact of instructor attire on college student satisfaction[J].College student journal,2010,44(1):101-111.

响作用,同时这种充分积极且有效的师生沟通互动是确保大学生反应性评价水平的重要基础。此外,从大学生的学习环境来看,较为明显的影响因素主要来自专业方面,其中专业满意度方面的反应性评价调查对于大学生反应性评价而言是相当必要的。20 世纪 90 年代以来,我国学界对大学生专业方面的反应性评价进行了调查分析,比如有研究表明绝大多数大学生对自己专业的反应性评价相对不高,同时调查结果显示,自主选择自己专业的学生和那些很了解自己专业的学生在反应性评价方面表现相对更好。[①] 同时不仅大学生之间的内部关系对大学生反应性评价有显著影响,外部环境也对大学生反应性评价产生影响作用。其中,校园环境与大学生外部环境密切相关,大学生所处的物理空间、制度环境和学习环境构成了大学生反应性评价的重要影响因素。当然,课堂环境与高校教学因素密切相关,影响大学生对教学的评价,也影响大学生的整体性反应性评价。此外,在师生充分沟通和互动的课堂环境中,大学生也可以形成较高水平的反应性评价。而在制度环境的影响作用中,院系管理体制对大学生反应性评价产生了很大的影响,是影响大学生反应性评价的管理性因素,反映的是学校管理体制、各种规章制度及其实施情况。此外,院校发展历史中所形成的校园氛围可以说是高校的软环境,是社会目标与学生的内心世界、人际关系等在校园环境中的体现,对大学生及其反应性评价有潜移默化的影响。

(2)局部性影响因素

从整体性影响因素角度研究大学生反应性评价,可以较为全面地理解大学生反应性评价,准确把握影响大学生反应性评价整体水平的诸多因素。这种通过整体性角度分析反应性评价及其影响因素的研究,可以了解哪些因素构成了大学生反应性评价,下文将从不同角度研究某一特定领域的大学生反应性评价,或者将大学生反应性评价与学习、生活的其他相关部分结合起来进行分析。

一是教学方面的大学生反应性评价及其影响因素。大学生反应性评价发

---

① 赵叶珠,钱兰英.九十年代大学生专业选择行为研究[J].青年研究,1999(4):12-15.

展路径及其基本内涵构成的研究表明,大学生反应性评价最初是从学生教学评价当中延伸而来的,也是大学学习过程中直接面对的一部分环节。教学方面的反应性评价一直是反应性评价研究的焦点,其中,由于可操作性较强,课堂教学方面的反应性评价有着较为丰富的研究成果。依据不同的分类指标,课堂教学会呈现不同的分类,比如从评价测量指标出发,教学方面的大学生反应性评价可以从教学内容、教学态度、教学方法和教学效果四个方面进行;从综合教学的角度出发,教学方面反应性评价的影响因素主要有知识传递、教学支持、课堂气氛等。此外,师生关系也是影响教学方面反应性评价的一个重要因素,教育制度、社会氛围、教师因素、学生因素等都会影响师生关系,从而影响大学生反应性评价,有必要从制度和个人两个方面构建和谐的师生关系。而在传统上,大学的教与学仍然需要通过课程来实现,课程是大学教与学相结合过程中的载体,是大学生反应性评价研究的重要组成部分。在影响相关课程成就的潜变量中,课程方面的大学生反应性评价会受课堂努力、课程知识、技能掌握、课程表现目标、成就期望和实际成绩等因素影响,同一课程的学生可以接受不同教师的不同教学方法,主要是因为他们的院校背景、选课动机及其学习投入,所以课程和教师教学对大学生课程方面反应性评价的影响作用较为松散。此外,大学生课程方面的反应性评价也会与学科知识结构、教师掌握知识的能力、教师课堂管理能力、学生学业负担等密切相关。

二是专业层面的大学生反应性评价及其影响因素。大学生反应性评价研究向专业评价领域的转移是当前学术界研究的热点,这也与重点学科建设和专业建设的现实实践有关。目前大学生对其专业的反应性评价尚未完全稳定,甚至出现越来越多对口专业不满意问题,反而对于较不对口的专业有着相对较高的反应性评价,从而引出了大学生"身份危机"话题。[1] 当然,大学生有关专业的反应性评价与大学生自身、大学学风、基础教育和社会氛围都有直接或间接的关系,其原因在于大学生较为缺乏自我目标规划、缺乏自我激励机制、追求高目标或急功近利、受社会生活环境影响等。大学生需要得到正确的

---

[1] 史秋衡,刘丽丽.认同危机:我国高等教育质量管理的隐忧[J].中国高等教育,2007,388(24):25-27.

引导,高校也应提供相应的支持,增强大学生对专业的热爱,从而提高大学生在专业方面的反应性评价水平。而从核心自我评价入手,探讨大学生的学习态度、专业承诺和反应性评价之间的关系,也是反应性评价研究的重要内容。不同核心自我评价水平的大学生在专业承诺及其反应性评价上存在显著差异,核心自我评价较为积极的大学生呈现较高的专业承诺和反应性评价水平,原因可能在于具有积极核心自我评价的个体在人格特质方面具有相对独特的优势,比如有研究发现核心自我评价与专业承诺、反应性评价显著相关,并能显著预测大学生反应性评价和生命意义感。[①] 同时,教师教学方法、大学生对专业课程的热爱也会影响大学生反应性评价表现。因此,从管理体制改革入手,扩大学生选择专业的自由度,加强对学生选择专业的指导,是完善反应性评价的有效途径。随着视野的拓展,我国有研究尝试对专业方面的大学生反应性评价属性特征、影响因素及影响程度进行实证研究,认为性别和年级对单项反应性评价有显著影响但对整体反应性评价无显著影响,生源地对大学生反应性评价无显著影响,大学生对学校服务的整体反应性评价差异不大,但在具体反应性评价指标上的测评结果在一定程度上反映了高校的实际情况。[②]

三是生活层面的大学生反应性评价及其影响因素。将问题进一步延伸,将大学生生活层面的反应性评价及其影响因素纳入研究领域,有研究结果认为,在这方面,性别差异显著,学科差异不显著,大一、大四学生在生活层面的反应性评价水平显著高于大二、大三学生,[③]但是一项全国性调查显示,当前大学生、教师等对整体生活和学习状况的反应性评价是积极的,在内容上显示为:学习条件反应性评价水平高于生活条件反应性评价水平;教科书和教材的反应性评价水平最高,实践训练的反应性评价水平最低;各地区反应性评价水平从高到低分别为东北、东部、西北、南部、中部、西南和华北,"985 工程"高校、"211 工程"高校、普通高校和高职院校的反应性评价水平依次下降;在人

---

① 曹瑞琳,梅松丽,梁磊磊,等.感恩与大学生网络成瘾的关系:核心自我评价和生命意义感的中介作用[J].心理发展与教育,2023,39(2):286-294.

② 刘俊学,李正辉,赵雄辉,等.大学生求学满意度影响因素及其程度的实证研究[J].高等教育研究,2006,27(11):91-97.

③ 王文茹.试论大学生生活满意度及其影响因素[J].文教资料,2011,541(17):223-224.

员方面,管理者的反应性评价普遍高于教职员工,教职员工的反应性评价水平普遍高于学生。[①] 生活层面的反应性评价与大学生幸福感呈现正相关关系,主观幸福感与文化程度、轻松程度等密切相关。然而,大学生就业问题这一瓶颈直接影响到就业方面的反应性评价,必须从政府引导、学校引导、学生努力三个方面加以解决,比如可以从就业能力的提高入手,促进大学生反应性评价水平的提升。大学生生活层面的反应性评价不仅值得研究,而且需要进一步完善。

(二)大学生反应性评价的国别视域现状

从国内外比较的角度,可以为推进大学生反应性评价研究进程提供经验与启示。

1.美国大学生反应性评价的进展

20 世纪 70 年代经济危机爆发后,在世界范围内出现了一场规模性的新公共管理运动,推动了政府从"综合治理"向"评价治理"的转变。减少高校经费、追求办学效益提升成为政府的指导思想。在这一背景下,许多国家发起了旨在提高高等教育质量的"评估运动",其中美国积极开展了大学生学情调查,尝试将其应用于大学治理机制。

(1)美国大学生反应性评价的学情调查

随着世界范围内高等教育质量评估运动的兴起,许多国家和地区都致力于建立适合本国(地区)实际的高等教育质量评估体系。其中,美国高等教育质量评估已经形成了非常具有代表性的"认证模式"。经过多年的发展,大学生学习在制定评估标准和实施评估活动的过程中成为非常重要的一部分,其中形成的美国"认证模式"是六个区域认证组织所实施的代表性质量评估模式。19 世纪末 20 世纪初,美国成立了六个区域认证组织,分别是中部地区学院与学校协会(Middle States Association of Colleges and Schools)、西北部地区学院与学校协会(Northwest Association of Schools and Colleges)、中北部

---

① 任培江,张峰.我国高校师生学习生活条件满意度调查报告[J].华北电力大学学报(社会科学版),2010,65(3):125-128.

地区学院与学校协会(North Central Association of Colleges and Schools)、新英格兰地区学院与学校协会(New England Association of Schools and Colleges)、南部地区学院与学校协会(Southern Association of Colleges and Schools)、西部地区学院与学校协会(Western Association of Schools and Colleges)。这些认证机构有着自己的认证标准,经过多年的发展,认证标准逐渐成熟。[①] 在认证机构发展的早期阶段,认证标准更加注重量化指标,但是尽管量化指标有着客观、易操作等优势,但是却不利于院校的多元化发展。因此,认证标准开始发生变化,开始认为评估标准不再仅仅基于固定的、不变的量化标准,还要基于院校自身的价值使命和教育目标。然而,随着高等教育规模的扩大,以院校自身价值使命和教育目标为核心的认证标准也受到了冲击,认为大学生主体反应的评价表现才是衡量高等教育质量的重要标尺,应当纳入进来。因此在美国高等教育认证标准中,开始关注学生自身的反应性评价表现,例如 2013 年中北部地区学院与学校协会发布的五项评审标准中,有两项(第三项、第四项)强调大学生学习的评估,而在十项评审原则指南中,第一项便提出着重学生本身,测评大学生反应性评价表现,强调大学生在院校学习、生活等各个方面的经历体验。

因此,美国高等教育质量评估必须解决这样一个问题:采取什么样的方法来使得大学生进行科学评价? 对此美国认为最有效的方法之一是使用自我报告问卷。由于问卷易于开发和管理,所需资金较少,因此更受到管理者和学者的青睐。大学生问卷调查在高校管理中起着非常重要的作用,根据美国学生学习成效评估研究院(National Institute for Learning Outcomes Assessment)的一项调查结果,76%的受访者认为其所属院校在评估过程中使用了问卷调查。[②] 此外,问卷调查也是获得大学生反应性评价的有效方法之一,因此美国专门开发了一个相关问卷量表来调查美国大学生的学习情况,进行了全美大

---

① 汪雅霜.基于 IEO 模型的大学生学习投入度研究[M].南京:南京大学出版社,2018:1-12.

② PIKE G.NSSE benchmarks and institutional outcomes:a note on the importance of considering the intended uses of a measure in validity studies[J].Research in higher education,2013,54(2):149-170.

学生学习投入度调查、研究型大学大学生就读经验调查等全国大学生调查行动,使用自我报告问卷进行大规模全国调查,研究美国大学生反应性评价的表现。

第一,全美大学生学习投入度调查。

开展全美大学生学习投入度调查的一个重要原因是社会对美国大学生学习质量的担忧,[1]希望从大学生主体的角度来看待高等教育质量,"从一个地方看到整个北京大学的未名湖是不可能的,只有不断地从一个地方移动到另一个地方,从不同的角度去观察,你才能看到未名湖的整体全景"[2],以此更为全面地审视高等教育质量及其突破口。与传统的高等教育评价模式不同,全美大学生学习投入度调查从大学生主体出发进行评价调查,[3]采取的是一种新的方法和视角。1998 年皮尤教育慈善信托基金委员会(The Education for the Pew Charitable Trusts)召集了一群教育工作者讨论教育问题,其中一个最主要的问题是如何找到一种不同于传统大学排名的方法来评估高等教育质量,在讨论过程中逐步达成共识,认为可以促使大学生依据自己的院校经历体验发表自身观点,从大学生的角度分析高等教育的质量,并在会后组织专门的研究小组来开发大学生评价测量工具。

在这一过程中,库成为大学生评价测量工具的主要开发者和实现者。1999 年,库在卡内基教学促进基金会(The Carnegie Foundation for the Advancement of Teaching)报告了相关评价测量成果,并得到了基金会成员的认可,在同年 12 月获得了来自皮尤教育慈善信托基金委员会的拨款,主要用于开展全美大学生学习投入度调查,与此同时还设立了调查咨询委员会和技术支持委员会来指导全美大学生学习投入度调查的开展,并由皮尤教育慈善信

---

① MCCLURE C R.A test of leadership:charting the future of U.S. higher education:a report of the commission appointed by secretary of education margaret spellings[J].The library quarterly,2007,77(1):89-92.

② NATIONAL SURVEY OF STUDENT ENGAGEMENT.The NSSE 2000 report:national benchmarks of effective educational practice[R].Bloomington:Indiana University Center for Postsecondary Research,2000:2.

③ 汪雅霜.大学生学习投入度的实证研究:基于"国家大学生学习情况调查"数据分析[D].厦门:厦门大学,2014.

托基金委员会和卡内基教学促进基金会作为两大支持单位协助开展全美大学生学习投入度调查行动,向学术界和公众解释全美大学生学习投入度调查的成果。第一轮全美大学生学习投入度调查始于 2000 年,调查范围包括 276 所院校。此后,各个年度的全美大学生学习投入度调查范围逐步扩大,院校数量有所增加,2001 年有 321 所院校参加,2002 年增至 366 所,到了 2013 年扩展到了 586 所。所谓调查,一些学者将其喻为透镜,认为全美大学生学习投入度调查一方面是作为显微镜和望远镜,将大学生群体中难以被轻易发现问题的学习过程变得清晰起来;另一方面作为反光镜,通过全美大学生学习投入度调查来为学校提供一个新的视角来审视自己。[①] 全美大学生学习投入度调查也成为一个窗口,为院校提供一个将自己与其他院校作比较的平台,促使越来越多的院校关注并积极参与进来。

总的来说,全美大学生学习投入度调查依靠诸多组织与个人的努力而得以开展,其中库作为全美大学生学习投入度调查的建立者,在调查过程中扮演了重要的角色。比如在学习投入的定义上,库采用了两种方式来定义学生的学习投入:一方面是指学生参与良好教育活动的程度,另一方面是指学生感知到的院校对其学习与成长的支持程度。[②] 基于这一定义,库及其团队编制了一份关于大学生学习投入的全国调查问卷,问卷本身由学习投入五基准、学业成就量表、学生背景资料三个部分组成。其中,学习投入五基准是问卷调查的核心部分,学业挑战(level of academic challenge)、主动与合作学习(active and collaborative learning)、师生互动(student-faculty interaction)、丰富性教育经历(enriching educational experiences)、支持性校园环境(supportive campus environment),也在后来成为测量大学生学习投入程度的常用标准。依托大学生体验调查问卷(College Student Experience Questionnaire)等问卷量表,在 2000 年版的全美大学生学习投入度调查问卷中,学业挑战主要包含"准备

---

① NATIONAL SURVEY OF STUDENT ENGAGEMENT.Improving the college experience:national benchmarks of effective educational practice[R].Bloomington:Indiana University Center for Postsecondary Research,2001:3.

② KUH G D.Assessing what really matters to student learning:inside the national survey of student engagement[J].Change,2001,33(3):10-17.

家庭作业,阅读和写作,使用先进的认知技能,努力学习"等;主动与合作学习主要包含"参与课堂提问或课堂讨论,制作课堂报告,与同学在课外进行相关的学习任务,与同学在课堂上进行相关项目的合作,指导或辅导其他同学"等;师生互动主要包含"与教师讨论成绩或作业,与教师或辅导员讨论职业生涯规划,与教师在课外讨论从书本中获得的意见,与教师交流丰富教育经验"等;丰富性教育经历主要包括"与不同宗教信仰、政治立场和价值观的学生交流,与不同种族的学生交谈,创造鼓励不同群体学生互动的校园文化,以及利用电子信息技术讨论和完成作业"等;支持性校园环境主要包括"帮助学生在学业上取得成功,帮助学生处理非学术问题,帮助学生更好地适应社会学校环境"等。[①] 自 2000 年开始调查以来,全美大学生学习投入度调查经过多年的发展完善,已形成相对成熟的调查问卷,调查问卷从大学生主体出发衡量其反映出来的学习投入度情况,并在世界范围内有所扩散,比如我国清华大学学者对全美大学生学习投入度调查问卷进行汉化,并在我国开展全国性的大学生学情调查。

但是在全美大学生学习投入度调查的多年调查过程中,也面临着许多挑战,其中最大的挑战是如何与时俱进。全美大学生学习投入度调查的初衷在于为院校提供一个不同的视角来看待高等教育质量,从大学生主体出发所测量的学习投入五基准及其所代表的优秀教育实践也已达成基本共识,促使许多院校以学习投入五基准为指导进行了相关的教育教学改革。因此在传播良好教育实践的基础上,全美大学生学习投入度调查需要有所转变,以进一步促进院校追求卓越的教育目标与使命。基于广泛的院校实践与研究,全美大学生学习投入度调查在 2013 年更新调查问卷。更新后的调查问卷中 23% 的问卷属于新增题项,22% 的问卷属于原初题项,27% 的问卷属于显著改变题项,28% 的问卷属于轻微改变题项。更新后的调查问卷改变了过去的基准指标,转变为学习投入指标和高影响院校实践活动。其中,学业挑战转变为高阶学习(higher-order learning)、反思与整合学习(reflective & integrative learning)、学习策略(learning strategies)和定量推理(quantitative reasoning)等投入指标;主

---

① KUH G D.The national survey of student engagement:conceptual and empirical foundations[J].New directions for institutional research,2010,2009(141):8.

动与合作学习转变为合作学习(collaborative learning)、与不同群体讨论(discussions with diverse others)等投入指标;师生互动转变为生师互动和有效的教学实践(effective teaching practices)等学习投入指标;丰富性教育经历转变为高影响院校实践活动,由两道题项构成;支持性校园环境转变为互动的质量(quality of interactions)、支持性环境(supportive environment)等学习投入指标。部分学者也运用理论对更新后的全美大学生学习投入度调查问卷进行稳定性检验,发现在小样本情况下问卷仍然保持一定的信效度,[①]并在 2013 年基于更新后的调查问卷,面向 586 所美国院校开展全美大学生学习投入度调查。

全美大学生学习投入度调查的数据结果主要用于评价和改进大学生反应性评价,内容包括课程改革、标杆管理、绩效问责、咨询、书面补助建议、制度改进、认证、自我评价、提高留存率等方面,比如陶森大学(Towson University)的院校实践。[②] 陶森大学首次参加全美大学生学习投入度调查时,当时的校长呼吁将学校转变为一所学习型大学,为此利用调查数据结果来设计学习型大学改革规划,提升院校改革质量。陶森大学将全美大学生学习投入度调查的结果引入学校内部,以此为媒介获得广泛性讨论,使得院校内部各方群体对学习型大学的意义有了更深的了解;依据调查结果明确改革重点,比如当时调查结果显示转学生对自己的在校学习经历不满意,使得转学生的学习问题引起了学校的重视,并开始进行深入研究;依据调查结果推进改革实施,比如陶森大学在多年前开始考虑实施新生学习体验计划,但是由于各种因素受到阻碍,直到全美大学生学习投入度调查结果使得校方对这一问题有了新的认识,并启动了该实施项目。此外,部分学校将调查结果应用于课程改革。例如,南伊利诺伊大学爱德华兹维尔分校(Southern Illinois University Edwardsville)依据调查结果发现,参加了新生体验课程和学习发展课程的一年级生在学习

---

① FONSNACHT K,GONYEA R.The dependability of the NSSE 2012 pilot:a generalizability study[R].New Orleans:Paper Presented at the Annual Conference of the Association for Institutional Research,2012.

② NATIONAL SURVEY OF STUDENT ENGAGEMENT.Converting data into action:expanding the boundaries of institutional improvement[R].Bloomington:Indiana University Center for Postsecondary Research,2003:24.

参与上表现得更为活跃,获得了更多的学习收益,并且呈现出更高的学校满意评价水平,因此学校依据调查结果计划向所有新生开设新生研讨会,帮助新生了解学校服务和校园文化,参与师生双方共同建立起学习共同体社区,以便学生能够更好地适应从高中到大学这一过渡期。① 也有部分学校使用全美大学生学习投入度调查数据结果来促进绩效问责,提高教育教学质量。例如,乔治亚州立大学(Georgia State University)在积极的绩效考核中汇集调查数据结果显示的学生在学学习经历表现,并将这些数据用于改进方案审查,全面落实绩效评估责任和绩效考核目标,并在过程中发现与其他学校相比,高年级学生的论文写作数量较低,有待加强批判性思维能力,因此发起了相关写作与批判性思维提升的质量改进计划。② 一些学校也将全美大学生学习投入度调查的数据价值贯彻于从入学到毕业的全过程中来,比如梅瑞迪斯学院(Meredith College)通过分析调查数据的趋势来调整招生策略和学校开放日计划,将调查数据作为大学生学习经历质量的证据分享给潜在学生和家长,以确保他们了解学校教学质量,并同时将其作为背景资料介绍给潜在的学校捐助者。③ 一些学校使用全美大学生学习投入度调查数据来进行外部评估和内部自我评估,例如斯基德莫尔学院(Skidmore College)借助大学生学情调查机会,了解到大学生自身反应的学习投入情况,并基于全美大学生学习投入度调查数据结果分析,明确师生互动加强和新生学习体验优化两个方面的推进方向。④ 此外,全美大学生学习投入度调查这种基于学生自身反应的评价结果也用于

① NATIONAL SURVEY OF STUDENT ENGAGEMENT. Student engagement: pathway to collegiate success[R].Bloomington:Indiana University Center for Postsecondary Research,2004:24.

② NATIONAL SURVEY OF STUDENT ENGAGEMENT. Fostering student engagement campuswide [R]. Bloomington: Indiana University Center for Postsecondary Research,2011:23.

③ NATIONAL SURVEY OF STUDENT ENGAGEMENT. Exploring different dimensions of student engagement[R].Bloomington:Indiana University Center for Postsecondary Research, 2005:24.

④ NATIONAL SURVEY OF STUDENT ENGAGEMENT. Engaged learning: fostering success for all students[R].Bloomington:Indiana University Center for Postsecondary Research, 2006:29.

部分地方的高等教育管理部门工作中,比如部分指导委员会依据调查结果撰写主题报告,并邀请地方社区人员等参与主题报告的修改成稿;肯塔基州高等教育委员会(Kentucky Council on Postsecondary Education)在促进地方人民更好地为生活和工作做准备时,选择将校友满意度调查和大学生学习投入度调查结合起来形成一项关键指标,同时依据大学生学习投入度调查所得出的全国院校总体结果,对比分析本地区院校的具体情况,也将学习投入度调查中的相应题项设置应用到公民参与指标中来,使用调查数据的国家基准来评估肯塔基州公立大学的表现。[①] 全美大学生学习投入度调查团队也将学生反应性评估结果应用于学校变革的情况做出总结,分别是:教师和工作人员了解大学生反应性评价的基本概念;调查数据结果足够充分到可以用于整个院校一级的分析;学校了解调查数据的重要性,并明智地使用它;以负责任的方式向学校报告调查结果;在适当的背景下解释调查结果;调查结果要以多种方式进行测试;调查结果需要与其他大学生学习经历和表现相关的信息相结合;采用共同体、联盟或其他形式来合作实施改进计划。

第二,美国研究型大学大学生就读经验调查。

与全美大学生学习投入度调查相比,美国研究型大学大学生就读经验调查侧重于调查研究型大学学生,呈现研究型大学学生的反应性评价情况。美国研究型大学大学生就读经验调查由加州大学伯克利分校和加州大学圣巴巴拉分校发起,主要目的在于通过提供大量大学生在学习期间的数据信息来支持学校管理者的院校决策,由于最初是为加州大学的本科生设计,因此也被称为加州大学大学生就读经验调查。在美国研究型大学大学生就读经验调查中,所用的调查问卷主要包括核心问题和五个基本模块。其中核心问题包含面较广,比如花在学习工作或其他活动上的时间、学业和个人发展、多样化的校园环境、学业参与、总体满意度、专业评估、学生个人家庭背景等;五个基本模块包括学术参与(academic engagement)、社区和公民参与(community and

① NATIONAL SURVEY OF STUDENT ENGAGEMENT.Converting data into action:expanding the boundaries of institutional improvement[R]. Bloomington:Indiana University Center for Postsecondary Research,2003:20.

civic engagement)、学生发展(student development)、全球技能和意识(global skills and awareness)、专项热点问题(wild card for topical questions),主要采用六点量表,基于网络调查平台完成数据收集工作。问卷调查结果主要应用于以下几个方面:提高学习成绩的多元评价绩效,加强社会责任回应效力,提高学校对学生的服务质量,为学校决策提供依据,扩大大学研究信息智库。此外,美国研究型大学大学生就读经验调查的影响力也在日益增强,促成了相关研究型大学成立大学生学情调查联盟,汇集大学生的在学经历与体验反馈,包括加州大学 9 个分校、罗格斯大学、明尼苏达大学和匹兹堡大学等全球多所院校,其中也包括我国的南京大学、西安交通大学、湖南大学等,它们将调查问卷进行本土化适应,促使中文版调查问卷具有良好的信度、效度和文化适应性。

(2)美国大学生反应性评价的应用案例

随着美国高等教育往大众化方向持续迈进,只有少数精英进入大学的精英化高等教育时期早已过去,不同的学生群体可以进入各种类型的高等教育机构。[①] 提升大学生反应性评价水平不仅使大学生的生活幸福感与体验感得以提升,同时对于塑造和谐校园、消除校园隐患具有更大意义,引起美国的高度重视。通过文献梳理可发现,美国通过大学生反应性评价等学情调查数据,围绕提升大学生反应性评价水平而提出应对措施,大致分为以下三类:大学内部严明纪律建设、大学生反应性评价的有效维护、校园非稳定因素的有效解决办法。这些措施共同发力,从而使大学生反应性评价从源头、过程、后续三方面,得到全程维护,构建系统机制,尽量从源头上根据反应性评价数据预防矛盾产生,确保即使发生冲突也能够施以有效解决方式,从而切实提升大学生反应性评价水平。在这一过程中,美国也面临诸多具体实践方面的操作性问题,所以在借鉴其大学生反应性评价水平提升经验时也应做到批判性的吸收、辨别式的借鉴。

第一,大学内部严明纪律建设。加强纪律建设是解决高校治理与改革问

---

① ASSOCIATION OF AMERICAN COLLEGES AND UNIVERSITIES.Greater expectations:a new vision for learning as a nation goes to college[M].Washington,DC:Association of American Colleges and Universities,2002:1-60.

题的基本方式,也是维系和谐校园从而提升大学生反应性评价水平的治本之
策。校园纪律建设的跟进有利于完善法制校园、实现纪律的教育功用、发挥纪
律的规章作用。纪律建设有利于完善法制校园,为大学生和谐参与校园各项
活动奠定基础。美国高校结合其历史背景、政治体制、文化体系、教育模式等
多方面因素,逐渐摸索出一套符合自身需求、带有自身特色的法制校园管理之
路,出现了管理正规的学生事务法制部门,主要负责讨论学生的纪律处分结
果,使学生所面临的各种问题得到公平公正的解决,其中便包含引发反应性评
价水平降低的各种问题。在中国,不可调和的大学生矛盾冲突往往会选择提
交学院或学校进行解决,而美国高校正规的司法体系则使学生们更加了解自
己的矛盾应怎样得到有效解决,合理诉求应怎样得到回应。美国高校拥有专
门的法律顾问,主要在学校领导层制定重要决策时提供信息与意见参考。法
律顾问需要协助学校排查规章制度和办事流程的含糊之处,避免因制度设定
原因引发学生反应性评价水平降低。纪律建设有利于实现纪律的教育功用,
通过严明的纪律建设,严守学生行为的底线。美国高校中的高等教育工作者
十分重视教育的惩戒功能,在执行过程中着重考虑将纪律惩戒内容与学生行
为规范相结合。纪律教育功能不仅可以防止学生做出不良行为,同时也可以
起到引导正确行为的作用。纪律的制定在很大程度上使学生明晰不良行为的
后果与惩罚措施,将可能会发生的校园隐患行为消灭于萌芽之前,而不是在反
应性评价水平降低后才采取纪律补救措施。纪律建设有利于发挥纪律的规章
作用,使学校的一切运营均有章可遵、有律可循。美国的绝大多数高校实现了
学生事务管理从替代父母制(形成期)、学生人事工作(形成期)、学生服务(发
展期)到学生发展(成熟期)的过渡,如今采用的新规章制度主要包含以下五方
面的内容:学生健康安全的规章制度,宿舍管理制度,联邦、州、地区的法律,小
团体规章制度,关于学校学术使命的规章制度,从而全面地为学校发展建立
了规章制度,使学校各项事务的落实与完善都有章可遵、有律可循,为提振大
学生反应性评价提供了良好的执行环境。

第二,大学生反应性评价的有效维护。人是社会关系的总和,大学生反应
性评价源自大学生与周边不同主体及环境之间不断交流的动态过程。对此,

美国为有效维护大学生反应性评价,从交往对象的视角划分了六种关系,分别为与室友的关系、与其他同学的关系(除室友外)、与任课老师的关系、与辅导员的关系、与专业指导老师的关系、与学校职能部门工作人员的关系,针对各个方面分别采取对策。比如关于同学关系反应性评价、师生关系反应性评价,采取了寝室舍友配对选取方法、师生同住在学生宿舍楼等举措。细致的寝室舍友配对选取方法为具有较多生活共同点的新生选择到理想的舍友提供了更大的可能性,从而减少宿舍冲突的发生概率,使大学生反应性评价水平得以提升。比如斯坦福大学的新生需要写一篇短文使学校负责宿舍分配的工作人员更好地了解其性格特点与生活习惯;再填写关于宿舍选择的偏好,根据学生的偏好,通过电脑程序进行宿舍分配,调查的偏好包括是否接受男女混住或跨年级混住的宿舍楼、日常作息、性格特点、生活整洁程度、对舍友的期待等等;最后,由学校负责宿舍分配的工作人员做人工宿舍分配。这种舍友配对方法在有益于为新生选择到更合适舍友的同时,也存在着一些问题,主要表现在后期人工宿舍分配工作量较大且复杂。纽约大学的新生需要先在学校指定网站做问卷填写,即基本信息收集,其中包括宗教信仰、学习习惯、政治立场、生活整洁程度、性取向等等;新生会收到根据自身信息进行匹配后适合自己的舍友名单,根据自己的喜好进行自主选择。这种舍友配对方法在有益于帮助新生选择到合适舍友的同时,也存在着一些弊端,主要表现在学生选择舍友的自主性过强,存在不端行为的隐患,可能会给部分学生带来不适感。迈阿密大学开发了舍友自主选择系统,并与脸书(Facebook)软件紧密结合:学校为新生建立了脸书小组,让新生加入其中并进行充分的自我介绍;通过新生的自我介绍吸引其他新生或者自主选择其他新生来配对成为自己的舍友。这种舍友配对的方法主要基于学生的个人经历与兴趣爱好,使得学生具有充分的选择自主性。迈阿密大学也因此较少发生宿舍人际冲突事件,但此种宿舍分配方法要求每位新生都要充分运用社交软件展示自己,对于部分不擅长软件社交的学生而言比较困难。师生同住在学生宿舍楼,可拉近师生之间的距离,方便师生间的沟通与交流,从而提升学生的反应性评价水平。宾夕法尼亚大学为提升大学生反应性评价水平,加强师生间的沟通交流,特设促进学生与老师交流互动的

"老师走进宿舍"活动。该活动规定每幢学生宿舍邀请2～3名教授或助理教授与学生住在一起,时间一般是1～2年,老师们不仅会与学生在课余时间讨论学术问题,还会参与到学生的日常生活之中。教师与学生的日常互动锻炼了学生学习的自主性与创造性,也可以使学生更愿意与教师亲近,从而将自身的烦恼问题倾诉出来,排解孤独、矛盾、压抑的情绪。这种活动的施行不仅会使学生与教师间的有效互动得到加强,也会使学生的整体反应性评价水平得到大幅度提升。

第三,校园非稳定因素的有效解决办法。校园冲突等非稳定因素极大地影响着最终的大学生反应性评价,其中最极端的体现形式之一即为学生伤害事件。大学内部严明的纪律建设大大降低了校园冲突的发生概率,但是小概率的情节严重的学生伤害事故仍然存在,如复旦大学室友投毒案、马加爵案等等校园伤害事故,实则指向大学生矛盾处理不当导致的冲突,需要不断完善应对学生冲突引发的伤害事故管理程序,选择有效的方式,将事件所造成的危害降到最低,及时解决问题、平息事件,也可以使大学生反应性评价水平得到提升。对此,美国普遍采取纵向组织管理体系。美国高校应对校园非稳定因素的组织体系为联邦应急管理局—县/地方政府—高校的纵向管理组织,该体系明确规定了各管理机构在事件中应担当的责任,分别是:从高校层面切入,美国高校校长享有校园整体环境运行方面的对内最高权力,需要对大学校园建设负责;美国各个州均相继成立了校园警察制度,主要负责确保校园安全,在大学非稳定因素处理中占据重要地位;美国为防止突发伤害的扩散,成立了危机管理指挥中心,并且在危机过后具有完善的危机恢复活动,对涉案学生进行物质与精神层面的恢复;在校园非稳定因素解决后,立足于正常运行秩序稳定,对已发生的冲突事件进行总结与反思,不断提升高校的非稳定因素应对能力,切实保障提升大学生反应性评价水平。

2.英国大学生反应性评价的进展

在新自由主义深刻影响高等教育治理质量的情况下,英国愈发关切高校办学水平和教学质量,在加快高等教育改革节奏等背景下,进一步围绕大学生反应性评价展开学情调查,并尝试将其应用于高等教育领域。

(1)英国大学生反应性评价的学情调查

英国开展了一系列高等教育质量评估工作,最终形成了"英国审核模式"。英国的审计模式开始于 1990 年,主要由英国大学校长委员会所成立的学术审计组织负责。学术审计组织采用质量审核来评估英国院校质量,一方面是将这一同行质量审计活动与其他审核活动区分开来,另一方面也是为了展示出较为独特的方法论。质量审计主要借鉴了财务审计的技术方法,[①]学术审计组织在审计过程中主要关注以下领域:专业学位的授予情况、教学信息交流活动、教师发展以及参与质量保证等。在一段时间的发展后,高等教育质量委员会组织取代原本的评估组织,负责包括专业学习计划、教学与沟通、学术人员、评估与分级程序、证明反馈与推广等高等教育质量提升活动,对相关评估材料进行质量审核。[②] 此后,负责英国高等教育质量评估的组织进一步转变,在1997 年变为由英国高等教育质量保障署负责,通过院校审核来评估英国院校质量,审核工作主要集中在以下几个方面:根据高等教育质量保障署的要求制定院校质量标准,审核质量标准在院校内部的推进情况,确保院校质量保障成效;依据高等教育基金会的要求,审核各院校的公开信息资料;审核院校质量及其标准是否与院校公开及提供的资料一致;审核大学内部质量保证标准在校级与学科两个层面的实际运作情况,评估其成效和可靠性。

2009 年,英国高等教育质量保障署出版了一本新的《院校审核手册》,与之前使用的《院校审核手册》相比,将视野扩展到大学生群体,更加关注大学生自身的学习参与及体验情况,使得大学生自身成为院校质量审核的核心要素,认为院校"质量改进是在机构层面采取严格措施来提高学生学习质量的过程"[③],并在 2011 年 9 月引入了一种新的质量评估方法——院校评审,取代以前的院校审核。院校评审更注重"以学生为中心"的质量观,要求确保大学生

---

① GREEN D.What is quality in higher education? [M].Buckingham:Society for Research into Higher Education & Open University Press,1994:47.

② BROWN R. Quality assurance in higher education: the UK experience since 1992 [M].New York: Routledge Falmer,2004:55.

③ QAA.Handbook for institutional audit:England [R]. Gloucester:Southgate House, 2009:12.

学习质量的有效提高。这是因为英国高等教育质量保障署认为如果希望学生从质量保障中受益,那么学生必须处于质量保障活动的中心。在这种背景下,一系列的大学生学情调查在英国得以开展,如英国大学生调查(the National Student Survey,NSS),用以评估英国大学生的反应性评价情况。

英国大学生调查由高等教育资助委员会委托,自 2005 年以来每年进行一次大学生学情调查,依托线上平台进行,面向英国即将毕业的大学生,学生对自己在大学期间所学课程质量进行评估报告。调查问卷主要包括客观问题和主观问题两个部分,其中主要由六个核心维度构成,分别是:课程教学(the teaching on my course)、评价和反馈(assessment and feedback)、学术支持(academic support)、组织和管理(organisation and management)、学习资源(learning resources)和个人发展(personal development)。此外,还有两个关于满意度的问卷题目,分别是总体满意度和学生组织满意度。在除了满意度之外的调查问卷中,各个核心维度一般由三个或更多问卷题项构成。课程教学这一维度包括四个问卷题项,比如"教师善于讲解学习内容""教师使我对学习内容产生兴趣"等。评价和反馈这一维度包括五个问卷题项,比如"评分标准在正式课堂上得到明确沟通""评分过程和方法是公平的"等。学术支持这一维度包括三个问卷题项,比如"我的学习得到了很多建议和支持""当我需要老师的帮助时,我可以很快找到他"等。组织和管理这一维度包括三个问卷题项,比如"教学活动按时间表进行""如果课程或教师有任何变化,我们将被告知"等。学习资源这一维度包括三个问卷题项,比如"图书馆资源和服务能够很好地满足我的需要""当我需要使用它们时,我可以很容易地获取相关的信息资源"等。个人发展这一维度包括三个问卷题项,比如"专业学习让我有信心表达自己""我的沟通技巧有所提高"等。问卷采用五点量表,分别对应五个选项"非常同意""基本同意""普遍同意""基本不同意""非常不同意",此外问卷中的每个题项都添加了"不适用"选项。

英国大学生调查要求受访者就其在校学习经历提供诚实反馈,一般会将调查结果在网络上公布,为学校或学生组织改善学生的学习经历提供调查数据支持。比如英国高等教育学会利用英国大学生调查结果,依据院校大学生反应的评价情况,帮助院校部门和教师提高教育教学质量,在过程中成立院校工作小组,为各院校探讨英国大学生调查结果和分享实际活动经验提供对接平台,以应对学情调查中所呈现的机遇和挑战。此外,英国高等教育学会还就两个院校案例进行总结介绍,详细回顾反思了个别院校如何使用英国大学生调查数据结果来改善学生的学习体验。与此同时,英国高等教育学会也围绕英国大学生调查开发了相应的大学咨询项目,使用调查中的总体院校调查数据来比较各个院校的自身情况,完成每年的院校排名,帮助英国院校基于调查循证来明确其教学改革策略。

(2)英国大学生反应性评价的应用案例

英国通过大规模大学生反应性评价调查,形成大学生反应性评价数据库,并将其用于高校评价实践、教育教学质量提升等诸多应用领域。

第一,英国"教学卓越框架"。

在知识经济的转型趋势下,顺应培养创新型高技能人才这一国民经济发展和社会进步的核心动力需要对高等教育人才培养提出了更高的要求,英国政府希望通过建立国家高等教育评估体系,提高教学质量和人才培养能力,巩固英国大学在世界上的领先地位,维持英国在知识经济时代中的竞争优势。2016年5月,英国政府在这一背景下发布相关政策文本,明确提出教学卓越框架,围绕大学生反应性评价等形成一系列评价指标体系,推进英国高等教育教学高质量发展。英国教学卓越框架作为国家级的高等教育教学评价体系,由中央政府引领,主要坚持"以学习为中心"的评价理念,[①]旨在提升英国高等教育质量。同时在中央政府的领导下,英国教学卓越框架促使教学评估活动纳入到国家高等教育治理和资源配置的核心机制之中,对英国院校的教学环境产生了前所未有的影响,自2016年起由英国政府试行并逐步深入推进,到目前为止已进行多轮英国教学卓越框架评估,在英国院校发展和社会公众中

---

① 曹燕南.以"学"为中心的高校教学评价实践:英国"教学卓越框架"的特点与启示[J].江苏高教,2019,217(3):13-20.

40

引起广泛反响。①

与英国以往的高等教育质量评估框架不同,卓越教学框架在制定之初就明确指出,其制度设计目标在于追求教学质量卓越,而非基础性的教学质量合格要求,提出只有符合英国高校年度评估基本标准或英国高等教育质量保障署评估基本标准的院校组织才有资格参加卓越教学框架,并要求将大学生反应性评价指标及其结果应用到提高人才培养质量的实践中去。这在一定程度上表明英国卓越教学框架的初衷,是在知识经济的背景下对英国大学教学质量和一流大学建设提出更高的要求。事实上,在国际排名竞争中,高等教育评价体系及其相对应的院校治理将科学研究放在首位,这种排名竞争导向的评价在很大程度上加大了科研与人才培养之间的张力,扭曲了院校的教育理念和行为,并由此对大学生本身的学习状况关注不足。以牛津大学和剑桥大学为首的英国大学,在国际排名中占据优势,享有很高的国际声誉。然而相比之下,大学生对教学方面的反应性评价水平却在近年来一直呈现下降趋势,比如2012 年英国智库数据显示全国约有一半的大学生评价自己的大学经历为"物有所值",但是到了 2016 年出现下降,而认为大学教育不值得投资的大学生所占比例却迅速上升。这种英国大学生反应的学习体验评价与英国大学国际排名之间的差距已经在英国社会得到广泛讨论。英国政府对这一问题也十分关注,希望通过引入卓越教学框架,基于引入大学生反应性评价数据调查、院校人才发展动态监控等手段,审视和诊断英国教学质量问题,并结合评价结果反馈、官方行政权力引导、社会资源配置等,鼓励院校在教学职能上投入更多注意力,以此提振英国高等教育质量。

英国教学卓越框架所运用的评价数据主要来源于大学生反应性评价指标,评价体系主要由三个评价维度组成,认为卓越教学框架不应局限于课堂教学,而是强调以学生为中心的质量评价导向,将"卓越教学"定义为三个质量维

---

① 崔军,汪霞,胡小芃.英国高等教育"教学卓越框架":形成、实施及评价[J].教育研究,2018,39(7):146-154.

度,包括课堂教学质量、学习环境、学习效果和效益。[①] 其中,各个维度主要由多个证据来源支撑,以核心质量数据及其分离测度数据为主要参考依据,辅之以基线数据、补充报告等,涵盖了大学教育教学培养的全过程环节,如教学投入、教学过程、教学产出等。在这一过程中,评审委员会和评审委员将结合不同证据来源,对学校教学质量进行评估,分别划定金奖牌、银奖牌、铜奖牌等标准等级。其中,大学生反应性评价的数据主要应用于课堂教学、教学评价、学习支持等方面,从大学生主体出发,汇集评估大学生自身反映的在校学习经历和学习体验,并结合辍学率、就业率、升学率等方面的客观数据。

英国卓越教学框架以"学习"为核心,基于大学生反应性评价及相关客观测量指标而构建,当前这一框架的重点在于根据权威健全的多渠道数据,辅之以各院校提交的简短自我评估报告,将现有数据资源纳入框架之中。[②] 其中,核心质量数据来源于长期性的大规模学生调查,纳入大学生反应性评价数据,主要包括:英国大学生调查,衡量大学生对教学质量的反应性评价;高等教育统计局公布的高等教育统计数据;英国个性化学习者数据库,反映大学生学业深造情况;英国院校毕业生去向数据库,关注毕业生的就业情况。英国卓越教学框架除了显示院校在上述指标中的整体表现外,还将不同核心指标的数据分为不同大学生群体的"分离测度"数据,以显示不同大学生群体在各个质量维度中的具体表现及不同体验特点。例如,如果一所院校在课堂满意度方面反映出良好的总体评价数据,但在女性群体中呈现明显落后的评价趋势,那么在评价过程中将会考虑到这一院校在教育公平方面可能存在的问题。根据学科的特点和大学生的构成,利用数学模型的权重和全国高校的平均成绩,给出了各项指标的"基准",将院校的实际表现与基准相比较,形成评价结果,即当院校的实际表现高于基准时,得到正向评价;当院校的实际表现低于基准时,得到负向评价。这在一定程度上表明卓越教学框架着眼于"相对表现",而非

---

① 王中奎,郭婧,胡啸天.绩效导向的大学本科教学质量评估模式探析:基于英国"卓越教学框架"的技术性分析[J].外国教育研究,2019,46(3):58-74.

② 冯磊,马星.大学外部评价的英国探索:卓越框架体系的形成、特征与发展趋势[J].教育发展研究,2021,41(5):69-76.

"绝对表现"。

英国卓越教学框架的两轮评估结果已分别于 2017 年 6 月、2018 年 6 月公布,金、银、铜三个评级的有效期为三年,院校可每年申请重新评级,以获得新的评级。就评价过程而言,英国卓越教学框架的评价结果主要基于大学生反应性评价的量化证据,并结合一定的定性评价。卓越教学框架将根据大学在各个核心指标方面的表现提供初步评级,这个初始分数完全基于大学生反应性评价数据与评价基准的相对关系,形成初步的评价结果。在形成评价结果时,卓越教学框架采用综合性的证据来源,在初步评价结果的基础上纳入定性评价指标,这一定性评价指标包括十个层面,其中课堂教学包括四个层面,分别是学生参与、重视教学、教学深度和广度、学习评估和成效反馈;学习环境包括三个层面,分别是资源、学术研究和专业实践、个人化学习;学习效果包括三个层面,分别是就业和继续教育、就业技能与可转移能力、学生积极性成就。值得注意的是,以"学"为中心的特征导向仍然在这些定性评价指标中有所呈现,几乎所有评价指标及参考标准的描述都与院校教育教学为大学生所带来的学习体验和学习成果密切关联了起来,[①]是一种基于大学生反应性评价的评估标准。此外,这些标准仍然涵盖教学投入、教学过程、教学产出这一整个周期,在追求卓越教学时强调多样性和公平性,面向学科专业构成、学生群体分布各有不同的院校,采取标杆管理技术赋予不同的评价权重,使得不同办学定位和类型的院校在同一个评价框架中进行比较,避免了比较不同类型院校教育教学质量时的公平性问题,保障不同院校能够在不同赛道持续发力,激励院校为不同背景的学生提供优质教学服务。

以"学"为中心的教学质量框架基于大学生反应性评价结果,不仅测量并公布了院校在大学生体验、满意度等指标方面的得分情况,而且在英国大学生调查的支持下,将每位大学生在各个反应性评价问卷题项中的表现进行统计测量,使得院校可以通过教学质量框架了解到在各个维度上自身相较于全国院校总体水平的表现差距,以便让院校自身的教学质量问题诊断可以更加详

---

① 周蕾,史秋衡.大学生课堂体验对学习成果的影响研究[J].江苏高教,2021,250(12):95-99.

细地深入到各个教学具体环节,促使院校围绕大学生反应性评价的结果来提升院校教学质量,实现卓越教学。比如在第二轮评估结果中,南安普顿大学、利物浦大学依据卓越教学框架的数据结果,成功提高教学质量,将原本的铜级评价提高到银级评价。在南安普顿大学案例中,该学校在第一轮评估中有两项核心评价指标表现低于整体平均水平,分别是大学生对教学评估和反馈、学习支持的反应性评价。在第二轮评估中,南安普顿大学学生对"学生事先清楚了解课程评估的准则""课程评估的设定和评级确保公平""学生在课程中的表现得到适时反馈"等问卷题项的反应性评价水平有所提升,表明该学校基于前一轮大学生反应性评价中所指出的问题有所作为,尤其是在提高课程评价标准清晰度、课程评价结果公平性、课堂评价反馈及时性等方面取得了一定的改善成效,这种基于问题指向的持续改进是南安普顿大学在第二轮评估中获得银牌的关键。同时,这些院校案例也表明卓越教学框架为院校提供了大学生反应性评价的详细数据,通过总体院校表现、校际比较等,形成准确而有针对性的证据,帮助院校发现教学质量问题,使得院校教学改革可以更加明确前进方向,为提高大学生的反应性评价水平及优化学生学习体验提供了较为明确的突破口。

卓越教学框架的实施在英国产生了巨大的影响,采用大学生反应性评价数据及其他院校数据,使得社会各界可以直接根据大学生反应性评价等各种指标来观察院校教学水平,从学生的角度了解院校人才培养中存在的具体问题。在多轮卓越教学框架评价中,包括牛津大学、剑桥大学在内的传统精英大学获得金牌,一些办学时间相对较短的应用技术型院校或教学型院校也获得了金牌,比如罗伯特戈登大学、德蒙福特大学、林肯大学等。另有一些行业院校,比如伦敦舞蹈及戏剧艺术学院、市政厅音乐及戏剧学院、皇家兽医学院等,也凭借大学生的教学表现评价获颁金牌。事实上,许多普通学院在教学质量方面超过了罗素大学集团的一些院校,比如在第一轮评选中,39 所"92 后"应用技术型院校或教学型院校获得金牌,但是罗素大学集团中的 24 所大学相对而言表现欠佳,只有 8 所获得金牌。[①] 通过卓越教学框架可以看出,精英大学的强大科研能力不一定能够转化为大学生在学习体验和学习成果方面的反应性评价,而科研实力薄弱的普通高校也可以提供高质量的教学和人才培养服务,提升大学生反应性评价水平。因此,英国院校不能再仅仅依靠科研排名来强化名牌大学的优势累积效应,而是需要转向教育教学,投入更多资源来吸引优秀学生,改善大学生学习经历,关注大学生成长发展过程,提高各个指标的大学生反应性评价水平。与此同时,卓越教学框架的成效也在迫使院校关注大学生反应性评价的各项指标。尽管卓越教学框架并非强制性的,院校可以依据自身意愿决定是否申请参加评价,但是由于卓越教学框架的结果本身直接与资源配置挂钩,对院校运行经费、新生录取、院校声誉有很大的影响,例如,在卓越教学框架中评估结果良好的院校,可以将学费提高到目前政府规定的上限,相比之下表现不佳的院校在学费上将有所下调,因此,卓越教学框架具有半行政性、半市场性的色彩,英国政府正在利用其行政权力推动卓越教学框架的落地,以学费定价等为杠杆,创建一个"声誉市场",让各个院校为提升质量而相互竞争,促进院校对各个教学指标及其相应大学生反应性评价的关注,提高教学水平。

总体而言,卓越教学框架的核心指标主要基于大学生反应性评价,着眼于学生的视角,围绕从教学投入到教学产出的各个环节,形成总体评价结果。其中,大学生在各个主观学习经验指标上反映出来的评价观察点是问卷设计的核心,直接切入学生最关心的问题,是影响学生择校过程、学习经验和学业成绩的关键因素。以"学"为核心的一系列质量标准为衡量办学质量、推进高校教学改革提供了一个全新的视角,最大限度地体现了学生主体需要及其对教学质量的要求,同时学生对院校教学的期望通过大学生反应性评价得到回应,并将这一回应结果引入各类院校的评级与发展之中。成熟的大学生反应性评价数据库是支持教学质量动态监控的根本保证,成熟的数据库资源是成功实施卓越教学框架的重要支柱。长期以来,英国各部门(包括政府部门、自治和

---

① 曹燕南.以"学"为中心的高校教学评价实践:英国"教学卓越框架"的特点与启示[J].江苏高教,2019(3):13-20.

半自治机构、独立专业机构、院校等)建立了一些具有权威性和互补性的高等教育学情数据库,比如英国大学生调查、高等教育质量评价、大学教学质量评价等。这些数据库通过多年的积累,形成了大量的大学生反应性评价数据。而卓越教学框架所使用的数据主要源自相关大学生反应性评价的年度调查,因此各个院校在各个评价指标的表现可以每年更新一次,使得卓越教学框架可以将可能的院校复评要求纳入进来,根据院校在各项指标中的最新表现更新框架结果。在相关大学生反应性评价数据库的支持下,卓越教学框架可以实现对高校教学质量的动态监控,实现非固定评价机制,促进高校围绕学生学习及其反应性评价不断提高教学质量,推进人才培养改革。

第二,英国以学生为中心的教育模式。

在英国,关于院校科研和教学之间的关系一直存在着争论,科研职能也一度成为评价院校质量的最优先指标。然而,随着信息技术的发展、大学经费拨付制度的改革、绩效问责制的实施以及社会对高等教育质量的要求不断提高,英国院校需要重视人才培养和课程教学,反映到英国院校的使命愿景和教育目标上,则是呈现为关注大学生自身这一必然趋势。[①] 例如,帝国理工学院的愿景是在科学、工程、医学、商业等领域实现科研与教学的卓越引领,确保在当今世界范围内保持领先优势。牛津大学秉承精湛严谨的教学风格,追求学术卓越,创造世界一流的教育,培养世界领袖。伦敦南岸大学秉承卓越的教学理念,致力培训学生发展所需的就业技能,提升学生工作适应能力,促进社会发展。布鲁克斯大学则通过培养负责、认真、知识渊博的教师来使学生在学习过程中进一步重塑思维、激发潜能。鉴于英国院校的教育目标和使命,英国院校不仅是要培养学生的知识素养,更是要通过阅读写作、沟通合作、科研等培养学生的思维能力,引导学生表达自己的观点,理解他人的思想,与他人建立良好的互动关系,培养学生解决实际问题的能力,提高社会生存力,因此强调学生应在知识获取和技能发展的基础上掌握终身学习能力,继续深入学习和研究,不断掌握解决实际问题的方法,理解、转化和创造知识,为家庭、国家和社

---

① 卫建国.英国大学以学生为中心的优质教学探析[J].高等教育研究,2016,37(10):104-109.

会服务。这种以学生为中心的通识教育理念从英国院校教育使命定位到具体课堂教学的各个方面均有所渗透,并且已经在国家、院校、教师、学生等层面获得了较为广泛的理解性共识,比如在国家层面推进卓越教学框架,立足于学生针对不同指标的反应性评价,要求实现高质量教学。

为了确保英国院校能够以学生为中心实现教育目标和使命,提升教育教学质量,英国通过非政府组织高等教育质量保障署等评估英国院校教育质量。经过评估理念与评估范式的历史嬗变,高等教育质量保障署在评估英国院校教育质量时,强调大学生的主体性角色,要求大学生本身参与到整个评估过程中来,使得大学生能够反映出在学期间的学习经历与体验,以学生为本,通过各项大学生反应性评价指标评估院校教育质量。为此,英国在诸多院校中设立优质教学中心,推进院校教育质量提升工作,同时学校本身承担起教育质量建设使命,以学生发展为旨归,将各项大学生反应性评价指标作为出发点与落脚点,把以学生为中心这一宗旨贯穿于院校实际运行制度机制之中。比如在制度上成立教育教学质量保障小组委员会和教育教学质量保障小组委员会评议会,一方面,负责监管教育课程质量,在保留院校内部自主权的基础上关注大学生反应性评价,确保教育课程质量;另一方面,负责监管全校教学、研究等活动,层层把关,确保大学生在教学科研质量方面的反应性评价水平。在实际院校工作上,英国院校围绕学生学习需求,实施了课程模块体系、学分累积转移制等,提高大学生反应性评价水平,保障大学生学习质量。

为了提升大学生反应性评价水平及其综合素养,英国院校围绕学生发展展开院校教学、课程、科研服务等,将其化为具体有效的院校举措。

在提升大学生在教学方面的反应性评价水平方面,英国院校关注到教师建设工作,认为促进学生发展的前提是促进教师发展,成立学习发展中心、教师教育发展中心等组织机构,促进教职员、团队或机构获得成长,支持院校内外跨专业与跨学科发展,促使教师认识到与学生等不同主体充分沟通的重要性。其中,教师教育发展中心的主要任务之一在于提升教师教育教学技能和教育教学能力,把握教师教育教学的实际需要,以此提供一系列具有针对性的独立课程,为所有教师提供免费的咨询意见。从教师的角度看,以学生为中心的教育教学质量在根本上是在衡量学生自身的发展质量,学生作为学习的主体,是教育教学工作的客观对象,也是教育教学质量的直接承载者和反映者。知识要真正内化到学生主体的认知结构中,使其真正获取知识,并非依赖于教师教学或机械性记忆,而是依赖于学生自主学习思维的形成,在其与自然、社会、他人和自我的互动对话中获得真知,在特定情境下构建起知识的获得体系。[①] 因此体现在具体的教学策略和教学行为上,学生学习知识的过程也是创造和生成新知的过程。院校教师及教育教学工作应以学生自身反映出来的各项评价指标为依据,重视学生的"学",在教学过程中应关注学生的学习背景、智识基础、学习需要及学习特点,以自主性为原则,以科研带动人才培养,要求教师作为科研人员开拓专门的研究领域并形成高质量的研究成果,为学生提供更为多元化的智力引领与支持,从而帮助学生不断实现发展和进步。此外,在学生层面,应树立学生主体观,促使学生认识到自身作为学习主体的存在,使其能够充分发挥自主性,实现自主选择专业课程、自我管理、自我发展,自觉决定自己的学习计划并调整学习进度,决定课外活动、出国访问、实习等活动,使得学生在行使自主权时对自己的学习有控制感和责任感,鼓励学生反思自己的学习,在学习与学习反思的过程中提升大学生反应性评价水平。[②]

为了提升大学生在课程方面的反应性评价水平,英国院校落实以学生为中心的通识课程,提升课程质量。以学生为中心的通识课程有四个关键环节:课前和课后的阅读写作、课堂上的讨论交流、课后的实践服务、大学生对整个课程的评价反馈。在课前和课后的阅读写作方面,英国院校普遍认为提高学生的内在素养是提高课程质量的关键,强化学生学习与发展的增值效应。英国院校的课程形式主要分为四种,分别是讲座式、导师式、实践式和研讨式。在任何课堂上,学生必须在课前和课后做大量的阅读和写作,通过阅读和写作形成对事物的感知和理解,并在此基础上了解他人,懂得如何与他人相处。阅

---

① 帕尔菲曼.高等教育何以为"高":牛津导师制教学反思[M].冯青来,译.北京:北京大学出版社,2011:95-102.

② SKELTON A.International perspective on teaching excellence in higher education:towards a critical approach[M].London:Routledge,2007:4-10.

读和写作任务不是老师布置的,而是根据学生接受能力、学生发展需要以及教师对当前前沿的深入研究和理解而精心安排的。比如在牛津大学,导师制课程一般要求每位学生每周提交大约 4000 个单词的论文,这就要求学生至少阅读上万字的材料。如果一个学生在一个学期内有多门课程,那么阅读量也将大大提升。在课外阅读和写作方面,一般是由学生独立完成的,以此培养学生的自主阅读能力。牛津大学通过大量阅读等方式,帮助学生打下扎实的专业知识基础,在相对高出其他院校两到三倍的阅读写作任务基础上,进一步培养学生的研究态度和探究精神,这也被认为是牛津本科教育质量较高的主要原因之一。在阅读和写作过程中,学生是天然的主体,教师是幕后的英雄,即学生能否成为学习的主体取决于教师的指导作用。教师在学生自主阅读和写作过程中应该扮演什么样的角色? 一般来说,应扮演示范引导角色。教师本身有着学术探索的使命,身为一个研究者,需要不断通过科研探索形成广博的学科专业基础,通过深入课题研究来持续生产更高质量的学习材料,但是如果一个教师只注重科学研究,那么将只能成为一个好的研究者,而不能成为一个好的教师。要避免一厢情愿的学生培育和以教师为中心的教育偏见,不仅需要教师是科研功底深厚的优秀研究者,还需要从"学生视角"来研究和了解学生,[①]理解学生自身的学习特点与学习需要,从学生的知识起点和学习情况出发,找到切入点,以科研带动人才培育,因材施教,通过组织引导阅读等,向学生传达学术探究精神并系统引导学生走入学术世界,走向学术前沿。在这一过程中,教师要实现对学生的有效示范引导,前提在于学生能够感知到这一示范引导努力,因此需要师生之间的有效互动与反馈,比如教师对学生写作论文的修改批示与改进建议,要以一种师徒式的手把手指导引导学生发展。而为了实现这种有效的示范引导,英国院校约有一半左右的研究项目致力于研究学生学习和行动,尝试基于对学生的研究和理解,促使教师在复杂的课程环境中选择更加人性化、智能化的行为策略,帮助学生基于适切的阅读写作材料和方向不断进步,提高学生阅读写作质量,提升学习效能。在课程的讨论交流方

---

① 刘献君.论"以学生为中心"[J].高等教育研究,2012,33(8):1-6.

面,学生除了要具有良好的阅读和写作能力外,还要具有良好的语言和交际能力,这种能力来源于课程讨论互动模式。这种课程模式以问题为核心,不断促使师生围绕问题进行有效的讨论交流,培养学生对课程问题讨论的判断力和独立思考能力。一些研究指出,讨论交流是提出问题的一种方式,也是探索和检验真理的一种方式,这种方式依靠的不是权威的判断,而是通过分析、比较与批判来帮助启发学生,因此也要求英国院校基于课程等形成师生互动、生生互动的有机生态环境,而非变为教师一人的课堂。在课程讨论交流过程中,教师和学生就提出的各种问题进行对话,在寻求解决这些问题的过程中,不同的观点可能会发生冲突或碰撞,使得真正的知识在互动中得以浮现,并启发学生的思维,促进学生的发展。学生实现学习发展目标的核心在于学生真正学习思维,在思维过程中不断去理解、判断、怀疑,形成创新批判性思维。而学生学术能力的核心正是在于创新批判性思维,这也是英国院校人才培养的核心目标,使得学生专注于自身的学术工作,学会独立思考自身所面临的问题,对事物的矛盾性进行发现、提问和解决。那么教师如何在课堂上引导有效的讨论交流?首先是教师的倾听者身份重塑。教师是学生的同伴,也是学生的听众,在课程中的任务并非灌输知识,不是针对问题直接给出权威回答,更不是给出一种标准答案,而是在课程中形成一种共同成长的共同体,深入教育场域,实现"教育在场",在课程中鼓励学生提问与回答,认真倾听学生的提问和回答,从而理解学生在想什么,才能判断学生需要什么,与他们进行真正的对话,并引导他们思考,促使学生成为真正的探索者、发现者和学习者。其次是教师的指导者身份重塑。教师对学生的帮助主要体现为对学生发展的引导作用,在师生讨论交流过程中教师应理解学生的实际感受和思维方式,调动学生的积极性,引导学生自觉地朝着目标不断行动。这一思想与西方所认知的教育本质密切相关。从西方语源学的角度看,教育是一种指导,在牛津大学导师一般需要投入一定的时间与学生一起讨论论文。在讨论中,苏格拉底的助产术是教师指导学生所依循的重要方法依据,在讨论中教师并非将自己的观点强加给学生,而是与学生进行交流或分析学生的观点,让学生可以更为自觉自主地选择适切的价值观,形成内在自成一体的认知体系并解决问题。在课后的实践服务方面,真正的学习不是简单的记忆,而是一种综合素养的生成,因此英国院校培养学生时,普遍重视实践能力和创业能力,要求学生运用所学的专业知识和技能,在校外的真实社会中不断尝试具体的实践,在知与行的转化过程中不断实现自我发现,探索新知识,解决实际问题,提高为社会服务的实践能力。也就是说,通过"做"使"学"更加深刻有效地内化到学生的实际培育过程中,并同时产生溢出效应,通过产学研结合实现科技成果的转化,从而为社会和人类未来服务,促进全球和地方经济社会发展。英国院校相关实践服务具有多种形式,比如实验教学、实地考察、小组合作等,具体实习比例因学科而异,比如牛津大学为了提升学生创业热情,采用企校合作等形式帮助学生进入市场,在院校和企业之间架起了桥梁;牛津布鲁克斯大学通过电脑技能等一系列公共技能课程来进行多方位培养,增强学生就业技能,帮助学生获得一定的就业经验;伦敦南岸大学亦致力于为学生提供实习、实习和创业计划,帮助学生了解社会需求、发展实践技能、规划职业生涯。在大学生对整个课程的评价反馈方面,英国高等教育质量保障署依据英国高等教育质量要求对英国院校高等教育教学质量进行定期评估测量,包括建立和维护学术规范、保障和加强学术质量、落实教学考试外部评估、院校信息公开等评估内容。在这一过程中,英国高等教育质量保障署按照评估测量结果对院校进行评级划分,向院校提出当前较为薄弱之处及其改善建议,而评估结果也成为影响院校声誉、学生招收、政府投入等诸多方面的重要依据。此外,英国院校也对自己的教育教学质量进行内部评估,通过建立有效的绩效评估和监督制度,通过教师编写教学质量个人报告等方式,使得教师明确发展目标;重视教育质量评估中的学生参与,在校、院两层决策机构中设立学生代表参与渠道,鼓励学生在决策过程中发表观点,收集学生就自身学习经验所提出的意见,从学生主体视角审视院校自身的治理现状及其改进空间,提升大学生反应性评价水平,助推高等教育质量建设。

3.澳大利亚大学生反应性评价进展

在相关国际大规模大学生反应性评价调查不断兴起的背景下,澳大利亚同样采取学情调查方式,调查大学生反应性评价情况,并将其应用于教育教学评估之中。

(1)澳大利亚大学生反应性评价的学情调查

为了更好地调查大学生学情状况,澳大利亚立足于大学生反应性评价,采用学生自评式调查方式发起调查行动,其中课程体验调查是澳大利亚大学生学情调查的重要组成部分。澳大利亚课程体验调查的初始问卷设计来源于此前所开发的课程感知问卷,遵循全面性、可理解性、普适性、经济性、灵活性等原则,确保澳大利亚课程体验调查的调查内容全方位地涵盖院校课程教学各个方面,并以有效、易理解、较高自由度的方式呈现出来,提升调查数据的信效度。[①] 通过多年的调查完善,澳大利亚课程体验调查成为澳大利亚高等教育质量评估的有效工具,为院校治理和质量建设提供循证支撑。

第一版课程体验调查问卷由 80 个问题构成,在 1989 年初步面向澳大利亚 100 名高校学生试调查后,将问卷问题数量减少到了 57 个,此后在澳大利亚高等教育绩效指标研究小组的建议下,将这一版调查问卷试用到一项全国调查之中,并进一步根据调查成效对问卷进行了修订,编制形成了第二版课程体验调查问卷。第二版课程体验调查问卷分为 5 个维度共 30 个题项,分别是良好的教学(good teaching)、明确的目标(clear goal)、适当的任务量(appropriate workload)、适当的评价(appropriate assessment)和充分自由度(emphasis on independence)等,[②]显示出较好的问卷信效度,可用于大规模调查,并在就业、教育和培训部的一项全国高校毕业生调查中使用了这一问卷。此后,课程体验调查问卷进一步得以修订,将问卷题项缩减为 23 个,其中充分自由度这一维度转变为通用技能。多年来,澳大利亚院校一直使用课程体验调查问卷来调查院校学生各项反应性指标的情况,也在这一过程中发现问卷需要进一步改进的地方,比如问卷主要针对课内内容而对课外活动涉及较少。

因此,有学者提议重新修订课程体验调查问卷,认为应在原有的五个维度

① GRIFFIN P,COATES H,MCINNIS C,et al. The development of an extended course experience questionnaire[J].Quality in higher education,2003,9(3):259-266.

② WILSONA K,LIZZIOA A,RAMSDEN P.The development,validation and application of the course experience questionnaire[J].Studies in higher education,1997,22(1):34.

基础上,进一步加入学习支持、学习社区、学习资源、学习动机等维度,扩展原有的问卷维度。[①] 此后澳大利亚毕业生职业指导委员会依据学界意见修订课程体验调查问卷,将问卷分为核心量表和可选量表,其中核心量表由良好的教学、通用技能和总体满意度(只有一个问题)构成,可选量表由明确的目标、适当的任务量、适当的评价、学习动机、学习支持、学习资源、学习共同体等构成。基于不断完善的课程体验调查问卷,澳大利亚课程体验调查成为政府、院校和社会大众了解澳大利亚院校质量的重要窗口,并在提高澳大利亚高等教育质量方面发挥着重要作用。

(2)澳大利亚大学生反应性评价的应用案例

学生作为院校教育教学的主体,大学生反应性评价从大学生主体出发,逐渐成为高等教育质量评价的重要组成部分。在高等教育中,教学的问题不仅在于大学教师如何设计他们所教授的课程,还在于他们的学生如何理解他们所教的课程,因此澳大利亚利用大学生反应性评价,将大学生反应性评价运用到大学生课程体验调查中,从大学生主体这一课程教学的亲身经历者与体验者出发,评价澳大利亚课程教学质量,[②]以大学生所感知呈现出来的反应性评价来提高澳大利亚高等教育课程教学质量。

第一,澳大利亚的大学生课堂体验调查。

澳大利亚大学生课堂体验调查研究的兴起与当时澳大利亚高等教育组织改革实践密切相关。在二十世纪八十年代中后期,澳大利亚呼吁高等教育组织应走出自身领域边界,与外部社会结构进行互动交流,呼应建立一个能够有效评估高等教育组织绩效的评价指标体系,回应社会绩效问责与需求期待。其中,一个非常重要的聚焦点是评估课程教学质量。[③] 当时,澳大利亚委托绩效指标研究组进行相关评价指标体系的确定,通过这些评价指标体系测量大

① GRIFFIN P,COATES H,MCINNIS C,et al. The development of an extended course experience questionnaire[J].Quality in higher education,2003,9(3):259-266.

② LONG M.The course experience questionnaire and Australian universities[J].Unicorn, 1995,21(3):27-35.

③ 李作章.以学评教:澳大利亚大学教学质量评价新趋向及其对我国的启示[J].四川师范大学学报(社会科学版),2020,47(6):99-105.

学生反应性评价现状等。现有的增值评价、同行评价等评价方法,均未能达到预期的效果。[①] 所谓的增值评价主要测量的是大学生学习前与学习后所形成的某种差距,将这种差距视为学习所带来的增值,比如基于学习成绩测量大学生学习前与学习后的学习成绩差量。这种基于差量的方法在实践中存在一些困难,分别是:测量标准的不等价,以学习成绩为例,各个高校学习成绩的构成内容、方法类别、评估标准千差万别,难以进行等价换算与比较;测量重点的偏离,通过学习成绩差值所测量的是学生学业成绩增值,而不是对教师教学质量的评估,导致教师的教学走向为了成绩而教学,偏离教师课程教学的初衷。同行评价主要基于同行之间的相互评价形成评价结果,但是由于同行偏见、信息不对称等问题的存在,采用同行评价所得出的课程教学评价存在不确定性、不稳定性等问题。其他评价指标,比如"毕业率""辍学率"等难以全方位地呈现系统性评价结果,且容易受到课程教学外因素影响,与课程教学质量评价之间存在不适切问题。[②]

在这样的背景下,一种类似于"消费者"立场的高等教育评价方式,即从学生主体的角度出发进行大学生反应性评价,对课程教学质量评价产生影响力。就课程教学质量评价而言,学界认为课程教学本身涉及范围极为广泛,如何评价课程教学"是否好"是一个十分复杂的学理问题,但是所谓"好的"标准也存在着一些更为本质性的关键因素,这些更为本质性的关键要素可以作为衡量课程教学质量的指标内容,区分"好的"课程教学和"坏的"课程教学。[③] 而这些本质性因素的评价主体主要立足于大学生本身,认为大学生作为高等教育教学的主体,亲身经历着院校教育实践过程,是课程教学的过程参与者与成效

① MARSH H W.Students' evaluation of university teaching:research findings,methodological issues,and directions for future research[J].International journal of educational Research,1987,11(3):253-388.

② 陈琼城.大学生课堂体验:基于学生视角的教学质量评价[J].集美大学学报(教育科学版),2014,15(01):59-64.

③ RAMSDEN P.A performance indicator of teaching quality in higher education:the course experience questionnaire[J].Studies in higher education,1991,16(2):129-150.

承载者,能够以其为主体,有效、可信、多维地区分课程教学的好坏,[①]在课程教学质量评价方面具有独特性优势,而这种优势是院校工作者、同行等其他主体难以具备的。因此,澳大利亚展开课堂体验调查,立足于大学生的真实课堂体验,试图采用大学生反应性评价的方式,获取不同课程教学要素的现状及其相互关系评价结果。

澳大利亚课堂体验调查采用课堂体验问卷,以大学生的反应性评价为基础,通过大学生自评呈现大学生在课堂中对于课程教学的真实感知,了解不同课程教学要素的具体表现及其质量差异。其中,所包含的课堂体验并非特指某位教师的课程教学课堂,而是指大学生在整个学习生涯过程中的全部课堂体验(如整个学位课程教学),评价重点是大学生在课堂中所直接体验到的课程教学关键要素。基于上述调查目标,澳大利亚课堂体验调查在编制课堂体验问卷时主要考虑以下问题:所纳入的课程教学课堂质量指标应包括学生所能正确判断的全部重要内容;所纳入指标内容应与外部评估标准保持相关性;在编制与推行时坚持经济性原则;所纳入指标内容能够普遍适用于澳大利亚高等教育课堂当中;所纳入指标内容能够清晰地揭示不同院校大学生群体之间的感知性差异。基于这些课堂体验问卷编制要求,需要大量的研究与探索来开发适切的课堂体验问卷,在参考以往问卷开发成果的基础上实现进一步发展。为此,澳大利亚课堂体验调查借鉴过往成果,如早期开发的课程感知问卷、[②]院校体验问卷[③]以及高等教育学习体验问卷[④]等,开发课堂体验调查所采用的问卷。

相关课堂感知问卷的开发工作开始于 20 世纪 70 年代末,与当时兴起的

---

① WACHTEL H K.Student evaluation of college teaching effectiveness:a brief review[J].Assessment & evaluation in higher education,1998,23(2):191-212.

② RAMSDEN P.Student learning and perceptions of the academic environment[J].Higher education,1979,8(4):411-427.

③ RAMSDEN P,MARTIN E,BOEDEN J.School environment and sixth form pupils' approaches to learning[J].British journal of educational psychology,1989,59(2):129-142.

④ ENTWISTLE N,TAIT H.Approaches to learning, evaluations of teaching, and preferences for contrasting academic environments[J].Higher education,1990,19(2):169-194.

大学生学习研究密切相关。1976 年,瑞典哥德堡大学的马顿教授及其团队分析学生对于学习任务的不同反应,发现在学习过程中学生采用了两种不同的学习方式,即深度学习和浅层学习,[①]其中采取深度学习方式的学生在最终学习质量表现上更为突出。此后一系列学者针对学生反映出来的不同学习方式,[②]探索这些学习方式为什么会产生差异,即哪些因素导致了学习方式的差异。通过探索学习方式与学习情境之间的关系,相关学者围绕学生学习环境进行影响因素剖析,并应用到英国院校之中展开相应的实证研究,结果发现学生学习方式受到学习环境 8 个主要因素的影响,分别是和学生之间的关系、教学投入、学习负担、教学方式、职业发展联系紧密程度、社会氛围、明确的目标标准、学习自由度。这 8 个要素应用到量表问卷的开发工作中,组成了量表问卷的 8 个主要维度,形成了最初版本的课程感知问卷。基于此后的研究成果发展,最初版本的课程感知问卷不断得到完善优化,比如将"和学生之间的关系"转变为"对学生的开放态度",将"教学投入"转变为"良好教学"等,但是总体的课程感知问卷结构并未发生太大的变化,在后续的课堂感知问卷开发中得以沿用,为课堂感知问卷的成熟化奠定了前期准备和良好基础。

考虑到大学生在课程感知问卷不同维度上的反应性评价得分与其学习方式之间的相关性水平较低,以及在评价指标开发方面涉及太多标准,[③]因此澳大利亚课堂感知调查并非直接移植使用课程感知问卷,而是基于课程感知问卷、院校体验问卷等,分析学生对于课程教学"最好特征"和"最差特征"的开放式回答,编制课堂感知问卷来调查大学生群体所反应评价得出的澳大利亚高等教育质量状况。经过多次调试和优化,编制成型的澳大利亚课堂感知问卷主要由 57 道题组成,通过大学生反应性评价来区分在课堂中课程教学质量的优劣,具有较好的信效度。此后,在澳大利亚高等教育绩效指标研究项目的要

---

① MARTON F, SALJO R. On qualitative differences in learning-outcome and process [J]. British journal of educational psychology, 1976, 46(1):4-11.

② 杨院. 我国大学生学习方式研究:基于学习观与课堂学习环境的探讨[D]. 厦门:厦门大学, 2012.

③ 陈琼娥. 大学生课堂体验:基于学生视角的教学质量评价[J]. 集美大学学报(教育科学版), 2014, 15(01):59-64.

求下,为了使课堂感知问卷能够更好地应用于高校毕业生群体的反应性评价上,将原本的课堂感知问题项缩减至 30 个题项,分别为良好教学(8 个题项)、学习负担(5 个题项)、适当的评价方法(6 个题项)、明确的目标标准(5 个题项)、学习自主性(6 个题项)。

1990 年,澳大利亚课堂感知问卷 30 投入应用,对来自不同专业院校的 3372 名大学生进行了调查,并收集与分析问卷调查数据。[①] 分析结果表明,课堂感知问卷 30 具有良好的信度和效度。基于课堂感知问卷 30 所汇集的大学生反应性评价结果,研究者分析了大学生课堂体验与学习方式之间的关系,发现大学生深度学习方式与良好教学、明确的目标标准之间呈现更为密切的相关关系,学习负担过重、评价方式不恰当等与大学生浅层学习方式之间的关系更为密切。此外,基于不同题项维度上的大学生反应性评价得分,课堂感知问卷所呈现的不同院校专业大学生反应性评价结果可以有效区分不同组织单位之间的课程教学质量,可以以此为工具,立足于大学生反应性评价,测量不同院校的课程教学质量。此后,由于社会发展与高等教育需求的动态变化趋势,课堂体验问卷 30 进一步得到修订完善。在保留原有基本结构、避免任何根本性修改的基础上,研究人员为确保大学生反应性评价数据之间的可比性,观察不同院校课程教学质量的纵向发展,进一步立足于实际情况进行了部分调试,将原本课堂体验问卷 30 中的良好教学维度由 8 个题项删减至 6 个题项,明确的目标标准由 5 个题项删减至 4 个题项,学习负担由 5 个题项删减至 4 个题项,适当的评价方法由 6 个题项删减至 3 个题项,删除原本的学习自主性(6 个题项),增加通用技能这一新维度(6 个题项),形成了由 23 个题项构成的课堂体验问卷,简称为课堂体验问卷 23。课堂体验问卷调试的背后是源自社会发展的不确定性倾向愈发突出,需要关注高校毕业生综合技能的培养,促使高等教育转变人才培养定位,不仅应该培养学生获得专业领域知识、形成专业技能的能力,更要培养其在就业发展和终身学习等领域的通用能力。为此澳大利亚高等教育委员会就高校大学生的能力培养问题发布报告,提出高校需要为

---

① RAMSDEN P. A performance indicator of teaching quality in higher education: the course experience questionnaire[J].Studies in higher education,1991,16(2):129-150.

高校大学生培养做更多的工作,①促使其在毕业时能够掌握具有转移性和适应性的通用能力,从而促使大学生可以更为充分地适应未来社会变革,发挥自身内在潜能服务社会。课堂体验问卷 23 所增补的通用技能维度,由问题分析和解决、团队合作、计划能力、互动能力等题项构成,主要用来测量大学生在课堂中是否感知到了这类技能的培养及其程度。

基于大学生反应性评价的内在逻辑,课堂体验问卷 30 和课堂体验问卷 23 在澳大利亚课堂体验调查中获得广泛使用,也有部分研究将两个课堂体验问卷结合起来形成课堂体验问卷 36,并在各个版本的课堂体验问卷中坚持纳入一个单独题项来衡量整体的大学生反应性评级,即"总的来说,我对我的课堂教学质量感到满意"。然而,尽管课堂体验问卷在院校课程教学质量评价方面的有效性和可信度已得到广泛认可,但也面临着一些批评意见,比如课堂体验只是大学生所感知到的学习过程及其成效的一部分,其通过大学生反应性评价所得出的课程教学课堂质量只是院校整体质量的一部分,图书馆、大数据信息支持等其他院校服务也是大学生学习过程及其成效的重要组成部分,不能将其排除剥离出大学生反应性评价的范围,而应当作为大学生整个感知体验的一个重要部分纳入课堂体验问卷中来,这一建议被后来修订的课堂体验问卷所采纳。2002 年,课堂感知问卷进一步进行修订。区别于之前将大学生反应性评价重点主要放在课堂课程教学内的做法,2002 年课堂感知问卷在原本的问卷结构基础上增补了学生学习支持、学习资源、学习共同体、毕业生质量、激发学习兴趣等五个维度,并纳入一个题项专门测量大学生整体体验到的反应性评价,以此作为课堂感知问卷的补充部分。

自 1992 年以来,澳大利亚面向高校毕业生展开课堂体验调查,通过大学生反应性评价的方式了解毕业生对自身高等教育学习过程及其成效的感知体验,以此为切入点明晰不同院校的课程教学质量。历经几十年的调查实践,澳大利亚课堂体验调查成为评价澳大利亚高等教育质量的重要方式,并逐步影

---

① HIGHER EDUCATION COUNCIL. Higher education:achieving quality[R].Canberra:Australian Government Publishing Serbice,1990.

响国际大学生学情调查。回溯到更早的课程体验问卷,到目前为止已有 50 余年的历史,在这一期间相关调查研究不断优化完善,取得了一系列调查研究成果,分别是:大学生主体的感知体验存在差异性,以所属学科专业为例,不同学科专业的大学生由于所需学科专业内容与方法要求的不同,在学习过程中存在感知体验差异,一般来说文科、理科大学生在课堂体验上较工科学生更为积极;^①学校规模效应的客观性差异,相较于传统的"好"院校,小规模院校毕业生在课堂体验问卷中的反应性评价表现相对更为正向,可能原因在于院校本身的小规模办学模式促使班级规模也相对更小,师生之间更为密切的互动交流促使大学生获得更为有质量的课堂体验,而在相对传统的名牌院校中,所选拔入学的大学生本身在此前的学习阶段享有较多的关注和指导,但在进入院校学习后,由于招生规模和师生比等原因,使得大学生在学习过程中所感知到的关注和指导有所减少,从而影响了大学生的实际课堂体验,并由此递延到了课堂体验调查的反应性评价表现中;^②不同院校专业的大学生反应性评价之间的差异性较小。通过多年课堂体验调查,不同院校、专业大学生在课堂体验问卷中的反应性评价存在差异,但差异性较小,且呈现出相对稳定性,其中,毕业时的综合排名、课程平均分、毕业后深造等因素对大学生在课堂体验中的反应性评价存在正向影响,综合成绩波动大、选修课程数量过多、课程挂科、竞争压力大等因素对大学生在课堂体验中的反应性评价存在消极影响;大学生在课堂体验中的反应性评价会影响大学生的学习方式及其学习质量,一般而言,大学生在课堂体验中的反应性评价越积极,就越倾向于采用深度学习方式,从而更有可能获得更高质量的学习成效,^③大学生在课堂体验中的反应性评价越被动,则越有可能倾向于采用浅层学习方式,影响大学生学习过程及其

① NEUMANN R.Communicating student evaluation of teaching results:rating interpretation guides[J].Assessment & evaluation in higher education,2000,25(2):121-134.

② RICHARD J.Academic standards and the assessment of student learning:some current issues in Australian higher education[J].Tertiary education and management,2003,9(3):187-198.

③ DISETH A.Approaches to learning,course experience and examination grade among undergraduate psychology students:testing of mediator effects and construct validity[J].Studies in higher education,2007,32(3):373-388.

成效。

其中,澳大利亚课堂体验调查也面临如下争议,主要集中在以下几个方面。首先,大学生基于感知体验的反应性评价存在可靠性问题。通过大学生对课堂中课程教学的感知体验来获取反应性评价数据,以此来衡量不同院校学科课堂课程教学质量的差异,是一种相对独特的评价思路,但是大学生本身也受到知识水平、认知结构、人格特质等因素的限制,在作为评价主体享有高度的主观性时,也容易在面对课堂体验做出反应性评价的过程中存在能力有限等问题。此外,大学生在毕业完成课堂体验问卷时,容易将其作为任务"苦差事"来进行处理,①很难把自己整个的大学经历浓缩成一份单一问卷的反应性评价,使得根据大学生课堂体验来衡量不同院校学科课堂课程教学质量时产生可靠性争议。其次,大学生基于感知体验的反应性评价存在程度性问题。课堂体验问卷基于多年的调试和优化,成为衡量学生课堂体验最为经典且受到广泛使用的量表之一,但是课堂体验问卷本身的维度与题项是有限的。通过多个维度来衡量整体大学生反应性评价时,似乎意味着大学生对于课堂体验的反应性评价可以呈现于这些维度中,但是大学生个体对于整个学习过程及其成效的反应性评价仅限于这些维度题项中,还有许多其他院校课堂课程教学的重要因素是难以衡量的。且当这些因素被量化时,也容易丢失其中的重要信息,使得依据大学生课堂体验来衡量不同院校学科课堂课程教学质量时,产生这些反应性评价究竟可以多大程度上反映院校学科课堂课程教学质量的争议。再次,大学生基于感知体验的反应性评价存在可比较性问题。近年来,研究者基于课堂体验调查数据,比较不同院校的课堂课程教学质量,尽管课堂体验问卷具有良好的信度和效度,但由于院校类型与定位的差异,依据大学生课堂体验来衡量不同院校学科课堂课程教学质量时,是否存在可比较的基础? 由此提出争议,认为课堂体验问卷所呈现的大学生反应性评价数据虽然是大学生课堂体验中的感知结果表现,但并不意味着适合用于比较不同院校的课堂课程教学质量。比如在控制学科专业因素和学生背景信息后,研

---

① SIMPSON P M,SIGUAW J A.Student evaluations of teaching:an exploratory study of the faculty response[J].Journal of marketing education,2000,22(3):199-213.

究者发现不同院校大学生在总体及各维度课堂体验上的反应性评价没有显著差异。① 此外,大学生往往只能在一个院校组织中完成整个学业,一般不具备其他院校和教育教学部门的学习经验,以此来比较不同院校大学生的课堂体验反应性评价存在可比较基础缺位的问题。最后,大学生基于感知体验的反应性评价存在有效性问题。澳大利亚课堂体验调查侧重于大学生的课堂体验感知,而非教师或课堂本身的特点,调查的是大学生基于整个学习过程而形成的课堂体验反应性评价,具有较强的"集合性",使得教师甚至院校部门很难依据大学生对课堂体验的整体性反应性评价找到课堂课程教学中的具体问题,而教师和院校部门的改革努力又直接关乎院校课堂课程教学质量的提升。此外,澳大利亚课堂体验调查从面向毕业生发放课堂体验问卷到回收课堂体验反应性评价数据,需要大约三到四个月的时间,距离完成数据分析形成最终报告甚至会有一年左右的时间差,这种在时间上的滞后性使得教师和院校部门难以依据大学生对课堂体验的整体性反应性评价及时有效地进行院校课堂课程教学质量改革;大学生基于感知体验的反应性评价存在治理矛盾问题。澳大利亚课堂体验调查由澳大利亚毕业生就业委员会和澳大利亚大学质量保障署等机构负责推进。毕业生反应性评价调查,在很大程度上遵循的是一种自上而下的治理路径,对外界部门负责,在这一情况下教师、院校部门很难在当年的澳大利亚课堂体验调查获得自主权,从而及时获取大学生课堂体验反应性评价反馈进行课堂课程教学干预。而教师、院校部门又是院校课堂课程教学改革行动与质量问题的直接结果负责方,这种治理上的责任与权利结构的矛盾问题成为澳大利亚课堂体验调查中一个有很大争议的治理问题。

总体而言,澳大利亚课堂体验调查经过几十年的发展,已围绕大学生课堂体验反应性评价经历了较为长远的发展历程,并为澳大利亚高等教育质量评价与保障提供了常规性的工具支撑与可行路径,虽然还在一些方面存在争议,但基本上已经形成了一个比较完善的澳大利亚课堂体验调查,为依据大学生

① MARSH H W,GINNS P,MORIN A J S,et al.Use of student ratings to benchmark universities:multilevel modeling of responses to the Australian course questionnaire[J].Journal of educational psychology,2011(103):733-738.

课堂体验反应性评价改进院校课堂课程教学质量提供了重要参考。

第二,学生评教。

学生评教是收集学生反应性评价反馈、监控教育教学质量的重要手段。传统的学生评教大多是由教育教学理论领域的管理者和专家开发规则与具体工具,组织学生填写教学评价量表,形成学生评教结果。这种传统方式的学生评教结果一方面为教师教学评价、管理和职业发展决策提供了依据,另一方面也使得教师能够得到学生对课堂教学及其教学实施的反馈性建议,具有指标体系清晰、操作简便、统计简单等优点。但是这种传统的学生评教指标是学生认可的重要指标吗?是否优先考虑学生的需要来衡量所有指标的重要性?这些争议的背后表明了这种学生评教方式所面临的问题在于其教学评价指标是由管理者和专家制定的,而这种专家式的评教指标体系不能覆盖学生本身的思考及其反应性评价。为了解决上述问题,澳大利亚学者提出了最大差异量规评教工具,基于课程教学维度,通过大学生反应性评价中的最佳-最差配对选择组织来形成院校教师教学质量的最大差异值,以这种大学生反应性评价差值来就大学教师课程教学绩效进行评价。[①] 此外,最大差异量规评教工具还可以就量规本身的绩效-重要性程度进行评价,在这种更为广泛的大学生反应性评价中动态反映学生的学习与发展需要,从大学生主体视角来更为有效地反映院校教师教学质量,提高大学生评教的有效性和参考价值,从而为院校教师教学治理提供更为全面、科学的教学诊断和反馈。

从国际学生评教的发展历程来看,学生评教始于20世纪初,并在1928年编制形成了第一份学生评价量表,此后国际范围内诸多大学实行学生评价制度,到了1993年美国已有85.7%的高校开展了学生评教。[②] 在进入21世纪后,学生评教制度日益成熟,国际学者开始重新审视学生评教,围绕学生评教的作用、学生评教的信效度、学生评教的影响因素、学生评教的指标体系及其

---

① 高巍,毛俊芳,叶飞,等.高校如何提升学生评教效度?:澳大利亚高校学生评教最大差异量规及其启示[J].开放教育研究,2020,26(1):28-36.

② CENTRA J A.Reflective faculty evaluation:enhancing teaching and determining faculty effectiveness[M].San Francisco:Jossey-Bass,1993.

量表编制等展开研究,但是在实践中学生评教仍存在以下问题,比如学生评教异化为提高行政效率的工具,学生评教过程表面化、学生评教宣传跑偏、学生评教态度泛化、学生评教学生主体缺位等。因此学生评教相关研究将如何通过制定科学的学生评教量表来提高信效度成为当前研究的核心问题,并发现此前高校普遍采用的李克特量表和综合评分方法的局限性愈发突出。以最具代表性的李克特量表为例,将各个题项分为"非常同意""同意""不一定""不同意""非常不同意"等评价等级的形式,尽管可以方便用于广泛收集学生评教数据,但是也使得其只能计算各个指标项目的总分。这种便于操作的计算方式,如果实施得当,可以获得更加真实的大学生反应性评价数据,然而李克特量表的一个更明显的问题是,受访者容易受到一致性反应模式的影响,[①]使得做出反应性评价的主体固化于默认选择(倾向于同意这个选项)、极端选择(倾向于两端的选项)、中点选择(倾向于两端之间的选项)等三种选择方式中,而不管实际的问题是什么。此外,做出反应性评价的主体具有差异性的知觉特征,造成对于同一个题项有不同的理解,容易因为这种知觉理解上的差异而降低李克特量表的准确性,比如一个学生对一个问题选择"同意"时,其知觉所表征的程度可能与另一个选择"非常同意"的学生是相同,因此使得教育工作者难以衡量李克特量表下不同学生对于教学课程的真实反应性评价。此外,建立在评价指标基础上的综合评分法,通过量化处理对各项指标的评分进行分类,例如一个评价项目包含两个评价指标,指标 1 得分为 30 分,指标 2 为得分为 20 分,简单加起来获得这一评价项目的总得分为 50 分。这种综合评分法简单直观,但学生只能对具体指标进行评分,在应用于学生评教时存在一定的局限性,比如与李克特量表评分法有着相类似的问题,即学生对指标的理解存在较大的知觉偏差,导致不同的内部评分标准,直接降低了综合评分法的准确性,此外学生对教师教学的主观看法会影响学生的个人偏好,也会降低综合评分法的客观性,限制综合评分法的参考价值。总体来看,当前较为主流的学生评教方法均或多或少存在一些共同性的问题,使得这些方法难以获得准确的学

---

① BAUMGARTNER H,STEENKAMP J-B E M.Response styles in marketing research:a cross-national investigation[J].Journal of marketing research,2001,38(2):143-156.

生评教结果,难以更为深入地呈现大学生反应性评价数据,亟须改进现有的学生评教测量工具。

20世纪90年代,澳大利亚学者立足于这些主流方法共同的局限性,开发出了最大差异量规,以弥补学生评教的评价方法局限,更好地呈现大学生就教师教学的反应性评价表现。此后,最大差异量规开始在社会科学研究中得到了广泛的应用,比如2013年澳大利亚大学将其应用于学生评教,[①]不仅运用最大差异量规呈现大学生对教师教学的反应性评价,而且还注重各个评教指标在大学生心目中的内隐性重要程度排序,挖掘出大学生重视的教师教学评价维度,为评价指标的调整提供依据,提升学生评教的科学性和准确性。在最大差异量规中,将每个题项视为一个项目组,每个项目组由三个或更多的评估标准组成,促使学生在每个题项中指出"最佳"("最适用"或"最重要")和"最差"("最不适用"或"最不重要")选项,解决了传统学生评教在呈现大学生反应性评价时的有效性问题,为教师和院校工作者提供了新的学生评教思路。

分析最大差异量规的实际应用,澳大利亚大学生对教学的评价是基于最大差异量规的,主要包括对教师教学表现的评价、对各个教师教学重要性因素本身重要程度的评价,使得其在呈现大学生反应性评价时不仅具有传统评价标准的功能,而且还可以通过对各个教师教学因素重要性程度的分析,将实际教师教学效果与大学生对各个教师教学评价指标的反应性评价结合起来。最大差异量规运用于学生学习评教的结果表明:大学生反应性评价中高度重视的教师教学维度因素在实际教师教学过程中效果并不理想,大学生反应性评价中重视程度较低的教师教学维度因素在实际教师教学过程中得分表现较好,反映了教师教学的某种偏离倾向。

分析最大差异量规的实施结果,最大差异量规运用大学生反应性评价,能够捕捉大学生对评价指标的微妙差异感知,使学生评教结果更加不同,为教师提供更加真实、准确的大学生反应性评价反馈。在回答学生评教问题指标的过程中,大学生需要比较各个学生评教问题指标,选择"最佳"("最适用"或"最

---

① HUYBERS T.Student evaluation of teaching: the use of best-worst scaling[J].Assessment & evaluation in higher education,2014,39(4):496-513.

重要")和"最差"（"最不适用"或"最不重要"）选项，以增强大学生反应性评价结果的客观性。一方面，最大差异量规可以避免教师在课堂教学中可能忽视某一学生评教问题指标的问题，或者在某一学生评教问题指标上的努力不能满足大学生的实际需要，从而为教师的实践教学提供诊断和改进建议。另一方面，可以根据最大差异量规所呈现的绩效-重要性反应性评价结果，帮助教师在教学过程中调试在各个学生评教问题指标的努力程度，避免教师可能过于重视某一学生评教问题指标的实施，而对大学生反应性评价更为积极的指标有所忽略，使得教师的努力方式契合大学生反应性评价所呈现的真实需要。

从教学评价标准的角度来看，最大差异量规通过大学生反应性评价分析了大学生对于各个学生评教问题指标的内隐排序，采用最大差距测量法，注重大学生对测量本身的评价，并以此调整学生评教规则，充分发挥大学生在学生评教中的主体作用。最大差异量规应用于澳大利亚学生评教中，突出了不同大学生个体对同一评价指标的反应性评价差异，表明：

要关注大学生的需要，优化学生评教问题指标，利用大学生评价等突破以往学生评教方法的不足，把重要性分析和学生评教问题指标均放在重要位置，通过分析大学生评价对于各个要素的重要性排序，结合院校课程教学的实际效果，找出当前院校课程教学实践中的薄弱环节，充分体现学生本位思想。也反映了当前许多高校所强调的学习范式转变，通过确立大学生的主体地位、建立大学生反应性评价指标等，来推进大学生评价及其应用，诊断反馈当前大学生学习过程及其体验中的挑战，满足大学生的发展目标，服务于大学生的学习需要，挖掘大学生的发展潜力，从而提升院校教育教学质量。

要综合考虑评价背景来提高大学生反应性评价的有效性。以最大差异量规为例，其作为一种新型的学生评教测量工具，具有体系完整、指标科学、操作简单等特点，而在运用来呈现大学生反应性评价时，也需要考虑院校大学生的自身特征与发展需求，结合访谈等方法，充分吸收大学生的评价背景与评价意见。再次，运用科学创新的评价测量工具，拓宽大学生反应性评价的应用范围。在通过最大差异量规呈现大学生关于教师教学的反应性评价过程中，要不断促使大学生认真思考各种评价指标的意义，权衡各个评价指标的重要性程度,做出更加理智的选择。在这一过程中,不仅是收集并呈现大学生关于教师教学的反应性评价结果,更是以此来进一步激发教师和学生的积极性,使其提供更多具有价值的反应性评价反馈,提升院校教育教学质量。

要准确分析大学生关于教师教学的反应性评价结果,强化反馈功能。只评价不反馈是学生评教中普遍存在的问题,很多时候即使有反馈,通常也只是简单地转达给教师。究其原因,在于常用的学生评教问题指标不能准确测量大学生真实的反应性评价思维,阻碍了反馈的有效传导,以最大差异量规为示范,面对大学生反应性评价结果,需要明确深入分析数据的重要性,这就要求大学生反应性评价指标表达的准确性。如果语言不够准确,容易造成歧义,因此在选择合适的大学生反应性评价指标时必须考虑语言的准确性,高校教学管理部门要使其发挥作用,必须制定明确的评价指标标准,规范工作程序,科学分析评价结果,避免简单化、形式化和功利化的倾向。

4.日本大学生反应性评价进展

随着高等教育规模的迅速扩张,高等教育质量问题成为日本面临的重要课题。由于高等教育的直接对象是大学生,了解大学生反应性评价状况成为该领域研究的关键所在。为此,日本以学生反应性评价展开学情调查,并通过学生反应性评价结果廓清大学生类型群体图景。

(1)日本大学生反应性评价的学情调查

日本大学生反应性评价的学情调查的兴起背景是日本高等教育持续扩张,大学生入学规模迅速扩大,不同社会背景、学习经历与经验的学生进入高等教育,异质化的学生群体同时处于高等教育体系、同一所院校乃至同一个课堂之中,日本高等教育大学生群体分布呈现多元化的局面。对于院校来说,如何面对构成复杂的教育对象展开教育教学活动已不容回避,成为院校人才培养与治理转型过程中必须回应的问题。同时,在知识经济社会的当下,院校已从所谓的象牙塔转变为知识的主要生产者和传播者,以知识生产的主轴心推动社会经济发展。基于以上事实,日本高等教育质量问题自然引起了院校内外的广泛关注。自 20 世纪 90 年代以来,许多国家开始进行大学生学情调查以评估高等教育的质量,日本诸多高等教育学者和社会机构也关注大学生的学习活动,转变原本从院校、部门和教师三个角度来分析探讨高等教育质量的研究范式,积极开展各种大学生学情调查。其中,日本最具代表性的是全国大学生调查(CRUMP),是由东京大学发起的一项全国性的调查,针对日本大学生群体,使用自我评估式问卷来呈现日本大学生反应性评价结果,问卷内容包括大学生的学习行为、学习意识和教学评价等,旨在了解日本大学生的院校学习和生活状况,探索理想的日本高等教育模式,以进一步改善日本高等教育质量建设。在此主要介绍日本这一调查的基本结果,数据源自该调查组。

日本全国大学生调查由日本文部科学省资助,共收集了来自日本全国范围内 127 所院校的 48233 份问卷,收集总量达到了该年日本四年制大学生总数的 1.7%。其中,来自国立大学、公立大学和私立大学的大学生所占比例分别达到 34.3%、13.3%、52.2%,与日本高等教育体系中的总体所占比例基本一致。统计日本全国大学生调查中的大学生学科分布,涵盖人文、社会、科学、工程、农业、医学、教育、艺术等几乎所有学科,且各学科类别的大学生所占比例基本与日本高等教育体系中的实际分布比例相吻合。其中,社会学科大学生占比 26.1%,工程学科大学生占比 15.5%,是大学生参与最多的两个学科,而艺术学科大学生占比 1.2%,农业学科大学生占比 2.8%,是大学生参与最少的两个学科。此外,51.4%的被调查大学生为男生,47.3%的被调查大学生为女生,大一至大四年级的被调查大学生占比分别为 26.2%、23.3%、25.6%、23.3%,大学生性别结构和年级结构的分布相对均衡。总的来看,日本全国大学生调查的统计调查结果在院校分布、学科、性别、年级等方面均具有较为适切的代表性。[①]

日本全国大学生调查总共有 6 个维度,共 31 个大题和 100 多个小题,调查内容包括大学生课程学习、大学教育评价、就业意向、日常生活、学习经历、家庭状况、教学方法、考试形式和作业成绩等。日本全国大学生调查所用的调查问卷不预设各个题项的某种理想状态,而是调查大学生本身在院校过程中的学习经历以及其对于院校各种教育教学要素和内容的认同程度,在获取大

---

① 窦心浩,金子元久,林未央.解读当代日本大学生的学习行为与意识:简析 2007 年度日本全国大学生调查[J].复旦教育论坛,2011,9(5):79-85.

学生反应性评价数据的基础上,为提升日本高等教育质量提供更为客观、更为准确的依据。一般而言,院校评价按其主体、目的和标准可分为两种类型,第一类是内部型评价,院校主体本身根据内部培养标准,进行内部评价,第二类是外部型评价,外部组织根据外部标准为依据,依据外部目的进行评价。[①] 从这个角度看,日本全国大学生调查实际上具有上述两个类型特点,一方面,通过对大学生反应性评价的调查,为提升日本高等教育质量提供必要的事实依据;另一方面,也为科学研究提供了客观的数据,在设计日本全国大学生调查内容时,应更多地关注大学生的实际学习情况,而不是从教师的角度预设某种理想状态。

日本全国大学生调查在收集汇总日本大学生反应性评价的基础上,反映了日本大学生基本学情状况。

第一,大学生的学习行为。日本全国大学生调查在统计大学生的学习行为时,主要采用了大学生学习时间安排、大学生教育教学参与两个考察指标。其中,大学生学习时间安排这一指标可以作为一个相对客观的指标得以量化,通过学习时间的多与少来衡量大学生学习的努力程度,且在具体调查大学生学习时间安排这一指标时,日本全国大学生调查进一步区分了课堂教学时间和课外学习时间,将课堂教学时间认为是大学生按照课程安排或在一定特定条件下进行学习的时间,将课外学习时间认为是大学生自觉投入更积极学习的时间。大学生教育教学参与这一指标主要衡量大学生在学习过程中的一般性偏好,相较于大学生学习时间安排这一指标而言更加依靠主观判断,难以通过某一特定标准进行准确衡量,但是也是大学生的学习行为情况的一种体现,包括与教学内容密切相关的作业、复习、自主学习行为等。另外,依据大学生的反应性评价,可以更好地区分大学生对学习生活相关行为的重要性排序,尤其是通过与其他活动的比较,分析日本大学生对学习相对重要性的优先级表现。根据大学生反应性评价结果,大学生在兴趣活动、兼职工作之外,对于课堂学习、科研实验等投入了较多时间,但是在课外学习方面,其所投入的课外

---

① 金子元久.高等教育财政与管理[M].刘文君,译.上海:华东师范大学出版社,2010:125.

知识复习、学习时间相对较少。平均而言,在一所教学周期相对规律的日本院校中,有将近70%的大学生每天投入课堂任务的时间超过两个小时,但是相比之下,每天家庭作业准备投入时间少于2小时的大学生所占比例达到了81.5%,即使不将周末纳入统计范围,每天家庭作业准备投入时间少于2小时的大学生所占比例仍然达到了85.9%,且有38.1%的大学生没有主动学习课外知识。到了节假日期间,大学生学习行为表现甚至更不乐观,有77.7%的大学生平均每周学习投入时间没有达到10个小时,其中甚至有22.4%的大学生根本不学习。然而,相较于大学生学习行为的相关数据,平均每周投入10个小时在兼职工作方面的大学生达到了38.1%的占比。通过以上数据的比较,可以看到总体日本大学生反应性评价表现相对正面,但课外学习的积极性显著较低,在课程参与方面,近80%的大学生只是参加课堂学习以取得好的学业成绩,在提问、征求老师指导、学业复习等更积极的学习活动方面,则有很大的进步空间。[①] 一般来说,相对灵活自由的小组学习和课堂讨论可以帮助大学生进入互动情境,尽管在很大程度上属于高校教学组织的范畴,不能客观、准确地反映大学生的实际学习方法和态度,但是总体上有助于增强大学生的学习动机,激发独立思考和学习的能力,对此大学生的反应性评价表现是相对正向的,但其中仍然有一半以上的大学生没有积极参与。总的来说,根据学习行为的相关大学生反应性评价来看,大多数日本大学生遵循学习规律,对学习行为有一定的投入,但缺乏掌握课外知识的积极性和主动性。

第二,大学生的学习意识。日本大学生学习行为呈现上述特点的主要原因在于其特定的学习意识。根据大学生反应性评价的结果,学生对院校教学内容和学习方法有不同的看法,部分看法之间呈现相互对立的关系。根据大学生在各个方面的反应性评价,可以总结出以下几种倾向。71.5%的大学生希望以自己的方式选择课程。61.0%的大学生希望由导师讲述课程意义及其重要性,而不是依靠自己来寻找。73.3%的大学生希望课程涵盖所有其所需要的内容,而只有25.6%的学生希望利用课程外的机会进行自学。64.6%的

---

① 窦心浩,金子元久,林未央.解读当代日本大学生的学习行为与意识:简析2007年度日本全国大学生调查[J].复旦教育论坛,2011,9(5):79-85.

大学生希望根据自己的实际能力来组织教育教学内容,只有34.3%的大学生希望尝试更具有挑战性的课程。[①] 总体而言,根据学习意识的相关反应性评价来看,大多数日本大学生相对缺乏主动学习意识,对自身课堂学习表现呈现泛化取向,但是在另一方面,日本大学生也希望能够保持选课自由,在院校统一安排的基础上留有一定的自主选课空间,比如对于选课顺序,日本大学生更为倾向"先选课后听课",在入学阶段呈现一定的主动性选择意识,但在随后的学习活动中,学生明显处于被动学习的意识状态之中。

第三,大学生的教学评价。基于日本大学生在教学评价各个方面的反应性评价,可以对大学生学习行为、学习意识的反应性评价结果做出更深入的解释。大学生在教学评价方面的反应性评价结果显示,近一半的大学生找不到自己想做的事情,61.8%的大学生经常或有时对课程失去兴趣,49.4%的学生觉得跟不上教学内容。一般情况下,近四分之一的大学生经常担心不能顺利升学或毕业,但是当以上情况发生时,超过一半的学生会担心自己的学习。然而,只有少数大学生愿意转专业、转院校,其所占比例为大学生总数的34.1%,愿意选择辍学的大学生也在少数,占比为大学生总数的17.5%,许多大学生在日本全国大学生调查中呈现较强的文凭取向,将在院校中的求学经历视为一种"过程"或"形式",其主要目的在于毕业获得文凭,而非主动调整自己的学习方法,追求"本质"的学习。也就是说,大多数大学生在"浅层学习"和"深度学习"中选择前者。大学生的学习情境包括两个层面,分别是学习意识和学习行为。剖析这二者的关系,学习行为本质上是一种选择行为,即学生根据一定的理性意识决定学习方式,因此其学习意识和学习行为的状态往往决定着大学生学习意识和学习行为的具体内容,在学习过程中不断地影响着具体的学习方式与学习策略。值得注意的是,大学生的选择行为并不是凭空产生的。院校课程设置和教师教学权威客观上为大学生的选择行为设置了一个固定的平台,然而在现实情境中院校阶段的大学生学习经历并不是孤立存在的,而是大学生内在生命体验的组成部分,因此大学生自身的价值追求和院校学习定位

---

① 窦心浩,金子元久,林未央.解读当代日本大学生的学习行为与意识:简析2007年度日本全国大学生调查[J].复旦教育论坛,2011,9(5):79-85.

也会对其在院校阶段的学习行为和学习意识产生重要影响。

（2）日本大学生反应性评价的应用案例

第一，大学生类型判别。

大学生类型研究可以充分利用大学生学情调查数据，发现校园里各种类型的学生，以及学生类型如何与理想的结果相关。[①] 依据日本全国大学生调查的大学生反应性评价数据，日本学者从大学生是否有明确的未来愿景和大学生是否认为其未来愿景符合大学教育的意图这两个指标，将大学生分为四种类型，[②③]分别为"高度匹配型"、"独立型"、"被动顺应型"和"排斥型"，详细论述了各类大学生的基本特征和培养需求，以此推进日本高等教育质量建设。以下各个大学生类型的数据来自日本全国大学生调查的相应成果。

在传统精英型教育阶段，"高度匹配型"大学生类型是院校内部学生群体的主要组成部分，这一类型大学生群体表现出明确的未来规划愿景，且其愿景基本与院校教育教学目标保持一致。相比之下，"排斥型"的大学生类型既没有清晰的未来愿景，也没有将其视为与院校教育目标基本一致。院校没有理由认为应该有"排斥型"的大学生类型，但是随着高等教育规模的迅速扩大，"排斥型"的大学生类型数量可能会增加，也有越来越多的其他类型大学生，比如对未来有清晰愿景但不认为这一愿景与院校教育目标基本一致的"独立型"大学生类型，对未来没有清晰愿景但与院校教育目标基本一致的"被动顺应型"大学生类型。随着 20 世纪以来的高等教育规模迅速扩张，日本逐步走向高等教育大众化乃至普及化。依据日本全国大学生调查的大学生反应性评价数据，日本大学生存在许多特点，比如缺乏学习动机，认为院校阶段的学习生活是一种"消费行为"或"获取文凭的形式"，其主要目的之一是实现毕业。因此，随着高等教育规模扩张进程的不断加快，日本大学生群体的构成必然越来越多样化，大学生类型也会越来越丰富。

---

① ASTIN A W. An empirical typology of college students[J]. Journal of college student development，1993，34(1)：36-46.

② 金子元久.大学教育力[M].徐国兴，译.上海：华东师范大学出版社，2009：7-13.

③ 窦心浩，金子元久，林未央.解读当代日本大学生的学习行为与意识：简析 2007 年度日本全国大学生调查[J].复旦教育论坛，2011，9(5)：79-85.

依据"高度匹配型"、"独立型"、"被动顺应型"和"排斥型"的大学生类型划分,日本全国大学生调查的大学生反应性评价数据显示出不同大学生类型的分布特征。总体而言,传统意义大学生即"高度匹配型"大学生类型应是院校内在学生群体中的大多数,这一大学生类型更符合院校教育教学目标,可以积极地开展学习活动。但是在日本全国大学生调查的大学生反应性评价数据中,"高度匹配型"大学生类型仅占所有大学生的40.5%,相比之下,在日本全国大学生调查中,"排斥型"大学生类型的比例已升至27.0%。此外,相对占比较多的是"独立型"、"被动顺应型"等大学生类型群体,所占比例分别达到大学生总数的18.3%、13.2%。就大学生类型的分布情况而言,社会期望的大学生即"高度匹配型"大学生类型随着"独立型"、"被动顺应型"和"排斥型"等大学生类型群体的增加,已逐步变为日本院校中的少数群体,当前日本院校中的大多数大学生越发偏离传统大学生的特质,或者人生规划不明晰,或者不认同院校教育目标,或者两者兼而有之。

日本院校中不同类型的大学生存在明显性差异,可能是导致大学生对学习行为、学习意识、教学评价等方面的反应性评价存在差异的重要原因之一。比如,不同大学生类型在院校教学上的反应性评价结果表明,尽管日本大学生对院校教学的总体反应性评价较高,但不同大学生类型对院校教学的反应性评价存在差异,其中"高度匹配型"大学生类型通常对自己院校教学的反应性评价表现较为正向,因为"高度匹配型"大学生类型相信这将在未来帮助自己,也因此,与其他两类学生相比,认为未来愿景符合院校教育目标的"高度匹配型"、"被动顺应型"大学生类型对院校教学的反应性评价结果较为正向。另一方面,"高度匹配型"大学生类型的反应性评价高于"被动顺应型"大学生类型,"独立型"大学生类型的反应性评价高于"排斥型"大学生类型。可以看出,大学生是否有明确的人生规划也影响着其对于院校教学的反应性评价,即使不同大学生类型接受同样的教育,如果大学生形成明确的人生规划,那么很有可能会对院校教学失去兴趣,从而影响对院校教学的反应性评价。

依据"高度匹配型"、"独立型"、"被动顺应型"和"排斥型"的大学生类型划分,日本全国大学生调查的大学生反应性评价数据显示不同大学生类型的学习方式与学习方法存在差异。以"高度匹配型"大学生类型和"排斥型"大学生类型为例,两组大学生类型在学习方式与学习方法上有三个主要差异。在课程重要性及其意义的认知方面,两组大学生类型均希望知道课程的重要性和意义,但在"高度匹配型"大学生类型中,希望知道课程重要性和意义的大学生比例明显高于"排斥型"大学生类型。尽管这两种类型的大学生都更可能想要一门涵盖其所有需要内容的课程,但是"高度匹配型"大学生类型比"排斥型"大学生类型学生更可能选择具有挑战性的课程内容。两组大学生类型在想要学习的内容上有明显不同的偏好,"高度匹配型"大学生类型更喜欢学习深入的专业知识,而"排斥型"大学生类型学生对非专业知识更感兴趣。基于分析,"高度匹配型"大学生类型在学习方式和学习方法上的反应性评价显著高于"排斥型"大学生类型,其次是"独立型"、"被动顺应型"大学生类型,前者更接近于过去所谓的精英性学生,而后者包括大量的浅层学习。不同大学生类型在学习方式和学习方法上的反应性评价差异,在很大程度上是由于不同大学生类型的学习目标不同。比如在就业能力有关目标、一般性目标之中,"高度匹配型"大学生类型对于"掌握工作所需技能"、"通过资格考试和公务员考试"和"深化对专业知识的理解"这三个子目标呈现更高的反应性评价,"排斥型"大学生类型则呈现相反的趋势。而在"培养基本素质和观察能力"这一子目标上,"高度匹配型"大学生类型也比"排斥型"大学生类型呈现更高的反应性评价。在不涉及就业能力有关目标的其他子目标则没有呈现太为显著的区别。不同于前面所提到的子目标,在"找到自己的未来"、"在进入社会之前享受闲暇时光"和"建立有用的人际关系网络"这三个较为明显的"消费性"子目标在高等教育规模迅速扩大的阶段逐渐发挥更大的影响力。在高等教育规模迅速扩大的阶段,"高度匹配型"大学生类型呈现注重自身能力培养、专业知识吸收和未来就业等取向。此外,日本全国大学生调查所统计分析的大学生反应性评价结果显示,日本大学生需要进一步加强学习的主动性,大多数大学生在学习中并非自觉地完成学习内化吸收,而是倾向于认为院校学习是一个获得文凭的过程,以完成课程和顺利毕业为主要目标。其中,院校大学生群体内部存在分化,目标明确、认同度高的大学生类型不到一半,目标模糊、完全拒绝接受院校教育目标的大学生类型超过四分之一,对院校教育的反应性评价较低,且不同大学生类型在学习方式和院校目标上存在不同的看法。传统的"高度匹配型"大学生类型在学习方式和学习方法上相对主动,在学习目标上相对实际,而"排斥型"大学生类型在学习方式和学习方法上相对被动,缺乏具体、现实的学习目标。

综上所述,日本全国大学生调查的大学生反应性评价数据应用,不仅是为了了解当代日本大学生的学习现状或学习经历,其真正意义还在于为日本高等教育质量保障提供客观依据。日本全国大学生调查的大学生反应性评价数据结果表明,在日本高等教育迅速发展的背景下,有关部门和教师群体在制定政策和开展教育活动时,需要充分考虑内部大学生类型发生的新变化,不仅要帮助大学生在早期阶段为自己的未来发展设定明确的目标,而且要尽量改进教育教学内容,使大学生真正感受到院校阶段学习的必要性和重要性,提高学习积极性。

第二,学情卡。

在"教学在语境中产生"、"教学强调此时此地的感觉"等教育思想与教育理念下,日本院校教育教学在"如何跟随学生课堂情境的线索来实现更好的教学"上存在实践困境,为此学情卡作为一种评价方法而发展起来,主要通过学生反应性评价而全面展示学生学习过程中的内在表现,与其他教育教学方法相结合开发一种基于学生反应性评价的真实性课堂教学模式。①

学情卡作为档案袋评价在日本实践中的本土化产物,是学生反应性评价的一种新发展。档案袋评价是指教师和学生在学习过程中不断收集各种材料物品,形成学生学习的档案记录。然而,在实践中,档案袋评价往往在不经意间成为杂项材料的积累,降低了作为学生反应性评价方式的价值。在档案袋评价中如何选择什么有价值的学生反应性评价信息? 如何用学生反应性评价信息来促进教学? 基于这些问题,日本在实践中基于档案袋评价的思想而发展出了学情卡。学情卡的主要目的是动态显示学生从已知世界到未知世界这

---

① 刘徽.机智地教学:循着学生的线索:评介日本学情卡教学模式[J].当代教育科学,2010,289(10):40-42,51.

一过程所反映出来的内部景观。在探索学生反应性评价时,需要先把握学生在理解问题时所依赖的已有知识库,检查已有知识库中的知识网络数量与质量,确定哪些知识处于网络的核心(即已经完全理解的知识),哪些知识处于网络的边缘(即尚未完全理解的知识),面对新问题和新视角的转变,把握学生在改变和丰富知识网络内部结构时所反映出来的评价信息,并坚持参与合作式研究和共同思考的态度,通过这一过程中所呈现的学生反应性评价信息来把握学生如何将学到的知识、方法和观点与现实生活联系起来,用以实现自身的综合性发展。

在学情卡的具体应用形式上,分为读书卡(以读后感的形式呈现学生反应性信息)、语音卡(学生课堂举手发言)、我思卡(填写学生自身的想法),以一种反应性评价形式,展现学生内在的多元智能发展、学习中的自我反思和解决实际问题的能力。在这些形式中,学情卡呈现以下特点,分别是:具有连续性,这种连续性并不意味着必须每隔一段时间就做一次反应性评价,而是需要以一种有节奏的方式进行记录,要求教师需要经常阅读并理解,把握学生在此期间前后所反映出来的变化,进行记录,以便对学生的表现保持连续性印象;具有全面性,学情卡通过不断汇集学生反应性评价记录,收集学生在学习生活中反映出来的信息,从而基于学生的纵向表现来充分呈现学生反应性评价过程中表征出来的个性特点,联系从多个角度捕捉到的反应性评价结果,获得学生的全面信息肖像;具有重点性,面对诸多学生所呈现的反应性评价学情卡,教师难以同时关注到所有的学生,[1]因此需要抓住重点,以一个或部分学生为起点,逐步随着时间的推移而扩大关注范围,找出哪些学生所呈现的反应性评价学情卡需要特别重视,逐步对每个学生所呈现的反应性评价学情卡进行全面而丰富的信息记录;具有简洁性,学生所呈现的反应性评价学情卡往往由于所包含的信息极为丰富,教师难以短时间内厘清所有的材料,因此在学情卡记录上明确学生发展目标,促使学生用最自然的风格来简洁、实用地呈现反应性评价信息。

---

[1] 市川博.社会科的使命与魅力:日本社会科教育文选[M].沈晓敏,译.北京:教育科学出版社,2006:301.

在学情卡的具体作用上,学生所呈现的反应性评价学情卡可以随着教学过程的发展而呈现整体性变化轨迹。根据学情卡上持续记录的学生反应性评价信息,教师重新审视学生的思维轨迹,探究学生的思维过程和人格特征,考虑学生的未来发展。其中,诸多学生所呈现的反应性评价学情卡之间可以整合形成学生共同发展的图景,以一个或多个学生所呈现的反应性评价学情卡信息为锚点,关注重点学生与其他学生的相互影响作用,不断实现反应性评价信息的相互扩散效应,以此连续而具体地把握个体与集体之间多层次的互动关系。[①] 在这一过程中,不断依据各个学生所呈现的反应性评价学情卡信息,把握学生学习过程中的微妙变化,调整教学目标和教学计划来适应学生的发展,尤其注重锚点的选择,通过重点学生在学情卡中所呈现的反应性评价信息,引导学生感知到其在教学中获得了真正的关注和展示,释放内在潜能,不断影响其他同学,发挥扩散式带动作用,提升院校教育教学质量。也正是基于学生所呈现的反应性评价学情卡信息,教师在持续记录学生反应性评价信息时不断调整自己,转变观念,使教师认识自己和学生之间的关系不再局限于原始性的想象,而是以学生反应性评价学情卡信息为依据,不断调整自身和学生之间的主体关系。在这一过程中,学生所呈现的丰富的反应性评价学情卡信息促使教师意识到学生是一个特殊的个体,促使教师充分关注学生本身,观察学生的微妙变化,在过程中与学生进行直接对话,实现相互理解和尊重,从而形成一个相互交织、动态循环的师生共同体。

二、大学职能视角的大学生反应性评价结构剖析

大学生反应性评价是我国高等教育质量提振和内涵式发展转型中的重要内容,要对其进行理解和研究,有必要进一步剖析大学生反应性评价的结构,从而可以通过大规模调查研究分析大学生反应性评价的实际情况,掌握大量循证信息数据,从而得出具有普遍性和现实意义的结论。

①　欧用生.课程实施的叙说研究[J].全球教育展望,2006,35(10):12-19.

（一）大学生反应性评价结构内涵及研究意义

大学生反应性评价的内在结构是什么？包含哪些要素？从结构内涵视角剖析大学生反应性评价的内在结构，其内涵不仅在于分析大学生反应性评价的各个组成部分，还在于进一步探讨大学生反应性评价内在结构之间如何按照程度配置组织顺序和关系，以此分析这些结构要素在整个大学生反应性评价中的作用。这是大规模调查研究的基础，也有助于从结构功能的角度进行改革实践。

1.大学生反应性评价结构研究的发展脉络

对我国大学生反应性评价及其内在结构要素的研究主要通过问卷调查获得数据进行统计分析，并由此得出相关结论。根据目前的研究现状，在借鉴国际大学生学情调查研究的基础上，我国大学生反应性评价相关大规模学情调查有所起步，相关大学生反应性评价测量与调查工作已有开始，亦有相关大学生反应性评价调查切入高等教育质量进行探索。在大学生反应性评价的内在结构要素上，大学生反应性评价开始逐渐向更为全面的内容框架进行拓展，通过测量相关影响因素来研究大学生学习生涯的满意情况；[①]在大学生反应性评价的测量上，大学生反应性评价围绕如何测量反应性评价及其程度而设计量表，测量和分析大学生反应性评价可能涉及的因素。

第一，在大学生反应性评价研究的内容结构上，拓展了课堂教学语境下的大学生反应性评价话语，朝着更为广泛的反应性评价领域进行探索。课堂教学是大学生学习过程中的重要组成部分，也构成了我国大学生反应性评价研究的基本性内容部分，主要包括大学生对教师教学水平、教学管理、学校环境、教学条件与利用、学校的社会声誉等方面的反应性评价，并以此为基点不断扩展反应性评价的内容范围。目前，研究对高等教育阶段大学生学习时所感知的反应性评价进行了测量和探索，比如从学校环境、文化、学生管理机制、教学基础设施、后勤服务、课外活动、教师专业素质、教学过程管理、员工服务意识、个人发展等方面展开了较为广泛的大学生反应性评价调查，相关评价体系和

---

① 文静.大学生学习满意度研究[D].厦门：厦门大学，2013.

评价模式逐步建立起来。通过调查研究大学生反应性评价，当前主要将大学生反应性评价的高负荷因子聚焦为知识因素、环境因素、服务因素、组织因素、管理因素等，然而从调查实施的角度来看，现阶段全国范围内进行的大规模大学生反应性评价调查并不多，构建大学生反应性评价结构性指标的理论基础有待加强，难以围绕大学生反应性评价的核心结构要素形成系统性考察。

第二，在大学生反应性评价研究的测量评价上，由于大学生反应性评价是一个测量大学生主体感知、反映心理状态的概念，有必要对大学生反应性评价及其对各因素的反应性评价程度进行测量和研究，因而当前也侧重于编制反应性评价量表，构建包括学校形象、专业建设、教师与教学、人文环境、住宿管理、餐饮服务、图书馆、网络资源、自然环境、学费等综合性或某一层面的大学生反应性评价指标。在这一测量评价基础上，进一步的研究围绕大学生反应性评价模型构建展开探索，将各项反应性评价的基本结构及其指标与高等教育质量联系起来，包括学生的期望质量、学生的感知质量、学生的感知价值、学生的忠诚度等，以此为基础进行大学生反应性评价模型的构建。因此，对大学生反应性评价的测量和研究必须包括系统性的内部结构要素探索，通过大学生对各个要素及其重要程度的反应性评价来展开分析大学生所感知到的各因素现状与影响程度，形成相对全面且系统的大学生反应性评价研究。

2.探测我国大学生反应性评价结构的战略意义

随着大学生反应性评价研究的不断深入，大学生反应性评价相关概念逐步明晰，在"十四五"规划精神的指导下开展大学生反应性评价研究，明确大学生反应性评价的内在结构要素，具有重要的战略意义。针对高等教育质量改革与内涵式发展的趋势，研究大学生反应性评价不仅是提高大学生培养质量的必需，也是高等教育高质量建设的必然。通过对大学生反应性评价及其内在结构要素的研究，可以进一步突出大学生在高等教育中的主体地位，符合大学生主体性发展的迫切需求。大学生既是高等教育的参与主体，又是高等教育的感知主体，是高等教育场域的亲身经历者与最终结构承载者，因此有资格对自己所接受和经历的高等教育进行评价，成为高等教育的评价主体，反应性评价高等教育培养过程及其要素。

第一,阐明大学生反应性评价内在要素结构具有现实意义。在大规模问卷调查和数据分析的基础上,对我国大学生反应性评价内在结构要素进行研究,可以揭示其中可以包含的因素组成及其重要程度,将各内在结构要素剥离出来构建大学生反应性评价指标,在此基础上分析各个内在结构要素的贡献程度,构建大学生反应性评价的结构模型。因此,研究大学生反应性评价内在结构要素的最现实意义在于构建大学生反应性评价结构模型,从而形成对我国大学生反应性评价现状的普遍解释,为发现和运用大学生反应性评价的内在规律提供基础,以大学生反应性评价提振人才培养质量和教育改革实效。

第二,促进大学生反应性评价内在要素与大学生学习的对接具有长远意义。在我国,对大学生反应性评价的研究不能仅仅停留在现实意义上,而是要跳出大学生反应性评价本身,进入大学生学习质量这一广阔研究领域。通过对大学生反应性评价及其内在结构要素的研究,可以了解大学生反应性评价中各种内在结构要素对大学生学习质量的影响,完善大学生反应性评价与大学生学习质量的关系,提高大学生在高等教育过程中的参与质量和体验质量。一方面,这种联系有利于大学生感知与院校实践的相互互动与共同促进,使学生的学与院校质量建设得到共同提高,有必要通过大学生反应性评价来促进过程质量与结果质量的统一,针对大学生反应性评价所表现出来的内在结构要素特征表现及其重要程度,来落实大学生学习过程的有效支撑和学习结果的有效提振。

(二)基于大学职能视角的大学生反应性评价结构剖析

已有研究表明,大学生反应性评价具有内部结构性,由不同要素组成且各要素按照一定逻辑进行内部组合,使得大学生不仅可以对总体反应性评价进行评判,也可以对各个局部要素进行相关反应性评价的感知和判断。其中,从大学职能视角剖析大学生反应性评价结构,可以更好地廓清大学生在大学组织环境下所感知反映出的评价内容。

1.大学职能研究对大学生反应性评价结构的理论支撑

大学生反应性评价的内部结构研究需要得到理论支持,使其既具备学理深度也具有现实可操作性。如要从大学职能视角剖析大学生反应性评价结构,那么大学职能研究的理论回溯成为梳理大学生反应性评价结构的前提,因此需要进一步梳理大学职能的多维内涵图景,①为大学生反应性评价结构提供理论支撑。

遵循内在办学规律与外部社会发展趋势的双重逻辑,大学的发展历经纽曼式单一职能大学、②洪堡式双职能大学、③范海斯式三位一体大学、④克尔式巨型大学⑤四个阶段。大学职能在大学发展过程中不断丰富与完善,教学、科学研究、社会服务成为世界范围内公认的大学三项基本职能,比如我国大学职能同样呈现出三项基本职能共同发展的基本格局,且其内涵演变逻辑具有独特性,总体呈现出以教学职能为主流、三项基本职能共同发展的趋势。从政策史、学术史、国别借鉴史三个维度深入分析与探究大学职能发展,可以更为系统地把握大学职能内涵演变的动态发展过程。其中,从政策史的维度可知,国家顶层设计对大学职能的导向是大学职能内涵演变的根本政策性依据;从学术史的维度可知,学界争鸣对大学职能的讨论是大学职能内涵演变的内在发展逻辑;从国别借鉴史的维度可知,各国大学职能发展的思路与路径是大学职能内涵演变的探索方向。

第一,政策源流。顶层设计是大学职能内涵嬗变的治理依据,所谓政策史的维度,主要是基于国家颁布的法规政策来考察大学职能内涵的演变。法规政策文件作为纲领,对实践活动具有指引作用,因此可将顶层设计视为大学职能内涵嬗变的根本依据。在政策演变路径上,新中国成立之初,大学便确立了教学的中心地位,即教学职能是我国大学最早具备且最基本的职能。1950年6月,第一次全国高等教育会议明确强调,我国需坚持以《中国人民政治协商会议共同纲领》中的教育思想引领高等教育发展,即大学要以教学为中心开展

---

① 史秋衡,季玟希.我国大学职能内涵嬗变的多维分析[J].高等教育研究,2021,42(4):21-26.

② NEWMAN J H.The idea of a university[M].New Haven:Yale University Press,1996:76.

③ 朱宇波,谢安邦.洪堡的"教学与科研统一"原则及其在美国现代大学中的改造[J].教师教育研究,2012,24(02):26-32.

④ 潘懋元.潘懋元文集:卷6讲课录[M].广东:广东高等教育出版社,2020:17-19.

⑤ CLARK K.The uses of the university[M].London:Harvard University Press,2015:1-10.

一切办学活动。1961 年 9 月发布的《教育部直属高等学校暂行工作条例（草案）》（简称"高教六十条"）强调大学需以教学为中心，办学实践过程中的生产劳动、科学研究、社会活动需为有利于教学而设计，这一条例的颁布进一步明确了教学职能的重要地位。在此阶段，我国大学的职能以单一的教学职能为主，其他职能尚处于非中心地位，没有在政府文件中明确提出，只是作为办学实践的表现形式被简单提及。1999 年 1 月，《中华人民共和国高等教育法》（简称《高等教育法》）的正式实施标志着大学职能从教育界的规定变成普适性法律条文，大学有法律义务履行其职能。《高等教育法》规定"高等学校应当以培养人才为中心，开展教学、科学研究和社会服务"，即在国家顶层设计中明确规定了我国大学具有教学、科学研究、社会服务三项基本职能。在这一阶段，大学履行职能不仅是满足社会和自身办学的需要，同时也是履行法律义务的需要。大学职能的丰富与发展同社会变革密切相关，在新时代背景下，经济社会发展对大学提出了愈加热切的期待。2011 年 10 月，党的十七届六中全会通过《中共中央关于深化文化体制改革推动社会主义文化大发展大繁荣若干重大问题的决定》，明确指出"文化越来越成为民族凝聚力和创造力的重要源泉，越来越成为综合国力竞争的重要因素，越来越成为经济社会发展的重要支撑，丰富精神文化生活越来越成为我国人民的热切愿望"，加强文化强国的建设成为历史与时代的双重要求，这表明我国社会已进入文化时代。为适应文化时代社会对大学的期待与需要，2017 年 2 月中共中央、国务院印发的《关于加强和改进新形势下高校思想政治工作的意见》强调高校肩负着人才培养、科学研究、社会服务、文化创新、国际交流合作的重要使命。国际普适的大学职能与中国特色的大学使命存在概念上的差异与对应关系，此文件的颁布表明了国家对我国大学职能在实践中走向丰富多样的一种前瞻性肯定。在政策演变的阶段划分上，通过对关键节点的政策进行梳理可知，我国大学职能内涵的演变在政策史逻辑下可划分为三个阶段。教学职能主导阶段，新中国成立初期至改革开放之前，大学以教学为主，教学职能是大学职能的核心，其中"高教六十条"进一步明确了教学职能的基础性地位；多项职能共同发展阶段，改革开放后，科学研究职能与社会服务职能得到发展，其中《高等教育法》以法律形式正式规定我国大学具有教学、科学研究、社会服务三项基本职能,共同服务于人才培养这一中心工作,至此我国大学职能的基本格局得到确定;探索发展阶段,《关于加强和改进新形势下高校思想政治工作的意见》的颁布明确了大学具有多项重要使命,虽没有改变大学三项基本职能的格局,但无疑从顶层设计角度为大学职能的新探索开创了一条有效路径。通过政策史的梳理可知,国家顶层设计与高等教育内部结构之间的关系是相对统一的,并在一定条件下可以进行主客体之间的逻辑转换。当从高等教育内部结构的视角出发时,《高等教育法》是其内部特征的规定性;当从国家顶层设计的视角出发时,中共中央文件是其国别特征的规定性。由此可见,当视角与条件发生转换时,内外是可以随之发生变化进而实现相对统一的。

第二,学术脉络。学术争鸣是大学职能内涵嬗变的内在动力,所谓学术史的维度,主要是从学术争鸣的角度来考察我国大学职能内涵的演变。思想具有超前性,研究具有引领作用,可在很大程度上指导实践并提供新思路,因此可将学术研究视为大学职能内涵嬗变的内在动力。在关于大学职能的学术讨论方面,我国大学职能内涵界定的研究属于高等教育基本理论范畴,长期以来受到学界的普遍重视,学界持续不断地对其展开深入探讨。从已有研究的内容与侧重点来看,可大致将其划分为前沿性研究与内涵式研究两类。一方面,前沿性研究指向于探索大学职能的具体内涵,讨论在新时代背景下大学职能需要有哪些创新与发展,探究大学职能与其他社会发展要素之间的关系。例如,方展画、朱国仁、赵沁平、禹旭才、陈昌贵、王洪才等学者纷纷提出大学应在三项基本职能的基础上增加第四项职能,以此满足社会发展需求与高校办学需求;杨凡等学者基于大学职能衍生的视角探究大学对地方经济发展的影响。[①] 另一方面,内涵式研究指向于对大学职能演变的述评、大学职能定位的思辨性研究、大学职能的内在联动与结构性分析等。例如,有学者对新中国成立后大学职能的发展演进与使命升华进行了梳理,提出大学各项职能间应进

---

① 杨凡,杜德斌,林晓,等.职能衍生视角下大学对地方经济发展的影响:基于中国地级市的实证研究[J].中国高教研究,2018,296(4):86-92.

一步实现交叉创新与融合升华;①吴康宁强调人才培养是大学存在之根本,科学研究与社会服务职能无法同人才培养职能相提并论,并对三项基本职能的重要性布局与相互关系进行了论述;②李瑞琳等从国际经验、现实问题、政策建议三个角度切入,讨论了我国大学社会服务职能,并提出了建议;③李晓华等通过构建大学三项基本职能的共生系统来探索提升大学人才培养质量的根本出路。④ 实际上,相关研究多数是两类的结合,既力求探索前沿发展,又忠于深层内涵剖析,因而无法将其明确划分。在学术演变源流方面,我国学界关于大学职能的讨论与近现代大学的产生相伴相生,学术争鸣从未间断。梅贻琦在清华大学校长就职演讲中曾提及,"办大学应该有两种目的:一是研究学术,二是造就人才"⑤,即人才培养与学术研究是大学的两项中心工作,大学办学应走教学与科研相结合的发展道路。在新中国成立之前,关于大学职能的论述尚未形成体系,隐性存在于大学办学模式之中,散落存在于高等教育工作者的话语之中。新中国成立后,学界开始对大学职能展开广泛讨论,从一开始便认可教学是大学的先天职能,政府文件的出台则进一步加深了学界对大学教学职能的认知。在这一阶段,学界承认教学职能是大学最基本的职能,因此,相关研究更多的是探讨大学应如何切实履行教学职能,使其更好地服务于人才培养。21世纪之前,学界对大学的教学职能达成普遍共识,但尚未对大学的三项基本职能达成共识。尤其是20世纪70年代末至90年代末,学界对大学职能展开了充分的探索与讨论,其中比较有代表性的观点有"两中心说""三中心说""四职能说""五职能说""多职能说"。"两中心说"兴起于改革开放之初,此前大学以教学为主,科研依附于教学而存在,培养的人才虽满足了国

---

① 史秋衡,季玟希.中华人民共和国成立70年来大学职能的演变与使命的升华[J].江苏高教,2019(6):1-7.

② 吴康宁.人才培养:强化大学的根本职能[J].江苏高教,2017,202(12):1-4.

③ 李瑞琳,Hamish Coates.我国大学社会服务职能发展:国际经验、现实问题与政策建议[J].高校教育管理,2020,14(4):96-106.

④ 李晓华,郑美丹.提升大学人才培养质量的根本出路:构建大学三大职能的共生系统[J].江苏高教,2020,237(11):35-38.

⑤ 梅贻琦.梅贻琦教育论著选[M].北京:人民教育出版社,1993:9-12

家对人才的计划性需要,但同时形成了专一、单一、缺乏活力的人才培养模式,从长远来看无法满足经济社会发展对人才的多样化需求。在改革开放后,学界认识到我国大学与世界大学之间的巨大差距,因此提出大学应具有科研职能,即不能仅承担教学任务,还应承担科研任务,由此便形成了教学中心与科研中心并存的"两中心说"。"三中心说"是对"两中心说"的一种丰富与补充,随着大学内部机制改革的深入开展,学界认为教学、科研职能也无法满足时代的需求,因此便在"两中心说"的基础上补充社会服务职能,形成了教学、科研、社会服务"三中心说"。至于"四职能说"、"五职能说"、"多职能说"等,大多是立足于承认大学具有教学、科研、社会服务三项职能之上的再拓展。例如,王洪才认为,大学在我国社会主义市场经济体系建设中应发挥更大的作用,必须承担起社会赋予的五大职能,即教学、科研、社会服务、科技孵化器、就业指导。[①] 当然,有部分学者并不认同上述观点。例如,徐辉认为,当时国内外流行的大学三项职能不够科学和全面,存在混淆"活动"与"职能"的界限,且三项基本职能的并列存在容易使人将"教学""科研"排斥在"社会服务"之外等问题,在此基础上提出大学具有六项职能,分别为保存知识、传授知识并培养人才、传播知识、增进知识、应用知识、社会批判与监督。[②] 关于大学职能的讨论一直持续到 1999 年《高等教育法》正式颁布并开始实施,此时学界对大学三项职能即教学、科研、社会服务基本达成共识,此后的讨论几乎全部建立在这一基础上。进入 21 世纪,经济社会发展对大学提出了若干新需求,在前期的基础上,学界展开了对大学新职能的探讨。一些学者提出了大学的一些新职能,并将其作为大学的第四职能,与三项基本职能并列,其中具有代表性的观点包括"技术创新"职能、"创造新职业"职能、"引领文化"职能、"社会批判"职能、"造就公众心灵"职能、"国际文化交流与合作"职能、"改造社会"职能等。在学界对大学新职能进行热烈讨论之时,也有部分学者对是否存在新职能展开辨析,主要是从新职能本身存在的合理性、适用范围是否具有普遍性、三项基本职能的充分交叉创新是否已满足社会新需求三方面切入并进行深入分析。在

---

① 王洪才.论当代高等学校的五大职能[J].黑龙江高教研究,1993(6):6-9.

② 徐辉.试析现代高等学校的六项基本职能[J].高等教育研究,1993(4):18-20.

学术源流的阶段划分方面,通过对不同时期学界重要观点的梳理可知,我国大学职能内涵的演变在学术史逻辑下可划分为四个阶段,分别是:零散讨论阶段,新中国成立之前,相关研究呈现出多元、分散的特点,一些观点零散分布于多个学科或领域的研究之中;教学职能确立阶段,新中国成立初期至改革开放前,学界普遍认可教学职能是大学最基本的职能,在"高教六十条"出台之后,学界更加深入地认识到教学职能在办学实践中至关重要的地位;基本格局确立阶段,改革开放之初至 20 世纪末,学界对大学职能展开热烈讨论,普遍对大学的教学、科研、社会服务三项基本职能达成共识,在《高等教育法》实施后,学界开始讨论大学应如何切实承担职能,部分研究的关注点实现了从应然到实然层面的转变;新职能讨论阶段,21 世纪后,学界对新时代背景下的大学新职能展开讨论,虽然参与讨论的学者众多且所提观点有理有据、逻辑自洽,但并未得到学界的一致认可与普遍认同。因此,学界关于大学新职能的探索仍在持续进行之中。通过学术史的阶段性梳理可知,学术研究具有一定的预判性与超前性,但仍以政策为纲领依据,即学术先行、政策为纲。学术研究具有发散性与创新性,但政策的规定性也会在很大程度上为学术研究指明方向。学术史与政策史维度在一定程度上是相伴相佐的,学术争鸣为国家顶层设计提供新思路、新设想,也往往以某项政策文件的颁发告一段落,并开启下一阶段的讨论与探索。因此,学术史与政策史维度在外在表现上虽有差异,但存在很多的内在联系。

第三,交流学习。国别借鉴是大学职能内涵嬗变的探索方向,我国大学办学模式自近代起便开启了长期的探索与多样的尝试,其中大学职能内涵的嬗变孕于大学办学模式的变化之中。因此,若从国别借鉴史维度来分析大学职能内涵,就要同时讨论大学办学模式的国别借鉴。关于国别借鉴史的梳理应从清末大学初创时期直至今日,分析内容以大学办学模式的国别借鉴为主,从中可以窥视大学职能内涵的嬗变,因此可将国别借鉴视为大学职能内涵嬗变的探索方向。我国大学职能内涵嬗变的一条独特线索即为国别借鉴史,这条路径寓于大学办学模式的模仿与探索之中,其发展历程彰显出我国大学创办逻辑从效仿别国到独立自主探索发展的思维转变,值得展开分析与讨论。在新中国成立前,大学职能内涵的国别借鉴处于潜在地位,当时的主流是关于大学办学模式的摸索,即职能内涵的借鉴寓于办学模式之中。清末与民国时期,由于政局动荡、社会变迁速度快,大学尚无法切实摸清办学需求,无法寻找到合适的办学路径。此阶段正值我国近代高等教育的初创时期,京师大学堂、山西大学堂、北洋大学堂等一批具有现代高等教育性质的大学以蓬勃之势兴起。[①] 通过查阅上述几所大学的校史可知,当时德国、美国、日本等国的大学办学模式与我国相比都更加成熟,因此我国大学办学模式进行了多样化的探索,并非按照一种模式开展办学活动。例如,北洋大学堂、京师大学堂的办学思想具有极大的差异性,前者主张"西学体用",后者则秉持"中体西用"。思想观念指引办学实践,北洋大学堂在"西学体用"思想的指导下,模仿美国模式办大学,设立的学科着眼于世界高等教育前沿,符合社会发展的现实需要,同时考虑到人才培养的国际化问题,聘请了英美许多学者来校任教。[②] 从大学职能的角度来看,效仿美国办学模式的北洋大学堂兼顾了教学、科研、社会服务三项基本职能。从人才培养结果来看,北洋大学堂于 1900 年培养出我国第一批大学生,并且持续培养出俄文、法文、师范教育、铁路设计与修建等专业的人才,极大地满足了当时社会的现实需要。北洋大学堂培养出我国第一批具有现代知识体系的名师、泰斗,是我国高等教育迈向现代化的一次积极尝试与探索。京师大学堂在"西学为用"思想的指导下,在一定程度上参考日本模式办大学,学科设置、课程教材、人事管理等方面皆体现出"中学为体"的办学思想。从大学职能的角度来看,京师大学堂紧紧围绕教学职能,其他职能都处于边缘地位,教学内容以"伦理第一,经学第二",对社会现实性需求的回应稍显不足。从人才培养结果来看,京师大学堂于 1904 年选派 47 人送往外国留学,1909 年拥有第一批预备科毕业生,直至辛亥革命之前尚未培养出一届本科毕业生。[③] 比较两种办学模式可见,京师大学堂相比北洋大学堂,未能完全迸发出大学的

---

① 第一次中国教育年鉴[M].上海:开明书店,1934:12.

② 交通大学校史编写组.交通大学校史资料选编[M].西安:西安交通大学出版社,1986:125.

③ 王杰,祝士明.学府典章[M].天津:天津大学出版社,2020:141-153.

活力。若将其结果上升至大学职能层面就能发现,职能的履行对大学发展与社会进步十分重要,关于职能的探索应走在办学模式的探索前。当时的大学以积极探寻符合国情的办学模式为出发点,呈现出效仿多国大学办学模式的特征,并集中体现于大学职能内涵的嬗变。新中国成立至 20 世纪 60 年代,我国关于大学职能内涵的国别借鉴逐渐凸显,但仍应以大学办学模式的效仿与借鉴为分析基础。新中国成立初期,当时的社会主义国家中只有苏联在各方面发展建设得相对完善,加之与我国外交关系良好,我国便开始在各方面学习苏联经验,在高等教育层面,主要表现为办学经验的借鉴、办学模式的效仿,如此便构建起我国早期的社会主义高等教育体系。这一阶段我国大学办学模式主要有两个特点。一方面,大学职能较为单一,以教学职能为主,服务于人才培养。此阶段的科学研究在大学中处于边缘弱势地位,尚未受到重视。而社会服务以无产阶级政治服务为表现形式,主要是倡导高等教育与生产劳动相结合,此时的社会活动实践与社会服务职能的理念并不完全相符,表明社会服务职能同样处于边缘地位,未得到充分认知与真正重视。另一方面,人才培养具有计划性、单一性、单科性,主要是培养国家急需的专门人才。专门人才的培养在短时间内确实发挥了积极作用,但从长远而言,单一的人才培养模式无法充分满足社会发展的现实需要,也形成闭锁、缺乏活力的现状,对社会经济、科技、文化需求反应不敏感。此阶段大学职能内涵的国别借鉴主要是对苏联模式的探索,大学职能表现为单一的教学职能,基于长远发展的考虑,大学仍应在办学模式上积极调试,进一步提升对大学职能的认知。20 世纪 60 年代至今,我国大学办学模式逐渐从效仿别国走向自主独立探索发展,其中大学职能内涵因应社会需求而不断丰富,主要表现为:人才培养模式的转变使得教学职能作为大学最基本职能相应得到了改进与深化;1962 年后科学研究职能被重视起来,并在改革开放后得到更快的发展,不仅打破了以往仅重视教学职能的局面,而且强调了大学应充分发挥科学研究职能,以增强我国的综合国力与国际竞争力;改革开放后,我国在吸取苏联经验的基础上逐渐摸索出适合本土的教学、科研、生产三位一体的模式,自此社会服务成为大学的又一职能。由此可见,我国大学办学模式从单纯借鉴与效仿到不断总结出适合自身发展路径的过程中,教学、科学研究、社会服务三大职能的发展与深化都与实际需要紧密相关,即承接各国发展之精华,坚定不移地走中国特色社会主义发展道路。此外,关于国别借鉴的阶段划分,通过国别借鉴史的梳理可知,我国大学职能内涵的嬗变可划分为三个阶段,分别是:(1)多样化发展阶段,1949年以前,在近现代大学初创阶段曾效仿过多国大学办学模式,如美国模式、日本模式等,此阶段的大学职能根据各校办学模式的不同而具有较大的差异性,如北洋大学堂对教学、科学研究、社会服务都有所涉及,而京师大学堂则以教学职能为主,呈现出丰富探索、各自发展的特征;(2)学习苏联经验阶段,1949年至20世纪60年代,此阶段我国大学办学模式以借鉴苏联为主,大学职能表现为单一的教学职能,以培养专门人才为主要表现形式,这一阶段呈现出教学职能为主的特征,其他职能对教学是一种依附关系,处于边缘弱势地位;(3)自主发展阶段,20世纪60年代至今,我国大学逐渐从学习苏联走向独立自主发展,并以改革开放为重要的时间划分点,此阶段大学职能内涵得到不断的丰富与补充,我国大学具有教学、科学研究、社会服务三项基本职能,同时应经济社会发展需求,继续探究大学新职能,呈现出三项基本职能并存、不断探索新职能的特征。历史发展经验证明,国别借鉴不能停留于简单的"移植",这样往往不符合我国的现实情况与长远发展目标,而应做到取其精华、去其糟粕,吸收外国优秀经验,做到"为我所用",时刻围绕着我国的具体国情展开对大学职能内涵的深入思考。

从政策史、学术史、国别借鉴史三维度对大学职能内涵嬗变进行了梳理,其中政策是国家对大学职能内涵的顶层设计,也是大学职能内涵嬗变的治理依据;学术讨论是学界对大学职能内涵的研究讨论,也是大学职能内涵嬗变的内在动力;国别借鉴是对国外办学模式的探索,大学职能内涵的嬗变孕于办学模式变革之中,也是大学职能内涵嬗变的探索方向。总体而言,我国大学职能内涵的嬗变在政策、学术讨论、国别借鉴的共同作用下,形成以教学职能为主、三项基本职能共同发展、在前期基本格局之上对大学新职能的探索三个发展阶段,大学职能内涵的丰富与发展是三个维度共同作用的动态结果。如今,政策上丰富大学使命,学界积极讨论大学新职能,他国在办学中积极对大学职能进行创新与实践,在三维归一的影响下,大学职能内涵必将进一步深化,以满足新时代背景下社会发展的新需求,这也是大学职能内涵的未来发展方向。但新职能的出现与提出,应以实现大学三项基本职能的充分交叉与共荣创新为基本前提,现今讨论的许多新职能本质上还是三项基本职能的外延与深化,没有做到真正的创新发展。已有三项基本职能的丰富交叉可实现科教融合、产教融合、文教结合等不同外在形式,在很大程度上满足社会新需求,因此,在三个维度上对新职能进行探讨都应立足于充分了解已有职能与其交叉形式。

2.基于大学职能视角的大学生反应性结构剖析

通过总结大学职能的多维嬗变可以看出,大学职能研究是永无止境的,可以从政策史、学术史、国别借鉴史三位一体的视角,探索社会转型和大学功能的历史互动角度,并根据实际需要,从职能派生的角度探讨大学职能对社会的影响,继续发展和完善中国特色社会主义制度下的大学职能。然而,就普遍共识而言,大学职能总体而言是指向对人、对学、对研,这三个部分成为影响大学生学习过程与成效的三个基本要素,这三个要素也构成了三角逻辑关系,在相互互动、相互影响、相互制约的过程中作为大学三大职能要素融为一体。从这三个职能要素的相互作用来看,大学生不仅受到教师和环境的影响,而且还受到学生自身的影响,如对教师教学的满意度、对内部学生群体及周围环境的心理状态。为梳理大学生反应性评价结构,将反应性评价结构与大学职能三要素相结合,为将大学生反应性评价结构梳理地更加准确、有效提供了理论基础。

考虑到研究的可行性和可操作性,依据大学职能对人、对学、对研的要素指向,将大学生反应性评价认为是大学生对人、对学、对研三个因素层面的反应性评价,以此进一步将大学生反应性评价结构聚焦为三个部分,即大学生人际关系反应性评价、大学生学习收获反应性评价、大学生科研态度反应性评价,并试图通过数据分析的结果给出理论和实证支持,以研究各个层面大学生反应性评价的基本状况及影响机理。

第二节　大学生人际关系反应性
评价的学术史梳理

　　人类的社会属性决定人在成长中需要处理好与旁人的关系。良好的人际交往能力是人们生存与发展的必要条件。人际关系成为人类社会永恒的话题。追溯文明缘起可知,在中国关于人际关系问题的讨论可追溯至春秋时期孔子的论教;在西方关于人际关系的讨论可追溯至公元前 430 年左右柏拉图《理想国》的构建。无论中国还是西方,人际关系这一问题的讨论都伴随着深远的历史。将研究视野放置于今日,结合不同的研究主体,人际关系问题层出不穷。从教育学领域出发,以促进大学生健康发展为落脚点,可将研究问题锁定于大学生人际关系。大学生人际交往的优良与否对其学习与生活均会产生较大影响。[①] 恶劣的人际关系甚至会促使校园暴力与威胁生命安全事件的发生。反应性评价可作为衡量大学生人际关系现状的一杆标尺,明晰大学生对其人际关系的自我感知。综上所述,文献综述将以经典理论为文化溯源,以"大学生人际关系"与"大学生人际关系反应性评价"为研究主体,充分了解学界对此研究问题的已有研究成果、研究特点、研究方法与研究所处阶段。

一、大学生人际关系的相关研究

　　无论在中华文化还是西方文化之中,关于人际关系的讨论历来为人类社会的经典命题。通过文化溯源不仅可加强对人际关系研究问题的重视程度,同时可以了解人际关系的层次构成与理想人际关系的具体表现形式。第一,寓于中华传统文化中的人际和谐。中国社会自古以来重视待人接物的哲学。"重人伦,轻物理"为中国古代的教育思想,意为将教育的重点放在人与人之间

---

　　① 张湘韵.我国大学生人际交往对学习力影响研究[D].厦门:厦门大学,2014.

关系的教化上,而不是对物质的探索。《孟子·万章下》中最早提及"交际"二字,"敢问交际何心也?"①朱熹集注"际,接也,多谓人以礼仪币帛相交接也"。溯源至先秦时期,儒家、道家、墨家、法家都曾深入思考过人际关系的应有之义。而中华文化之中最具代表性的人际交往观点主要表现为儒家思想中的仁义原则、忠恕原则、诚信原则、接纳原则与中庸原则。其一,仁义原则,表现为宽仁慈爱、善于共情。仁字位居儒家"五常"之首,是儒家思想的集大成。孔子有其经典名言,"仁者人也,亲亲为大;义者宜也,尊贤为大;亲亲之杀,尊贤之等,礼所生焉"②,可见仁字贯穿仁义礼,仁以爱人为重,义以尊贤为重,礼为仁和义的规定。另有名言,"有朋自远方来,不亦乐乎?"、"天时不如地利,地利不如人和"等。可见儒家仁爱思想贯穿于一切人际关系之中。其二,忠恕原则,表现为孝恕忠信、修齐治平、内省慎独。《论语·里仁》,曾子道:"夫子之道,忠恕而已。"③孔子曾云:"己所不欲,勿施于人。"忠恕原则映射于人际交往中表现为尊重与宽容。可见中国传统文化的人际关系维系理论中注重置换思考,倡导设身处地为他人着想。其三,诚信原则,表现为处事真诚、一诺千金。孔子曰:"人而无信,不知其可也。"《论语·学而》道:"与朋友交,言而有信。"诚信是维系人际关系的枢纽要带,断诚信则毁人脉。诚信原则要求交往中要秉承善意、重信轻利。其四,接纳原则,表现为和而不同、美美与共。《论语·子路》道:"君子和而不同,小人同而不和。"自古以来,中华民族对君子的要求为光明磊落、明大义、辨是非,有一股浩然正气,不被世俗之气玷染。其五,中庸原则,表现为不偏不倚、折中调和。《论语·庸也》道:"中庸之为德也,其至矣乎。"中庸之道为中华民族之大智慧,以天人合一为理论基础,保持平静、安宁、祥和的状态,不受外界情绪的影响。第二,西方主流思想中人际交往的理论阐述。西方关于人际交往这一研究主题的起源可追溯至 19 世纪。19 世纪中叶,马克思提出"人的本质是一切社会关系的总和,并非个人所固有的抽象物,人们通

---

① 孟子 200 句[M].北京:文化艺术出版社,2018:188.

② 张兆瑞.智者不惑之儒家[M].北京:群众出版社,2018:5.

③ 孔子.论语[M].长沙:岳麓书社,2018:43-52.

过人际交往建立起丰富的社会关系"①。随着人的本质理论的升华,"人际关系"这一问题进入了学者们的视野。② 西方主流思想对于人际交往的思考主要表现为理论模型的构建。与中华传统文化注重哲学层面的思辨不同,西方研究注重于数据的收集与实证调查,主要学科包含社会学、心理学、教育学、管理学、人类学等。主要理论有哈贝马斯的"交往行为"理论、马斯洛的"需要层次"理论、罗杰斯"人际关系"理论、沙利文"人际关系"理论、班杜拉"社会学习理论"。其一,哈贝马斯"交往行为"理论。20 世纪 80 年代,哈贝马斯在《交往与社会进化》一书中围绕交往行为和道德理论的关系进行了深入探讨,并提出了"社会发展同时体现于交往理性的发展过程中。人的交往行为是建立于生活基础之上的"③。哈贝马斯进一步将人际关系与社会生活相挂钩,将之归类为一个社会问题。其二,马斯洛的"需要层次"理论。马斯洛从心理学科视角将人的需要按照低级至高级划分为五个层次,分别为:生理需要、安全需要、归属和爱的需要、尊重的需要和自我实现的需要。五个层次呈现层层递进、渐渐深入的特征。人际交往是人本质属性的体现,系属归属和爱的需要。人的社会属性要求人与他人打交道,并且在交往的过程中完成生命的续程,即获得亲情、友谊、爱情等。其三,罗杰斯的"人际关系"理论。罗杰斯基于长期研究与实践的基础上,提出了人际关系论,并归纳出形成良好人际关系应遵循的三个原则。三个原则分别为:倾听、真诚、给予爱和接受爱。其四,沙利文的"人际关系"理论。沙利文的人际关系理论广泛应用于新精神分析。他提出人生来就有追求满足和"人际安全"的需要,并在一定文化为背景的人际关系中逐渐形成稳定的人格。若一个人的童年人际关系失调,则可能会产生重度焦虑,甚至人格分裂。在治疗时,应积极创造双边情景,重视患者的情感表达,使其逐渐恢复人际安全感。其五,班杜拉的"社会学习理论"。班杜拉通过研究表明,行为、人为因素、环境因素是在相互连接、相互影响中产生作用的。其中,环境

---

① 马克思恩格斯选集:第 1 卷[M].北京:人民出版社,2012:135.
② 刘嘉庆,区永东,吕晓薇,等.华人人际关系的概念化:针对中国香港地区大学生的实证研究[J].心理学报,2005,37(1):122-135.
③ 哈贝马斯.交往与社会进化[M].张博树,译.重庆:重庆出版社,1989:34.

是决定行为的潜在因素,人为因素是决定行为的直接因素。在解决人际关系问题时,不能脱离社会环境而独立思考问题,而应该重视社会变量对人类行为的制约作用,应在自然的社会情境中而不是在实验室里研究人类行为。

落实到大学生人际关系的研究,以"大学生人际关系"、"College Students' Interpersonal Relations"为关键词查阅报纸杂志、搜索知网、EBSCO、Springer Link 等引擎。据不完全统计,研究主题与"大学生人际关系"相关的中文期刊论文共有 12500 余篇,著作 400 余本,外文期刊论文共有 7200 余篇,著作 2000 余本(具有相关性则算入在内)。研究主题主要涉及三个方面,即大学生人际关系的现状论析、大学生人际关系的影响因素分析、大学生人际关系问题的解决路径探析。在具体的研究中,文章往往同时涉及多个方面的研究,即在论析现状后探究解决桎梏之法、描述现状后分析其影响因素等等,较少仅研究单一方面。大学生人际关系这一主题可以多学科视角为切入点深入研究,主要涉及学科为教育学、心理学、社会学。研究方法呈现出多种方法共用的形式,主要涉及经验思辨性研究、量化实证研究等等。在数据统计分析过程中,SPSS 系列分析统计软件被广泛使用。下面将以不同研究主题为划分,进行文献梳理。国内的文献在研究主题分类上具有较为显著的区分,而国外文献往往注重问题导向的多主题结合。

第一,大学生人际关系的现状论析。大学生人际关系这一研究主题最早注意到关于现状的论析。20 世纪末,学者已经注意到大学生人际关系的重要性。赵慧莉以大学生心理健康调查结果为依据,分析得出大学生中出现各种心理障碍倾向的情况较为普遍,其中人际交往障碍最为突出,主要以认知障碍、情感障碍和人格障碍形式呈现。[①] 步入 21 世纪后,现状的论析则呈现出从宏观到微观的变化趋势,即从整体大学生的现状聚焦到部分大学生的现状。细化过程出现了许多不同侧面的分类方法,主要可概括为高校层次的分类、地域性分类、场域上的分类、学生层面的分类。这些分类方式不仅应用于现状论析阶段,也同时涉及影响因素分析与解决路径探析。其一,以高校类型为划分

① 赵慧莉.当代大学生人际交往障碍分析[J].青海师范大学学报(哲学社会科学版),1998(4):115-117.

依据。高校类型的分类,即研究学者选取某一具体的高校类型进行其大学生人际关系的现状论析。王军以工科院校大学生人际交往能力为研究主题,发现在工科院校里,由于学生学习任务较重,平时参与的业余活动较少,导致相当一部分学生缺乏人际交往的锻炼机会,特别是与异性交往的机会。[1] 孙崇勇以师范类院校大学生人际关系为研究主题,发现有 44.71% 的师范类院校大学生存在人际关系行为困扰。甘标、靳晓霞以高职院校大学生人际关系为研究主题,发现半数以上的高职生在人际关系方面有困扰,其困扰程度在专业、年级、性别上均存在差异性,要有针对性地进行心理指导。[2] 可见不同类型的高校大学生存在的人际关系问题有所不同,带有很大程度的自身特性。其二,以地域为划分依据。地域型的分类,即研究学者选取某一特定地域的大学生进行人际关系现状的论析,划分方法主要为省域、市域。刘嘉庆、区永东、吕晓薇、蒋毅以中国香港地区大学生为主体进行了人际关系的实证研究,结果显示在不同生活情境中,被试均依据情感程度呈现出不同的人际关系特征。[3] 陈永湧以青海少数民族大学生为主体探析其人际交往的特征,发现其在人际关系行为方面存在一定的困扰,并与不同民族学生间生活习俗、文化背景及风土人情的差异性密切相关。[4] 李敏、戈兆娇以内蒙古地区的蒙汉大学生为主题分析其人际关系、社会支持、人际信任三者间的关系,发现不同民族的学生在三者间关系上存在显著的差异性。[5] 可见,不同地域的大学生面临的人际关系矛盾也有所不同,并在很大程度上受到观念、风俗、文化差异的影响。其三,以场域为划分依据。场域型的分类,即研究学者选取某一特定场域研究大学生人际关系的现状。这一部分的研究主要集中在宿舍人际交往上。普鲁斯·

---

① 王军.工科院校大学生人际交往能力及其归因特点的研究[J].心理科学,2003,26(4):743-744.

② 甘标,靳晓霞.高职生人际关系现状调查研究:以广西电力职业技术学院为例[J].教育科学论坛,2017,381(3):70-73.

③ 刘嘉庆,区永东,吕晓薇,等.华人人际关系的概念化:针对中国香港地区大学生的实证研究[J].心理学报,2005,37(1):122-135.

④ 陈永湧.青海少数民族大学生人际交往关系探析[J].青海社会科学,2009,175(1):187-189.

⑤ 李敏,戈兆娇.蒙汉大学生人际关系、社会支持和人际信任关系探讨[J].民族教育研究,2017,28(2):38-44.

威廉(Preuss William)以大学新生女生宿舍的人际关系发展为主题,探究其人际关系的发展走向。① 庄国波、唐平秋将宿舍人际关系类型划分为友好关系类型、思想封闭型、孤立与孤独型、对立型。② 张业清、杨秋霞认为宿舍人际关系可分为松散型(小群体型)、和谐友好型、淡漠中立型。③ 宿舍人际关系的发展过程可分为萌芽并逐渐形成、高度发展融合、急速下滑、平稳发展四个阶段。总体而言,国内大部分学者对宿舍人际关系呈乐观态度。何林娇、李莉、肖进等的调查结果均显示,国内大学生宿舍人际关系处于较为和谐、融洽的状态。但是宿舍人际关系中的不和谐因素也不能因此被忽视。其四,以学生群体特征为划分依据。学生层面的分类,即学者选取带有共同点的学生群体来进行人际关系的现状论析。王广震、李玉运选择了大学新生群体进行人际关系分析,发现处于外部环境不适应的大学新生面临着相对更高的人际关系危机。④ 李金德、刘惠珍、伍业光选择了中国贫困大学生作为研究主体,发现贫困学生在处理人际关系问题时具有自身独特性,需要引起特别关注。⑤ 李晓敏、高文斌等以带有农村留守经历的大学生为主体,探究其心理行为与人际关系,并分析此类大学生的人际关系特征与其特性。⑥ 关于人际关系现状的研究呈现研究范围逐渐细化、研究方式不断丰富的特征。以上四种分类方式是可以存在交集的,例如周正怀以少数民族师范生为研究主体探究其人际关系的内在特征,即将学生层面(民族)与高校类型(师范类院校)两种分类方式相结合,得到更具典型特征的学生群体进行论析。⑦

① PREUSS W J.The development of interpersonal relations in a college freshmen girls' dormitory[D].US:ProQuest Information&Learning,1967:504-505.
② 庄国波,唐平秋.高校学生宿舍人际关系研究[J].广西大学学报(哲学社会科学版),1999,21(6):78-82.
③ 张业清,杨秋霞.大学生宿舍人际关系现状分析[J].思想战线,2011,37(2):390-391.
④ 王广震,李玉运.大学新生人际关系改善研究[J].教育与职业,2012,723(11):77-79.
⑤ 李金德,刘惠珍,伍业光.中国贫困大学生心理健康与经济发展的相关性[J].中国学校卫生,2014,35(7):1005-1007.
⑥ 李晓敏,高文斌,罗静,等.农村留守经历大学生成人依恋及其影响因素分析[J].中国公共卫生,2010,26(6):748-750.
⑦ 周正怀.少数民族师范生人际关系与总体幸福感特点的相关研究[J].贵州民族研究,2010,31(3):182-186.

第二,大学生人际关系的关联价值研究。关于关联价值的研究方法主要为量化研究,并较少数以质性访谈予以补充或佐证。关于大学生人际关系关联价值的分析主要为三种:以人际关系为输出变量,探究其他因素对人际关系的影响,这是最为常见的关于大学生人际关系影响因素的分析思路;以人际关系为输入变量,探究可以影响人际关系的其他因素;以人际关系为中介变量进行研究。其一,以大学生人际关系为输出变量。将大学生人际关系作为结果,学者采用各种方式探究促使其结果形成的影响机制。莱特伦·唐纳德(Lytle Donald)研究得出社会娱乐性游戏显著影响大学生人际关系。[①] 陈翔、张晓文将研究的焦点放置于大学生共情能力与人际交往的相关性,发现大学生共情能力与人际交往能力、人际敏感度和人际归因风格有着极其显著的相关。[②] 共情能力在较大程度上影响着学生的人际关系。赵崇莲、郑涌探讨了父母教养方式在大学生大学人际关系中的作用以及大学生与家庭的关系,并发现大学生的人际关系与家庭关系的相关性非常显著。[③] 王淙一、漆昌柱探究家庭功能对大学生人际关系的影响,并发现学生年级、性别、专业的差异表现在其人际关系上也有着显著的不同。而家庭功能性对于大学生人际关系具有预测作用,可在很大程度上预测其人际关系的优良状况。[④] 荣婷通过对全国 2240 所高校进行问卷调查,探究手机依赖强度对大学生人际关系的影响,结果显示过度使用手机虽然不利于大学生的身心发展,但是对其人际关系状态的影响较小。[⑤] 对于人际关系影响机制的构成在学界尚无定论,但是其自身丰富性与极大的探究价值使其长期成为大学生研究中的研究重点之一。学者从多学科视角来进行影响要素的分析,涵盖教育学、心理学与社会学等等,但其分析主要集中在学生层面的人口学特征与心理健康,较少关注到院校层面与社会

[①] LYTLE D E.Play and educational theory and practice[M].Praeger Publishers,2003:1-20.

[②] 陈翔,张晓文.大学生共情能力与人际交往的相关研究[J].新疆大学学报(哲学·人文社会科学版),2012,40(6):41-43.

[③] 赵崇莲,郑涌.大学生人际关系质量的影响因素研究[J].心理科学,2009,32(04):983-985.

[④] 王淙一,漆昌柱.大学生人际关系与家庭功能的相关性研究[J].教育学术月刊,2017,302(9):96-102.

[⑤] 荣婷.手机依赖强度对大学生身心健康、人际关系、学习状态的影响研究:基于全国2240所高校调查的实证分析[J].黑龙江高教研究,2018,36(6):114-118.

互动层面。^① 其二,以大学生人际关系为输入变量。当大学生人际关系作为输入变量时,学者将以大学生人际关系为影响因素,探究其影响范围及影响程度。欧阳文珍设计了关于人际关系训练对大学生心理健康水平的实验,结果显示人际关系训练对大学生近期心理健康水平改善十分奏效,大学生人际关系显著影响其心理健康状况。^② 张灵等探究了大学生人际关系与主观幸福感之间的相关性,结果显示人际关系与主观幸福感呈现多维度相关,人际关系在多方面影响学生主观幸福感。^③ 博伊拉兹(Boyraz)、布兰登(Brandon)研究得出大学生人际创伤对其身体健康造成显著影响。^④ 曹钰、吴洁清、陶嵘考察了人际关系亲密度对大学生妒忌程度及类型的影响,结果表明人际关系在一定程度下可同时引发善意妒忌与恶意妒忌,即亲密程度显著影响大学生嫉妒情绪程度及类型。^⑤ 纵观国内学者的研究成果,可知关于人际关系的影响范围主要集中于大学生心理层面。绝大多数学者立足于心理学的视角发现问题并解决问题。其三,大学生人际关系为中介变量。部分学者在研究时将大学生人际关系放置于中介位置,以探究其发挥的中介调节作用,而非直接的输入变量或输出变量。相对而言,此研究视角出现时间较晚,21世纪后才被学者关注,并于近年逐渐被重视。有学者探究了内化症状与冲突关系及亲密关系中人际关系的调节作用。^⑥ 姜永杰、谭顶良探究了大学生宽恕与主观幸福感关

---

① WILLIAM B L. Interpersonal relationships as mediators of structural effects: college student socialization in a traditional and an experimental university environment[J]. Sociology of education,1978,51(3):201-211.

② 欧阳文珍.人际关系训练对大学生心理健康水平的影响[J].中国心理卫生杂志,2000,14(3):186-187.

③ 张灵,郑雪,严标宾,等.大学生人际关系困扰与主观幸福感的关系研究[J].心理发展与教育,2007,89(2):116-121.

④ BOYRAZ G,WAITS J B.Interpersonal trauma and physical health symptoms in college students:mediating effects of substance use and self-blame[J].Journal of loss and trauma,2018,23(1):70-87.

⑤ 曹钰,吴洁清,陶嵘.人际关系亲密度对大学生妒忌程度及类型的影响[J].中国临床心理学杂志,2018,26(1):56-59,34.

⑥ LONDAHL E,TVERSKOY A,D'ZURILLA T.The relations of internalizing symptoms to conflict and interpersonal problem solving in close relationships [J]. Cognitive therapy&research,2005,29(4):445-462.

系中人际关系所起到的中介作用,结果表明人际关系在大学生宽恕、主观幸福感和消极情感的影响上起到部分的中介调节作用。[①] 人际关系对积极情感的影响具有完全的中介调节作用。此研究以大学生宽恕为输入变量,大学生幸福感为输出变量,探究人际关系在其中的联结与中介作用。雷希等考察应对方式与人际关系困扰在核心自我评价与抑郁关系中的链式中介效应,结果表明应对方式与人际关系困扰起到显著的中介作用,直接影响着自我评价与抑郁间的关系走向。[②] 窦芬、王曼、王明辉探究了自我认同感和宿舍人际关系在大学生同伴依恋与抑郁之间的中介作用,结果表明呈现显著的作用。[③] 纵观国内学者研究成果,可知大学生人际关系主要在学生心理发展层面起中介链式效应,以多维视角研究大学生人际关系,并将其分别放置于输出变量、输入变量、中介变量。教育学科主要运用于输出变量视角,即探究促使大学生人际关系形成的影响机制。但对于其影响机制的研究呈现出零散的特点,没有系统性的归类,尚未提出大学生人际关系影响结构框架。

第三,大学生人际关系整体水平的提升路径探析。国内学界关于提升大学生人际关系整体水平的路径探析主要集中于两个层面:学生层面,包含良好的人际交往观、适当提高自身交往与沟通技巧、重视人际关系等;院校层面,包含高校应提供相应的心理辅导与德育教育等。其一,学生层面的路径探析。赵慧莉提出大学生应有意识地增强自身人际交往能力,培养良好的人际交往关系。[④] 通过认识自我、提升自信心、待人接物遵循交互原则、优化个人品质、提高人际交往技巧等方面提升自身人际交往能力,从而打造一个良性的人际关系网。张明霞提出大学生打造一个良好的人际交往脉络的前提是拥有全新的现代人际交往观,要积极主动、坦诚自律。其次需要培养自身社交能力,克

① 姜永杰,谭顶良.大学生宽恕与主观幸福感的关系:人际关系的中介作用[J].南通大学学报(社会科学版),2016,32(1):136-140.
② 雷希,王敬群,张苑,等.核心自我评价对大学生抑郁的影响:应对方式和人际关系困扰的链式中介作用[J].中国临床心理学杂志,2018,26(4):808-810,830.
③ 窦芬,王曼,王明辉.大学生同伴依恋与抑郁:自我认同感和宿舍人际关系的中介作用[J].中国临床心理学杂志,2018,26(4):772-775,779.
④ 赵慧莉.当代大学生人际交往障碍分析[J].青海师范大学学报(哲学社会科学版),1998(4):115-117.

服心理障碍、培养合作精神。^① 吴军认为解决大学生人际交往困境的关键在于提高学生对人际交往的重视程度。如果学生本身重视程度不高则需要使其正确认识人际交往在生活中的重要性。^② 也有研究以学理性思维探讨如何建立一种基于自我控制的应对人际压力模式,从而实现大学生人际关系的改善。^③ 其二,院校层面的路径探析。院校层面的提升路径探析主要包括德育角度的引领与心理学层面的疏导训练。林红提出德育对大学生人际交往具有不可忽视的作用。^④ 高校教师尤其是行政教师应围绕着"人际关系与成功"这一主题,引导学生进行深入的人生思考,多方面发挥德育的辅助作用。首先,帮助他们培养集体主义价值观,其次使学生认识到现代人应同时掌握专业知识与人文社科知识,再次使学生深刻认识到良好的人际关系是走向成功的重要条件之一。孙利红通过实验证明心理扩展训练对大学生的人际关系起到明显的改善作用。^⑤ 渠立松、梁晓燕研究显示认知归因的团体心理咨询对改善大一新生人际交往困扰具有良好的效果。^⑥ 秦莉提出良好的心理素质与身体素质很大程度影响到学生的日常人际关系。通过多途径、多形式的培养方式,提升大学生的身心素养与心理健康水平,可为其良好的人际关系奠定基础。学者提出的德育及心理学层面的解决方法为高校正确处理学生间的人际关系问题提供了多条路径。^⑦ 比如有研究认为高校教师领导应发挥其作用,尽量

① 张明霞.大学生人际交往状况调查及对策研究[J].中国劳动关系学院学报,2006,20(6):120-122.
② 吴军.浅析大学生人际交往能力的培养[J].教育理论与实践,2010,30(3):59-60.
③ BETTIS A H,COMPAS B E,COIRO M J.College students coping with interpersonal stress:examining a control-based model of coping[J].Journal of American college health,2017,65(3):177-186.
④ 林红.德育在大学生人际交往中的作用[J].中国高教研究,2001(8):73-74.
⑤ 孙利红.心理拓展训练对大学生自我和人际关系的研究[J].北京体育大学学报,2012,35(1):102-106.
⑥ 渠立松,梁晓燕.认知归因团体心理咨询对大一新生人际交往困扰的改善效果[J].中国心理卫生杂志,2016,30(2):109-114.
⑦ 秦莉.论身心协调优化与大学生人际关系相关性研究[J].黑龙江高教研究,2016,271(11):129-131.

避免因人际关系矛盾产生的暴力事件,在发生事件时做出妥善处理。[①]

二、大学生人际关系反应性评价的相关研究

大学生反应性评价是一个较为新鲜的领域,尚未有广泛的国内外专家学者关注到大学生人际关系反应性评价这一主题。大学生人际关系反应性评价是衡量人际关系的重要评价指标,当前大学生人际关系状态的自我评价指标呈现多种形态,反应性评价是其中一个重要的项目,可作直观的测量与呈现,并且从主体视角全方面地揭示大学生对人际关系总体与各组成项的满意程度,便于推测原因并探究其解决方案。评价理论认为评价要具有"价值",那么这种价值需要是可以被测量评估的,[②]大学生人际关系反应性评价是多学科交融的一个研究话题,具有多学科价值。从教育学科的角度出发,大学生人际关系反应性评价是构建和谐校园文化氛围的重要环节,其评估结果对高校管理者与高等教育研究者而言具有重要参考价值。从心理学科的角度出发,大学生人际关系反应性评价是其心理层面对于自身人际交往现状的直接反馈,可较大程度地反映学生的人际交往优良情况,对于把控高校大学生的心理健康发展情况具有重要参考价值。从管理学科角度出发,大学生人际关系反应性评价是高等教育评估与管理的重要内容之一,是学生参与校园生活的过程中对于自身人际交往现状的直接评价。此评价指标的结果对评价主导者和各方利益相关者具有重要参考价值。因此,大学生人际关系反应性评价的价值性是其测量与评估的原点。大学生人际关系反应性评价可作为衡量大学生人际关系现状的重要评价指标。以教育学的视角对大学生人际关系反应性评价进行分析是必要的,其分析结果对高校办学发展具有重要意义。

有学者从学生分类视角入手,探究不同学生类别人际关系满意度的现状。

---

① GRAHAM L M,MENNICKE A,RIZO C F,et al.Interpersonal violence prevention and response on college and university campises:opportunities for faculty leadership[J].Journal of family violence,2019,34(3):189-198.

② 杜威.评价理论[M].冯平,余泽娜,等译.上海:上海译文出版社,2007:6.

凌东山、王树涛、张德美以西南地区大学生性别特征为划分,研究得出西南地区女大学生与男大学生的人际关系反应性评价呈现显著差异。[1] 文静以不同年级大学生为主体,对其人际关系反应性评价与舍友关系重要性程度进行分析,并得出人际关系反应性评价从大一至大二下降幅度较大,大三到达最低值,大四呈现小幅度回升,但都维持在基本满意的水平。[2] 文静以年级变量入手分析了学生在不同年级呈现的人际关系反应性评价状态,并得出具有显著波动的结论。有学者以大学生人际关系反应性评价为输出变量,研究其影响机制。比如有研究得出大学生的压力对其人际关系反应性评价有着显著负向影响。[3] 肖鹤、郭义坤研究电子邮件与大学生人际关系反应性评价的关系,并得出电子邮件的使用对大学生人际关系反应性评价水平产生一定的正向影响的结论。[4] 隋颖研究发现参与体育锻炼与提升大学生人际关系反应性评价具有正向影响。[5] 梁凤华、段锦云以大学生为研究对象,采用整群取样的方式研究了大学生社会面子意识、冲突处理策略与人际关系反应性评价之间的关系,得出社会面子意识与人际关系反应性评价呈负相关、冲突处理策略与人际关系呈现正相关的结论。[6] 以大学生人际关系反应性评价为主体的研究主要有两个研究主题:其一,大学生人际关系反应性评价的现状分析。以学生特征划分为分类依据,寻找其中的差异性。但具体分析多数停留于展示差异性的表面,尚未深入挖掘其中原因。其二,寻找大学生人际关系的影响机制。人际关系反应性评价作为大学生人际交往过程中的主观评价指标应受到学界的

---

[1] 凌东山,王树涛,张德美.大学生主观幸福感的性别特征研究[J].中国健康心理学杂志,2008,16(4):413-414.

[2] 文静.大学生学习满意度实证研究[M].北京:教育科学出版社,2005:181-182.

[3] DARLING C,MCWEY L M,HOWARD S N,et al.College student stress:the influence of interpersonal relationships on sense of coherence[J].Stress & health:journal of the international society for the investigation of stress,2007,23(4):215-229.

[4] 肖鹤,郭义坤.电子邮件与大学生人际关系满意感的关系研究[J].科教文汇(上旬刊),2007,28(4):201-205.

[5] 隋颖.参与体育锻炼对大学生生活满意度的影响分析[J].当代体育科技,2014,4(27):122-124.

[6] 梁凤华,段锦云.社会面子意识、冲突处理策略与人际关系满意度[J].心理学探新,2018,38(6):527-533.

重视。

核心概念的界定是研究的逻辑基点,是深入开展研究的基石。纵观大学生人际关系反应性评价的相关研究,在此分别界定人际关系、人际关系反应性评价等核心概念。第一,人际关系。人际关系为人与人之间的心理关系,这一关系的塑造主要通过交往与相互作用而形成。大学生人际关系是大学生校园生活的重要内容之一,通过各式各样的人际交往行为而形成。大学生人际交往的目的为建立起良好的人际关系网,其具体内涵指人与人之间的心理联系。人际关系的范围很广泛,其中大学生的人际关系主要包括三类:家庭关系、学校内人际关系、其他社会关系。此三种关系都会直接或间接影响大学的心理健康发展。在大学生人际关系中,高校内人际关系是其最重要的表现形式。学校内人际关系可总体分为与同学的关系、与教师的关系。[1] 其中与同学的关系可细分为与室友的关系、与其他同学的关系;与教师的关系可细分为与任课教师的关系、与辅导员的关系、与专业指导老师(如:毕业设计/论文导师、课题组导师、实习导师等)的关系、与学校职能部门工作人员(如:学生处、教务处、团委、后勤处等)的关系。本书的人际关系主要着眼于大学生人际关系中最重要的高校内人际关系。第二,人际关系反应性评价。人际关系反应性评价是本书的核心概念,主要为从主体视角对一段关系质量的主观评价,呈现"在高等教育学视野中是学生心理层面的一种体验,可视作学生主体性提高的标签,可被界定为学生对学习、生活等多方面的思维过程与看法,并按照自己的内在标准对所接受活动进行主观评价的一种心理体验"[2]。结合大学生人际关系概念,大学生人际关系反应性评价指大学生对自身人际关系网的主观心理体验。从学生主体性角度出发,大学生人际关系反应性评价可作为衡量大学生人际关系现状的测量标尺。本书关于人际关系反应性评价的研究主要关注点为大学生校内人际关系反应性评价,主要包括与同学、与教师的人际关系反应性评价,又可细分为与室友、其他同学、与任课教师、与辅导员、与专业指导老师(如:毕业设计/论文导师、课题组导师、实习导师等)、与学校职能部

---

① 代俊,袁晓艳.大学生心理健康实录[M].成都:西南交通大学出版社,2016:158.
② 文静.大学生学习满意度研究[D].厦门:厦门大学,2013.

门工作人员(如:学生处、教务处、团委、后勤处等)的人际关系反应性评价。

第三节 大学生学习收获反应性 评价的学术史梳理

随着教育质量观的嬗变与评估范式的转型,作为高校立校之本的高等教育质量不仅关注人力、财力和物力投入,还转向关注大学生学习经历及表现,以学习收获为代表的大学生学习表现成为评价高等教育质量的重要指标,并逐渐成为大学生学情研究理解大学生学习过程及其成效的关键聚焦点之一。

一、大学生学习收获的相关研究

学习收获作为透视人才培养质量的窗口,缘起于大学生学习与发展研究,是评估衡量学生发展成效的重要标准,[1]一般指学生在进行某种形式的参与后取得学习结果与学习成效,由此在知识、技能和态度等方面形成相应的能力,[2][3][4]反映了教育教学过程所带来的某种"增量",代表大学生投入时间和精力后所取得的学习成效,反映院校机构运用有效教育实践的努力,[5][6]与大学生学习表现和高校人才培养实效直接相关。因此,学术管理人员、教师、学生

---

① 王芳.不同类型高校大学生的学习收获方式研究[D].厦门:厦门大学,2014.

② EISNER E.The educational imagination[M].New York:Macmillan,1979:125.

③ KUH G D,HU S P.Learning productivity at research universities[J].The Journal of higher education,2001,72(1):1-28.

④ GULLICKSON A. The student evaluation standards:how to improve evaluation of students[R].California:Educational Policy Leadership Institute,2003:88-90.

⑤ KUH G D.Assessing what really matters to student learning:inside the national survey of student engagement[J].Change,2001,33(3):10-17.

⑥ PACE C R.The undergraduates:a report of their activities and college experiences in the 1980s[M]. Los Angeles:Center for the Study of Evaluation,UCLA Graduate School of Education,1990:115-142.

生活专业人员、高校研究人员和其他人员逐渐要求采用循证方式理解大学生学习收获表现情况及其提升测量。在这一背景下,诸多围绕大学生学习收获等学习指标的国际大学生学情调查研究得以启动。一些研究以学习者为中心,特别关注学生的学习收获,将大学生的学习经历、感受和在学满意度等纳入研究设计,以期通过研究学生学习,帮助学生取得成功,从而提升高等教育质量。比如,佩斯在 1979 年认为测评学生的努力质量对大学更好地了解学生的学习和发展有实质性的意义和帮助,因此启动"大学生体验经验调查问卷"(College Student Experience Questionnaire,CSEQ),开启了大学生学习过程及成效的系统调查和研究工程。库于 1993 年接管 CSEQ 项目后,进一步完善大学生学习理论,并在 21 世纪初开发实施了美国"全国性学生投入调查"(National Survey of Student Engagement,NSSE)。此后,美国"大学生博雅教育质量追踪调查"(Wabash National Study of Liberal Arts Education,WNSLAE)、"澳大利亚学生投入调查"(Australasian Survey of Student Engagement,AUSSE)等发展起来,围绕大学生学习过程及其学习收获的学情调查逐一启动,并在当前国际研究中占据一席之地。

在几十年学情调查中,大学生学习收获的构成要素及其测量随着学生学习及其教育目标的研究深化而受到推动。有关学习收获的早期理论研究较为分散,主要将学生通过学习而表现出的学业结果视为学生学习收获的实现,与就业出口直接对应,与学生专业知识习得与职业生涯发展密切相关。此后,学界逐渐意识到,单纯的专业知识掌握或课堂成绩并不能概括学习收获的全部内涵,也不应是教育育人和高校人才培养的真正追求。因此,后续诸多学者围绕学生主体性发展而讨论学习收获的构成内涵及其测量,其中布鲁姆基于教育心理学研究而得出的认知、情感、技能动作三大教育目标分类框架受到广泛引用。从 20 世纪初期美国心理学年会上所提出的教育目标分类设想,到 1956年布鲁姆所著的《教育目标分类学》出版,三大教育目标分类框架围绕认知、情感和操作而初步形成。这一时期的学习目标分类主要围绕认知领域而划分出具体知识、抽象知识、领会(Comprehension)、运用(Application)、分析(Analysis)、综合(Synthesis)、评估(Evaluation)六个递进的认知目标层级,而在情感、操作等方面较少涉及。2001 年,安德森 Anderson 等人进一步完善廓清教育目标分类框架,呈现为认知、情感、技能动作的目标划分,大体的目标分类框架仍得以延续。

作为教育目标分类的又一种表达——学习收获也在教育目标分类框架逐步完善的同时,随着大学生学情调查的推进而发展起来。所谓教育目标分类与学习收获,其主要差异来自主体视角的不同,教育目标分类侧重于从教育教学者出发,是教师教学目的与意图的表达;学习收获侧重于从学习者出发,强调学习者各个方面的学习结果。① 同时,这种学生主体理解下的学习收获随着美国"全国大学生学习投入调查"等所采取的大学生自我报告策略而得以测量,并进一步发展出丰富的学习收获研究。比如,阿斯汀基于布鲁姆的教育目标分类,提出效果类型、数据类型及时间三个维度,② 并以这三个维度来理解大学生学习成效。其中,效果类型主要分为认知性效果类型和情感性效果类型。埃威尔将学生学习收获划分为知识收获、技能收获、态度价值观收获、行为收获四个层次。③ 特伦兹尼在埃威尔的基础上,纳入评估目的、对象、层级三个评估层,对应各个收获要素而构建起了一个学生学习收获评估立方体。④ 总体而言,以上学者关于学习收获的构成要素论证,尽管稍有差异,但大体仍是围绕布鲁姆所提出的教育目标分类框架,并且其测量伴随着国际大学生学情调查的开展,主要采用大学生自评这一方式。

总结而言,学习收获本身是一个全面的元结构,因此学习收获的内涵是复杂且多方面的,且随着时间推移,学习收获的定义与应用越发广泛,在不同研究线索的汇集过程中愈发复杂多元。目前,关于学习收获的界定主要分为行为视角、心理视角、社会文化视角、整合视角等。其一,行为视角,将学习收获

① MOON J. The module and programme development handbook: a practical guide to linking levels, outcomes and assessment criteria[M].Psychology Press,2002:50-77.

② ASTIN A W,ANTONIO A L.Assessment for excellence:the philosophy and practice of assessment and evaluation in higher education[M].Maryland:Rowman&Littlefield,2012:41-68.

③ EWELL P T.Establishing a campus-based assessment program[J].New direcations for higher education,1987(59):9-24.

④ TERENZINI P. Assessment with open eyes: pitfalls in studying students outcomes [J].The journal of higher education,1989,60(6):644-664.

认为是学生行为与教学实践之间相互作用的结果,并作为一种不断发展的结构,捕捉一系列与学生满意度和学生成就相关的院校实践和学生行为,包括任务时间、社会整合、学术整合、教学实践等,主要起源于当时美国对教育教学质量的不满,侧重点在于院校如何影响学生并帮助学生取得成功。以库为代表的学者在这一内涵基础上,结合"本科教育良好实践原则"实行一系列测量项目以测评学生行为和教学实践。比如,美国的"全国学生投入调查"及"澳大利亚学生投入调查"从行为角度衡量学生投入。NSSE 将学生的相关行为、经验、看法等划分为五个集群,提出"有效教育实践的五大基准",即学术挑战水平、主动协作学习、师生互动水平、丰富的教育经验以及支持性的校园环境。而 AUSSE 则分为了六个教育成绩衡量标准,即高阶性思维、一般性学习成果、职业准备程度、成绩、离职意图和满意度。[①] 尽管教育教学调查颇有成效,但也有观点认为行为视角下的学习收获忽视了情绪化因素的测量,过于强调院校因素而错过了诸多其他可能的解释性变量,如学生动机、期望和情绪等。其二,心理视角。在强调个体内部过程的心理视角中,学习收获反应性评价被视为一种内在的心理-社会过程,并且随时间推移和强度变化而发生改变。在这一视角中,之前出现重叠的学习参与维度被重新提取,如行为、认知、情感等,充分抓住了学习收获的心理状态,逐步将其视为"人类社会生活中不可分割的、相互交织的维度"[②],同时可以根据时间和强度的变化发生不同反应,具有可延展性和可干预性。其三,社会文化视角侧重于更广泛的社会背景对学习收获的影响,强调社会经济与社会政治环境等影响因素,从本体论转向的角度构建学生的学习收获内涵框架。整合视角侧重于统合学习收获的不同观点和理论,建构学生如何实现学习收获的动态连续过程。

---

① COATES H.Development of the Australasian Survey of Student Engagement（AUSSE）[J].Higher education,2010,60(1):1-17.

② FORGAS J P.Feeling and thinking:the role of affect in social cognition[M].Cambridge:Cambridge University Press,2000:387-406.

二、大学生学习收获反应性评价的相关研究

关于大学生学习收获反应性评价的相关研究,可见于院校影响力理论或大学生学习发展理论之中。早期,汀托等人提出大学生辍学模型,认为大学生在学术融合和社交融合两个方面的融合程度影响大学生的学业保持率,并进一步引入学生发展"IEO模型",将大学生学习收获反应性评价认为是个体自身的学习投入与院校环境相互作用的结果。[①] 此后,大学生学习与发展理论朝着横向和纵向两个方面得以发展。[②] 在横向上,所纳入的院校结构性变量和非院校结构性变量愈发全面多元,比如帕斯卡雷拉就在学生变化的因果解释模型中,将学生背景、院校结构性特征、院校内部环境、社会性互动、学习投入等影响大学生学习收获的五大变量纳入进来,构成大学生学习收获反应性评价的内在影响模型;在纵向上,愈发强调要全面描绘大学生整体性的学习轨迹,比如比格斯所提出的"前期—过程—结果"3P模型就转变了将大学生学习视为单一线性结果达成的静态理解,[③]认为大学生学习是一个个体变量、环境因素、学习过程、学习结果之间相互非线性交织影响的动态学习过程。具体来看,院校影响力模型研究总体上侧重于大学对大学生成长的影响,汀托的社会与学术整合理论模型认为不同背景的学生对自己的院校成长发展有一定的目标承诺,在进入大学后大学入学与大学环境的整合程度会影响其成长变化,即大学生入学后与大学环境的整合程度越高,其成长变化就越大,影响相应的大学生学习收获反应性评价。阿斯汀提出的"投入—环境—产出模型"认为大学生的学习收获是个体学生与大学环境互动的结果,也就是说,大学生的学习收获除了取决于大学生自身的投入外,还是大学生与大学环境不断互动深入内化院校影响的结果,共同作用于大学生学习收获反应性评价。帕斯卡雷拉的

---

① ASTIN A W,ANTONIO A L.Assessment for excellence:the philosophy and practice of assessment and evaluation in higher education[M].Rowman & littlefield publishers,2012:253.

② 石卫林.大学生成长变化的院校影响理论评述[J].教育学术月刊,2011,228(7):4.

③ BIGGS J,KEMBERN D,LEUNG D Y.The revised two-factor study process questionnaire:R-SPQ-2F[J].British journal of educational psychology,2001,71(1):133-149.

整体变化评定模型认为大学生学习收获等学习成效表现是大学生与制度环境相互作用后产生的结果,将影响大学生学习收获成效及其相应反应性评价的影响变量归结为五类,分别为机构的结构特征、学生的个人背景、社会性互动、组织环境和学生的个人努力。总结相关院校研究理论,无论是汀托的社会与学术整合理论模型、阿斯汀的投入—环境—产出模型还是帕斯卡雷拉的整体变化评定模型,均将大学环境性影响因素考虑在大学生学习收获反应性评价之内。此外,很多学者也用实证研究的方法来论证院校环境的影响作用,美国学者韦德设计了院校环境评价问卷,并开发了相应的评价方法和技巧;卢卡斯和罗宾逊等在探讨院校环境时,分别聚焦在合作、摩擦、竞争、满意度等方面。而在相关院校环境实验研究中,有实验研究从院校环境出发,重点分析环境对人类行为的影响,以及学校环境如何影响学生学习过程及其相应反应性评价。近年来,国内许多学者对影响大学生学习收获成效及其反应性评价的因素进行了相关研究,比如王纤将大学生学习参与分为院校主导型和学生自主主导型,并通过比较认为院校主导型的影响作用高于学生自主主导型,特别是相关院校组织及其政策的学术支持、院校课程认知挑战度等方面,对学生高阶能力生成、知识技能形成与自我概念发展等方面有着更为重要的影响。刘宏哲有关院校环境如何影响学生学习的实证研究中,认为院校环境通过一系列中介作用递归影响学习收获反应性评价,提出院校主体必须发挥作用,在促进大学生学习过程及其收获成效等方面做出行动,才能间接达到人才培养及学生综合能力素养提升的目的。总之,大学生学习收获反应性评价由于相关院校理论或大学生学习发展理论而得到学理性基础,并在研究学习收获及其相应反应性评价时,就院校环境影响学习收获及其反应性评价方面达成基本共识,符合院校理论或大学生学习发展理论的基本意蕴,也与我国实践趋势有所契合。

基于相关文献梳理,大学生学习收获反应性评价受到多方面因素影响,比如"投入—过程—产出模型"从不同维度归结了影响大学生学习收获反应性评价的因素。具体来看,不同模型中所涉及的"输入"变量基本包含了学生个人特征变量,包括教育背景特征、家庭背景等,"输出"变量几乎与学生的学习成果或结果等方面的要素相一致。因此,在归纳大学生学习收获反应性评价的有关影响因素时,侧重从"输入"变量方面,总结学生个人特征、家庭背景、入学前经历、年级和专业等。

学生个人特征对学习收获反应性评价的影响。在学生个人特征方面,性别与学习收获反应性评价的关系是国内外学者研究最多的问题。英国学者斯蒂芬妮·阿特金森通过多次研究发现,男性和女性在学习收获反应性评价方面存在显著差异。[①] 中国学者张莉莉比较男女生的学习过程发现,男性和女性不仅在学习条件和可用资源方面存在差异,更在动机和参与方面有所区别,从而形成不同的学习收获反应性评价。[②] 其中在学习提升性活动上,男性的参与程度较之女性更为深入;在学习方式上,男性和女性之间存在性别差异;在学习内容和学习需求方面,也存在较大的性别差异。孙睿君等人的研究结果显示,在知识和技能收获方面的反应性评价上存在着显著的性别差异,[③]男性自我报告的知识技能收获反应性评价显著高于女性。姚本先发现大学生学习成绩(主要是学习成绩)等方面的学习收获反应性评价指标存在显著的性别差异,女性在学习成绩、获奖情况等层面的表现明显优于男性。[④] 当然,并非所有研究都表明大学生学习收获反应性评价均在男女性别方面存在显著性差异。通过多轮大学毕业生调查数据分析,文东茅发现男女大学生在学业成绩这一学习收获反应性评价指标上没有达到显著性差异。[⑤] 虽然不同学者基于不同的数据材料分析形成了差异性结论,但是性别因素本身的纳入也在一定程度上说明了性别因素在分析过程中的必要性。在性别因素外,学生的生源地因素也是学生个人特征的重要组成部分。高耀等人通过比较城市生源学生

---

① STEPHANIE A.A study of preferred information processing style and its relationship to gender and achievement in the context of design and technology project work[J].Design and technology education:an international journal,2008,10(1):26-42.

② 张莉莉.理工科女大学生专业学习的困境及分析[J].清华大学教育研究,2011,32(5):73-78,107.

③ 孙睿君,沈若萌,管浏斯.大学生学习成效的影响因素研究[J].国家教育行政学院学报,2012,177(9):65-71.

④ 姚本先,陶龙泽.大学生学业成就的性别差异研究[J].教学研究,2004,27(6):508-512.

⑤ 文东茅.我国高等教育机会、学业及就业的性别比较[J].清华大学教育研究,2005,26(5):16-21.

和农村生源学生的学习收获反应性评价指标,发现城市生源学生在学业成绩等学习收获反应性评价指标上比农村生源学生表现更好,达到优秀的城市生源学生是农村生源学生的两倍。[①] 初云宝基于广州市多所高校调查数据分析了不同生源地学生的影响效应,发现农村生源学生在必修课成绩等方面的学习收获反应性评价指标上表现相对更好,城市生源学生在选修课等方面的学习收获反应性评价指标上表现相对更好。[②]

家庭背景对学习收获反应性评价的影响。自《科尔曼报告》发表以来,家庭背景对学生学习收获反应性评价的影响引起了广泛关注。比如有研究结果表明,[③]德国学生的社会经济地位等可以解释其在学习成绩等方面的学习收获反应性评价差异,日本学生的社会经济地位也可以用于解释这方面学习收获反应性评价的差异。谢瓦利埃和拉蒙特在家庭收入与学习收获反应性评价方面的研究表明,家庭收入对学习收获反应性评价产生重要影响,认为贫困家庭学生往往在学业成绩方面的学习收获反应性评价上表现较低,但最重要的因素是家庭教育水平。[④] 国内学者高耀等人发现,家庭经济状况对大学生学习收获反应性评价有显著的正向影响,其中高收入家庭、中等收入家庭的学生在学习收获反应性评价上优于低收入家庭学生。[⑤] 郭俊等人在家庭背景与学习收获反应性评价的关系研究中,指出家庭经济收入不同的学生在挂科次数、出勤率及其相应的学习收获反应性评价上呈现显著性差异。[⑥] 此外,在父母受教育水平方面,多恩布施基于家庭研究了不同学生的学习收获反应性评价

---

① 高耀,刘志民,方鹏.家庭资本对大学生在校学业表现影响研究:基于江苏省 20 所高校的调研数据[J].高教探索,2011,117(1):137-143.

② 初云宝.户籍与大学生学习成绩相关研究:以广东省三所大学为例的实证分析[J].高教探索,2011,119(3):110-106.

③ TANNER D E.Learning for tomorrow's world:first results from PISA 2003[J].Choice,2005,42(11/12):2038

④ CHEVALIER A,LANOT G.The relative effect of family characteristics and financial situation on educational achievement[J].Education economics,2002,10(2):165-181.

⑤ 高耀,刘志民,方鹏.家庭资本对大学生在校学业表现影响研究—基于江苏省 20 所高校的调研数据[J].高教探索,2011,117(1):137-143.

⑥ 郭俊,李凯,张璐帆,马颖.家庭背景对大学生学业表现影响的实证研究[J].教育学术月刊,2012,241(8):29-34.

表现,发现父母受教育水平及有效参与程度越高,学生的相应学习收获反应性评价表现越好,表明父母受教育水平是分析大学生学习收获反应性评价的重要变量。[1] 孙睿君等人发现,学生在知识技能上的学习收获反应性评价表现由于父母受教育水平的不同出现显著性影响,父母受过高等教育的学生在自我报告知识技能方面的学习收获反应性评价时,表现显著高于父母没有受过高等教育的学生。[2] 郭俊等人在比较不同父母受教育水平的学生时,发现父母受教育水平对学生挂科率没有产生显著性影响,但是对出勤率有显著影响,从而表现出不同的学习收获反应性评价。[3] 然而,一些研究也发现家庭文化资本对大学生的学习收获反应性评价并未有显著性影响。[4] 父母受教育水平对基础教育学生学习收获反应性评价的影响已被学者普遍接受,但对于高等教育学生学习收获反应性评价的影响是否显著尚未达成共识。

入学前经历对学习收获反应性评价的影响。考虑到我国独特的国情,高考是学生入学前经历的重要组成部分,在分析入学前经历对学习收获反应性评价的影响时主要考虑的是高考成绩。丁澎等人在分析理工科两所"工科"院校大学生的学习收获反应性评价时,聚焦于高考成绩与学业成绩等学习收获反应性评价之间的关系,发现数学高考成绩、英语高考成绩对大学生学习收获反应性评价产生差异性影响,综合高考成绩对大学生学习收获反应性评价的差异性影响由于大学生所属专业而产生不同。[5] 鲁威等人在分析临床医学大学生的学习收获反应性评价时,发现综合高考成绩没有对医学生在学业成绩等方面的学习收获反应性评价上产生显著性影响,但是英语高考成绩、语文高

① DORNBUSCH S. Helping your kid make the grade[EB/OL].(1986-01-01)[2023-02-12].https://eric.ed.gov/? id=ED275406.

② 孙睿君,沈若萌,管浏斯.大学生学习成效的影响因素研究[J].国家教育行政学院学报,2012,177(9):65-71.

③ 郭俊,李凯,张璐帆,等.家庭背景对大学生学业表现影响的实证研究[J].教育学术月刊,2012,241(8):29-34.

④ DUMAIS S A, WARD A. Cultural capital and first-generation college success[J].Poetics,2010,38(3):245-265.

⑤ 丁澎,缪柏其,叶大鹏.高考成绩与大学成绩的相关性分析[J].中国大学教学,2008,219(11):29-31.

考成绩对学习收获反应性评价产生影响作用,表明高考等入学前经历对大学生学习收获反应性评价的影响作用。[①]

年级和专业对学习收获反应性评价的影响。在年级因素方面,随着年龄增长,学生的知识认知发展与社会化进程逐步完成,大学阶段是其中非常重要的一个阶段,比如大二年级对大学生而言是逐步适应大学生活并开始关注自己内心世界的阶段,在这一阶段大学生开始审视自己的人生目标,并探索自己如何融入大学生活及其背后更大的世界,是一个非常独特和重要的发展阶段。对此贝尔蒙特大学面向大二学生群体制定治理计划,[②]指出院校应该更多地关注大二学生,对大二阶段的专业发展、课程压力、实际问题困境及其相应的焦虑情况进行对策支撑,确保大学生在这一过程中获得有效支持。国内学者杨钋等人基于自主建构的调查问卷,从二维框架审视大二学生在这一阶段的转折过渡情况,发现民办院校、普通本科院校、工学院男生在大二阶段的转折过渡表现相对欠优,并相应地影响学习收获反应性评价;农村生源、父亲受教育程度较低的非独生子女在大二阶段的转折过渡表现同样值得关注,影响相应的学习收获反应性评价,侧面反映了年级因素的重要性。[③] 在专业方面,当前学者较为关注不同专业在学习收获反应性评价方面的表现,比如薛艳等人发现大学生专业匹配度与对应的学习收获反应性评价呈现显著的正相关影响关系;[④]陈权等人也从专业匹配角度提出专业对大学生学习收获反应性评价上的影响作用。[⑤] 此外,专业方面的因素在大学生成就动机、自信心、自我效能感方面产生作用,进而影响人际交往、组织管理、团队合作、个人修养、社会

① 鲁威,杨云,张剑戈,等.基于高考和医学课程成绩的医学生学业潜力的研究[J].上海交通大学学报(医学版),2012,32(10):1373-1377.

② GAHAGAN J, HUNTER M. The second-year experience: turning attention to the academy's middle children[J].About campus,2006,11(3):17-22.

③ 杨钋,范皑皑,管蕾."转折":二年级学生发展的主题词:基于北京高校学生发展调查数据的实证分析[J].清华大学教育研究,2013,34(3):108-117.

④ 薛艳,谭顶良,傅宏.大学生专业匹配性与学业成绩相关研究[J].心理科学,2009,32(3):547-550.

⑤ 陈权,薛艳,刘伟.专业匹配性对大学生学业的影响及应对[J].现代教育管理,2010,244(7):59-62.

实践能力等方面的学习收获反应性评价。

在当前的大学生学习与发展理论流变中,所纳入的大学生学习收获反应性评价影响因素越发丰富,大学生学习模型也越发复杂。对此,相关学者提出质疑,[1]认为尽管现有研究提出了诸多在理论上十分具有吸引力的概念,但是却始终面临难以转化为行动纲领的困境。因此,2006年库等人总结已有的大学生学习与发展理论,结合长期实践经验,正式提出大学生成功的概念分析框架——"学生成功影响要素模型",并认为这一框架是"当代高等教育的真实写照"[2]。除外部宏观社会经济环境和入学前经历之外,"学生成功影响要素模型"将影响大学生学习收获反应性评价的各种因素具体总结为两方面——学生方面和院校方面:学生方面主要囊括了学习动机、学习投入等影响要素,反映学生在学习过程中如何努力;院校层面则主要包括了教育政策、资源配置、教师支持、教学方法、课程实践等影响要素,反映院校如何支持影响学生学习。就学生层面的影响因素而言,学生层面的因素被认为是学生学习的基础。在几十年大学生学情调查研究中,院校影响力理论研究多基于社会学视角,强调大学生行为或认知发生背景的重要作用,侧重于大学生如何努力及院校潜在变量如何对其产生作用。尽管院校影响力以大学生特征为核心要素,但主要是从大学生人口社会属性、社会文化背景、前置学习经历、学习行为认知等方面讨论影响大学生学习收获反应性评价的主要因素,对大学生学习动机等学生心理、情感准备方面未给予足够的关注。对此,库、胡、亚历山大等一系列学者呼吁大学生学情研究应关注个人体验的独特性质,而这有助于更为全面地理解大学生学习过程及其成效。[3][4] 也因此,"学生成功影响要素模型"在总结前人研究基础时,将学生层面的可能因素纳入到了大学生学习收获反应性评

① KAHU E.Framing student engagement in higher education[J].studies in higher education,2013,38(5):758-773.

② Kuh G D,Kinzie J,Buckley J A,et al.What matters to student success:a review of the literature[R].National postsecondary education cooperative,2006:1-151.

③ KAHU E.Framing student engagement in higher education[J].Studies in higher education,2013,38(5):758-773.

④ SHOUPING H,ALEXANDER C M.An engagement-bases student typology and its relationship to college outcomess[J].Research in higher education,2012,53(7):738-754.

价的影响模型中。库恩也认为要将大学生学习视为心理过程和社会过程,嵌入到更广泛的社会背景中,比如学习动机作为个人因素的一种,对学习收获反应性评价产生影响,与学习结果和成效紧密联系。[①] 主要理由在于:第一,学习动机作为人的内在心理品质能够引起直接的学习行为,是激发和指导学生学习的力量,比如起步于 20 世纪 30 年代的学习动机理论研究,认为学习动机是促进学习行为发生的内驱力。这期间,随着成就动机论、归因论、自我实现论等理论成果积累,学习动机理论逐渐丰富并逐步形成相对完整的体系。各学派总体上认为动机对学习有驱动作用,[②]比如从斯金纳行为强化说提出外部动机理论,认为个体以获取强化物为目的而学习;[③]罗杰斯人本论认为"人都有积极学习的自然倾向",[④]强调个体以自身全面发展为目的而学习,学习驱动力来自学习本身等。第二,学习动机作为中介变量对学习行为及结果产生影响,认为学习动机促使潜在环境变量与学习行为发生作用,[⑤]促进学生学习行为的发生。比如库恩的学习投入影响模型中,环境因素包括大学的文化、政策、课程等,学生个人因素包括动机在内的个性心理特征与人口控制变量等,学习过程包括学生在情感、认知、行为等方面的学习投入,学生由学习动机等产生驱动,与各种因素交织,共同作用于学习行为与学习结果。[⑥]

核心概念的界定是研究的逻辑基点,是深入开展研究的基石。纵观大学生学习收获反应性评价的相关研究,在此分别界定学习收获、学习收获反应性评价等核心概念。从词源学角度来看,《辞海》《现代汉语词典》等工具书并未

① KAHU E.Framing student engagement in higher education[J].Studies in higher education,2013,38(5):758-773.

② RICHARD J.Research on language learning and teaching:1997—98[J].Language teaching,1999,32(3):137-156.

③ 赵平.组织行为学[M].北京:北京理工大学出版社,2021:133-134.

④ 唐继亮.罗杰斯和马斯洛人本主义教育思想的比较[J].台州学院学报,2017,39(5):53-56.

⑤ REEVE J. Why teachers adopt a controlling motivating style toward students and how they can become more autonomy supportive[J].Educational psychologist,2009,4(3):159-175.

⑥ KAHU E R.Theorising student engagement in higher education[J].Studies in Higher Education,2013,38(5):758-773.

直接就"学习收获"进行界定,因此这里主要就"学习""收获"分别进行解释。关于"学习",《中国教育百科全书》认为学习在狭义上是指人认识客观事物的过程,主要指有目的、有计划、系统性地掌握知识技能、学习方法和行为规范的活动过程,在广义上是指人不断识记知识经验、技能,形成新习惯,改变自身行为的广泛过程。① 依据《辞海》,学习是为了"求得知识技能"②。从词源学角度看,学习侧重于获得知识技能的过程。关于"收获",依据《辞海》,收获指"收割农作物",或取得一定的收益;依据"汉典",收获指收取成熟的农产品,喻为获得成果或取得战果。从词源学角度看,收获侧重于获得成果或战果。综上,在词源学意义上看,学习收获指在学习过程中获得知识、技能等成果,并基于国内外学术研究而对学习收获依据教育目标分类框架进行界定,认为学习收获是学习过程中学习者在知识、技能、价值观等方面的收获,在后续大学生学情调查的推进中得以应用。在学习收获反应性评价方面,早期主要聚焦于学业成绩这一指标,后随着学习研究的深入,学界逐渐意识到侧重于学业成绩的学习收获反应性评价不足以全面反映学生学习收获内涵,因此逐渐从教育学、社会学、心理学等视角探索学习收获反应性评价的内涵。其中,布鲁姆基于教育心理学研究而得出的认知、情感、技能动作三大教育目标分类框架受到广泛引用,并影响后续学者关于学习收获反应性评价的内涵界定。比如,库基于学生学情调查,提出学习收获反应性评价是学习者在经历了一系列课程或培养计划之后对其所形成的知识、技能、价值观念等进行反应性评价,从而透视大学生学习表现与学习质量。③ 美国高等教育认证委员会(The Council for Higher Education Accreditation)认为学习收获反应性评价是学生对经历一段学习经历后所获得的知识、技能和能力进行反应性评价。国内研究当中,也在学习收获反应性评价方面形成一定的共识,比如白华等从学生知识理解、实践能力、

① 张念宏.中国教育百科全书[M].北京:海洋出版社,1991:701.
② 辞海编辑委员会.辞海[M].上海:上海辞书出版社,1989:2946.
③ COUNCIL FOR HIGHER EDUCATION ACCREDITATION.Statement of mutual responsibilities for student learning outcomes:accreditation,institutions and programs[M].Washington,DC:Council on Higher Education Accreditation,2003:5.

态度价值观、个体行为等方面的收获来理解学习收获反应性评价。[①] 文雯等认为则是从知识、语言、通用技能、自我认知等方面的收获来廓清学习收获反应性评价。[②] 尽管学界关于学习收获反应性评价及其维度的表述并未完全统一,但本质上都关注学生在一段学习经历后对其所形成的知识、技能、态度等进行的反应性评价。

第四节　大学生科研态度反应性评价的学术史梳理

在推进一流大学教育建设过程中,关注大学生的科研态度反应性评价是提升学生研究素养的关键发力点,也是提高学生深度学习水平和大学教育质量的必然要求。因此,科研态度反应性评价可以作为大学生健康发展的重要评估指标,为人才培养与发展提供有利的数据支撑,也能够为我国高校改进科研育人模式发挥作用,意义重大。同时以学生自我评价的方式展开调查,以半结构访谈的形式分析不同大学生群体存在差异的原因与影响因素的作用方式,可以为高校人才培养政策的制定提供理论支持与依据,便于学校管理者与高等教育研究者发现不同群体存在的问题,带有预判性地组织高校开展管理工作、德育工作等等,让高校切实了解到学生的科研态度反应性评价总体情况,并为大学生人才培养方式的改进提供现实依据。在此,分别从大学生科研态度、大学生科研态度反应性评价等方面展开学术史梳理。

---

① 白华,周作宇.大学教育如何影响本科生的学习收获:基于 CCSEQ 实证调查数据分析[J].教育学报,2018,14(3):81-88.

② 文雯,陈丽,陈强,等.课堂学习环境与来华留学生学习收获的研究:以清华大学为例[J].清华大学教育研究,2014,35(2):107-113.

一、大学生科研态度的相关研究

科研态度是实现大学教育目标的关键着力点。在一流大学和一流学科建设的大背景下,一流的人才培养也被提到至关重要的位置。这就亟待进一步实现教学与科研相结合,充分发挥出科研育人的功效。在推进一流大学教育建设过程中,学生的研究能力和素养是衡量大学人才培养质量的关键性指标。某种意义上,积极的科研态度是提升大学生研究能力的重要前提。《中华人民共和国高等教育法》要求大学教育应当使学生具有从事专业实际工作和研究工作的初步能力,从法律层面规定了大学生应当具备的能力之一———研究能力,高校应把初步的研究能力当作大学人才培养的重要目标和使命,通过衡量大学生的研究能力,能够判断出大学教育发展水平。[①] 2019 年《教育部关于深化大学教育教学改革全面提高人才培养质量的意见》也指出,要强化科研育人功能,激发学生的专业学习兴趣。加强对学生科研活动的指导,鼓励支持学生尽早进入课题、实验室和团队。从国家层面规定了大学教育应当培养学生的研究能力,引导和鼓励学生培养专业学习兴趣,参与科研活动,借助科研参与提升学生的创新和实践能力。许多高校采取各类举措培养大学生的研究能力和素养,例如通过课程教学、毕业设计和论文写作、实施大学生导师制、开展大学生科研训练计划、鼓励学生参与课题研究、举办学术讲座和其他各类学术活动等方式,帮助学生培养研究兴趣、积累研究知识和经验,提升创新能力。

而科研态度作为一种主观的心理倾向,在一定程度上影响学生研究能力的形成和培养。关注学生的研究能力和素养,要求我们必须重视学生对于研究的态度,这是实现大学教育目标的关键着力点。因此,有必要站在学生主体的视角,关注大学生的科研态度,了解大学生科研态度的基本状况,从根本上撬动学生参与研究的潜力,提升大学教育质量和水平。同时,改善科研态度有助于促进大学生深度学习。落实以学生为主体的理念必须关注学生的态度和

---

① 史秋衡.《中华人民共和国高等教育法》20 年发展报告:基于高校分类人才培养提质增效视角[J].国家教育行政学院学报,2020(2):15-25,87.

倾向,科研态度作为大学生学习过程中的重要态度,也能够反映出学生的深度学习水平。经济合作与发展组织在"教育 2030:未来的教育与技能"项目的成果文件《OECD 学习框架 2030》中提出,要开发一种新型的学习框架,该框架强调了态度与价值观的培养,指明个体的态度和价值观能够决定知识和技能的掌握与使用。同样的,科研态度能够在一定程度上反映出大学生学术研究知识和研究能力的掌握与使用情况,展现学生视角下的科研活动参与对于终身学习和发展的重要性和有用性程度,影响大学生研究素养的发展。根据布鲁姆对于情感和认知的关系界定,没有情感的投入,认知也很难达到很好的持续效果。而融入情感的教育,必须建立在把握学生身心发展规律的基础上。[①]试想,若是大学生对于研究持消极的态度倾向,那么这将从心理上阻碍学生进行深度学习,影响学习与研究的投入度和收获,不利于研究成果的产生和创新型人才培养。在此,主要就大学生科研态度展开梳理:

第一,态度的内涵、成分及理论。1862 年,H.斯宾塞在其著作《第一原理》中首次使用了"态度"一词,并将态度引入了社会心理学科研领域,自此学界展开了对于态度的理论和实践探索。诸多学者对于态度概念进行界定,但内涵相近,均指向个体对某一态度对象较为持久的内在心理反应倾向。针对态度的成分划分,学界观点各异,尚未形成统一看法。有关态度的成分主要有以下三种观点:一种是单一成分理论,认为态度主要是情感的表现;第二种是双成分理论,认为态度主要由认知和情感组成;第三种是三成分理论,认为态度由认知、情感和行为三个成分组成,即态度的三维模型,这是当前普遍认可的划分方法。[②] 其中,认知成分主要由个体对态度对象的知识组成,反映了个体对态度对象的知觉;情感成分是个体对态度对象的喜欢或不喜欢的评价;行为意向成分则指个体对态度对象的行为倾向。这一划分方法体现了个体的态度形成过程,从认知层面的形成到情感层面的评价,最后反映到行动倾向之中。在这三个成分中,情感成分是态度的核心组成部分,主要反映个体对态度对象的情感倾向,认知成分是情感成分的基础,行为意向是情感成分的行为表现。

① 史秋衡.大学生学习情况究竟怎样[J].中国高等教育,2015,538(Z1):68-70.
② 魏晓东.国外科学态度测评研究进展与启示[J].外国中小学教育,2019,323(11):20-28.

而根据双重态度模型理论,又可以将态度划分为内隐态度和外显态度。这是因为个体对同一态度对象会有两种不同的态度,一种是潜在自发产生的态度,即内隐态度,另一种是被意识到的外显的态度,即外显态度。态度一直以来都是社会心理学中重要的科研主体,有关态度形成、转变和测量的理论成果丰硕。态度的形成和改变是一个重要且复杂的过程,两者不能完全割离,在某些情况下,当形成了对某一事物的态度后,实质上也是从旧的态度转变为新的态度,态度转变本身也是一种态度形成的过程。态度形成和转变的区别在于,态度的形成不一定包含态度的转变,但态度的转变一定包含态度的形成。许多社会心理学家针对态度的形成及改变提出了各种理论,试图解释态度形成和改变的原因与过程。其中,态度形成理论主要有凯尔曼提出的经典态度形成三阶段理论,态度改变理论中较为著名的有认知不协调理论、认知平衡理论、态度改变-说服模型。20 世纪 60 年代,凯尔曼提出了经典的态度形成三阶段理论,该理论认为,态度是人们在后天生活环境中逐渐形成的,个体态度的形成一般要经过"顺从"(compliance)、"认同"(identification)、"内化"(internalization)三个阶段。第一阶段是顺从,是个体可能为了获得某种精神或物质的满足或是为了避免某种惩罚而体现出来的行为倾向,这一阶段只是表面的顺从和模仿,与他人的行为保持一致,但是认知和情感并不认同。第二阶段是认同,在这一阶段个体态度通过与外界的沟通交流,主动接受他人的观点、行为等,使态度实现从表面顺从到情感认同,由行为一致到情感一致的重大转变,此阶段的态度已经初步形成,但还未融入个人的态度体系中,具有不稳定性。第三阶段是内化,此时个体已经能够将态度融入到自己原本的态度体系之中,认知发生了质的变化,并且会引导行为发生改变。这三个阶段是普遍性的态度形成阶段,但在具体实践中态度的形成和变化并不一定严格遵照三阶段的程序,有些个体的态度可能会长时间停留在顺从和模仿的阶段,也有一些个体的态度在内化阶段出现反复变化,摇摆不定。基于态度形成的三阶段理论可以探讨个体对态度对象的认知、情感和行为倾向的变化过程。态度改变是社会心理学中的重要科研领域,个体形成了一定的态度后,由于受到外界因素的影响而发生态度方向或强度的变化,这个过程就是态度改变。在相关态度改变的理论中,最为经典的便是认知不协调理论、认知平衡理论和认知说服理论。

1957年,费斯汀格在《认知不协调理论》一书中系统地提出了他的认知不协调理论思想,这一理论的基础来自格式塔心理学和勒温的场论。他认为,每个人的心理空间中包含多种多样的认知因素,比如观念、信仰、价值观、态度等许多方面。随着当前社会活动的内容不同,各种认知因素之间会存在三种关系,即协调、失调和不相关。当认知因素产生失调状态时,人们可以通过改变或增加新的认知元素来调整这种状态,达到认知协调。[①] 为了改变这种认知失调,个体可以采取三种解决途径。第一是改变与行为有关的知识,让个体的社会行为贴合态度的认知;第二是改变个体的态度,让个体态度符合行为;第三是引进新的认知元素,增加新的知识,以消除不平衡感。

20世纪40年代中期,美国社会心理学家海德提出了一种关于认知结构、过程和变化的理论,即认知平衡理论,也被称为三角平衡模型。他把认知过程分解为认知要素,认知共有两类要素,对于自我的认知和对于环境的认知。认知要素之间的关系构成一个认知系统,当认知系统出现不平衡、不一致时,会产生一定的心理压力,驱使认知主体设法恢复认知的平衡。个体会在自己的认知框架内组合彼此间对人和对物的态度,不平衡的状态会导致认知结构中的各种变化,态度可以凭借这种不平衡关系得以形成和改变。借助这个三角平衡模型,可以推知人们的感情及平衡关系包含了八种状态,个体会尽可能少地改变情感关系以恢复平衡结构。该理论是从认知的角度探讨态度变化,但更重视人际关系在态度转变中的影响力,即重视中间人或传递者对态度改变的影响。

美国心理学家、传播学家霍夫兰德于1959年提出了认知说服模型,即态度改变-说服模型,他把说服看作信息传播交流的过程,即通过给予一定诉求,引导说服对象的态度和行为趋向于说服者预定方向的活动。在霍夫兰德的说服模型中,说服者、说服对象、说服信息和说服情境构成态度改变相关联的四

---

① 高凯.基于态度改变理论的大学生人际冲突解决策略[J].辽宁工业大学学报(社会科学版),2009,11(4):90-93.

个基本要素。根据该模型,在态度改变的作用机制中,说服对象首先要学习信息的内容,在学习基础上发生情感转移,把对一个事物的情感转移到与该事物有关的其他事物之上。当接收到的信息与原有的态度不一致时,便会产生心理上的紧张,一致性机制便开始起作用。但说服的效果主要取决于信息引发的反驳数量和性质,如果反驳过程受到干扰,则产生说服作用,要么改变态度,要么对抗说服,包括贬低信息来源、故意扭曲说服信息和对信息加以拒绝掩盖。① 该理论将态度的改变看作是一个系统工程,既受劝导者可信度和专业性的影响,又受信息沟通艺术的方式、方法影响,同时还受接受者原有的态度和各种人格因素及当时环境状况的制约。② 它指出了影响态度改变的四个要素,并揭示了态度变化的心理机制。

第二,科研态度的内涵、分类及测量。我国学界对于"科研态度"的分析主要集中于两类,一类是将"科研态度"的内涵限定为"科研的态度"(researching attitude),另一类则是界定为"对科研的态度"(attitude toward research)。前者"科研的态度"探讨科研者在科学科研活动中展现出来的品质,偏向于一种认知的成分。国内相关文献也多是基于"科研的态度"来进行科研的,且此类文章大多属于思辨类科研。如复旦大学学者章培恒在其《科研方法与科研态度》一文中,强调应持以客观的科研态度研究中国古典文学,即对于中国古典文学的发展过程及其在这一过程中所形成的特点,客观地加以检讨和说明,既不怕被斥为民族虚无主义,也不怕被斥为美化古人。③ 此处的"科研态度"即为"科研的态度",指的是古典文学科研者应当在科研中展现出来的科学品质。但这一内涵并不是本书所要讨论的重点。相反,后者"对科研的态度"指的是科研者对科研事物和活动的情感反应,一般可按照方向将其分为积极或消极两种,并且具有强度上的差异。采用该内涵进行的科研多为实证科研,且国际对于科研态度的分析大都基于这一内涵解读。本书也是采用这一内涵进行大

---

① 吴雷鸣.态度改变理论在高校思想政治教育中的应用研究[J].思想理论教育导刊,2010,141(9):95-97.

② 杨艳茹,胡羽.态度理论视野下的自我教育[J].思想政治教育研究,2008,24(6):29-32.

③ 章培恒.研究方法与研究态度[J].文学遗产,1985(3):3-4.

学生科研态度的实证分析。此外,具体把握科研态度的内涵,有必要对科学态度、研究态度和科研态度进行辨析。三者的内涵看似没有太大的差异,在某些语境下可以互通共用,但是仍然存在细微区别,主要体现在三个态度的客体对象不同。科学态度的客体对象是科学,即 Science,是个体对自然规律、社会规律和思维发展规律知识体系的心理倾向,侧重于对科学知识的认知。研究态度的客体对象是研究,即 Research,是个体对科学科研活动的认知和参与的内在反应倾向,侧重于对研究活动的认知和参与。科研态度的客体对象是科研,即 Scientific Research,侧重于对科学探索的认知和参与。相比较研究态度而言,科研态度的客体对象更为专业化、高深化。由此可知,科学态度、研究态度、科研态度三者的客体对象专业化程度存在递进加深关系。在分析了科学态度、研究态度、科研态度的区别后可以发现,一般在研究中小学生群体时会采用"科学态度"的概念,这是由于中小学生群体主要处于对自然界、社会和人的心理思维层面的知识学习阶段,因此使用"科学态度"来表达他们对于科学的认知倾向。国内文献大多不对大学生和研究生群体的相关科研态度概念进行细分,统一使用"科研态度"。国外对研究生群体及科研工作者的相关科研态度采用"研究态度"或"科研态度"的概念,甚至以"科研态度"的使用居多。鉴于在此方面的科研成果以国外为主,且考虑到以上三者概念上的细微差异,并结合大学生的阶段学习特征,本书认为对于大学生群体进行科研时的态度使用"科研态度"这一概念更为适切。

有关科研态度的分类。第一,根据科研态度的语境进行划分,可以将其分为"科研的态度"和"对科研的态度",前文已对此作出了具体阐释,此处不再赘述。第二,科研态度还可以根据心理倾向的方向来划分,可分为积极的科研态度和消极的科研态度。积极的科研态度表现为学生倾向于想要掌握学术前沿知识和学术科研方法,渴望参与具体的科研项目等,而消极的科研态度表现为学生对学术科研不感兴趣,认为参与科研项目对未来发展没有用等方面。第三,根据双重态度模型理论中将态度分为内隐态度和外显态度,又可以将科研态度分为内隐性科研态度和外显性科研态度。第四,亚洲学生对科学课的态度,对此有亚洲学生对于科学课研究的态度(The Asian Student Attitudes Towards Science Class Survey,ASATSCS)等测评,采用的工具测评主要测量亚洲学校文化背景下学生对科学课程的态度,具体包括三个维度,分别是科学享受、科学信心和科学的重要性,科学享受即学生享受科学课的程度;科学自信心即学生在科学课上的自信和感觉成功的程度;科学重要性即学生认为他们的科学课是重要的并且有价值的程度。类比此分类,还可以将科研态度分为以下三个维度:研究兴趣即对科研感兴趣的程度;科研信心即在科研活动中的自信和感觉成功的程度;科研重要性即认为科研是重要并有价值的程度。在此主要根据心理倾向的方向来划分大学生的科研态度,侧重于测量和分析学生科研态度的方向及强度,可分为积极的科研态度和消极的科研态度。在科研态度的相关测量方面,我们知道编制心理测验的目的是为某一领域提供广为应用而又简单有效的评估工具,但是针对态度的测量却不同。态度是千差万别且较为具体的,它是一个很强的人格特征,即使同一态度的量表由不同科研者制定,得到的结论也会具有很高的内部相关性。因此科研者们往往倾向于针对特定的问题选择和制定不同的态度量表。[①] 例如针对科研态度的测量就有诸多的相关量表以供选择,从而适应不同群体、地域、阶段等的态度测量。测量科研态度的方法也有很多,例如采用量表法、投射法、实验法等。在量表测量方面,维沙尔·苏德和夏尔玛的科研态度量表(Attitude Scale towards Research by Vishal Sood and Y. K. Sharma,ASTR-SVSY)由 42 项 4 维内容组成:第一是科研和科研过程的一般方面,第二是科研在职业生涯中的作用,第三是科研与个人社会生活的相关性,第四是科研困难和科研焦虑。[②] 学者帕帕纳斯塔苏编制的科研态度量表用于测量学生群体的态度,该量表包含五个因素:科研有用性、科研焦虑、对科研的积极感受、科研与学生日常生活的相关性和科研难度。[③] 此外还有诸多相关问卷和量表的编制,鉴于文化适切性

① 仇立平.社会研究方法[M].重庆:重庆大学出版社,2015:198-199.

② SYED N,MOHAMMAD I.Attitude towards research among internet-users and non-users of university students with special reference to gender[J].An international journal of multidisplinary research,2015,1(2):1-17.

③ ALICIA H,PAUL G M.Psychometric properties and factor structure of the attitudes toward research scale in a graduate student sample[J].SAGE Publications,2019,18(3):259-274.

的考量,在使用其他国家的科研态度量表对本国学生施测时,应当确保其量表结构符合本国国情,且信度和效度具有可靠性。例如土耳其学者雅帕拉克等人就研究了帕帕纳斯塔苏编制的科研态度量表对于土耳其文化的适切性,结果发现该量表适合于土耳其文化,可靠性系数较高,可以使用该工具对土耳其学生的科研态度进行测量。本书所采用的测量工具是史秋衡教授主持的国家社科基金教育学重点项目"大学生学习情况调查研究"成果,其中涉及科研态度的模块内容。在此基础上基于大数据的循证管理对学生态度进行实证调查和分析。

第三,科研态度的探讨进展。国外大学对于学生科研能力训练的重视使得其对科研态度的分析也远远早于中国。因此科研成果较多,且基本上采用"对科研的态度"这一内涵进行问卷测量、实验科研等等。但国内相关研究起步较晚,发展较为缓慢,且21世纪以前,基本上讨论的是"科研的态度"。进入21世纪,科学科研职能在大学逐渐站稳脚跟,才零星出现了大学生等群体科研态度的相关分析。为什么会出现这种国内研究与国际脱轨的现状呢?我们认为在改革开放前,大学主要着眼于教学并以之培养人才的职能,此时大学的科学科研职能是不完整、不充分的,对我国科技与经济发展并未起到突出的建设性作用。随着改革开放的外部结构发生变动,大学才出现了科学科研的职能。步入21世纪后,我国才进一步加大对于高校科学科研方面的支持力度。这一现实情况与国外先进大学长期以来的人才培养理念形成落差,我国在大学生科研态度、科研能力等方面的关注度远落后于国外科研进度,其症结正是在于我国的人才培养观尚未形成理念和实践的融合统一,还未完全把科学科研放置于与教学对等的地位,并未在实践过程中将其纳入到人才培养的途径之一进行发展。人才培养需要真正将教学与科研结合起来,重视学生科学科研素养的培养。

第四,不同类型群体的科研态度分析。一直以来,个体对科学科研的态度都是国内外学术界经久不衰的一大研究主题。综观国内外学者对于科研态度的分析,可以发现科研态度有诸多的研究对象,例如针对不同文化背景和种族的科研态度分析,针对不同职业背景群体的科研态度分析,还有针对不同类别学生的科研态度分析等等。通过对各类群体科研态度的分析发现，不同群体由于受到自身年龄、专业文化，以及周围环境和氛围等差异影响，其科研态度也会呈现出一定的差异性。学界对于学生科研态度的调查最早是针对医学类专业学生进行的，如护理专业学生、临床医学生、药学专业学生，尤其在护理专业学生科研态度方面的科研成果丰硕，汗牛充栋。国外不同国家对于护理专业学生科研态度的分析均有诸多成果，例如土耳其学者等人对土耳其护理专业学生的科研态度进行调查，结果显示，与其他年级学生相比，大三学生对科研持最积极的态度。[①] 参加过科学活动的参与者比没有参加过科学活动的参与者对科研持更积极的态度。有过科学科研经历的受试者对科研和科研者的态度比没有科学科研经历的受试者更积极。高年龄、有科研经验、参加科研活动等对科研态度有显著影响。但是该研究在样本选取方面，几乎所有的受试者都是女生，且三分之一的学生为大二年级，样本分布不均衡，科研结果的参考性有所欠缺。有学者比较了科克大学和马来西亚塞因斯大学的医学生在科研方面的经历和态度，结果发现两所学校的医学生科研态度并没有显著差异，且基本对参与科研及科研在他们未来职业生涯发展中的作用持积极看法，并发现约有五分之四的医学生没有时间进行科研，建议在课程中留出适当的时间供学生参与科研。[②] 有学者在 2019 年发表的《护理专业学生对于研究的态度：一个综合文献》（*Nursing students' attitudes toward research：An integrative review*）一文中，对护理专业学生科研态度的相关研究成果展开了系统分析。[③] 在指定数据库中共检索了 236 篇相关文章进行审查，其中大部分采用了定量研究的方法，有小部分采用了定性研究和混合研究的方法。结果发现护理专业大学生对科研总体上持积极态度，并能够看到科研对于专业护理

---

① ÜNVER S，SEMERCI R，ÖZKAN Z K，et al.Attitude of nursing students toward scientific research：a cross-sectional study in Turkey[J].Journal of nursing research：JNR，2018，26（5）：356-361.

② ISMAIL I M，BAZLI M Y，FLYNN S O.Study on medical student's attitude towards research activities between University College Cork and Universiti Sains Malaysia[J].Procedia-social and behavioral sciences，116（1）：2645-2649.

③ ROSS J G，BURRELL S A.Nursing students' attitudes toward research：an integrative review[J].Nurse education today，2019，82（11）：79-87.

实践的价值。参加科研课程或其他科研相关的活动可以提高学生科研态度的
积极程度。其中一些严谨的调查结果有助于确定最佳的教学策略，以提高学
生对科研的认识。该文指出未来的科研需要进一步地关注影响护理专业学生
科研态度的人口统计学、学术和程序性因素。随着科研态度的探讨范围不断
扩大，研究深度逐渐增加，研究对象也由医学类专业扩展到各类专业的学生等
群体。不同国家的学者展开了对于不同学校单一专业学生科研态度的调查，
或是不同专业学生科研态度的比较分析。例如韩国有学者对韩国社会工作专
业的大学生和研究生的科研态度进行了调查，结果发现社会工作专业的学生
对于科研重要性和实用性的认可程度都很高，但与先前研究结果相比较低。[①]
此外，研究结果显示，年龄、发表论文数量、科研态度与科研自我效能感有显著
正相关。科研焦虑与科研自我效能感呈负相关。有学者使用科研态度量表对
不同专业研究生的科研态度进行测量，结果发现大多数研究生对科研的态度
偏消极。[②] 在科研的一般方面和科研过程维度上，科研态度存在显著差异。
MCA（计算机应用硕士）学生对科研的态度比较好，MBA（工商管理硕士）学生
的态度较差。在其他维度，如科研在职业生涯中的有用性、科研在个人和社会
生活中的相关性、科研的困难性等方面，研究组之间的差异不显著。此外，科
研态度的主体对象还扩展到不同种族、不同职业等群体。比如学者发现已有
科研中没有涉及关于黑人学生科研态度的现状，开发了一种测量黑人学生科
研态度的工具，并据此对阿拉巴马州一所黑人大学的 195 名学生进行了测量
和分析，研究结果表明，除了与黑人在科研中的作用有关的态度外，黑人学生
的态度与白人学生的态度基本相同，科研态度的种族差异并不明显。[③] 有学
者调查了芬兰护士的科研态度及相关因素，结果显示，整体而言护士群体对于

① CHUNG S. Social work students and their attitude toward research[J]. Korean journal
of social welfare，2006，58(4)：219-236.

② AKHIL K. Study of attitude towards research among post graduate students[J]. Inter-
national educational e-journal，2014，3(2)：198-204.

③ TILFORD M P. Toward the development of an instrument to measure the attitude to-
ward science of Negro students：a research report[J]. School science & mathematics，1973，73
(5)：367-372.

科研持积极的态度,但半数护士认为自己与护理科学的关系非常遥远,且大部分护士对于在护理实践中应用科研结果并不感兴趣,同时也发现了影响科研态度的相关因素,这一结果证实了芬兰护士之间的科研态度与护理实践是存在差异的。[①] 有学者对印度克什米尔大学网络用户和非网络用户学生的科研态度,以及男女网民科研态度进行了比较,结果发现,与网络用户学生相比,非网络用户学生的科研态度在各维度上的表现都不够积极。[②] 网络用户学生对于科研的重要性和有用性都有着积极的看法,他们觉得通过科研获得的知识比通过阅读一些文献获得的知识更有用,喜欢从事学术和科研活动,对于科研充满兴趣,对使用科研方法和结果解决日常个人和社会生活问题持积极态度,并认为科研对于他们的生活和未来职业发展有益。他们了解开展科研工作的方法,并了解在进行科研项目时需要采取的措施。而非网络用户大学生则相反,他们认为开展科研既困难又枯燥,不了解科研对于生活和未来职业发展的重要性。在对男女网民学生的科研态度比较中发现,男性网民普遍比女性网民持更加积极的科研态度,但非网民的科研态度并不存在性别上的显著差异。可见互联网在获取学术资料,促进信息共享交流,处理数据资料等方面发挥着不可忽视的作用,网络对大学生的科研态度有着重要的影响。综上,对不同类型群体的科研态度进行分析和比较,是国际学界长期以来的科研热点。不同群体由于受到自身年龄、专业文化,以及周围环境和氛围等差异影响,其科研态度也会呈现出一定的差异性。

二、大学生科研态度反应性评价的相关研究

科研态度是大学生态度体系中的重要组成部分之一,积极的科研态度能够促进大学生深度学习,是实现"终身学习"不可或缺的一种态度倾向。端正

---

① KUUPPELOMÄKI M,TUOMI J.Finnish nurses' attitudes towards nursing research and related factors[J].International journal of nursing studies,2005,42(2):187-196.

② SYED NOOR-UL-AMIN, MOHAMMAD IQBAL MATTOO. Attitude towards research among internet-users and non-users of university students with special reference to gender[J].An international journal of multidisplinary research,2015,1(2):1-17.

大学生的科研态度也是一种有效的大学思政教育。大学阶段的科研经历也会影响学生研究生阶段的学习及其职业生涯的追求。① 关注和重视大学生的科研态度反应性评价，为学生提供身临其境的科研体验和发展机会，是提高人才培养质量的重要诉求。伴随着深度学习和终身学习的浪潮推进，个体的成长和发展更加离不开态度和价值观的塑造，科研态度反应性评价对于个体的终身发展有着长期显著的影响。为了有针对性地引导大学生科研态度反应性评价的形成和转变，首先应该了解大学生科研态度反应性评价的现状，把握不同类型大学生科研态度反应性评价的差异性，客观分析学生科研态度反应性评价的形成原因及影响因素，发挥评价的导向和反馈作用。回溯当前相关研究：

第一，大学生科研态度反应性评价的整体现状分析。国内外学者使用各种科研态度量表测量了大学生的科研态度反应性评价现状，从而窥探不同高校和地域的学生群体科研素养状况及原因，帮助学生形成更加积极的科研态度反应性评价，促进科学科研职能在人才培养中发挥更大作用。国外科研方面，许多国家的学者都曾对学生科研态度反应性评价进行监测和分析。例如有学者等对沙特阿拉伯护理专业学生的科研态度反应性评价进行调查，发现大多数学生认为科研对护理专业学习有用，68%的护理专业学生对科研持积极态度，61%的护理专业学生认为科研在专业生活和个人生活中起着重要作用，71%的护理专业学生认为科研是一个困难、复杂、有压力的课题，64%的护理专业学生对科研有统计上的困难。② 可见尽管许多学生对科研过程持乐观态度，承认其对护理专业学习的有用性和益处，但他们中的许多人认为自己的科研过程充满压力，大多数人对科研有消极和焦虑的感觉。有学者等人对日本某理疗教育职业学院学生的科研态度反应性评价进行调查，结果发现有一半的学生对科研持积极的态度，毕业后想继续从事学习和科研工作，另一半的

① TROTT C D, MCMEEKING L B S, BOWKER C L, et al.Exploring the long-term academic and career impacts of undergraduate research in geoscience：a case study[J].Journal of geoscience education，2020，68(1)：65-79.
② FURAIKH S S A, OMAIRI B E A, GANAPATHY T.A cross-sectional survey on nursing students' attitude towards research [J].Health specialties，2017，5(4)：185-191.

学生则持消极的科研态度。[①] 不同国家和地域的学者对特定区域内的大学生科研态度反应性评价进行整体的测量和分析,结果不尽相同。国内科研方面,对于大学生科研态度反应性评价的相关探讨不多,且基本是使用自编量表开展小范围调查分析。李茹婷等人通过对莆田学院在校大学生进行问卷调查,收集了学生是否支持科研立项、是否对科研感兴趣、是否对跨学科科研感兴趣、是否支持参与科研立项,以及是否支持参与发表论文等数据,以此分析大学生参与科研的态度情况,结果表明大部分大学生对参与科研所反映出来的态度评价是相对积极的。[②] 但其样本具有一定局限性,不能更为科学准确地反映出我国高校大学生科研态度反应性评价的整体现状情况。朱雷等人在对南京医科大学大学生科研态度反应性评价及其影响因素的分析中发现,有超过一半的学生认为自己对科研感兴趣,而在这一类学生中又有一半的学生主动了解科研,其他人则是通过老师同学介绍、新闻网络媒体被动了解科研,不同年级的学生科研兴趣呈显著性差异,其中以大二学生的科研兴趣最高,其次为大一、大三、大四。性别和专业对科研兴趣的影响并不显著。[③] 楚婷等人对南华大学护理专业学生的科研态度反应性评价进行调查,发现不同年级护理专业学生对护理科研知识重要性的认识没有显著性差异,学生们普遍认为学习护理科研知识很重要,且大部分学生都对护理研究感兴趣。[④] 但学生对成立护理研究协会及从事护理科研意愿有高度显著性差异,并指出成立"护理研究协会"有助于培养学生的创新意识和科研能力,提高学校及学生对护理科研重要性的认识。整体而言,国内外学生对科研普遍持较积极的态度,但仍有相当一部分学生态度消极;学生普遍对于科研的重要性和有用性持积极看法,但

---

① TAKU S,HITOSHI M.The attitude of vocational college students toward physical therapy research[J].Rigakuryoho kagaku,2014,29(5):661-665.

② 李茹婷,张鹏,林海烟,等.本科生对科研的认知、态度及其影响因素的调查研究[J].全科护理,2014,12(15):1430-1431.

③ 朱雷,嵇芳芳,檀丽薇,等.医学生科研态度及影响因素分析[J].中国高等医学教育,2014,213(09):45-46.

④ 楚婷,鲁明娟,段功香.护理大学生科研态度、知识及能力的调查与分析[J].现代护理,2006,12(17):1652-1653.

在参与科研的意愿方面相对存在差异;学生的科研态度也会存在专业、年级、性别、学校类型等方面的差异。此外,科研态度的积极程度不能十分准确地反映学生的科研能力和科研行为,说明科研态度对于科研能力和行为具有一定的预测作用,但也会受到其他因素的影响。

第二,大学生科研态度反应性评价的影响因素分析。究竟是哪些因素促使学生的科研态度反应性评价形成与改变呢?这些因素又是如何发挥作用的?科研态度的影响因素也是科研态度领域探讨的重点内容之一,国内外学者们对此展开了深入讨论。在国外科研方面,有学者认为,探究学生对科研态度的反应性评价有三个方面需要注意,这三个方面决定了科研态度的倾向性:体制环境、训练质量和学生的内在动机,后者是科研过程的关键。[1] 课程组织模式也会影响学生的科学态度反应性评价,有研究调查了 PBL 化学实验课对于大二学生科学态度与创造性思维能力的影响,结果发现相比较于传统课程组织模式,化学 PBL 实验课在积极改变学生学习化学的科学态度、提高学生的创造性思维能力方面具有巨大的潜力。[2] 还有学者指出,科研方法课程的欠缺和有无导师的培训与指导会影响他们参与科研的积极性。[3] 大多数学生认为参与科研将有助于研究生阶段的学习,比如在对沙特阿拉伯药物科学学生和药学博士的科研态度反应性评价调查中发现,学生进行科研的动机主要来源于三个方面,第一是课程的强制性要求(43.7%),第二是可以丰富个人简历(22.4%),第三有助于医生实习程序的认可(18.8%)。缺乏时间和培训课程则是开展科研过程中最常见的障碍。[4] 日本学者在科研态度反应性评价的形

① BETANCUR H M R, VILLAMIZAR R M, PRADA Á R.Index of attitude towards research in undergraduate students[J].Entramado,2012,8(2):216-229.

② KAHVECI M, ORGILL M.Affective dimensions in chemistry education[M].Berlin: Springer,2015:217-233.

③ ISMAIL I M, BAZLI MY, FLYNN S O'.Study on medical student's attitude towards research activities between university college cork and universiti sains malaysia[J].Procedia social & behavioral sciences,2014,116(1):2645-2649.

④ ALI ALQAHTANI R A, ALDAHASH M A, ALHULAIL S A, et al.Experience of and attitudes toward research among pharmaceutical sciences and PharmD students in Saudi Arabia[J].Health professions education,2019,5(1):58-65.

成原因调查结果中发现,大学生科研态度反应性评价的主要影响因素包括想有自己的科研课题、对学术活动和科研本身感兴趣、为了提升自己的职业生涯、因为觉得在工作单位会被要求、为了升学等,毕业后不想从事科研的原因主要有没有想研究的选题、对学术活动和科研本身没有兴趣、好像和工作没有直接关系、不知道统计科研方法、可能没有可以科研的环境,并且发现大部分学生对于理学疗法方法产生困难,为此有必要教授学生基本的数学知识。[①]学生的科研态度反应性评价并不是天生的,在很大程度上取决于个人目前的教育过程和学习经历。除了学生的个人因素外,基础设施和教学条件也是形成科研态度反应性评价的关键,而这也可以划归到学校环境因素之中。从国外对学生科研态度反应性评价的调查中可以发现,未来就业发展的需要、对于科研的兴趣、科研方法的掌握程度、课程教学模式、相关基础设施和条件、体制环境、导师的指导和培训、有无时间是影响学生科研态度反应性评价的主要因素。在国内科研方面,有学者指出态度在形成和改变的过程中要受到诸多因素的影响,通过对影响态度反应性评价形成与改变的诸多因素加以区别,可以分为主观心理因素和客观环境因素。[②]但这一划分忽略了个体特征相关因素对于学生态度反应性评价的影响作用。冯桂梅在论述改变大学生态度反应性评价的影响因素时,基于心理学家霍夫兰德等人的说服模型,对改变态度反应性评价的影响因素进行了整理和补充,并认为大学生的态度主要受到以下五个因素的影响,分别是教育者的影响力、教育内容的合理组织、教育方式的选择、教育对象的特点、教育环境的影响。这一研究从宏观角度提供了思考大学生科研态度反应性评价影响因素的视角。[③]刘永贵采用教育叙事科研的方法(个案科研)发现,在具体的科研性学习过程中,学生的科研态度反应性评价呈现阶段性、螺旋式发展的特点,且学生科研态度反应性评价将会受到科研技能、自主学习能力、教师的适时引导帮助、小组协作能力的影响,其中科研技能

---

① TAKU S,HITOSHI M.The Attitude of vocational college students toward physical therapy research[J].Rigakuryoho kagaku,2014,29(5):661-665.

② 陶德清.学习态度的理论与研究[M].广州:广东人民出版社,2001:135-139.

③ 冯桂梅.态度改变理论在大学生思想政治教育工作中的应用[D].长春:吉林大学,2007.

的欠缺,如学术资源检索能力的不足会降低学生科研性学习的积极性,科研性学习与自主学习能力具有一体化的特征,这就会导致一旦自主学习能力不足,学生的科研态度反应性评价也会大打折扣,影响科研性学习的进展。[1] 其中,教师的适时指导和帮助将会引导学生的学习观,起到端正学生科研态度反应性评价的作用。学习动机是影响学习态度的重要因素。从某种意义上讲,学生的学习态度和学习积极性是学习动机的直接表现。只不过,激发学生的学习动机是形成正确学习态度的基本条件,[2]但不是唯一条件,它并不确定学生学习态度的方向,[3]因为学习态度还会受到其他因素的影响。我国学者朱雷认为,科研兴趣最主要的限制性因素在于学生对科研缺乏了解,此外还有自身科研能力的限制、老师不重视大学生科研能力的培养、学校缺乏对大学生科研能力培养的激励机制。[4] 科研主动性的限制性因素主要在于学校缺乏相应的激励机制。整体而言,国内有关学生科研态度反应性评价的探讨不多,但从相关研究中可以总结出,学生内在动机、科研相关的能力、学校支持及制度环境是影响学生科研态度反应性评价的重要变量。纵观国内外学生的科研态度反应性评价形成机制和影响因素,不难看出大学生科研态度反应性评价的方向和强度是在多重因素的作用下形成的,它不仅会受到学生科研动机、科研兴趣、科研相关知识和能力的掌握程度的影响,还会被外部环境和氛围所左右。正如布卢姆所说,那些影响认知领域进步的变量很可能也会影响情感领域的进步,学生接触科学科研的外在环境和氛围可能会影响他们的科研态度反应

① 刘永贵.大学生研究性学习中行为、态度、情感变化研究:阿亮《学习科学与技术》课程学习历程分析[J].现代教育技术,2008,84(7):122-126.
② YIN H B,WANG W Y.Undergraduate students' motivation and engagement in China:an exploratory study[J].Assessment & evaluation in higher education,2016,41(4):601-621.
③ 胡效芳.高校体育专业学生学习动机、兴趣、态度的理论与实证分析[J].陕西师范大学继续教育学报,2002,19(2):120-122.
④ 朱雷,嵇芳芳,檀丽薇,等.医学生科研态度及影响因素分析[J].中国高等医学教育,2014,213(09):45-46.

性评价。[①] 基于以上文献梳理和分析,对影响学生科研态度反应性评价的因素和机制进行归纳可以发现,学生的科研态度将会受到学生个体因素、教师指导、课程设置、学校和社会环境等因素的共同影响作用。其中,个体因素包括学生参与科研的内在动机、科研兴趣、科研相关能力等;教师因素主要指导师的指导和培训;课程因素包括科研方法课程设置、课程教学模式等;校园和社会环境因素包括学校的相关制度环境、基础设施条件、就业环境等。探究影响学生科研态度反应性评价的因素,明确科研态度反应性评价的形成机制,是引导学生形成积极的科研态度反应性评价的重要参考和依据。

总体而言,在大学人才培养过程中,我们时常注重对于学生科研知识的传授和科研能力的锻炼,却容易忽略对学生科研态度的监测和引导,忽视了站在学生主体的视角来考察大学生科研态度的状况和研究素养的培育成效。而要把握大学生学习过程规律,促进学生的深度学习,关注学生学习过程中的态度和价值观,需要重视这种具有稳定性且可调节的心理倾向——科研态度反应性评价。因此,我们不禁发问,当前我国高校大学生的科研态度反应性评价状况如何? 不同类型大学生的科研态度反应性评价是否具有差异? 哪些因素会影响学生的科研态度反应性评价呢? 深入剖析这些问题对提高大学生深度学习能力和大学教育水平至关重要,而我国高校人才培养有待进一步实现教学与科研相结合,关注学生的科研态度反应性评价,充分发挥出科研育人的功效。具体总结分别为:

第一,从研究群体的角度来看,关于科研态度反应性评价的研究对象呈现多样化特征,涉及不同国家和地域、不同职业、不同学校类型、不同专业、不同民族等群体的科研态度反应性评价分析。其中,探究医学类专业学生科研态度反应性评价的文献占比偏大,这是专业性质所导致的,科研态度反应性评价和研究经历在医学相关专业学生培养中显得尤为重要。但随着科研态度反应性评价探讨的广度和深度不断扩大,主流研究不再局限于对医护专业人员等

① LAWRENZ F. The prediction of student attitude toward science from student perception of the classroom learning environment[J]. Journal of research in science teaching, 1976, 13(6): 509-515.

少部分群体科研态度反应性评价的探讨,大量涌现出针对不同类型群体的研究,例如针对不同文化背景和种族的科研态度反应性评价分析,比如土耳其、芬兰、印度、韩国、日本等诸多国家都有针对科研态度反应性评价的调查和分析;有针对不同职业身份的群体,如中小学教师、科研工作人员、医护人员、学生等群体的科研态度反应性评价分析;还有针对不同类别学生的科研态度反应性评价分析,最常见的有不同专业、不同学历(如大学生、硕士研究生、博士生等)的学生等等。通过各类群体科研态度反应性评价的分析发现,不同群体由于受到自身年龄、专业文化以及周围环境和氛围等差异影响,其科研态度反应性评价也会呈现出一定的差异性。

第二,从研究结果的角度来看,综观前文中对于国内外学生科研态度反应性评价现状的梳理,国内外研究学者的调查结果显示,学生群体普遍对于研究的重要性和有用性持积极的看法,科研态度较为积极,但是在研究参与意愿方面的差异较大,仍有部分学生持有消极的科研态度反应性评价。此外,大部分的研究显示,学生的科研态度反应性评价存在性别、年级、专业等方面的差异性。而影响学生科研态度反应性评价的因素主要有学生自身、教师、课程、学校支持与环境四个方面,学生个人因素主要表现在参与研究的内在动机、研究兴趣、研究技能和方法的掌握程度、有无时间等。其中提及频率最高的因素是学生学术研究方法和能力的掌握程度,以及参与研究的内在动机;教师因素主要是导师的培训与指导;课程因素主要是研究方法课程的开设和课程教学模式与水平;学校支持与环境主要有基础设施条件、政策环境、所在团队协作能力等方面。在这些外部因素中论述较多的因素主要是导师的指导和培训,以及研究方法课程的设置。缺乏研究氛围是积极科研态度反应性评价形成的外部阻碍。

第三,从研究进展的角度来看,首先,国际上有关大学生科研态度反应性评价的研究成果颇丰。自20世纪以来,世界许多国家纷纷展开对于本国学生科研态度反应性评价的测量和分析,编制和使用适合的科研态度反应性评价测量工具,以此把握学生对于研究的认知、情感和行为倾向,再针对不同情况提出适当的改进措施。其次,与国外研究相比,我国关于大学生科研态度反应性评价的相关探讨不多,与国际研究进展脱轨。本质原因主要在于我国的人才培养观与国外先进大学存在一定落差,尚未形成理念和实践的融合统一,需要进一步将科学研究职能放置在与教学对等的地位,真正在实践中实现教学与科研相结合。再次,梳理国内的相关研究可以发现,有关"科研态度反应性评价"的文献成果一方面侧重于从"研究的态度"这一层面进行理论探讨,[1][2][3]即讨论个体在科学研究活动中展现出来的品质,且多为思辨类研究。另一方面侧重于中小学生群体的科学态度、研究人员和教师群体的科研态度等方面的研究,但是对于大学生科研态度及其反应性评价的调查和分析文献不多,落后于国外研究。例如在中国大学生科研态度反应性评价测量工具的编制和大学生科研态度反应性评价的现状调查与分析等方面仍有较大的研究空间。

第四,从研究方法的角度来看,针对大学生科研态度反应性评价的分析多采用问卷调查法、实验法等量化研究方法,使用质的研究方法对大学生科研态度反应性评价进行分析的并不多,其余方法如混合研究方法的使用更是较少。原因主要在于,科研态度反应性评价是将社会心理学领域的"态度"概念进一步应用于大学生的专业研究与学习领域,而对于"态度"的研究和测量大多采用量表法、投射法、实验法等,因此针对科研态度反应性评价的测量也倾向于使用量化研究方法进行。但随着各类研究方法的发展,以及科研态度反应性评价领域探讨的广度与深度不断推进,有必要探索使用其他适合的研究方法对科研态度反应性评价展开全方位多角度的探究,从而促进科研态度相关理论和实践的发展。为此,本书基于研究问题的需要,采用了量化和质性相混合的研究方法,将在后文中具体呈现。

此外,核心概念的界定是研究的逻辑基点,是深入开展研究的基石。纵观大学生科研态度反应性评价的相关研究,在此分别界定科研态度反应性评价等核心概念。弗里德曼将态度分为认知、情感和行为倾向三个部分,整体来

---

① 胡树鲜.苏霍姆林斯基的"研究态度"与"研究性学习"[J].北京教育学院学报,2003,17(3):39-41.

② 刘峰.端正中国化领导力的研究态度[J].行政管理改革,2017,90(2):58-59.

③ 司显柱.译论研究中应确立的认识论,方法论和研究态度[J].外语教学,2001,22(5):31-35.

说,态度有广义和狭义之分,狭义上的态度特指其中的情感成分,认为态度是个体对态度对象的内在情感评价。广义上的态度则不止包含内在认知和情感成分,也包括外部行为表现,通过个体的行为倾向也能够反映一个人的态度,即个体对于某一人、事、物的认知、情感和行为意向。一般而言,态度的各个成分是协调一致的关系,但在三部分不协调时,情感成分往往占据主导地位,决定态度的基本取向和行为倾向。[①] 本书所探讨的大学生科研态度反应性评价针对性地采用狭义上的态度概念,特指对于科研的情感评价,即积极或消极的倾向与强度,喜欢或不喜欢的程度。大学生科研态度反应性评价的研究旨在发现大学生对于学习和科研的心理认知和情感倾向,表达大学生对于学习和科研的积极或消极感受及强度。基于以上讨论,本书将科研态度反应性评价界定为"个体对科学科研活动认知和参与的一种积极或消极的心理倾向和喜爱程度",它具有稳定性和一致性特征,是一种较为持久的肯定或否定的内在反应倾向。而大学生科研态度反应性评价,即是指大学生群体对于科研活动认知和参与的心理倾向,它能够反映出大学生对于学习学术前沿知识、掌握学术科研方法、喜欢做科研和参与学术科研活动等的心理倾向与渴望强度。

第五节　大学生反应性评价研究的
总结与突破口

在分析大学生反应性评价、人际关系反应性评价、学习收获反应性评价及科研态度反应性评价等相关文献的基础上,对研究现状进行总结与评价,并进一步明确本书的突破口。

---

① 叶玉霞.基于态度理论的高职教师科研倦怠探因及对策[J].职教论坛,2012,508(36):21-23.

一、对现有研究成果的总结评价

学生是高等教育的重要参与者,在高等教育过程中,大学生对教育质量的优劣高低最有发言权。学生在这种参与过程中不仅间接获取知识,也在直接体验教育。大学生反应性评价反映了大学生自身在大学生涯中的基本倾向及评价,从真实的主观态度中挖掘大学生质量信息。[1][2] 总结评价当前相关研究现状:

首先,专家学者尚未完全关注到大学生反应性评价研究这一专门研究主题。有关大学生反应性评价的研究内容较多停留于基本现状介绍状态,但是研究均呈现出零散性的特点,没有较为全面而深入的揭示现状。现状不应仅停留于展示阶段,而应深入分析不同类别大学生群体差异性产生的原因。"少年强则国强",大学生是祖国未来的希望,是振兴中华民族的中坚力量。大学生反应性评价的良好与否直接影响到中华民族伟大复兴的历史重任能否顺利实现。大学生反应性评价不仅反映了大学生主观的直接体验,同时也聚集了高等教育各利益相关者的关注焦点。较少关注大学生反应性评价对于培养高质量人才、推进高等教育质量的全面提升并不是十分有利。因此本书立足于大学生反应性评价,以人际关系反应性评价、学习收获反应性评价及科研态度反应性评价为研究重点,逐一进行剖析。

其次,关于大学生反应性评价的研究呈现出零散分布的状态,尚未形成完善的研究逻辑。研究者在讨论大学生反应性评价时根据不同的研究目的,选择性地对其中一个或几个因素进行探究。因此,这些因素对大学生反应性评价的影响零散分布于不同研究成果之中,尚未形成一个系统的逻辑。本书选择以大学生人口学变量与院校变量作为分析现状的逻辑思路,从性别、年级、生源地、班级学习情况、独生子女情况、身体健康情况、是否有学生干部经历、是否有恋爱经验、月支出情况、家庭经济收入情况、家庭情况、父亲文化程度、

① 史秋衡,王芳.国家大学生学习质量提升路径研究[M].厦门:厦门大学出版社,2018:3-13.
② 史秋衡,汪雅霜.大学生学习情况调查研究[M].北京:教育科学出版社,2015:14-17.

母亲文化程度、少数民族情况、专业、院校类型等方面做现状及差异性特征分析。

再次,研究处于简单交叉阶段,尚未进行多层次的深入研究。这种问题产生的主要原因可归结为研究方法的采用,多数研究以量化分析为主要方法,而较少采用访谈方法。量化研究的数字是一个表面现象的呈现,主要用于微观与中观层面的分析。而外观及宏观层面的分析需要深入学生内心,需要用到可挖掘深入信息的访谈方法。所以研究方法上的单一直接造成了研究层次的简单交叉而未深入。

二、突破口和进一步展望

通过文献综述,呈现了一个较为清晰的研究脉络,为此后的研究奠定了基础,但仍存在较大的研究空间:

首先,以往学者在研究大学生反应性评价时多采用院校本位视角,但是大学生反应性评价的主体为大学生,构建以大学生为主要研究对象的研究思路是十分必要的。因此,本书从大学生视角窥视大学生反应性评价的内涵,明确大学生反应性评价的内容构成与现状。为此,本书将通过理论梳理丰富大学生反应性评价的构成,明确反应性评价的内涵,考察我国高校大学生的反应性评价现状,辨析反应性评价的内涵结构,以阐明使用反应性评价作为核心概念的缘由。基于大数据循证管理探究我国高校大学生的反应性评价现状,以学生的视角和态度挖掘高校人才培养的价值取向和实际偏差,丰富反应性评价领域的研究成果。

其次,考察大学生反应性评价的现状及特征。当前,大学生反应性评价相关研究主要集中于一般性或整体性研究层面,为形成一个较为全面的现状展示,本书基于学生视角,通过学生自我报告,对数据进行描述性分析,从学生人口学变量与院校变量入手明晰高校大学生反应性评价的现状与差异性,分析基于学生自身特征、院校特征和家庭特征的大学生反应性评价差异。通过进行反应性评价的差异性分析,比较不同类型大学生反应性评价的特征,以此指导高校针对性地关注、分类、引导学生的反应性评价,并探究其中影响大学生反应性评价的因素。

最后,针对发现的问题,通过目的性抽样的方式寻找合适对象进行访谈,深入挖掘大学生反应性评价差异性特征的存在原因与影响因素的具体作用形式,得出高校大学生的反应性评价表现及其内在规律,以此提升大学生反应性评价总体水平。在半结构访谈中主要探究现状背后的原因与影响因素的作用形式,丰富与补充量化分析结论。以不同类别大学生的差异性存在原因做横向思考,提炼和分析影响学生反应性评价的内外部因素,构建出大学生反应性评价影响因素模型,并根据最终结论提出全面且具体的措施与建议,以期帮助高校找准大学生研究兴趣的发力点,完善学校支持与环境建设。以多系统对大学生反应性评价的不同作用做纵向思考,以促进高校大学生反应性评价水平的提升为出发点,对提升大学生反应性评价水平的措施异同做内外思考,找到全面且多层次的差异性存在原因与影响因素的具体作用形式,立于高校视角总结关于提升大学生反应性评价水平的启示与具体措施,提出正确的提升路径。

总体而言,缘起于世界范围内高等教育急剧扩张引发的"质量危机",大学生反应性评价在国际研究中的逐步兴起,其研究脉络本身是随着全球范围的高等教育质量理念和实践更迭而不断纵深转向的发展轨迹,是为走出传统学院管理的窠臼,从以管理为目的的程序式规划走向以教育为目的的质量追求而发展起来的,其表征之一在于学生地位从"边缘"向"中心"的转换,从院校本位的资源关注走向对学生成长的多元关注,意识到提振教育质量有必要从"学生"这一人才培养主体和教育规律的载体出发,进行高校学生学情的分析,关注高等教育院校特有的学生问题。在这一过程中,大学生反应性评价需要逐步实现范式融合,从学生主体出发,在基本内容、测量方法、影响因素等方面走向成型,域外经验也表明当前大学生反应性评价研究及实践有了一定的发展,但有待基于大学职能视角进一步明晰大学生反应性评价的内在框架,从大学生对人际、对学习、对科研的反应性评价上进一步展开研究,并分别对大学生人际关系反应性评价、大学生学习收获反应性评价、大学生科研态度反应性评价等方面展开文献综述,为下一步研究奠定基础。

第三章

大学生反应性评价的
设计廓明

　　在对已有文献进行梳理与总结后,明确了可做进一步展开的切入点,聚焦形成了本书的具体研究问题、研究假设以及研究方案,并通过问卷进行一手数据的收集,为研究的顺利开展提供数据支撑。总体而言,本书基于大学生视角,以反应性评价作为衡量大学生生涯的重要评价指标,在研究方法上采用问卷调查、统计分析与半结构访谈相结合的方法,以"国家大学生学情调查"数据库为基础作量化分析,从人口学变量与院校变量入手明晰我国高校大学生反应性评价的现状,探究影响大学生反应性评价的因素;其次,以教育生态学等为理论框架进行半结构访谈,分析与解释量化分析的相关结论即不同层面维度大学生反应性评价的差异性存在原因与影响因素,并基于不同层面维度丰富大学生反应性评价的影响作用,总结提升大学生反应性评价水平的启示与具体措施。

第一节　理论基础

　　本书将选取教育生态学理论、学生成功影响要素模型、态度改变-说服模型为理论基础,并主要应用于半结构访谈分析部分,力图从不同层面维度中分析不同类别大学生反应性评价的差异性存在原因与大学生反应性评价的影响因素。

一、教育生态学理论

大学生反应性评价是其对自身大学生涯的自我评价，是对其大学生涯体验的重要反馈。教育生态学是一种运用生态学原理与方法研究教育现象的理论，其宗旨是试图建立合理的学校内外生态环境，提高教学效率，促进健康成长。教育生态学理论兴起于 20 世纪 60 年代中期，创始人为美国哥伦比亚大学师范学院前院长劳伦斯·克雷明。劳伦斯于 1976 年首次提出"教育生态学"这一概念，并指出"生态学的概念强调联系，而教育生态学的方法即将各种因素置于彼此联系以及与维持它们并受它们影响的更广泛的社会之间的联系中来审视"[1]。教育理论应是关于各种教育机构之间的相互作用，以及教育和整个社会之间的相互作用理论，认为教育处于一个复合型生态环境之中，主要由自然环境、社会环境、规范环境组成，呈现出多层次的网状结构体态。教育生态学提供了理解和应对人与环境关系的视角，在分析具体问题时可将其放置于微观系统、中观系统、外观系统及宏观系统之中。

二、学生成功影响要素模型

随着一系列院校影响力研究的发展，相关研究经历了从大学生辍学模型、"IEO 模型"、学生变化的综合评估模型、学生成功的院校行动模型等理论模型的发展嬗变，[2]逐渐形成了十分丰富复杂的大学生学习理论成果，亟须整合。此外，主要从行为视角出发的院校影响力研究主要关注学习环境背景、学生认知行为等，较少考虑个体心理性特征，同样受到质疑。因此，库等人整合已有

---

[1]　LAWRENCE A C.Public education[M].New York：Basic Books，1976：83.

[2]　TINTO V，PUSSER B.Moving from theory to action：building a model of institutional action for student success[M].National postsecondary education cooperative，2006：1-36.

研究,结合心理学视角和长期实践经验,正式提出"学生成功影响要素模型",为研究大学生学习提供系统性的概念分析框架。

学生成功影响要素模型是院校影响力研究发展到一定阶段的归纳性成果,是回溯 19 世纪以来大学生学情研究及其相关突破性理论成果的产物。在学生成功影响要素模型中,库融入了前期成果如大学生辍学模型、"IEO 模型"、学生变化的综合评估模型等研究,[1]将学生学习理解为从入学前经历、院校经历到学习成功的整体性发展过程。同时,学生成功影响要素模型也有所突破:第一,将学习放到更为广泛的环境中进行理解,认为不应简单地将学习割裂为一个线性影响路径,要在入学前经历之外更多地纳入宏观社会经济因素,如全球化发展、经济发展、地方政策、社会人口特征等,形成一个由微观环境、中观环境、宏观环境相互交织的连续状态,共同影响个体的学习过程;第二,将学生院校经历视为学生学习过程,延续了院校影响力主要来自学生个体努力程度及院校环境如何支持影响其学习努力的传统观点,总结性地将院校经历划分为学生行为和院校状况,其中院校状况方面包括学术支持、院校环境、教学方法等,学生行为包括不同形式的学习投入等,认为学习投入可以作为重要中介,沟通前期的入学前经历与后期的学生学习成功,反映学生学习行为和院校教学质量;第三,在延续院校影响力研究所坚持的学生主体视角,强调学生个体背景及其行为认知之外,在学生行为方面还纳入了学生心理性特质因素,如学习动机等,[2]认为学生的性别种族、学业准备、家庭背景等因素之外,也应将学习动机等学生个体心理性因素纳入进来,[3]更为全面地呈现学生方面的院校经历。其中,根据学生成功影响要素模型,大学生学习过程及收获的具体因素可以归结为学生方面和院校方面,其中学习动机、学习投入更多属

①　PASCARELLA E T.College environment influences on learning and cognitive development:a critical review and synthesis[J]. Higher education: handbook of theory and research, 1985,1(1):1-61.

②　VALLERAND R J,BLSSONNETTE R.Intrinsic, extrinsic, and amotivational styles as predictors of behavior:a prospective study[J].Journal of personality,1992,60(3):599-620.

③　WESTABY J D.Behavioral reasoning theory:Identifying new linkages underlying intentions and behavior[J].Organizational behavior and human decision processes,2005,98(2):97-120.

于学生方面的影响因素,学术支持、院校环境、教学方法等更多属于院校方面的影响因素。

三、态度改变-说服模型

态度改变-说服模型作为探究大学生科研态度反应性评价影响因素的理论基础,能够为探究和分析影响因素作用于大学生科研态度反应性评价的具体过程和形式提供可靠的支撑依据。美国著名的社会心理学家卡尔·霍夫兰德在他的社会判断理论和信息传递理论的基础上建立了态度改变-说服模型。该模型将态度的改变看作是一个信息传递的过程,以说服者传递一定的信息开始,到引起被说服者相应的心理变化结束。被说服者必须经过"接触传递的信息—收到相关信息—理解信息—接受信息—保存信息—做出决定"这个过程,最终才有可能改变态度。泰勒等人将态度改变-说服模型进行了简化。对该模型的解读如下:这一模型共分为四个相互联系的部分,分别为外部刺激、目标靶(说服对象)、中介过程、说服结果。

第一部分是外部刺激,包括信息传达者、说服信息(沟通)、说服情境。信息传达者可以影响说服对象的态度改变。人们对和他们沟通的人越有好感,就越倾向于接受他们的观点,改变自己的态度,这一点也直接依据情感迁移的规律。对信息传达者持有的正面或负面的评价都会迁移到他们所持有的立场上,信息传达者身上的特征将会影响对方的评价。[①] 专业化程度高的信息传达者比专业化程度低的传达者更具有说服力;可靠性高的信息传达者比可靠性低的传达者更具有说服力;对传达者的喜欢程度越高,其说服力越强。除了信息传达者,说服信息本身也会影响态度的改变。沟通传达的信息与说服对象本身的立场差异程度、说服信息对说服对象的恐惧唤起程度都会影响态度的改变。说服情境对于态度的改变也会产生作用。例如,论证的数量和强弱会影响说服力;重复通过提升熟悉感来增加喜爱程度,但也可能会增加人们的

---

① 泰勒,佩普劳,希尔斯.社会心理学:第十版[M].谢晓非,谢冬梅,张怡玲,等译.北京:北京大学出版社,2004.

厌倦程度,导致负面作用。

第二部分是说服对象,说服对象本身的特征差异也会影响说服的效果。说服对象对某一事物的原先态度、与说服信息的卷入程度、个人的动机、人格特征(例如服从权威的倾向程度和自尊水平等),都会影响态度的改变。其中,卷入程度就是指个体与事物的关联程度,卷入程度的高低也会影响说服力。

第三部分是中介过程,也是外部刺激和说服对象内部特征交互作用下的态度变化过程的心理机制。过程变量主要包括信息学习、情感迁移、一致性机制和反驳等。态度的改变建立在信息学习的基础之上,个体只有在熟悉与某事物相关的信息之后才有可能改变对该事物的评价。情感迁移是指,把对某个态度对象的情感迁移到另一个与之相联的对象上,会产生说服的效果。一致性机制体现了社会判断理论的观点,指的是当个体面对新的信息和观点时其态度可分为接受的区域、态度不明朗的区域和拒绝的区域。如果新的观点位于接受区域,就会因此而接受这种新的观点,并改变原有的态度。当新的观点位于个体态度的不明朗区域时,也会引起原有态度的改变。而当新的观点处于拒绝区域时,则个体态度很难改变。

第四部分则是产生说服的结果,即说服成功或不成功。说服成功会实现态度的改变,不成功则体现在贬损信息、曲解信息或掩盖拒绝信息。整体而言,说服者、说服信息和说服情境等外部刺激作用到说服对象,再结合说服对象本身的特征,通过中介过程产生说服结果。

四、理论在研究中的运用

总体而言,本书以教育生态学、学生成功影响要素模型、态度改变-说服模型等为基础,形成相对系统、全面的理论框架,主要从不同影响因素不同层面维度,为系统分析影响因素作用于大学生反应性评价的具体过程和形式提供支撑依据,从而探索不同大学生反应性评价的差异性存在原因及大学生反应性评价的影响因素。其中,教育生态学这一理论在应用于分析大学生反应性评价的半结构访谈时具有一定的适切性,有利于全方面地探索不同影响因素在各个系统中的具体影响程度、影响形式与存在原因。在此,将不同因素如何影响大学生反应性评价的过程归结为不同层面维度,分别指向大学生个体视角、大学生家庭视角与高校视角、社会视角。教育生态学理论、学生成功影响要素模型、态度改变-说服模型为半结构访谈提供了设计路径和分析框架。以教育学的视角分析大学生反应性评价问题,需要考虑到不同层面环境的影响。本书将在数据分析后,做目的性抽样,对受访人群进行半结构式深入访谈。教育生态学理论根据层面维度的不同,为基础设置粗线条式访谈提纲,从各个视角入手,深入地分析各影响因素在不同层面维度中的表现。学生成功影响要素模型则根据理论模型结构,从大学生自身、院校层面将影响因素归纳为课程组织、导师指导、相关体制环境等方面。态度改变-说服模型将影响因素划分为四个要素,即说服者、说服信息、说服情境和说服对象,并揭示了个体态度变化的心理机制,从该模型中可以发现,态度的改变不仅受自身条件的影响,还会受到说服者、说服的内容和方式,以及说服情境的制约。因此,要想使个体的态度变化达到预期的效果,在说服之前就要对这些因素进行分析,并从宏观上对这些因素进行把握,然后再选择合适的说服方法,态度改变-说服模型从反应性评价变化的过程和影响因素角度入手,构建了一个关于反应性评价改变的系统性框架,充分考虑了不同个体自身因素和复杂外部影响因素的作用,尤其强调了个体在不同条件下的差异化心理活动,为深入理解大学生反应性评价形成机制和影响因素供了理论支撑。

第二节　研究思路与内容

本书的整体逻辑思路为"问题提出-文献综述-理论分析-问题聚焦-实证分析-结论生成-建议提出",试图明晰高校大学生反应性评价总体现状与人口学变量和院校变量视角下不同类别大学生反应性评价的差异性特征,并探究其中对大学生反应性评价发挥影响的因素,同时探究差异性特征的存在原因与影响因素的作用方式,最终根据研究结论,总结得出高校大学生反应性评价的启示与提升路径。

一、研究思路

研究思路可归纳以下三个阶段:问题的提出、分析与归纳、结论与启示。首先,通过对研究所处背景进行思考并结合自身的学习生活经验寻找到本书的大体逻辑方向。在大方向的基础上对已有研究成果做文献整理与分析,充分了解研究所处阶段与研究现状,并寻找到本书的切入点。合适的理论可为本书提供结构支撑,而概念界定清晰是本书的逻辑原点,在文献综述的基础上不断聚焦,提出本书的研究问题;其次,依托史秋衡教授主持的国家社科基金(教育学科)国家重点课题"大学生学习情况调查研究"的调查数据,得到大学生反应性评价的一手数据。通过数据分析可较为系统且全面地展现并探究大学生反应性评价现状及其影响因素。通过半结构访谈法寻找不同类别大学生差异性特征的存在原因与成为大学生反应性评价影响因素的作用形式。再次,呈现研究结论,根据所得结论对高校提升大学生反应性评价水平提出具体建议。

综上,本书采用量化分析与半结构访谈相结合的研究方法,即依靠大数据调查展示现状特征及探究部分影响因素,通过访谈法寻找现状特征的存在原因与影响因素的作用形式,并得出结论与建议启示。

二、研究内容

本书立足于学生主体视角,探究以高校大学生为基点的反应性评价问题,以反应性评价为切入点,从人口学变量与院校变量的角度分析不同群体学生反应性评价的特征和差异,探究其中影响大学生反应性评价的因素,并以教育生态学等为理论框架,采用半结构访谈的分析方法探究其差异性特征的存在原因与影响因素的作用形式,丰富且补充相关研究结论。基于上述研究思路,研究内容如下:

第一，对高校大学生反应性评价的内涵结构进行概念梳理与研究范围界定。在资料搜集阶段对本领域已有研究进行文献梳理，对研究涉及核心概念进行界定，并寻找适用于研究的理论依据与研究方法，力求在对已有研究进行整理与分析后，形成对大学生反应性评价适切的内在结构界定。

第二，综述已有关于大学生反应性评价的相关研究。梳理已有研究，总结出以往研究的进展、特点、方法等，便于研究的进一步开展。对已有研究的充分了解是研究得以顺利开展的基石，也是研究的重要内容之一。

第三，厘清高校大学生反应性评价的真实状态。研究主要采用问卷调查法，在问卷调查与统计分析阶段，首先进行数据收集，获取关于大学生反应性评价的第一手数据，并对已有数据进行分析，通过统计方法对高校大学生反应性评价的基本特征进行描述，试图厘清大学生反应性评价现状与不同类别大学生反应性评价的特点，并从人口学变量与院校变量的视角分析大学生反应性评价的影响因素，其中在特点分析部分会深入问卷的各个题项之中。但在之后的影响因素分析与讨论环节，将立足于大学生总体反应性评价这一视角进行剖析，避免各个题项的重复。

第四，探究学生人口学变量与院校变量对大学生反应性评价的影响。本书在描述大学生反应性评价的基本情况与差异性特征的基础上，探究影响其反应性评价的因素有哪些。主要将探讨大学生的性别（男/女）、年级（大一/大二/大三/大四及以上）、生源地（城市/农村）、是否具有学生干部经历（是/否）、是否具有恋爱经历（是/否）、学习情况（较好/中等/较差）、身体健康情况（较好/正常/较差）、月支出情况（500元及以下/501～1200元/1201元以上）、父亲文化程度（接受过高等教育/未接受过高等教育）、母亲文化程度（接受过高等教育/未接受过高等教育）、家庭收入情况（低收入家庭/中等收入家庭/高收入家庭）、家庭情况（双亲家庭/单亲家庭/孤儿/重组家庭）、是否为独生子女（是/否）、是否为少数民族（是/否）、专业类型（文科大类/理科大类）、学校类型（"211工程"高校（包括"985工程"高校）/一般本科院校）等因素对其大学生反应性评价的影响。

第五，在半结构访谈阶段寻找合适的访谈对象，并通过对其进行深入访谈探寻大学生反应性评价在不同层面维度的差异性存在原因与影响因素的具体作用形式,并丰富量化分析中未涉及的不同层面维度的大学生反应性评价相关影响因素结论。其中,以教育生态学、学生成功影响要素模型、态度改变-说服模型为理论基础,利用生态学方法、态度说服等,研究人的发展规律,开展半结构访谈,从不同层面维度对研究问题进行全面且深入的分析,探究大学生反应性评价的差异性特征存在原因与各影响因素的作用形式,并将通过比如微观系统(立足于学生个体视角)、中观系统(立足于家庭视角与高校视角)、外观及宏观系统(立足于社会视角)等层面维度入手研究大学生反应性评价的多重互动形式,力求基于理论框架解释与补充大学生反应性评价的相关研究结论。

第六,综合分析研究结论并根据结论提出提升高校大学生反应性评价水平的具体对策与建议。在启示与建议阶段,对已有研究结论进行总结与讨论,结合我国实践情况,最终提出推进大学生反应性评价水平提升的具体措施。

第三节　研究方法

出于对研究思路与研究内容的把握,本书采用量化和质性相混合的研究方法,主要依托文献分析法、问卷调查法、统计分析法和半结构访谈法对研究问题展开分析。

一、文献分析法

文献分析法主要用于梳理已有大学生反应性评价等相关文献,厘清核心概念的基本内涵,并探究教育生态学、学生成功影响要素模型、态度改变-说服模型等在研究中的可行之处。通过借助中国知网、Springer、ProQuest 等数据库,以"大学生反应性评价""人际关系""学习收获""科研态度"等关键词交叉检索和变换检索查找文献,大量阅读中英文文献,借鉴前人研究成果和经验,为我国大学生反应性评价的分析提供扎实的研究基础和理论支持。通过对文献的搜集与整合，一可较为全面且系统地认识到大学生反应性评价的研究现状、进展与趋势，以此为研究的开展奠定基础；二是可明确大学生反应性评价的构成，以此为研究的开展起到推动作用。文献分析法可以使研究立足于前人的基础之上，并通过对文献的梳理与分析找到研究的切入点与研究思路，在前人的基础上进行更深一步的研究。

二、问卷调查法

这一研究的主体为大学生，研究内容为基于大学生主观体验的反应性评价。基于以上两点决定了研究需要采用问卷调查法。抽样调查的对象为全国在校接受全日制本科学历教育的大学生。调查数据主要为个人信息、家庭背景信息、大学生人际关系反应性评价、学习收获反应性评价、科研态度反应性评价，以了解当前大学生反应性评价的现状，为进一步研究提供相应的数据支撑。在研究中，以我国在校全日制本科学历教育的大学生为主体，采用史秋衡"国家大学生学情调查（NCSS）"项目问卷，对我国高校大学生反应性评价状况进行数据的收集和分析。其中调查对象为我国范围内的高校大学生，涵盖各类地区、高校、性别、专业、年级等的大学生群体，样本量庞大广泛，数据可靠有力，是研究的重要数据基础。

三、统计分析法

在数据收集的基础上，如何了解人口学变量与院校变量下大学生反应性评价现状如何？受哪些因素影响？在此研究采用统计分析法对已有数据进行分析处理。主要通过描述性统计方法对大学生反应性评价现状与特征进行分析，主要通过标准差、平均分等形式进行现状展示，通过从人口学特征与院校特征层面做回归分析探究大学生反应性评价的影响因素。为了把握我国大学生反应性评价的基本状况及不同类型大学生反应性评价的差异性，在问卷数据收集和整理的基础上，运用统计方法进行处理与分析，具体采用描述性统计、独立样本 t 检验、单因素方差分析等方法来展现我国大学生反应性评价的基本现状与特征,通过均值、标准差、同意度百分比等方式进行呈现。

四、半结构式访谈法

为了把握人们建构和解释意义的过程,有必要进行质性研究。"我们常常是自己的陌生人",自我认识具有局限性,尤其对于心理调查来说,自我评价和理解中的失误容易限制主观个人报告的科学性。另一方面,人们报告和解释其经验的真实性无法保证这些报告的有效性。因此为了补充和拓展问卷调查所得出的大学生反应性评价分析结果,研究通过数据分析了解到不同类别大学生反应性评价的差异性,在此基础上做目的性抽样以寻找合适的访谈对象,以教育生态学理论、学生成功影响因素模型、态度改变-说服模型为基础,采用了半结构访谈的方法深入探讨大学生反应性评价状况,以拟定的半结构式访谈提纲对访谈对象进行深入访谈,以了解其差异性特征的存在原因与各影响因素的作用形式,同时丰富与补充量化分析的相关结论,使整体结论覆盖层面更为广泛,内容更为全面且丰满。此外,通过访谈法还可以挖掘影响大学生反应性评价的作用过程。如果说采用量化的研究方法,通过问卷调查得出的大学生反应性评价自评数据是注重大学生反应性评价的呈现结果,那么采用质性访谈方法则是为了探究大学生反应性评价的形成过程与环节。

第四节　NCSS 技术路线

国家社会科学基金国家重点课题"国家大学生学情调查"项目由史秋衡教授主持,课题批准号为 AIA100007,自 2011 年开始首轮调查,此后每年进行年度调查,目前已经成功开展 12 轮调查,并先后得到了厦门大学、教育部、英国剑桥大学、美国哥伦比亚大学等相关团队的联合支持。本书所用量表数据即是来自"国家大学生学情调查"项目问卷。不论从以往的研究历史来看,还是从问卷制定的科学性来看,"大学生学习情况调查"课题组所采用的数据调查量表具有很高的信效度。① 在此介绍史秋衡教授主持的"国家大学生学情调查"研究数据库 NCSS 项目概况,并从理论基础、方法运用、建设过程等明确技术路线。

一、"国家大学生学情调查"研究数据库 NCSS 的项目概况

数据库团队负责人为史秋衡,基于多轮"国家大学生学情调查",回收、整理、统计、分析我国大学生基本信息及其学情数据,在此基础上构建"国家大学生学情调查"研究数据库,以此来全面了解大学生学习情况,构建有效、动态的可持续性大学生学情监控体系,为大学生治理战略的宏观决策和大学生治理的整体效率质量供以循证支撑。结合以上研究背景,"国家大学生学情调查"研究数据库在教育信息化迅速发展的关键时期,形成了大规模大学生学情调查数据,为研究大学生反应性评价提供了重要的数据支撑,也为实证分析大学生反应性评价现状及其影响关系奠定了必要保障。在此,主要就"国家大学生学情调查"研究数据库 NCSS 的理论基础、方法应用等呈现构建理路与技术路线,阐述"国家大学生学情调查"研究数据库在研究大学生反应性评价过程中的重要支撑与保障。

二、"国家大学生学情调查"研究数据库的具体技术路线

在技术路线方面,本书基于理论基础明确"国家大学生学情调查"研究数据库建设理路,通过采用多元方法构建包括大学生反应性评价在内的各项指标体系,设计大学生学情调查问卷,在多轮全国范围内的大规模大学生学情调查中不断完善优化,收集数据,最终形成"国家大学生学情调查"研究数据库,为大学生反应性评价的研究提供数据库支持,并以此进行实证分析。在理路

---

① 史秋衡,郭建鹏.我国大学生学情状态与影响机制的实证分析[J].教育研究,2012,33(2):109-121.

层面,坚持马克思主义理论的指导,明确大学生主体地位,从大学生主体出发确定评价指标及其大学生学情调查理路,廓清大学生学情调查的基本原则及其推进过程,为探明我国大学生学情现状提供全面系统的理论指导;在方法层面,基于研究背景的需要,结合实证研究范式下的多元研究方法,采用系统、科学的构建方法和步骤,推进"国家大学生学情调查"研究数据库形成系统性的大学生学情状况数据,为大学生反应性评价的内部结构要素及其实证分析供以支撑。

(一)"国家大学生学情调查"研究数据库的理论基础

"国家大学生学情调查"研究数据库以马克思主义理论、需求理论与大学生学情结构要素论等为理论基础,明确数据库建设的学理指向。

第一,马克思主义及其中国化成果是党和国家建设事业的指导性思想结晶,是全党全国各族人民团结奋斗的共同思想基础。高校是我国高等教育人才培养的主阵地,推进包括大学生反应性评价在内的大学生学情研究应以马克思主义及其中国化理论为学理基础,呈现鲜明的价值理念和方向引领。"国家大学生学情调查"研究数据库以马克思主义理论为理论基础,明确从马克思主义"以人为本"的理论等出发,确定"国家大学生学情调查"研究数据库的学理底色。在马克思主义"以人为本"的理论中,马克思认为人是具有主体意识和自觉精神的,认为人的主体意识使得人对自身发展需求与能力素质形成客观认识,在这一理解下将人视为不断发展中的人。一方面,这种主体意识表现为促使人认识到自己是发展中的主体,认识到主体性发展的存在;另一方面,通过主体意识认识到自己是发展中的主体时,促使人不断理解并把握自己的内外部优势,有针对性地提升自己的综合能力,实现自身主体的发展需要。在这一过程中,主体通过主体意识和自觉精神要求实现主动性。主动性是个体主体性的核心性基础,是人认识世界和改造世界的动力源泉,促使主体可以根据自己的需要有意识、有目的地进行积极的活动,使得人可以作为主体来进行相关的实践活动,实现对客观世界的积极转化。在马克思主义"以人为本"理论不断发展的过程中,"以人为本"在社会各领域产生重大影响,体现在教育领域,"以学生为中心"的教育理念和教育思想产生并不断发展起来。"以学生为中心"的价值理念在于理解学生的主体性、发展性和独特性。其一,主体性。学生是独立的人,作为学习的主体,自有其主体意识和主观能动性,并非完全随着教师的意志而转移。其二,发展性。学生作为一个未完成的个体,是一个处于发展过程中的人,这意味着学生有相当大的发展潜力和未来无限的可能性。其三,独特性。基于主体性和发展性,学生的兴趣、能力倾向和认知偏好并不完全一致,这就要求在高校人才培养过程中考虑个体差异。在"以学生为中心"的教育理念指导下,高校人才培养应由"教"为中心向"学"为中心转变,鼓励学生自主学习,关注学生的学习过程及其成效,引导学生探索知识,实现成长成才。也因此,高等教育质量建设亟需推进包括高校大学生反应性评价研究在内的大学生学情研究,为此提供数据支撑的"国家大学生学情调查"研究数据库必须坚持学生的主体地位,充分发挥学生的主体积极性,促使学生在参与大学生学情调查时必须正确认识自身在大学生学情中的主体地位,使其自觉地、主动地作为反应性评价的主体参与大学生学情调查。以马克思主义"以人为本"理论及其"以学生为中心"的教育理念为指导,强调学生的主体地位,在就大学生反应性评价等各项指标进行问卷调查时,应以学生为主体,充分发挥学生的主体性,调动学生的积极性,满足学生的主体性发展需求,尊重学生的多样性,促进大学生的全面协调发展。同时,相关评价调查指标应以学生评价为基础,从学生对于各个方面要素及其重要程度的反应性评价入手,探索大学生学情实际表现,是提高大学生学情研究及其相应数据库建设实效的可行路径。

第二,需求理论。对生存、发展、享受等所需客观条件的依赖,是人类的根本性需要。需求理论认为需求是人的本性,认为"他们的需求就是他们的本性"。也就是说,对人的需求的探索就是对人性的探索。"需要"是人不断发展的动力,满足需要的过程在某种意义上就是人的发展过程。作为一种积极的社会动物,人类有能力通过面向自然现实的实践活动来提升自己,衍生出自我发展的需求。在马克思的需求理论中,发展的需求是人类需求中的最高层次需求,人的自我完善作为人类生存发展的目标,指向于自我价值需求的实现。"人们只能澄清自己的需求",依据马克思需求理论的相关观点,大学生作为一个相对独立的个体，其内在的精神需求及其发展需求是随着时间与身处情境而不断变化和成长的。因此，包括大学生反应性评价在内的大学生学情研究应适应大学生身心发展的需要，丰富大学生的精神世界，培养大学生的理想信念，帮助大学生树立正确的世界观、人生观和价值观，选择符合大学生实际需要的结构要素与教育过程，开展有价值的教育教学活动，以适应大学生的发展需要，提升大学生反应性评价水平及其学习质量，推进院校治理和高质量建设。在此基础上，"国家大学生学情调查"研究数据库需要立足于大学生的主体性地位，明晰大学生的发展需求，了解包括大学生反应性评价在内的调查重点和注意事项，使得大学生学情调查数据可以作用于实际教育教学场域，推进因材施教，更有针对性地满足学生的需要，使学生更加充分地认识自己、发展自己。

第三，大学生学情结构要素论。明确大学生学情评价所包含的构成要素是"国家大学生学情调查"研究数据库设计各评价指标及其维度的基础。一般认为，教师、学生、教学内容、教学方法等是大学生学情评价的基本构成要素。因此，大学生对整体课程教学、学习过程、学习结构等学情结构要素的评价应成为数据库的一部分，数据库建设与指标选择应结合马克思主义理论、需求理论与大学生学情结构要素论形成系统完善的调查结构。

（二）"国家大学生学情调查"研究数据库的方法运用

"国家大学生学情调查"研究数据库采用文献研究方法和各种实证研究方法，基于理论基础探索形成基本逻辑框架与评价指标，明确包括大学生反应性评价指标在内的大学生学情调查内容结构，形成相对系统完善的调查方法与步骤，使得最终的大学生学情调查数据更加具有适切性和完整性，为包括大学生反应性评价研究在内的大学生学情调查研究提供数据保障支撑。实证研究方法是教育研究当中的一个重要范式，以理论基础和实际需要为依据，能够解释自变量和因变量之间的关系。"国家大学生学情调查"研究数据库所运用的方法包括：

1.文献研究法

文献研究法又称为情报研究法、资料研究法或文献调查法，是指对文献进行检索、收集、鉴定、整理和分析，从而针对事实形成科学性认识的方法。文献研究法所主要面向的问题是如何在大量的文献资料当中选择适合研究问题需要的资料,并对这些资料进行适当地分析,总结出相关文献研究结论。通过对核心期刊上发表的论文、图书、博士论文及相关文献资料进行系统的分析整理,收集获取大学生学情调查相关文献,重点关注大学生学情调查理论、工具、方法等文献内容,明确"国家大学生学情调查"研究数据库的重大建设意义,为"国家大学生学情调查"研究数据库的建设提供有效的学理依据。

2.焦点访谈法

焦点访谈法通过召集与课题主题密切相关的人员进行深入的面对面交流,在访谈过程中不断促使受访者依据自己的经验与观点进行交流讨论,自觉地采用自己的语言进行总结提炼,从而面对课题主题得出较为深入的信息结论,是"国家大学生学情调查"研究数据库调查收集相关大学生学情调查信息数据时的重要基础。通过焦点访谈法,研究人员获得各方观点视角信息,了解其对于大范围大学生学情调查及其数据库所提出的建设性建议,以此为基础使得数据调查可以更加完整和详细,从而帮助理解所获得的数据及其定量分析结果,在问卷调查与后续实证研究中奠定基础。因此,焦点访谈法可以作为理解指标设计与量表编制的一种有效方法。

3.参与观察法

自 20 世纪以来,科学研究中常用的参与观察法最初被广泛应用于教育领域以外的研究范畴中,并逐渐扩散应用于教育研究领域中,特别是课堂教学领域,在此基础上发展成为实验观察法和参与观察法。关于实验观察法,主要对实验变量进行控制,从而观察变量之间的具体情况。关于参与观察法,主要是在自然观察状态的基本条件下分析调查研究对象。针对问卷调查法和焦点访谈法的局限性,"国家大学生学情调查"研究数据库采用参与观察法等方式为参考,以实际场域为基本单元,深入大学生学习过程与体验等微观具体情境,探讨了高校的教育环境,从学生的行为入手,观察了大学生在"国家大学生学情调查"研究数据库所涉及各种指标上的具体情况,并完成详细的记录,了解包括大学生反应性评价在内的大学生学情调查所不完全包括的学生学情现象,为"国家大学生学情调查"研究数据库的不断优化完善提供参考。

4.问卷调查法

在大多数情况下,社会研究通过问卷调查进行。"国家大学生学情调查"研究数据库基于理论指向,坚持严谨认真的问卷调查态度,分析国际相关大学生学情调查项目文献资料,自主开发具有完全知识产权的量表调查工具,编制形成大学生学情调查问卷,在12轮大规模大学生学情调查中不断优化完善。一方面,避免了直接使用国际大学生学情调查问卷所造成的本土化量表适应问题;另一方面,实现了完全的自主知识产权。为了合理有效地运用大学生学情量表问卷,"国家大学生学情调查"研究数据库依据科学可行的问卷调查程序,采取合理的抽样方式,对全国范围内各省、市、自治区数百所高校进行了正式问卷调查,通过发放与收集调查问卷广泛开展了大学生学情调查,获取全国范围内大规模大学生学情调查信息数据,为包括大学生反应性评价在内的大学生学情研究奠定坚实的数据基础。

(三)"国家大学生学情调查"研究数据库的建设过程

整体而言,"国家大学生学情调查"研究数据库的建设采用理论分析与实证方法相结合的技术路线。首先,运用文献研究法,深入分析了"国家大学生学情调查"研究数据库的建设背景,结合数据库建设项目组织基础和人力资源优势,总结"国家大学生学情调查"研究数据库建设的必要性和可行性。其次,采用焦点访谈法等,与相关研究专家与高校从业人员进行面对面、深入的交流,对"国家大学生学情调查"研究数据库的推进提出科学有效的建议。再次,依据参与观察法等,观察"国家大学生学情调查"研究数据库所涉及的各项评价指标具体实际情况,了解大学生学习过程及其体验现状,结合文献和相关理论基础,不断反馈给"国家大学生学情调查"研究数据库并进行完善。最后,运用问卷调查法,在通过多元方法明确量表问卷评价指标后,不断修订和完善"国家大学生学情调查"研究数据库调查问卷,采用合理的抽样方法,面向全国范围内不同高校大学生进行大规模问卷发放与收集,在多轮调查中形成"国家大学生学情调查"研究数据库,为大规模的实证研究奠定数据基础。

第五节 基本数据情况

此部分主要涵盖数据收集与分析,其中包括大学生人际关系反应性评价量表、大学生学习收获反应性评价量表、大学生科研态度反应性评价量表的信效度分析,以及半结构访谈设计。

一、数据收集

国家社会科学基金国家重点课题"国家大学生学情调查"项目,课题首席专家为厦门大学史秋衡教授,该课题为国家社科基金教育学科单列课题的最高级别,课题批准号为 AIA100007,建立了具有自主知识产权的"国家大学生学情调查研究数据库",该课题于 2011 年进行了首轮全国调查,此后按年度进行调查,至今已进行了 12 轮全国调查。研究基于厦门大学史秋衡教授主持的"国家大学生学情调查研究数据库"进行数据分析,采取的样本抽取方法为整群分层抽样法,依据抽样结果邀请全国大学生填写问卷,并通过不同方法进行问卷数据收集。因问卷设置时便考虑到防止题项遗漏的情况,故研究收集的问卷没有出现缺失值的情况,即全部问卷均为有效问卷。

其中,研究所采用的调查内容主要包括个人信息、家庭背景情况、大学生人际关系反应性评价量表、大学生学习收获反应性评价量表、大学生科研态度反应性评价量表。其中个人背景情况包括:性别、年级、是否为少数民族、所在高校名称、主修专业、学习成绩情况、是否现在或曾经担任过学生干部(包括班委、学生会及协会干部)、是否曾经或正在恋爱、身体健康状况、月支出情况等;家庭背景信息包括:父母月总收入、父亲是否接受过高等教育、母亲是否接受过高等教育、家庭所在地、家庭情况、兄弟姐妹人数等。此外,大学生人际关系反应性评价量表、大学生学习收获反应性评价量表、大学生科研态度反应性评价量表等采取李克特量表编制而成,其中每道题由"1＝完全不同意"到"6＝完全同意"共分为六个等级。

二、量表信效度分析

从"大学生学习情况调查"课题组数据资源库中选取出与大学生人际关系反应性评价、大学生学习收获反应性评价、大学生科研态度反应性评价等方面相关的题项形成量表,并以此测量大学生人际关系反应性评价、大学生学习收获反应性评价、大学生科研态度反应性评价现状。

(一)大学生人际关系反应性评价量表

以"国家大学生学情调查研究数据库"为基础,主要选取其中部分指标形成大学生人际关系反应性评价量表。为检验该量表测试结果的稳定性与可靠性,本书采用 SPSS 软件对该量表进行信度分析,所得内部一致系数(Cronbach's α 系数)见表 3-1。问卷的信度系数在 0.8 以上时证明其确实具有较高的实用价值,以此标准审视大学生人际关系反应性评价量表的信度在 0.9 之上。由此可见,该量表具有较高的信度指标,作为大学生人际关系反应性评价的测量工具具有较高的适切性。

表 3-1 大学生人际关系反应性评价量表信度分析

项目个数	克隆巴赫 Alpha
6	0.904

本书采用项目分析法对大学生人际关系反应性评价量表进行效度分析以检验数据的有效性与正确性。通过临界比值的方法进行项目分析,具体为如下步骤:(1)针对量表反向题目进行反向计分(由于无反向题目,故略过此步骤);(2)数据加总,计算量表总分;(3)量表总分按照高低顺序进行排列;(4)找到高低分组在前后 27% 处的分数;(5)依据临界分数,将观察值在量表中的得分划分为高分组与低分组;(6)用独立样本 t 检验来检查两组在每个项目上的

差异性表现；(7)将 t 检验结果显著的项目保留，将不显著的项目剔除。[①] 所得检验结果如表 3-2 所示，可见研究所采用的大学生人际关系反应性评价量表中的所有项目均达到显著，表明其鉴别力较高，此量表题目质量较好，可以较好地区分高分组与低分组。

表 3-2 项目分析结果

项目	组别	个案数	平均值	标准差	t
我与室友的关系	高分组	36336	5.46	0.528	0.000***
	低分组	25095	3.75	0.777	0.000***
我与其他同学的关系	高分组	36336	5.46	0.528	0.000***
	低分组	25095	3.75	0.777	0.000***
我与任课老师的关系	高分组	36336	5.35	0.532	0.000***
	低分组	25095	3.86	0.612	0.000***
我与辅导员的关系	高分组	36336	5.35	0.560	0.000***
	低分组	25095	3.78	0.740	0.000***
我与专业指导老师的关系	高分组	36336	5.36	0.534	0.000***
	低分组	25095	3.86	0.660	0.000***
我与学校职能部门工作人员的关系	高分组	36336	5.23	0.636	0.000***
	低分组	25095	3.70	0.789	0.000***

注：* $p<0.05$，*** $p<0.001$

利用 SPSS 进行探索性因子分析，选用主成分分析法进行因子抽取，结果表明，大学生人际关系反应性评价量表适合进行探索性因子分析（KMO＝0.904，$x^2=361210.585$，$p<0.001$）。共抽取 1 个特征值大于 1 的因子，可解释 72.85% 的方差，具体如表 3-3 所示。

表 3-3 大学生人际关系反应性评价量表因子载荷值

题目	因子分析载荷值
Q1 我与室友的关系	0.789
Q2 我与其他同学的关系	0.809

---

① 吴明隆.问卷统计分析实务：SPSS 操作与应用[M].重庆：重庆大学出版社,2010:159-160.

续表

题目	因子分析载荷值
Q3 我与任课老师的关系	0.903
Q4 我与辅导员的关系	0.857
Q5 我与专业指导老师的关系	0.879
Q6 我与学校职能部门工作人员的关系	0.809

　　本书的数据分析思路与研究目的高度一致,以探究高校大学生人际关系反应性评价现状、特点及影响因素为主要目的,同时为后续质性访谈探究影响因素的存在原因与表现形式奠定了基础。首先,对全国大学生人际关系反应性评价进行频数分析和平均数分析,了解高校大学生人际关系反应性评价的基本情况与特点。其次,采用独立样本检验和单因素方差分析的方法,分别从人口学变量与院校变量的角度分析不同群体学生的人际关系反应性评价差异。再次,采用多元回归分析的方法分析学生的个体变量与院校变量对大学生人际关系反应性评价的影响,分析各个因素对人际关系反应性评价的贡献率。其中因变量为大学生人际关系反应性评价;自变量包括学生的性别、年级、生源地、院校类型、专业类型、班级学习情况、兄弟姐妹人数、身体健康状况、学生干部任职情况、恋爱状况、月支出情况、家庭情况、家庭经济收入、父母文化程度、少数民族等。具体的变量定义见表 3-4。

表 3-4　主要变量定义

变量名	赋值	含义
性别	1	男生
	2	女生
年级	1	大一
	2	大二
	3	大三
	4	大四及以上
生源地	1	城市
	2	农村
院校类型	1	"985 工程"高校
	2	"211 工程"高校
	3	一般本科院校

续表

变量名	赋值	含义
学科类型	1	文史哲
	2	社会科学
	3	理学
	4	农工医
班级学习情况	1	较好
	2	中等
	3	较差
兄弟姐妹人数	1	1个
（包括自己）	2	2个
	3	3个
	4	4个
身体健康状况	1	较差
	2	中等
	3	较好
学生干部任职情况	1	是
（曾任或现任）	2	否
恋爱状况	1	是
（曾经或现在）	2	否
月支出情况	1	500元及以下
	2	501～1200元
	3	1201元以上
家庭经济收入情况	1	3000元及以下
（父母月收入）	2	3001～40000元
	3	40001元以上
家庭情况	1	双亲家庭
	2	单亲家庭
	3	重组家庭
	4	孤儿
父亲文化程度	1	接受过高等教育
	2	未接受过高等教育
母亲文化程度	1	接受过高等教育
	2	未接受过高等教育
少数民族情况	1	是
	2	否

（二）大学生学习收获反应性评价量表

以"国家大学生学情调查研究数据库"为基础，主要选取其中部分指标形成大学生学习收获反应性评价量表。量表主要依据李克特量表而编制,划分为"1＝非常不同意,2＝不同意,3＝基本不同意,4＝基本同意,5＝同意,6＝完全同意"六个等级。为检验该量表测试结果的稳定性与可靠性,本书采用SPSS软件对该量表分别进行因子分析、信度分析,结果显示该量表具有较高的信效度指标,作为大学生学习收获反应性评价的测量工具具有较高的适切性。

第一,进行因子分析。因子分析最早由英国心理学家斯皮尔曼提出,主要是将相同本质的变量归入同一个因子,从而在诸多变量中找出隐藏的具有代表性的因子,主要应用于基本结构廓清、数据化简等方面。研究采用SPSS分别就学习动机量表、学习投入量表、学习收获量表进行探索性因子分析,均表现出较好的效度。采用SPSS对学习收获量表进行探索性因子分析,采用主成分分析法,得出如下结果:KMO＝0.978,巴特利特检验 p 小于0.001,达到显著性水平,如表3-5所示,可以进行因子分析。

表3-5　学习收获反应性评价量表的 KMO 和巴特利特检验

KMO 取样适切性量数		0.978
巴特利特球形度检验	近似卡方	3167962.270
	自由度	190
	显著性	0.000

采用"最大方差法"进行正交旋转得出大学生学习收获反应性评价量表因子载荷矩阵,因子提取标准设置为大于1,结果显示:大学生学习收获反应性评价量表可以聚焦为三个因子,结合教育目标分类相关理论与具体指标,分别将因子一、因子二、因子三命名为知识收获反应性评价、技能收获反应性评价、态度收获反应性评价,构成在本书中有关学习收获反应性评价的三个维度。其中,因子一包含有工作知识技能、专业实践操作技能、专业前沿知识、专业基本理论等方面的收获反应性评价;因子二包含的题目有规划未来技能、社交技能、领导技能、问题分析技能、写作技能、阅读理解技能、运用知识解决问题技能、自我反思技能等方面的收获反应性评价;因子三包含的题目有尊重他人、背景差异理解、激发学习兴趣、社会责任感、价值观和世界观形成、自我认识、

批判性思维、适应新环境等方面的收获反应性评价。如表 3-6 所示。

表 3-6　大学生学习收获反应性评价量表因子载荷

指标变量/成分	知识收获	技能收获	态度收获
工作知识技能	0.795		
专业实践操作技能	0.818		
专业前沿知识	0.819		
专业基本理论	0.748		
规划未来技能		0.640	
社交技能		0.739	
领导技能		0.776	
问题分析技能		0.737	
写作技能		0.756	
阅读理解技能		0.724	
运用知识解决问题技能		0.690	
自我反思技能		0.604	
尊重他人			0.767
背景差异理解			0.764
激发学习兴趣			0.558
社会责任感			0.753
价值观和世界观形成			0.754
自我认识			0.745
批判性思维			0.646
适应新环境			0.589

第二,进行信度分析。信度分析主要用以分析量表的稳定性与可靠性,通常认为 Cronbach's α 值这一指标大于 0.8 时,量表具有较好的信度。采用 SPSS 分别就学习收获反应性评价量表进行内部一致性信度分析,结果显示 Cronbach's α 值为 0.974,表现出较好的信度。如表 3-7 所示。

表 3-7　量表信度分析

量表	Cronbach's Alpha	项数
学习收获反应性评价量表	0.974	20

（三）大学生科研态度反应性评价量表

以"国家大学生学情调查研究数据库"为基础，主要选取其中部分指标形成大学生科研态度反应性评价量表。为检验该量表测试结果的稳定性与可靠性，本书采用 SPSS 软件对该量表进行内部一致性信度分析，结果显示，该问卷的信度为 0.875（表 3-8）。问卷的信度系数在 0.8 以上时证明其确实具有较高的实用价值，以此标准审视大学生科研态度反应性评价量表的信度在 0.8之上，说明该问卷有很高的内部一致性，具有较高的信度指标，作为大学生科研态度反应性评价的测量工具具有较高的适切性。

表 3-8　大学生科研态度量表信度分析

项目个数	克隆巴赫 Alpha
6	0.875

然后，使用软件 SPSS 对涉及科研态度反应性评价的题项进行探索性因子分析，采用主成分分析法，得出以下结果：KMO＝0.873，Bartlett 球形检验 $p < 0.001$，表明可以进行因子分析。结果显示，这些题项为一个维度，共同解释科研态度反应性评价（表 3-9），符合本书所采用的科研态度反应性评价的单一成分观点。综上，该问卷具有良好的信效度。

表 3-9　大学生科研态度反应性评价量表因子载荷量

题项	因子
渴望学到课程最新研究成果	0.792
想了解所学领域如何开展研究	0.821
要学会本领域的学术研究方法	0.823
喜欢做研究	0.771
想有自己的研究项目	0.767
喜欢在已掌握的内容上不断补充新的知识	0.760

三、半结构访谈设计

研究采用量化分析与访谈法相结合的研究方法,并抛弃常规的"主从式结合",而是选取更加理想的"补充式结合",即两种方式相互补充、相互对话,以期在不同层面维度对研究问题进行研究与深化,从而更为全面地把握和分析研究问题。

(一)访谈设计

"补充式结合"有不同的类别,本书根据研究目的需要,选取整体式结合中的顺序设计,即量的研究与质的研究各自为完整的部分,在整体设计中将两者结合起来。顺序设计的典型做法是:首先使用一种方法,然后再使用另一种方法,两种方法的使用存在着一个前后顺序,一般流程是先收集并分析量化资料,然后收集并分析质性资料。第二阶段质性研究的设计要依据或拓展第一阶段的量化研究结果,质性资料也是用于解释或扩展前一阶段的量化结果,以求对研究问题提供多元解释。[1] 在本书中,将在量化研究部分对问卷调查结果进行统计和分析,然后进行质性分析,在文献研究以及量化分析结果的基础上编制访谈提纲,采用半结构访谈的方法对我国大学生反应性评价的现状、形成原因及影响因素进行深入分析,悬置"前见"的前提下挖掘影响大学生反应性评价的内外部影响因素,分析影响因素作用大学生反应性评价的具体过程和形式,即先使用量化分析的方法对数据进行挖掘并得出初步结论,即大学生人际关系反应性评价、大学生学习收获反应性评价、大学生科研态度反应性评价的特征与影响因素;后使用半结构访谈的方法对已有研究结论进行分析,解释并补充量化研究未涉及的部分,[2]将整体研究做细做深。

本书半结构访谈的目的有两个:其一,深入揭示量化研究结论,讨论大学生反应性评价差异性的存在原因与探究影响因素如何发挥作用;其二,补充量

---

① 徐建平,张雪岩,胡潼.量化和质性研究的超越:混合方法研究类型及应用[J].苏州大学学报(教育科学版),2019,7(1):50-59.

② 陈向明.质的研究方法与社会科学研究[M].北京:教育科学出版社,2019:477-479.

化研究未涉及的相关结论,从不同层次维度丰富研究分析与研究结论。因此,本书的访谈提纲设计和整体研究思路与量化分析相关结论密切结合,半结构访谈将主要获取以下信息:其一,不同类别大学生在反应性评价上存在差异的原因是什么;其二,各影响因素在大学生反应性评价上的具体作用形式是什么;其三,大学生反应性评价是如何生成的;其四,关于提升大学生反应性评价水平有什么建议。

(二)访谈对象

在研究过程中,执行的访谈目的是深入解释分析量化分析结论,并对大学生反应性评价表现进行结论性补充,因此不需要过多的样本数量,采取"目的性抽样"的原则,即抽取可为本书问题提供最大信息量的人或事。因此本书以我国高校大学生为访谈对象,在访谈设计中采用目的性抽样选取访谈对象,且根据研究问题的需要,尽量从量化研究的样本总体里抽取访谈对象,充分考虑到了学生的性别、生源地、学习情况、身体健康情况、学生身份、恋爱情况、月支出、民族、兄弟姐妹人数、家庭收入情况、父母文化程度、院校、年级、学科因素,尽量选择能够为大学生反应性评价分析提供最大信息量的大学生,使样本结构合理,保持相对较大的差异性程度,力求访谈结论的科学性,有利于研究目标的达成。

(三)访谈提纲

访谈主要围绕大学生反应性评价这一主题展开,包括两个部分:第一部分是访谈对象的基本信息,如性别、年级、专业、院校、有无大学生导师、父母受教育程度等。第二部分是访谈提纲的主体部分,主要依靠问卷分析结果,深入探索大学生反应性评价现状,以及哪些因素能够对大学生反应性评价产生影响。主要内容包括以下四个方面:第一,被访者的研究性学习和实践经历情况,如"请介绍一下您的研究性的学习或实践活动参与经历";第二,被访者的大学生反应性评价状况,如"您对于学到课程最新研究成果的渴望程度如何,原因是什么?""您对于做研究的喜爱程度如何?原因是什么?";第三,影响被访者大学生反应性评价形成和变化的因素,如"您认为促使自身形成这种科研态度的原因可以归结为哪些方面?";第四,被访者对于引导大学生群体形成更为积极的反应性评价的建议,即"请结合自身的经历谈一谈,对于引导大学生群体形成更为积极的反应性评价,您有哪些建议?"。

(四)访谈流程

首先,确定访谈对象。访谈对象从量化研究样本院校中选取,采用目的性抽样方法确定访谈对象。其次,线上约访。该研究的研究对象为全国高校的大学生群体,通过线上联系确定访谈对象,双方共同约定访谈的时间和方式。第三,进行正式访谈。按照约定方式正式进行访谈,在访谈开始前,访谈者会向受访对象介绍个人背景及研究的目的,并对研究问题做出适当的解释,帮助受访者理解。征得受访对象同意后对访谈过程进行全程录音。向受访者作出保密承诺,遵守研究伦理。访谈过程中,访谈者提出半结构性的聚焦问题,鼓励受访对象自由表达自身的反应性评价,通过适当追问引导他们说出更多的细节和原因解释。访谈结束后,与受访对象建立良好的联系。第四,录音转录。访谈结束后,及时将访谈录音转录为文本资料,并进行分析评注,撰写田野札记和反思备忘录。笔者在访谈流程中与受访对象建立了良好的信任关系,并在编码结束后与受访者取得联系,由受访者就编码对自身经历和情形的覆盖率进行评判,结果显示这一编码内容反映了他们的真实情形和感受,因此说明信度较高。总体而言,本书在阐述大学生反应性评价的探究起因和研究意义基础上,对有关国内外大学生反应性评价的文献资料进行了大量的阅读、述评和展望,并据此提出本书的切入点,采用量化和质性相混合的研究方法,创新性地对我国大学生反应性评价进行本土化的实证分析。定量研究数据来源于史秋衡教授主持的国家社会科学基金教育学重点课题"大学生学习情况调查研究"项目,通过数据分析把握我国大学生反应性评价的整体现状及不同类型大学生群体的差异化特征。在此基础上采用半结构访谈法,深入剖析大学生反应性评价的影响因素及形成原因,结合教育生态学、学生成功影响因素模型、态度改变-说服模型等,形成访谈提纲进行访谈及其转录,从而把握我国大学生反应性评价的整体现状、了解不同类型大学生反应性评价的差异性特征,为大学人才培养与内涵式发展提供启发和借鉴。

第四章

大学生反应性评价的
实证剖析

分别大学生人际关系反应性评价、大学生学习收获反应性评价、大学生科研态度反应性评价的基本情况,把握不同类别大学生的反应性评价差异表现,总结影响因素及其作用过程,深入探索我国大学生反应性评价的整体状况。

第一节 大学生人际关系反应性
评价的实证分析

量化的数据分析是通过大数据的分析运算得出结论,而质性分析更能深描,在掌握背景脉络复杂性与特定文化场域的真实性情况下,探讨现象背后的成因与具体作用方式。在此主要就大学生人际关系反应性评价进行量化分析,并在此基础上深入展开质性分析。

一、大学生人际关系反应性评价的基本状态及水平分析

在此主要考察全国整体层面的高校大学生人际关系反应性评价现状与其所呈现的基本特征,并从人口特征变量与院校变量两个角度入手,分别探究不

同类别大学生在人际关系反应性评价上的差异。其中人口特征变量包括学生的性别、生源地(城市/乡村)、学习情况、兄弟姐妹人数、身体健康状况、学生干部任职情况、恋爱状况、月支出情况、家庭收入情况、家庭情况、父母文化程度、少数民族情况;院校变量包括院校类型、学科类型、年级,立足于整体与不同类别学生的现状与特征,深入分析大学生人际关系反应性评价。

(一)大学生总体人际关系反应性评价基本分析

本书从全国整体层面分析高校大学生人际关系反应性评价,既有利于宏观掌握现阶段大学生总体人际关系反应性评价的现状与基本特征,同时也有利于为后续分析不同类别大学生在人际关系反应性评价上的差异性奠定基础并提供常模参考。

1.大学生总体人际关系反应性评价的现状

本书基于学生主体视角的"大学生人际关系反应性评价调查",对大学生人际关系反应性评价总体及各相关条目做描述性统计,以各条目的结果进行计分,从"非常不满意""不满意""基本不满意""基本满意""满意""非常满意"共分为六个等级,按照从低到高递增的顺序计为 1 分到 6 分,结果如表 4-1 所示。从描述统计结果看,大学生总体人际关系反应性评价的均值为 4.67,处于"基本满意"与"满意"之间,并偏向于"满意",表明全国大学生的总体人际关系反应性评价现状较好,总体而言对自己所处的人际交往环境较为满意。在各题项中,学生对"与室友的关系"和"与其他同学的关系"两项满意度均值最高为 4.76,说明整体而言大学生对与同学交往的反应性评价呈现出良好的态势。从其他题项的均值入手,可知所有题项的均值均不低于 4.50,均处于"基本满意"与"满意"之间,并偏向于"满意",可见大学生对自我所接触人际交往的各个层面都有着相对较高的反应性评价,且各个层面的反应性评价程度呈现出均衡的态势,并未在某一层面出现大幅度差距的情况。无论从整体角度还是各个层面的角度来分析,均可见高校大学生人际关系反应性评价的现状呈现出较为良好的态势。

表 4-1 大学生人际关系反应性评价的描述统计

类别	最小值	最大值	平均数	标准差
总体人际关系反应性评价	1.00	6.00	4.67	0.786
与室友的关系	1.00	6.00	4.76	0.985
与其他同学的关系	1.00	6.00	4.76	0.869
与任课老师的关系	1.00	6.00	4.69	0.865
与辅导员的关系	1.00	6.00	4.64	0.952
与专业指导老师的关系	1.00	6.00	4.70	0.885
与学校职能部门工作人员的关系	1.00	6.00	4.50	0.987

2.大学生总体人际关系反应性评价的特征

采用频数分析的方法对各个层面的大学生人际关系反应性评价进行分析,结果如表 4-2 所示。根据频数统计显示,大学生人际关系反应性评价的情况偏正向,无论在哪个层面,"基本满意"或"满意"的比例最为集中。其中大学生在"与室友的关系""与其他同学的关系""与任课老师的关系""与专业指导老师的关系"上更集中偏向于"满意";在"与辅导员的关系""与学校职能部门工作人员的关系"上更集中偏向于"基本满意"。

具体而言,"与室友的关系"层面中"基本满意""满意""非常满意"的累计比例在 94.1%;"与其他同学的关系"层面中"基本满意""满意""非常满意"的累计比例在 96.2%;"与任课老师的关系"层面中"基本满意""满意""非常满意"的累计比例在 95.8%;"与辅导员的关系"层面中"基本满意""满意""非常满意"的累计比例在 93.7%;"与专业指导老师的关系"层面中"基本满意""满意""非常满意"的累计比例在 95.5%;"与学校职能部门工作人员的关系"层面中"基本满意""满意""非常满意"的累计比例在 91.4%。由此可见,总体而言大学生对自己各层面的人际关系反应性评价均呈现出高的满意度,尤其在"与其他同学的关系""与任课老师的关系""与专业指导老师的关系"三个层面中呈现出尤为满意的特征。在普遍较为满意的情况下,"与室友的关系""与辅导员的关系""与学校职能部门工作人员的关系"三个层面仍有一定的不满意人数。校园不和谐事件往往是小概率事件,而一旦发生将会对师生产生较大的影响与严重的后果,所以比重虽小也不能忽视。因此,高校与高等教育工作者需要注意大学生在此三个层面的人际交往,在人际交往过程中找到合理的提升路径。

表 4-2　大学生人际关系反应性评价的频数统计

单位:%

类别	非常不满意	基本不满意	不满意	基本满意	满意	非常满意
与室友的关系	1.3	1.4	3.3	32.7	37.1	24.3
与其他同学的关系	0.6	0.7	2.4	35.3	40.5	20.4
与任课老师的关系	0.6	0.8	2.7	38.8	39.1	18.0
与辅导员的关系	1.2	1.3	3.7	38.1	36.8	18.8
与专业指导老师的关系	0.7	0.9	2.8	37.9	38.8	18.8
与学校职能部门工作人员的关系	1.7	1.9	5.0	42.2	34.1	15.1

总结而言,从描述性统计分析结果来看,大学生总体人际关系反应性评价为 4.67,各个层面的人际关系反应性评价均在 4.5 以上,表明全国大学生的人际关系反应性评价无论在总体上还是在各个层面上均呈现出良好的状态,学生对自身人际关系的反应性评价处于"基本满意"与"满意"之间。从频数分析结果来看,大学生在各个层面的人际关系反应性评价上"基本满意""满意""非常满意"的累计比例均在 90% 以上,可见大学生对自己各个层面的人际关系反应性评价均呈现出满意的状态。但是"与室友的关系""与辅导员的关系""与学校职能部门工作人员的关系"这三个层面上仍存在着较多的不满意人数,可谓是在普遍满意的情况下仍存在着不满意的现象,需要引起高校与高等教育工作者的重视。

(二)基于人口特征变量的大学生人际关系反应性评价特征分析

本书为更清晰具体地了解大学生人际关系反应性评价的特征,将从人口特征变量中的性别、生源地(城市/农村)、自己在班级的学习情况、兄弟姐妹人数(包括自己)、身体健康状况、学生干部任职情况、恋爱状况、月支出、家庭经济收入、父亲文化程度、母亲文化程度、少数民族情况出发,对不同类别的大学生人际关系反应性评价特征进行分析,此部分的研究结论将进一步厘清不同类别大学生人际关系反应性评价的整体现状与存在特征。

1.性别差异下大学生人际关系反应性评价分析

大学生的性别差异分为男生、女生,为厘清性别差异下大学生人际关系反应性评价的特征及差异,本书将采用独立样本 t 检验的方法对比男生与女生在总体人际关系反应性评价及各题项中的差异,计算结果为不假设方差相等即方差均不齐性,所以采用的 t 值为方差不相等时的值,结果详见表 4-3。

表 4-3　不同性别大学生人际关系反应性评价特征

检验变量	性别	个数	平均数	标准差	t 值
总体人际关系反应性评价	男	32155	4.71	0.84	9.96***
	女	48250	4.65	0.74	
与室友的关系	男	32155	4.78	1.02	4.89***
	女	48250	4.74	0.96	
与其他同学的关系	男	32155	4.79	0.93	8.70***
	女	48250	4.73	0.83	
与任课老师的关系	男	32155	4.72	0.93	8.26***
	女	48250	4.67	0.82	
与辅导员的关系	男	32155	4.71	1.00	16.08***
	女	48250	4.60	0.91	
与专业指导老师的关系	男	32155	4.73	0.95	8.35***
	女	48250	4.67	0.84	
与学校职能部门工作人员的关系	男	32155	4.52	1.07	4.94***
	女	48250	4.49	0.92	

注:* $p<0.05$;** $p<0.01$;*** $p<0.001$

男生与女生无论在总体人际关系反应性评价还是各个层面的人际关系反应性评价均存在显著差异。男生的均值皆高于女生的均值,可见男生对自身人际关系的满意程度总体高于女生对自身人际关系的满意程度;男生的标准差皆高于女生的标准差,可见男生在人际关系反应性评价上的离散程度比女生大。

2.生源地差异下大学生人际关系反应性评价分析

大学生的生源地差异分为城市生源地与农村生源地,为厘清生源地差异下大学生人际关系反应性评价的特征及差异,本书将采用独立样本 t 检验的方法对比城市生源地与农村生源地大学生在总体人际关系反应性评价及各题项中的差异,计算结果为不假设方差相等即方差均不齐性,所以采用的 t 值为方差不相等时的值,结果详见表 4-4。

表 4-4 不同生源地大学生人际关系反应性评价特征

检验变量	生源地	平均数	标准差	t 值
总体人际关系反应性评价	城市	4.70	0.90	6.82***
	农村	4.66	0.85	
与室友的关系	城市	4.76	0.89	−0.55
	农村	4.76	0.85	
与其他同学的关系	城市	4.78	0.98	5.70***
	农村	4.74	0.93	
与任课老师的关系	城市	4.72	0.91	8.97***
	农村	4.67	0.87	
与辅导员的关系	城市	4.68	1.03	8.18***
	农村	4.62	0.96	
与专业指导老师的关系	城市	4.73	0.82	8.31***
	农村	4.68	0.77	
与学校职能部门工作人员的关系	城市	4.53	1.03	4.99***
	农村	4.49	0.95	

注:* $p < 0.05$;** $p < 0.01$;*** $p < 0.001$

从统计结果上看,城市为生源地的大学生与农村为生源地的大学生在总体人际关系反应性评价上呈现显著的差异,在除"与室友的关系"外的其他层面人际关系反应性评价也呈现显著的差异。城市与农村生源的大学生在"与室友的关系"这一层面上的反应性评价不存在显著差异。总体而言,生源地不同的大学生在宿舍人际关系层面不存在显著差异,但在其他层面与整体人际关系反应性评价上存在显著差异。

在均值方面,城市生源的大学生均值高于(包括等于)农村生源的大学生,表明城市生源的大学生对自我人际关系反应性评价更高一些。在标准差方面,城市生源的大学生标准差高于农村生源大学生,表明城市生源的大学生人际关系反应性评价离散性程度更大。

3.学习情况差异下大学生人际关系反应性评价分析

大学生的学习情况(在班级/年级的学习情况)差异分为"较好""中等""较差"三个层次的自我认知水平,参考的成绩占位班级/年级百分比(成绩为从高到低排序)为"1%～30%""31%～70%""71%～100%"。为厘清学习情况差异下大学生人际关系反应性评价的现状及特征,本书将采用单因素方差分析的方法对比不同学习情况的大学生在总体人际关系反应性评价及各题项中的差异,计算结果显示不同学习情况的大学生群体样本的方差不具有同质性,结果详见表4-5。

表 4-5　不同学习情况的大学生在人际关系反应性评价的描述性统计量

检验变量	学习情况	平均数	标准差	F 检验
总体人际关系反应性评价	较好	4.87	0.78	1144.27***
	中等	4.64	0.74	
	较差	4.33	1.05	
与室友的关系	较好	4.92	0.99	600.60***
	中等	4.73	0.95	
	较差	4.40	1.28	
与其他同学的关系	较好	4.95	0.86	907.78***
	中等	4.72	0.83	
	较差	4.41	1.17	
与任课老师的关系	较好	4.92	0.85	1194.11***
	中等	4.46	0.82	
	较差	4.33	1.15	
与辅导员的关系	较好	4.84	0.96	748.76**
	中等	4.60	0.91	
	较差	4.33	1.21	
与专业指导老师的关系	较好	4.91	0.88	1088.61***
	中等	4.65	0.84	
	较差	4.33	1.18	
与学校职能部门工作人员的关系	较好	4.67	1.02	590.58***
	中等	4.48	0.94	
	较差	4.15	1.25	

注:* $p<0.05$;** $p<0.01$;*** $p<0.001$

从统计结果上看,数据拟合效果很好,不同学习情况的大学生在人际关系反应性评价上存在显著差异。通过方差齐性检验发现,各题项显著性均小于0.001,因此方差不齐性。本书采用 Tamhane's T2 检验法进行方差异质的事后比较,对学习情况不同的大学生均值差异进行事后检验,具体检验结果见表4-5。检验结果表明,所有学习情况的学生在各个检验变量中的平均数皆在4分以上,即达到了"基本满意"水平。学习情况较好的同学在总体人际关系反应性评价以及各个层面人际关系反应性评价的均值均高于学习情况中等与较差的同学,具有显著性差异。

4.兄弟姐妹人数差异下大学生人际关系反应性评价分析

兄弟姐妹人数(包括自己)的情况分为1个、2个、3个、4个及以上,其中1个的样本可以视为独生子女。为厘清兄弟姐妹人数差异下大学生人际关系反应性评价的特征及差异,本书将采用单因素方差分析的方法,对比不同类别的大学生在总体人际关系反应性评价及各题项中的差异,计算结果显示不同兄弟姐妹人数的大学生群体样本的方差不具有同质性,结果详见表4-6。

表 4-6　兄弟姐妹人数差异下的大学生在人际关系反应性评价的描述性统计量

检验变量	兄弟姐妹人数	平均数	标准差	F 检验
总体人际关系反应性评价	1 个	4.71	0.81	49.67***
	2 个	4.66	0.77	
	3 个	4.62	0.74	
	4 个及以上	4.58	0.77	
与室友的关系	1 个	4.77	1.02	7.86***
	2 个	4.76	0.96	
	3 个	4.73	0.95	
	4 个及以上	4.69	0.98	
与其他同学的关系	1 个	4.79	0.89	34.87***
	2 个	4.75	0.85	
	3 个	4.71	0.84	
	4 个及以上	4.67	0.88	

续表

检验变量	兄弟姐妹人数	平均数	标准差	F 检验
与任课老师的关系	1 个	4.73	0.89	58.34***
	2 个	4.67	0.85	
	3 个	4.63	0.83	
	4 个及以上	4.58	0.88	
与辅导员的关系	1 个	4.69	0.97	55.68***
	2 个	4.62	0.94	
	3 个	4.58	0.92	
	4 个及以上	4.53	0.97	
与专业指导老师的关系	1 个	4.73	0.91	51.96***
	2 个	4.68	0.87	
	3 个	4.63	0.86	
	4 个及以上	4.60	0.91	
与学校职能部门工作人员的关系	1 个	4.54	1.02	49.66***
	2 个	4.49	0.96	
	3 个	4.44	0.93	
	4 个及以上	4.41	0.98	

注：* $p < 0.05$；** $p < 0.01$；*** $p < 0.001$

透视均值可知，不同兄弟姐妹人数的大学生在人际关系总体反应性评价及各层面的人际关系反应性评价上均达到了 4 以上，即达到了"基本满意"水平。其中兄弟姐妹数为 1（独生子女）的大学生在与舍友、与其他同学上的人际关系反应性评价平均值最高，为 4.77 与 4.79；兄弟姐妹数为 4 及 4 以上的大学生与学校职能部门工作人员的人际关系反应性评价最低，为 4.41。

从统计结果上看，数据拟合效果很好，不同兄弟姐妹人数的大学生在人际关系反应性评价上存在显著差异。通过方差齐性检验发现，各题项显著性均小于 0.001，因此方差不齐性。本书采用 Tamhane's T2 检验法进行方差异质的事后比较，对兄弟姐妹人数不同的大学生的均值差异进行事后检验。检验结果表明，兄弟姐妹人数为 1 的学生（独生子女学生）在总体人际关系反应性评价以及各个层面的人际关系反应性评价上均高于其他类别的同学，即独生子女大学生的人际关系反应性评价高于非独生子女大学生，基本呈现出家庭中兄弟姐妹人数多的学生自我人际关系反应性评价较低的现状，且皆具有显著差异。独生子女在总体人际关系反应性评价与各层面人际关系反应性评价上具有更高的得分。

5.身体健康状况差异下大学生人际关系反应性评价分析

大学生的身体健康状况分为"较好""正常""较差"三个层次的自我认知水平。为厘清身体健康状况差异下大学生人际关系反应性评价的特征及差异，本书将采用单因素方差分析的方法，对比不同身体健康状况的大学生在总体人际关系反应性评价及各题项中的差异，计算结果显示不同学习情况的大学生群体样本的方差不具有同质性，结果详见表 4-7。

表 4-7 不同身体健康状况的大学生在人际关系反应性评价的描述性统计量

检验变量	身体健康状况	平均数	标准差	F 检验
总体人际关系反应性评价	较好	4.87	0.75	
	正常	4.50	0.74	2815.19**
	较差	4.07	1.28	
与室友的关系	较好	4.95	0.94	
	正常	4.58	0.96	1893.83***
	较差	4.07	1.52	
与其他同学的关系	较好	4.95	0.83	
	正常	4.58	0.83	2381.90***
	较差	4.13	1.42	
与任课老师的关系	较好	4.88	0.84	
	正常	4.52	0.82	2255.81***
	较差	4.10	1.39	
与辅导员的关系	较好	4.83	0.93	
	正常	4.47	0.91	1824.91***
	较差	4.08	1.45	
与专业指导老师的关系	较好	4.89	0.85	
	正常	4.53	0.84	2126.21***
	较差	4.09	1.41	

续表

检验变量	身体健康状况	平均数	标准差	F 检验
	较好	4.69	0.97	
与学校职能部门工作人员的关系	正常	4.34	0.94	1651.61***
	较差	3.91	1.46	

注：* $p < 0.05$；** $p < 0.01$；*** $p < 0.001$

从统计结果上看，数据拟合效果很好，不同身体健康状况的大学生在人际关系反应性评价上存在显著差异。通过方差齐性检验发现，各题项显著性均小于 0.01，因此方差不齐性。本书采用 Tamhane's T2 检验法进行方差异质的事后比较，对身体健康状况不同的大学生的均值差异进行事后检验。检验结果表明，身体健康状况较好的大学生在总体人际关系反应性评价以及各个层面的人际关系反应性评价上的均值均高于其他类别的同学，即身体健康状况较好学生的反应性评价高于身体健康状况正常与较差的学生，呈现出身体健康状况好的学生在人际关系反应性评价上得分较高的现状，且皆具有显著差异。总体而言，不同身体健康状况的学生在总体人际关系反应性评价以及各个层面的人际关系反应性评价上的均值均达到了基本满意状态，但身体健康状况较差的学生在与学校职能部门工作人员这一层面的人际关系反应性评价上均值偏低，值得引起注意。

6.学生干部任职情况差异下大学生人际关系反应性评价分析

本书收集学生干部任职情况信息，目的在于调查学生是否曾经或正在担任学生干部，包括班级委员、学生会及各协会的干部，具体情况分为"是"（即曾经或正在担任学生干部）、"否"（即从未担任过学生干部）。为厘清学生干部任职情况差异下大学生人际关系反应性评价的特征及差异，研究将采用独立样本 t 检验的方法，对比担任过学生干部的学生与未担任过学生干部的学生在总体人际关系反应性评价及各题项中的差异。结果如表 4-8 所示。

表 4-8　不同学生干部任职情况的大学生人际关系反应性评价特征

检验变量	学生干部任职情况	个数	平均数	标准差	t 值
总体人际关系反应性评价	是	50692	4.71	0.78	16.78***
	否	29713	4.61	0.79	
与室友的关系	是	50692	4.78	0.98	8.392**
	否	29713	4.72	0.99	
与其他同学的关系	是	50692	4.79	0.86	15.80***
	否	29713	4.69	0.87	
与任课老师的关系	是	50692	4.73	0.86	16.44
	否	29713	4.62	0.87	
与辅导员的关系	是	50692	4.69	0.95	17.95
	否	29713	4.56	0.95	
与专业指导老师的关系	是	50692	4.73	0.89	15.54
	否	29713	4.63	0.88	
与学校职能部门工作人员的关系	是	50692	4.54	0.99	12.13***
	否	29713	4.45	0.98	

注：* $p < 0.05$；** $p < 0.01$；*** $p < 0.001$

　　具体分析结果显示，与任课老师的人际关系反应性评价、与辅导员的人际关系反应性评价、与专业指导老师的人际关系反应性评价的 t 值未达到显著水平，则接受虚无假设，即学生干部任职情况与任课老师的人际关系反应性评价、与辅导员的人际关系反应性评价、与专业指导老师的人际关系反应性评价不存在显著影响。总体人际关系反应性评价、与室友的人际关系反应性评价、与其他同学的人际关系反应性评价、与学校职能部门工作人员的人际关系反应性评价呈现不假设方差相等即方差均不齐性，所以采用的 t 值为方差不相等时的值，结果详见表 4-8。曾经或现在担任学生干部的学生在总体与各层面的人际关系反应性评价平均值均高于未担任过学生干部的学生，即担任过学生干部的同学对自身人际关系反应性评价较高，且在总体人际关系反应性评价、与室友的人际关系反应性评价、与其他同学的人际关系反应性评价、与学校职能部门工作人员的人际关系反应性评价方面显著高于未担任过学生干部的学生。

7.恋爱状况差异下大学生人际关系反应性评价分析

恋爱状况调查学生是否曾经或正在谈恋爱,具体差异分为"是""否"。为厘清恋爱状况差异下大学生人际关系反应性评价的特征及差异,研究将采用独立样本 t 检验的方法,对比正在或曾经谈过恋爱的学生与未谈过恋爱的学生在总体人际关系反应性评价及各题项中的差异。结果见表 4-9。

表 4-9　恋爱状况差异下的大学生人际关系反应性评价特征

检验变量	恋爱状况	平均数	标准差	t 值
总体人际关系反应性评价	是	4.70	0.80	7.63***
	否	4.66	0.77	
与室友的关系	是	4.77	1.00	4.08*
	否	4.75	0.98	
与其他同学的关系	是	4.78	0.88	7.00
	否	4.74	0.86	
与任课老师的关系	是	4.72	0.88	7.44***
	否	4.67	0.85	
与辅导员的关系	是	4.67	0.98	6.41***
	否	4.62	0.93	
与专业指导老师的关系	是	4.73	0.90	8.71***
	否	4.67	0.87	
与学校职能部门工作人员的关系	是	4.53	1.01	5.71***
	否	4.49	0.97	

注:* $p < 0.05$;** $p < 0.01$;*** $p < 0.001$

具体分析结果显示,与其他同学的关系这一层面的人际关系反应性评价 F 值未达到显著水平,故接受虚无假设,即学生的恋爱状况对与其他同学的人际关系反应性评价未造成显著差异。在总体人际关系反应性评价及其他层面的人际关系反应性评价中,均呈现不假设方差相等即方差均不齐性,所以采用的 t 值为方差不相等时的值,结果详见表 4-9。谈过恋爱的学生在总体人际关系反应性评价及与室友、与任课老师、与辅导员、与专业指导老师、与学校职能部门工作人员的人际关系反应性评价上均呈现出更高的均值,并与未谈过恋爱的学生呈现出显著差异。

8.学生月支出差异下大学生人际关系反应性评价分析

本书调查学生月支出情况指的是学生在学校的月支出情况,具体分为"500元以下""501～1200元""1201元以上"三个支出水平。为厘清月支出差异下大学生人际关系反应性评价的特征及差异,本书将采用单因素方差分析的方法,对比不同月支出状况的大学生在总体人际关系反应性评价及各题项中的差异,计算结果显示不同学习情况的大学生群体样本的方差不具有同质性,结果详见表4-10。

表 4-10　月支出差异下的大学生在人际关系反应性评价的描述性统计量

检验变量	月支出金额	平均数	标准差	F 检验
总体人际关系反应性评价	500 元以下	4.61	0.98	
	501～1200 元	4.69	0.75	28.89***
	1201 元以上	4.67	0.80	
与室友的关系	500 元以下	4.68	1.14	
	501～1200 元	4.78	0.94	48.94***
	1201 元以上	4.73	1.01	
与其他同学的关系	500 元以下	4.67	1.07	
	501～1200 元	4.77	0.83	39.21***
	1201 元以上	4.75	0.88	
与任课老师的关系	500 元以下	4.62	1.06	
	501～1200 元	4.70	0.83	23.15***
	1201 元以上	4.69	0.87	
与辅导员的关系	500 元以下	4.60	1.11	
	501～1200 元	4.65	0.92	7.56**
	1201 元以上	4.64	0.97	
与专业指导老师的关系	500 元以下	4.63	1.07	
	501～1200 元	4.71	0.85	24.23***
	1201 元以上	4.70	0.90	
与学校职能部门工作人员的关系	500 元以下	4.46	1.14	
	501～1200 元	4.51	0.95	7.92***
	1201 元以上	4.50	1.01	

注:* $p < 0.05$;** $p < 0.01$;*** $p < 0.001$

从统计结果上看,数据拟合效果很好,不同月支出的大学生在人际关系反应性评价上存在显著差异。通过方差齐性检验发现,各题项显著性均小于0.01,因此方差不齐性。本书采用 Tamhane's T2 检验法进行方差异质的事后比较,对月支出不同的大学生的均值差异进行事后检验。检验结果表明,无论在总体还是各个人际关系层面,月支出在 500 元以下的学生的人际关系反应性评价都是最低的,即其他月支出金额的学生人际关系反应性评价显著高于此类学生。过低月支出学生群体的人际关系反应性评价整体得分偏低,但高月支出学生群体也没有表现出最高的人际关系反应性评价。总体而言,月支出金额在 501~1200 元的大学生在总体及各个方面的人际关系反应性评价均值最高;而月支出在 500 元以下的大学生在总体及各个方面的人际关系反应性评价均值明显偏低,呈现出显著差异。

9.家庭月经济收入差异下大学生人际关系反应性评价分析

本书调查家庭月经济收入具体分为"低收入""中等收入""高收入"三个类别。其中低收入的标准为月收入在 3000 元以内,中等收入标准为月收入位于3001~40000 元之间,高收入的标准为 40001 元以上。为厘清家庭经济收入差异下大学生人际关系反应性评价的特征及差异,本书将采用单因素方差分析的方法,对比不同家庭经济收入状况的大学生在总体人际关系反应性评价及各题项中的差异,计算结果显示不同家庭月经济收入的大学生群体样本的方差不具有同质性,结果详见表 4-11。

表 4-11　家庭月经济收入差异下的大学生在人际关系反应性评价的描述性统计量

检验变量	家庭月收入	平均数	标准差	F 检验
总体人际关系反应性评价	3000 元及以下	4.65	0.84	
	3001~40000 元	4.68	0.76	14.46 ***
	40001 元以上	4.72	0.95	
与室友的关系	3000 元及以下	4.73	1.02	
	3001~40000 元	4.76	0.97	6.75 **
	40001 元以上	4.78	1.15	

续表

检验变量	家庭月收入	平均数	标准差	F 检验
与其他同学的关系	3000 元及以下	4.72	0.92	
	3001～40000 元	4.77	0.84	22.16***
	40001 元以上	4.80	1.03	
与任课老师的关系	3000 元及以下	4.66	0.92	
	3001～40000 元	4.70	0.84	16.89***
	40001 元以上	4.76	1.03	
与辅导员的关系	3000 元及以下	4.63	0.99	
	3001～40000 元	4.64	0.93	5.57*
	40001 元以上	4.70	1.11	
与专业指导老师的关系	3000 元及以下	4.67	0.93	
	3001～40000 元	4.70	0.86	10.83***
	40001 元以上	4.74	1.07	
与学校职能部门工作人员的关系	3000 元及以下	4.48	1.02	
	3001～40000 元	4.51	0.97	9.05***
	40001 元以上	4.55	1.19	

注：* $p<0.05$；** $p<0.01$；*** $p<0.001$

从统计结果上看，数据拟合效果很好，不同家庭月收入的大学生在总体人际关系反应性评价及各个层面的人际关系反应性评价上均存在显著差异。通过方差齐性检验发现，各题项在显著性水平上均小于 0.05，因此方差不齐性。本书采用 Tamhane's T2 检验法进行方差异质的事后比较，对家庭月经济收入不同的大学生的均值差异进行事后检验。检验结果表明，无论在总体还是各个层面的人际关系反应性评价上，低收入家庭的学生人际关系反应性评价都是最低的，即中等收入与高收入家庭的学生人际关系反应性评价显著高于此类学生。高收入家庭的学生人际关系反应性评价最高，中等收入家庭的学生数量最多且人际关系反应性评价离散性最小，低收入家庭的学生人际关系反应性评价最低。

10.家庭情况差异下大学生人际关系反应性评价分析

本书调查家庭情况具体分为"双亲家庭""重组家庭""单亲家庭""孤儿"四

个类别。为厘清家庭情况差异下大学生人际关系反应性评价的特征及差异，本书将采用单因素方差分析的方法，对比不同家庭情况的大学生在总体人际关系反应性评价及各题项中的差异。调查总样本量为80405，其中有68位同学家庭情况特殊无法归类至四种家庭情况之中，故此项研究中的实际样本数量为80337。计算结果显示，除"与专业指导老师"这一层面的人际关系反应性评价具有同质性外，在其他层面不同家庭情况的大学生群体样本的方差不具有同质性，结果详见表4-12。

表 4-12　家庭情况差异下的大学生在人际关系反应性评价的描述性统计量

检验变量	家庭情况	平均数	标准差	F 值
总体人际关系反应性评价	双亲家庭	4.68	0.78	7.08***
	重组家庭	4.61	0.82	
	单亲家庭	4.68	0.78	
	孤儿	4.69	0.91	
与室友的关系	双亲家庭	4.76	0.98	8.56***
	重组家庭	4.66	1.05	
	单亲家庭	4.76	1.01	
	孤儿	4.70	1.17	
与其他同学的关系	双亲家庭	4.76	0.87	8.19***
	重组家庭	4.68	0.93	
	单亲家庭	4.76	0.88	
	孤儿	4.75	1.04	
与任课老师的关系	双亲家庭	4.69	0.86	6.25***
	重组家庭	4.62	0.94	
	单亲家庭	4.70	0.87	
	孤儿	4.70	1.02	
与辅导员的关系	双亲家庭	4.64	0.95	5.49**
	重组家庭	4.58	1.00	
	单亲家庭	4.67	0.95	
	孤儿	4.73	1.07	

续表

检验变量	家庭情况	平均数	标准差	F 值
与专业指导老师的关系	双亲家庭	4.70	0.88	2.03
	重组家庭	4.66	0.92	
	单亲家庭	4.70	0.90	
	孤儿	4.71	1.05	
与学校职能部门工作人员的关系	双亲家庭	4.50	0.99	3.77*
	重组家庭	4.44	1.02	
	单亲家庭	4.51	0.99	
	孤儿	4.57	1.06	

注：* $p < 0.05$；** $p < 0.01$；*** $p < 0.001$

透视均值可知，不同家庭情况的学生在总体及各层面的人际关系反应性评价上有着不同的均值结果。其中双亲家庭与单亲家庭学生的人际关系反应性评价相对较高，孤儿家庭次之，重组家庭最低。从统计结果上看，数据拟合效果很好，不同家庭情况的大学生在人际关系反应性评价上存在显著差异。通过方差齐性检验发现，"与专业指导老师的关系"这一层面的显著性大于0.05，方差齐性，故采用 LSD 进行事后检验；其他各题项显著性均小于0.05，方差不齐性，采用 Tamhane's T2 检验法进行方差异质的事后比较，对家庭情况不同的大学生的人际关系反应性评价差异进行事后检验。检验结果表明，无论在总体还是各个人际关系层面，重组家庭的学生人际关系反应性评价都是最低的，并呈现显著差异；而其他三类家庭情况的学生在人际关系反应性评价上的差异性不显著。

11.父亲文化程度差异下大学生人际关系反应性评价分析

父亲文化程度差异分为"是"，即接受过高等教育，"否"，即未接受过高等教育。为厘清父亲文化程度差异下大学生人际关系反应性评价的特征及差异，本书将采用独立样本 t 检验的方法，对比父亲文化程度差异下的大学生在总体人际关系反应性评价及各题项中的差异，结果详见表 4-13。

表 4-13　父亲文化程度差异下的大学生人际关系反应性评价特征

检验变量	父亲文化程度	平均数	标准差	t 值
总体人际关系反应性评价	是	4.67	0.78	-8.30^{***}
	否	4.75	0.84	
与室友的关系	是	4.75	0.97	-3.07^{***}
	否	4.79	1.07	
与其他同学的关系	是	4.75	0.86	-8.01^{***}
	否	4.83	0.92	
与任课老师的关系	是	4.68	0.86	-10.04^{***}
	否	4.78	0.92	
与辅导员的关系	是	4.63	0.94	-8.54^{***}
	否	4.73	1.02	
与专业指导老师的关系	是	4.69	0.88	-8.33^{***}
	否	4.78	0.95	
与学校职能部门工作人员的关系	是	4.50	0.97	-5.04^{***}
	否	4.56	1.09	

注：* $p<0.05$；** $p<0.01$；*** $p<0.001$

具体分析结果显示，在总体人际关系反应性评价及其他层面的人际关系反应性评价中，均呈现不假设方差相等即方差均不齐性，所以采用的 t 值为方差不相等时的值。父亲接受过高等教育的学生群体在总体及各个层面的人际关系反应性评价上均呈现出较低的均值，并与父亲未接受过高等教育的学生群体呈现出显著差异。

12.母亲文化程度差异下大学生人际关系反应性评价分析

母亲文化程度差异分为"是"，即接受过高等教育，"否"，即未接受过高等教育。为厘清母亲文化程度差异下大学生人际关系反应性评价的特征及差异，本书将采用独立样本 t 检验的方法，对比母亲文化程度差异下的大学生在总体人际关系反应性评价及各题项中的差异，结果详见表 4-14。

表 4-14 母亲文化程度差异下的大学生人际关系反应性评价特征

检验变量	母亲文化程度	平均数	标准差	t 值
总体人际关系反应性评价	是	4.67	0.78	-8.79^{***}
	否	4.77	0.85	
与室友的关系	是	4.75	0.98	-3.11^{***}
	否	4.80	1.08	
与其他同学的关系	是	4.75	0.86	-7.74^{***}
	否	4.85	0.94	
与任课老师的关系	是	4.68	0.86	-10.05^{***}
	否	4.81	0.93	
与辅导员的关系	是	4.63	0.95	-9.16^{***}
	否	4.76	1.02	
与专业指导老师的关系	是	4.69	0.88	-7.98^{***}
	否	4.79	0.97	
与学校职能部门工作人员的关系	是	4.50	0.98	-7.36^{***}
	否	4.60	1.09	

注：* $p < 0.05$；** $p < 0.01$；*** $p < 0.001$

具体分析结果显示,在总体人际关系反应性评价及其他层面的人际关系反应性评价中,均呈现不假设方差相等即方差均不齐性,所以采用的 t 值为方差不相等时的值。母亲接受过高等教育的学生群体在总体及各个层面的人际关系反应性评价上均呈现出较低的均值,并与母亲未接受过高等教育的学生群体呈现出显著差异。

13.民族差异下大学生人际关系反应性评价分析

民族差异分为"是",即为少数民族,"否",即为汉族。为厘清民族差异下大学生人际关系反应性评价的特征及差异,本书将采用独立样本 t 检验的方法,对比民族差异下的大学生在总体人际关系反应性评价及各题项中的差异,结果详见表 4-15。

表 4-15　民族差异下的大学生人际关系反应性评价特征

检验变量	是否为少数民族	平均数	标准差	t 值
总体人际关系反应性评价	是	4.61	0.85	$-6.25***$
	否	4.68	0.78	
与室友的关系	是	4.68	1.07	$-5.90***$
	否	4.76	0.98	
与其他同学的关系	是	4.70	0.95	$-5.42***$
	否	4.76	0.86	
与任课老师的关系	是	4.63	0.95	$-5.04***$
	否	4.70	0.86	
与辅导员的关系	是	4.59	1.03	$-4.35***$
	否	4.65	0.95	
与专业指导老师的关系	是	4.61	0.97	$-7.15***$
	否	4.70	0.88	
与学校职能部门工作人员的关系	是	4.45	1.04	$-4.20***$
	否	4.51	0.98	

注：* $p<0.05$；** $p<0.01$；*** $p<0.001$

具体分析结果显示,在总体人际关系反应性评价及其他层面的人际关系反应性评价中,均呈现不假设方差相等即方差均不齐性,所以采用的 t 值为方差不相等时的值。少数民族学生群体在总体及各个层面的人际关系反应性评价上均呈现出较低的均值,并与汉族学生群体呈现出显著差异。

总结而言,第一,个体变量差异下大学生人际关系反应性评价的特征。学生个体层面中不同性别、学习情况、身体健康情况、学生身份、恋爱状态、月支出情况、民族的大学生在总体或某些层面的人际关系反应性评价上呈现出显著的差异。(1)大学生人际关系反应性评价存在性别差异。大学生在总体人际关系反应性评价与各个层面人际关系反应性评价上均存在着显著的性别差异,男大学生对自身的人际关系反应性评价显著高于女大学生。(2)大学生人际关系反应性评价存在学习情况差异。大学生在总体人际关系反应性评价与各个层面人际关系反应性评价上均存在显著的学习情况差异,即学习情况好的大学生对自身总体及各个层面的人际关系反应性评价显著高于学习情况差的大学生。(3)大学生人际关系反应性评价存在身体健康情况差异。大学生在总体人际关系反应性评价与各个层面人际关系反应性评价上均存在显著的身体健康情况差异,即身体健康情况好的大学生对自身总体及各个层面的人际关系反应性评价显著高于身体健康情况差的大学生。(4)大学生人际关系反应性评价存在学生身份差异。大学生在总体人际关系反应性评价及"与室友的关系""与其他同学的关系""与学校职能部门工作人员的关系"三个层面人际关系反应性评价上存在显著的学生身份差异,即有过担任学生干部经验的大学生在以上三个层面的人际关系反应性评价方面显著高于未担任过学生干部的大学生,但在"与任课老师的关系""与辅导员的关系""与专业指导老师的关系"三层面上差异不显著。(5)大学生人际关系反应性评价存在恋爱状态差异。大学生在总体人际关系反应性评价及"与室友的关系""与任课老师的关系""与辅导员的关系""与专业指导老师的关系""与学校职能部门工作人员的关系"五个层面的人际关系反应性评价上存在显著的恋爱状态差异,即有过恋爱经验的大学生在总体及以上五个层面的人际关系反应性评价上显著高于未有过恋爱经验的大学生,但这一差异在与其他同学的人际关系反应性评价上不显著。(6)大学生人际关系反应性评价存在月支出情况差异。大学生在总体及各个层面的人际关系反应性评价上均存在着显著的月支出情况差异。从均值来看,月支出在 500 元以下的大学生在总体及各个层面的人际关系反应性评价上的得分是最低的,月支出在 1201 元以上的大学生在总体及各个层面的人际关系反应性评价上的得分相对较高,而月支出在 501~1200 元之间的大学生在总体及各个层面的人际关系反应性评价上的得分最高,且均呈现出显著差异。(7)大学生人际关系反应性评价存在民族差异。大学生在总体及各个层面的人际关系反应性评价上均存在着显著性差异,即汉族大学生的人际关系反应性评价表现相对更好。

  第二,家庭背景差异下大学生人际关系反应性评价的特征。家庭背景层面中不同家庭所在地、兄弟姐妹人数、家庭经济收入、家庭情况、父母文化背景的大学生在人际关系反应性评价上呈现出显著的差异。(1)大学生人际关系反应性评价存在城乡差异。大学生在总体人际关系反应性评价及"与其他同学的关系""与任课老师的关系""与辅导员的关系""与专业指导老师的关系"
"与学校职能部门工作人员的关系"这五个层面的人际关系反应性评价上存在
显著的城乡差异,即城市大学生在总体及以上五个层面的人际关系反应性评
价上显著高于乡村大学生,但这一差异在宿舍人际关系反应性评价上不显著。
(2)大学生人际关系反应性评价存在兄弟姐妹人数差异。大学生在总体及各
个层面人际关系反应性评价上均存在显著的兄弟姐妹人数差异,即兄弟姐妹
人数多的大学生对自身的总体及各个层面的人际关系反应性评价较低,独生
子女的人际关系反应性评价最高。(3)大学生人际关系反应性评价存在家庭
经济收入差异。大学生在总体及各个层面人际关系反应性评价上均存在显著
的家庭经济收入差异,其中低收入家庭(月收入低于3000元)的大学生在总体
及各个层面的人际关系反应性评价上的均值显著低于中等收入家庭(月收入
位于3001~40000元之间)与高收入家庭(月收入高于40001元)的大学生,高
收入家庭大学生的均值最高。(4)大学生人际关系反应性评价存在家庭情况
差异。大学生在总体及各个层面人际关系反应性评价上的均值存在着显著的
家庭情况差异。其中重组家庭的大学生对自身总体及各个层面的人际关系反
应性评价均显著低于孤儿、单亲家庭、双亲家庭的大学生,为所有家庭情况中
均值最低的。(5)大学生人际关系反应性评价存在父母文化背景差异。大学
生在总体及各个层面人际关系反应性评价上均存在显著的父母文化背景差
异,即母亲(父亲)接受过高等教育的大学生的人际关系反应性评价显著低于
母亲(父亲)未接受过高等教育的大学生。

(三)基于院校特征变量的大学生人际关系反应性评价分析

学生的发展不仅受到个人特征的影响,也同时受到院校组织特征与校园
环境的影响。本书为更清晰具体地了解大学生人际关系反应性评价的特征,
将从院校特征变量中的院校类型、年级、学科类型出发,对不同类别的大学生
人际关系反应性评价特征进行分析,此部分的研究结论将进一步厘清不同类
别大学生人际关系反应性评价的整体现状与存在特征。

1.不同高校类型大学生人际关系反应性评价分析

在本书中高校类型分为"985高校"、"211高校"(除985高校外的211高

校）、"一般本科院校"。为厘清高校类型差异下大学生人际关系反应性评价的特征及差异，本书将采用单因素方差分析的方法，对比不同高校类型的大学生在总体人际关系反应性评价及各题项中的差异，计算结果显示不同高校类型的大学生群体样本的方差不具有同质性，结果详见表 4-16。

表 4-16 高校类型差异下的大学生在人际关系反应性评价的描述性统计量

检验变量	高校类型	平均数	标准差	F 检验
总体人际关系反应性评价	985 高校	4.82	0.78	
	211 高校	4.68	0.77	75.81***
	一般本科院校	4.66	0.79	
与室友的关系	985 高校	4.87	1.02	
	211 高校	4.78	1.00	34.46***
	一般本科院校	4.75	0.98	
与其他同学的关系	985 高校	4.91	0.87	
	211 高校	4.78	0.86	58.76***
	一般本科院校	4.74	0.87	
与任课老师的关系	985 高校	4.82	0.87	
	211 高校	4.70	0.86	38.53***
	一般本科院校	4.68	0.86	
与辅导员的关系	985 高校	4.84	0.94	
	211 高校	4.65	0.96	85.32***
	一般本科院校	4.63	0.95	
与专业指导老师的关系	985 高校	4.83	0.91	
	211 高校	4.73	0.87	50.10***
	一般本科院校	4.68	0.89	
与学校职能部门工作人员的关系	985 高校	4.64	1.00	
	211 高校	4.47	1.01	45.47***
	一般本科院校	4.50	0.99	

注：* $p < 0.05$；** $p < 0.01$；*** $p < 0.001$

透视均值可知，不同高校类型的学生在总体及各层面的人际关系总体满意度上有着不同的均值结果。其中 985 高校类型的学生对自身的人际关系反应性评价相对较高。从统计结果上看,数据拟合效果很好,不同高校类型的大学生在人际关系反应性评价上存在显著差异。通过方差齐性检验发现,各题项显著性水平均小于0.001,方差不齐性,采用Tamhane's T2检验法进行方差异质的事后比较。检验结果表明,在总体人际关系反应性评价及与室友关系、与其他同学的关系、与任课老师的关系、与辅导员的关系、与专业指导老师的关系层面上,呈现出985高校学生的人际关系反应性评价高于211高校的学生、985高校学生的人际关系反应性评价高于一般本科院校的学生、211高校学生的人际关系反应性评价高于一般本科院校的学生的特征;在与学校职能部门工作人员的关系层面上呈现出985高校学生的人际关系反应性评价高于211高校的学生、985高校学生的人际关系反应性评价高于一般本科院校的学生的特征。总体而言,985高校的大学生在总体人际关系反应性评价及各个层面人际关系反应性评价上均呈现出较高的均值。

2.不同年级大学生人际关系反应性评价分析

在本书中年级变量分为"大一""大二""大三""大四及以上"。为厘清年级差异下大学生人际关系反应性评价的特征及差异,本书将采用单因素方差分析的方法,对比不同年级的大学生在总体人际关系反应性评价及各题项中的差异,计算结果显示不同年级的大学生群体样本的方差不具有同质性,结果详见表4-17。

表4-17　年级差异下的大学生在人际关系反应性评价的描述性统计量

检验变量	年级	平均数	标准差	F 检验
总体人际关系反应性评价	大一	4.69	0.79	60.48***
	大二	4.65	0.78	
	大三	4.65	0.78	
	大四及以上	4.77	0.80	
与室友的关系	大一	4.76	0.96	42.41***
	大二	4.74	0.98	
	大三	4.74	0.99	
	大四及以上	4.87	0.98	

续表

检验变量	年级	平均数	标准差	F 检验
与其他同学的关系	大一	4.76	0.87	28.28***
	大二	4.74	0.86	
	大三	4.74	0.87	
	大四及以上	4.84	0.89	
与任课老师的关系	大一	4.70	0.87	28.67***
	大二	4.68	0.86	
	大三	4.67	0.86	
	大四及以上	4.77	0.89	
与辅导员的关系	大一	4.67	0.94	57.62***
	大二	4.61	0.95	
	大三	4.61	0.96	
	大四及以上	4.75	0.98	
与专业指导老师的关系	大一	4.68	0.88	122.95***
	大二	4.66	0.87	
	大三	4.69	0.88	
	大四及以上	4.87	0.94	
与学校职能部门工作人员的关系	大一	4.57	0.95	73.72***
	大二	4.47	0.99	
	大三	4.45	1.01	
	大四及以上	4.54	1.03	

注：* $p < 0.05$；** $p < 0.01$；*** $p < 0.001$

从统计结果上看，数据拟合效果很好，不同年级的大学生在人际关系反应性评价上存在显著差异。通过方差齐性检验发现，各题项显著性均小于0.001，方差不齐性，采用 Tamhane's T2 检验法进行方差异质的事后比较。检验结果表明，在总体人际关系反应性评价及与室友的关系、与其他同学的关系、与任课老师的关系、与辅导员的关系层面上呈现出大四及以上年级学生均值最高、大一学生的均值大于大二与大三学生的特征；在与学校职能部门工作人员的关系层面上呈现出大一年级学生的均值最高的特征；在与专业指导老师的关系层面呈现出大一学生的均值高于大二学生，大三学生的均值大于大二学生,大四及以上年级的学生均值最高,且皆具有显著差异。总体而言,大四及以上年级的学生均值最高,大一学生的均值次之,大二与大三学生的均值最低。

3.不同学科类型高校大学生人际关系反应性评价分析

在本书学科类型分为"文史哲""社会科学""理学""农工医学"四类。由于样本中军事学学科的学生只有 14 人,且专业具有特殊性,故在此项分析中予以剔除,此部分分析共计有效样本 80391。为厘清学科类型差异下大学生人际关系反应性评价的特征及差异,本书将采用单因素方差分析的方法,对比不同学科类型的大学生在总体人际关系反应性评价及各题项中的差异,计算结果显示不同学科类型的大学生群体样本的方差不具有同质性,结果详见表4-18。

表 4-18　学科类型差异下的大学生在人际关系反应性评价的描述性统计量

检验变量	学科类型	平均数	标准差	F 检验
总体人际关系反应性评价	文史哲	4.65	0.78	50.35***
	社会学科	4.63	0.78	
	理学	4.71	0.77	
	农工医学	4.71	0.79	
与室友的关系	文史哲	4.70	1.02	38.52***
	社会学科	4.73	0.98	
	理学	4.78	0.98	
	农工医学	4.79	0.98	
与其他同学的关系	文史哲	4.72	0.88	43.29***
	社会学科	4.72	0.86	
	理学	4.78	0.86	
	农工医学	4.79	0.87	
与任课老师的关系	文史哲	4.69	0.86	31.19***
	社会学科	4.65	0.86	
	理学	4.72	0.85	
	农工医学	4.71	0.87	

续表

检验变量	学科类型	平均数	标准差	F 检验
与辅导员的关系	文史哲	4.60	0.95	43.95***
	社会学科	4.60	0.95	
	理学	4.66	0.94	
	农工医学	4.68	0.96	
与专业指导老师的关系	文史哲	4.70	0.88	44.01***
	社会学科	4.65	0.88	
	理学	4.75	0.86	
	农工医学	4.72	0.89	
与学校职能部门工作人员的关系	文史哲	4.47	0.98	40.14***
	社会学科	4.46	0.98	
	理学	4.55	0.95	
	农工医学	4.54	1.00	

注：* $p < 0.05$；** $p < 0.01$；*** $p < 0.001$

从统计结果上看，数据拟合效果很好，不同学科类型的大学生在人际关系反应性评价上存在显著差异。通过方差齐性检验发现，各题项显著性水平均小于 0.001，方差不齐性，采用 Tamhane's T2 检验法进行方差异质的事后比较。检验结果表明，在总体人际关系反应性评价上呈现出农工医学的学生均值高于文史哲学生与社会学科学生、理学生的均值高于文史哲学生与社会学科学生的特征，且具有显著差异。具体到各个人际关系反应性评价层面而言，在与室友的关系层面，社会学科的学生均值高于文史哲学生、农工医学的学生均值高于文史哲学生与社会学科学生、理学生的均值高于文史哲学生与社会学科学生；在与其他同学的关系、与辅导员的关系和与学校职能部门工作人员的关系层面，理学生的均值高于文史哲学生与社会学科学生、农工医学生的均值高于文史哲学生与社会学科学生；在与任课教师关系、与专业指导老师的关系的层面，文史哲学生的均值高于社会学科的学生、理学生的均值高于文史哲学生与社会学科学生、农工医学生的均值高于社会学科学生。总体而言，无论在总体人际关系反应性评价还是各层面人际关系反应性评价上，理学生与农工医学生的人际关系反应性评价均值皆显著高于文史哲与社会科学专业的学生,呈现出理科大类大学生人际关系反应性评价在总体及各层面均高于文科大类大学生人际关系反应性评价的现状。

总结高校特征差异下大学生人际关系反应性评价的特征,高校特征层面中不同院校类型、年级、学科的大学生人际关系反应性评价呈现出显著的差异。(1)大学生人际关系反应性评价存在院校差异。大学生在总体及各个层面人际关系反应性评价上的均值存在显著的院校差异,即院校层次高的大学生对自身的人际关系反应性评价也相对较高,其中 985 高校大学生的均值最高,211 高校大学生的均值次之,一般本科院校大学生的均值最低。(2)大学生人际关系反应性评价存在年级差异。大学生在总体及各个层面人际关系反应性评价上的均值存在显著的年级差异。大四及以上年级的大学生人际关系反应性评价均值最高,大一学生的人际关系反应性评价均值次之,而大二与大三学生的人际关系反应性评价均值最低。(3)大学生人际关系反应性评价存在学科差异。大学生在总体及各个层面人际关系反应性评价上的均值存在显著的学科差异。理学与农工医大学生的人际关系反应性评价均值显著高于文史哲与社会科学的大学生。

二、大学生人际关系反应性评价的影响因素

现状与特征揭示问题的表象,影响因素探索问题的根本。本书将着重分析学生层面的个体变量与院校变量对高校大学生人际关系反应性评价的影响,并使用多元线性回归分析对模型进行数据检验。其中个体变量包括:性别、生源地、学习情况、兄弟姐妹人数、身体健康情况、学生干部任职情况、恋爱情况、月支出情况、家庭经济收入情况、家庭情况、父亲文化程度、母亲文化程度、少数民族情况;院校变量包括:院校类型、学科类型、年级。本书中个体变量与院校变量均为自变量,大学生人际关系反应性评价为因变量。

(一)影响因素定义

由于性别、生源地、学习情况、兄弟姐妹人数、身体健康情况、父亲文化程度、母亲文化程度、少数民族情况、院校类型、学科类型均为类别变量,所以应

在分析之前将以上类别变量转化为虚拟变量。为方便后续的回归分析,研究对部分差异性不大的数据进行了整合处理。通过前文对大学生人际关系反应性评价现状的描述可知,学科类型划分为文史哲学科与人文社科类的学生均值差异不大,理学与农工医科类的学生均值差异不大,且呈现出文史哲与人文社科学生均值显著低于理学与农工医科类学生的现状。因此将学科类型这一变量定义为文科大类与理科大类。兄弟姐妹人数差异下大学生人际关系反应性评价呈现出独生子女大学生人际关系反应性评价显著高于其他兄弟姐妹人数大学生的现状,且其他兄弟姐妹人数的学生在人际关系反应性评价均值上差异不显著。因此将兄弟姐妹人数这一变量定义为是否为独生子女。

　　虚拟变量定义如下:性别变量中,女生为参照组;生源地变量中,农村为参照组;独生子女变量中,非独生子女为参照组;院校类型变量中,一般本科院校为参照组;学生干部任职情况变量中,没有学生干部任职经历的为参照组;恋爱情况变量中,没有恋爱经验为参照组;家庭情况变量中,重组家庭为参照组;父亲文化程度变量中,未接受过高等教育为参照组;母亲文化程度变量中,未接受过高等教育为参照组;少数民族变量中,非少数民族为参照组;学科类型变量中,理科大类为参照组,详情见表 4-19。

表 4-19　变量编码表

变量名	含义	赋值
性别	男生	1
	女生	0
年级	大一	1
	大二	2
	大三	3
	大四及以上	4
生源地	城市	1
	农村	0
院校类型	"211 工程"高校(包含"985"工程高校)	1
	一般本科院校	0
学科类型	文科大类	1
	理科大类	0

续表

变量名	含义	赋值
班级学习情况	较好	1
	中等	2
	较差	3
独生子女情况	是	1
	否	0
身体健康状况	较好	1
	中等	2
	较差	3
学生干部任职情况（曾任或现任）	是	1
	否	0
恋爱状况（曾经或现在）	是	1
	否	0
月支出情况	500 元及以下	1
	501～1200 元	2
	1201 元以上	3
家庭经济收入情况（父母月收入）	3000 元及以下	1
	3001～40000 元	2
	40001 元以上	3
家庭情况	双亲家庭（对比重组家庭）	1＝是 0＝否
	单亲家庭（对比重组家庭）	1＝是 0＝否
	孤儿（对比重组家庭）	1＝是 0＝否
父亲文化程度	接受过高等教育	1
	未接受过高等教育	0
母亲文化程度	接受过高等教育	1
	未接受过高等教育	0
少数民族情况	是	1
	否	0

（二）大学生人际关系反应性评价的影响因素分析

本节中将以大学生总体人际关系反应性评价作为因变量，将学生的性别、生源地、学习情况、兄弟姐妹人数、身体健康情况、父亲文化程度、母亲文化程度、少数民族情况、院校类型、学科类型、年级作为自变量，应用多元回归的方式寻找大学生人际关系反应性评价的影响因素。多元回归中选取预测变量进入回归方程式中的方法有很多，比如有学者在综合各种方法后提出"使用者应该优先使用强迫进入法或逐步多元回归分析法,若是预测变量不多,则应优先使用强迫进入法"[①]。本书预测变量数量较多,故采用逐步多元回归分析法,即将自变量逐步进入回归方程之中,剔除不显著的变量,最后得出所有显著的可以预测大学生人际关系反应性评价的变量。经过逐步多元回归分析后,自变量中的生源地、学生月支出情况、家庭经济收入情况、家庭情况、年级由于不显著影响大学生人际关系反应性评价,故剔除,处理结果见表4-20。

表 4-20 各因素对大学生人际关系反应性评价的影响

自变量	因变量:大学生人际关系反应性评价	
	标准化回归系数	t 值
男生 & 女生	0.37	10.258 ***
独生子女 & 非独生子女	0.022	5.965 ***
有恋爱经历 & 无恋爱经历	0.021	5.836 ***
有学生干部经历 & 无学生干部经历	0.51	14.453 ***
身体健康状况较好 & 中等 & 较差	0.087	23.59 ***
班级学习情况较差 & 中等 & 较好	−0.84	−22.469 ***
母亲接受过高等教育 & 母亲未接受过高等教育	−0.18	−4.33 ***
父亲接受过高等教育 & 父亲未接受过高等教育	−0.09	−2.051 *
少数民族 & 汉族	−0.11	−3.061 *
文科 & 理科	−0.30	−8.368 ***
"211"工程院校(包括"985"工程院校)& 一般本科院校	0.032	8.885 ***

经多元回归分析后,共有11个自变量进入到回归模型之中,其中班级学习情况、有无学生干部经历与性别的影响因素解释变异量较大。从标准化回归系数来看,男生 & 女生、独生子女 & 非独生子女、有恋爱经历 & 无恋爱经历、有学生干部经历 & 无学生干部经历、身体健康状况较好 & 中等 & 较差、"211"工程院校(包括"985"工程院校)& 一般本科院校的值分别为 0.37、0.022、0.021、0.51、0.087、0.032,均为正值,表示与参照组相比,比较组的人际关系反应性评价更高。而班级学习情况较差 & 中等 & 较好、母亲接受过高

---

① 吴明隆.问卷统计分析实务[M].重庆:重庆大学出版社,2010:379.

等教育 & 母亲未接受过高等教育、父亲接受过高等教育 & 父亲未接受过高等教育、少数民族 & 汉族、文科 & 理科的值分别为－0.84、－0.18、－0.09、－0.11、－0.30,均为负值,表示与参照组相比,比较组的人际关系反应性评价更低。

总结而言,学生个体变量与院校变量对大学生总体人际关系反应性评价的累计解释为 4.3%,可以判断学生的个体差异与院校差异是对自身人际关系反应性评价产生重要影响的因素。其中性别、学习成绩、有无任职过学生干部的经历对大学生人际关系反应性评价的解释变异量相对较大。11 个自变量所发挥的具体影响作用如下,男生的人际关系反应性评价高于女生、独生子女的人际关系反应性评价高于非独生子女、有恋爱经历的学生人际关系反应性评价高于无恋爱经历的学生、有学生干部经历的学生人际关系反应性评价高于无学生干部经历的学生、身体健康越好的学生人际关系反应性评价越高、班级学习情况越好的学生人际关系反应性评价越高、母亲接受过高等教育的学生人际关系反应性评价低于母亲未接受过高等教育的学生、父亲接受过高等教育的学生人际关系反应性评价低于父亲未接受过高等教育的学生、少数民族学生的人际关系反应性评价低于汉族学生、文科学生的人际关系反应性评价低于理科生、“211”工程院校(包括“985”工程院校)的学生人际关系反应性评价高于一般本科院校。总体观之,影响因素的分析与特征分析结果几乎吻合,具体的影响原因与差异原因将结合半结构访谈详细论述。

三、大学生人际关系反应性评价的质性分析

量与质相结合的研究方法越来越受到学界的重视,在使用方式上也逐渐从“主从式结合”(即以一种方法为主,另一种方法为辅)过渡到“补充式结合”(即两种方法相互补充、相互对话,从不同的角度与层面对研究问题进行探讨与补充)。马克斯威尔将后者的结合方式分为整体式结合与分解式结合两个类别,在本书中将采取整体式结合中的顺序设计,即用访谈解释与分析量化研究结论,并补充量化研究未涉及层次的讨论结果。因此,访谈的开展不仅有利

于阐释数据分析结论，也有利于扩展并加深研究层次。在大学生人际关系反应性评价部分，本书以教育生态学理论等为理论基础，采用半结构访谈，研究目的有两个：其一，解释并回应上述量化分析的相关结论，即大学生人际关系反应性评价的差异性存在原因、大学生人际关系反应性评价影响因素的具体作用形式；其二，深挖在中观、外观及宏观系统中高校与社会对大学生人际关系反应性评价之间的互动形态，以层层递进的方式全方位多层次地揭示大学生人际关系反应性评价的存在形式。在本书中指向大学生群体在微观、中观、外观及宏观系统的互动。其中微观系统的互动为大学生个人差异性导致其人际关系反应性评价具有差异性的外在形态或由于个体性因素如何影响到人际关系反应性评价，对应到具体的研究结论中为大学生人际关系反应性评价存在性别差异、学习情况差异、身体健康情况差异、学生身份差异、恋爱情况差异、月支出差异、民族差异、城乡差异、院校差异、年级差异、学科差异，大学生人际关系反应性评价受到性别、恋爱经历、学生干部经历、身体健康情况、学习情况、民族、院校、学科因素的影响；中观系统为家庭视角与高校视角，其中家庭视角对应到具体的研究结论中为大学生人际关系反应性评价存在家庭经济收入差异、家庭情况差异、父母文化背景差异、兄弟姐妹人数差异，大学生人际关系反应性评价受到独生子女、父母接受过高等教育因素的影响，其中高校视角需要通过半结构访谈的方式做进一步深入探究；外观及宏观系统对应社会视角，将通过半结构访谈的方式探究大学生在与高校与社会接触中人际关系反应性评价的变动与走向。中观系统中的高校视角与外观及宏观系统没有量化研究的相关结论，将通过半结构访谈的研究方式对研究结论进行丰富与补充。

质性访谈的访谈提纲与访谈对象选择已有论述。通过量化分析本书得到了关于大学生人际关系反应性评价的差异性特征与影响因素的相关结论。为进一步讨论差异性存在原因、影响因素的具体作用形式，并丰富研究结论使研究立足于微观、中观、外观及宏观多系统的视角分析大学生人际关系反应性评价这一研究问题，本书选择使用半结构访谈的方法予以解释与补充。

（一）微观系统中关于大学生人际关系反应性评价的分析

本书中的微观系统指向大学生个体，通过量化分析结论，可知大学生人际关系反应性评价存在性别差异、城乡差异、学习情况差异、身体健康情况差异、学生身份差异、恋爱情况差异、月支出差异、民族差异、院校差异、年级差异、学科差异，大学生人际关系反应性评价受到性别、恋爱经历、学生干部经历、身体健康情况、学习情况、民族、院校、学科因素的影响。可知，11个大学生个体差异下的人际关系反应性评价也具有差异，其中8个学生个体差异同时成为影响因素。

1.大学生人际关系反应性评价具有性别差异并受其影响

通过量化分析发现，男大学生的人际关系反应性评价显著高于女大学生，且性别为大学生人际关系反应性评价中的一个影响因素。在访谈过程中，32位访谈对象均认为男生和女生在对待人际关系上面存在天然的差异，这是源自于男女生理与心理上的差异。在发生人际关系冲突的时候，男生偏向于直接与当事人联系解决问题，也许在过程中会出现急躁甚至打架的现象，但如果事件没有上升至原则性问题往往事后就会渐渐遗忘，不会长久地影响两人关系。而且在采访的过程中多个男大学生表示男生之间有很多的团体活动，比如打球、打游戏等等。这些团体活动都是充斥着集体荣誉感的，有利于缓和冲突关系。在访谈中有男性访谈对象将这个现象称为"男生之间没有什么矛盾是一场游戏解决不了的"。以上观点在C10、C8两位男生受访者的访谈中有所体现。

C10：男生相比于女生来说，他想得就比较少，而且对于细节的一些看法没有女生那么细腻，可能就会忽略过去或者很快就忘记了。女生心思就很细腻，对于这些小问题或者小细节比较喜欢抓住不放，或者说一直忘不掉。男生发生矛盾的话可能会选择直接大吵一架，在我碰到过的情况中也有直接动手的，但一般之后过几天就没事儿了。他们遇到矛盾的话都是直接找对方理论或者打架的，不会说再找第三方说这件事情。我们隔壁的寝室之前就发生过这种问题，当时他们直接就吵起来了，吵了一会儿就干起来了，但是过一段时间又好了。他们没有经历过找别人协调这些步骤，就时不时一起去吃饭、打游戏啊,过一段时间我就发现他们和好了。所以我们现在都说有什么矛盾就在游戏里见,没什么矛盾是一场游戏解决不了的。

C8:我看网上有一个对男女思维的评价说得挺对的。男生是直线思维,女生是曲线思维。的确就是我平时生活中遇到什么事,我都想着就事论事地去解决问题,但据我所知有些女生在遇到问题的时候就会各种发散到别的地方去。也不能说女生这样不好吧,毕竟是先天的性别差异嘛。但是因为男生这种思维习惯,我的确觉得男生的总体人际关系反应性评价应该会高于女生。我们平时一起玩游戏、打球什么的,感觉情绪来得快去得也快吧。

女生的情感更为细腻,与男生在处理人际关系问题时存在天然的差异。这种差异具体表现在对待细节上更为敏感,并且由于整体性格比较腼腆,在遇到矛盾时往往不会选择直接沟通,而是采取间接沟通的方式,例如与非事件相关者沟通等等。这种沟通方式有可能会排解心中的委屈与不满,也有可能“越说越上头”导致心中的不满越来越大。无论是哪种结果,就问题本身而言都没有很好地解决,即便排解了自己心中的委屈,但是与事件当事人之间仍存在着隔阂,不利于人际关系发展。以上观点在 C3、A7 两位女生受访者的访谈中有所体现。

C3:我觉得男生之间的矛盾比较容易说开,他们喜欢直接和当事人沟通。但是女生不喜欢直接沟通,更多情况下她们会选择与非事件相关人员去聊这个事情,导致越来越上头。在有这个矛盾的情况下,她可能也会装作没发生什么事情一样与对方相处,但其实她是没有忘记这些矛盾的。一旦这些矛盾积压到一定程度就会爆发,然后可能两个人的关系就破裂了。我自己和身边的人都经历过这种事情。

A7:说实在话,我觉得大部分女生在处理人际关系问题时的确更斤斤计较一些。因为我自己是一个性格比较偏男性化的人,平时也是与男生玩得比较多。在接触女生的过程中我发现思维模式真的不一样,各个方面都要更留心一些。有时候因为一件小事我就会明显地感觉对方的情绪变了,我问她又说没事,与女生相处的确是一门学问啊。而且女生之间的确更喜欢经常谈论人际关系方面的内容,通俗讲就是有点八卦吧。大矛盾都是通过一点点小事攒出来的,但是真正遇到小事又没有及时解决。女生的记性感觉比男生好,这种小问题往往也会记很久的感觉。

综上分析可知,质性访谈印证了数据分析中男大学生的人际关系反应性评价显著高于女大学生的结论。大学生人际关系反应性评价中的性别差异是由男生女生先天心理构造与思维差异造成的。在与男生的访谈中可提取关键词为"直接",可发现男生的同伴互动行为更为广泛,对于缓和人际关系矛盾、维系良好的人际关系具有很好的促进作用,例如打游戏、打球等;女生的关键词为"敏感",相比男生,女生的同伴互动行为更多集中于与人交谈,在发生人际关系冲突时不愿意直接与当事人谈论而偏向于与非当事人谈论,这种做法不利于矛盾的化解。性别上的差异在心理活动、思维模式与实际行动上影响着大学生人际关系反应性评价,具体表现为女生心理活动比较细腻敏感,思维模式偏向于间接,实际行动通常会选择冷处理或不解决,久而久之形成矛盾积压的现象。

2.大学生人际关系反应性评价具有恋爱情况差异并受其影响

通过量化分析发现,有过恋爱经历的大学生人际关系反应性评价显著高于没有过恋爱经历的大学生,且恋爱情况为大学生人际关系反应性评价中的一个影响因素。经过访谈可发现,有过恋爱经历的大学生都一致认为恋爱经历在自己与其他人交往的过程中有促进作用。恋爱可以锻炼人处理亲密关系的能力,这种能力具体表现为"不求回报的付出"、换位思考、理解能力等等。而拥有以上能力的人也会更擅长处理人际关系,拥有良好的人际交往态度。人际交往并不是单向的输出,而是人与人之间相互的情感交换,抱有良好人际交往态度的人也会得到更良好的人际关系回应,所以有过恋爱经历的大学生更容易拥有高人际关系反应性评价。以上观点在受访者 A1、C10 的访谈中有所体现。

A1:我谈过恋爱,但是最近刚刚分手了。我觉得回想整体恋爱经历的话,他让我学会了全身心付出。因为在爱情里是完全不讲究回报的,可能我以前的想法是付出就要有回报,但是现在我的观点就不是这样了。其实我觉得恋爱和与知心朋友交往是很类似的,讲究的是不计回报的付出这种,所以我现在与知心朋友交往的过程中就是这样的。而且我发现当我付出不计较回报的时候，其实我也变得更加开心了，慢慢朋友之间的关系也会越来越好的。

C10：我觉得恋爱又让我学习到了一些人际关系的技巧，能够让我更加站在女性的角度看待问题，因为男生和女生的思维方式是完全不一样的。男生可能觉得自己这个事情做的是对的，但是站在女生的角度上，可能就不一定是对的。再一个就是沟通方面，我本来是一个话比较少的人，但是通过恋爱关系我感觉自己的沟通能力得到了挺大的提高。和没有谈过恋爱的男生相比，我觉得在对待女性这个问题上会有一些区别。我做某件事他们可能会觉得不可思议，就想说我为什么会这么做，他们不理解。比如：在玩游戏的时候，我女朋友打了个电话，我就会马上跑去接电话，他们就觉得我把他们扔了，接什么电话不需要接啊，打完之后再接嘛……在这方面的话，我感觉谈没谈恋爱真是有些区别，如果他们有因为这个问题被女朋友骂过的话，我觉得他们也会像我这么做。这些都是处理人际关系的一些小技巧。

没有过恋爱经验的大学生在谈到此问题的时候也表示认同，她认为通过谈恋爱可以认识到更多不同圈子的朋友，人际关系网的扩大也有利于提升自己的人际关系反应性评价水平。以上观点在受访者 B7 的访谈中有所体现。

B7：我觉得恋爱以后人际关系真的好像会提高诶。我就从来都没有谈过恋爱，但是我看我身边恋爱过的朋友，他们的确可以通过谈恋爱的关系认识更多的人，就是通过与别人谈恋爱认识到更多圈子的朋友，就相当于可以进入到他的世界中认识到更多的人，从而打开我的人际关系网。我就也挺羡慕这些的。

综上分析可知，质性访谈印证了有过恋爱经历的大学生人际关系反应性评价显著高于没有过恋爱经历的大学生的结论。有过恋爱经验的大学生在亲密关系的处理中锻炼了付出精神、换位思考、理解对方等能力，而这些能力在日常处理人际关系的过程中也是非常有益处的，会带来更加良好的人际关系交往体验，进而获得更高的人际关系反应性评价。恋爱经验凭借着大学生个体发挥的人际关系态度影响着人际关系反应性评价，有过恋爱经验的大学生人际关系态度更为包容，更善于理解、付出，必然会使其拥有更高的人际关系反应性评价。

3.大学生人际关系反应性评价具有学生身份差异并受其影响

通过量化分析发现,有过学生干部经历的大学生人际关系反应性评价显著高于没有过学生干部经历的大学生,且学生身份为大学生人际关系反应性评价中的一个影响因素。在学生干部日常工作中,需要大量地与人打交道,处理一些烦琐的事务。学生干部从中便会培养自己的换位思考意识,更易形成尊重和理解他人的性格,不易出现极端或以自我为中心的情况。而这种意识体现在与人交往中,自然会给交往对象带来舒适感,所以更易拥有良好的人际关系体验,从而提高自身的人际关系反应性评价水平。以上观点在受访者 C3 的访谈中有所体现。

C3:我在班级担任宣传委员,也参加过校学生会。我认为这段经历改变了我很多,本来我是一个性格偏攻击型的人,遇到事情和矛盾的话我是肯定要把自己的观点说出来的。有时候我心里知道对方听完可能会有不好的感受,但是我都不太在乎这些的。但是在参加学生工作后,面对的人和事情都更多了,所以我也渐渐学会了更多地站在对方角度去考虑问题。我变得没有那么主观了,因为不同的立场对一件事情的理解往往也会不同,你不能判定自己是对的别人就是错的。当学生干部也是必须要有这种思想境界才能处理好事情,维持好与其他学生或者其他学生干部之间的关系。久而久之我就能更好地控制自己的脾气,现在我认为什么事情我首先都会考虑到对方的立场,不会特别的主观了,那么愿意与我相处的人也就越来越多的。这些好的转变都是学生工作给我带来的。所以我很感激我有主动参与学生工作吧。

在学生机构工作会认识许多高年级的学长学姐,在学生工作的接洽中更容易学习到一些良好的人际交往习惯。学长学姐也会有意识地教学弟学妹如何处理人际关系。这种经验的传承更为直接有效地提高了大学生的人际交往能力,能力的提高自然也会拥有更高的人际关系反应性评价。以上观点在受访者 C10 的访谈中有所体现。

C10:我认为有促进作用,因为在我刚加入学生会的时候,上一级的学长学姐会教会我一些平时工作中要怎么与对方交谈啊,或者怎么和老师沟通之类的,从中可以学到一些沟通的技巧和技能。这些在日后我与其他人的交往中都感到受益匪浅,至少可以给对方留下一个比较好的第一印象。比如,学长学姐会教我注意使用礼貌用语之类的。我明显感觉后面几级学生会的同学说话就比较直、比较冲,这让我感觉他们非常地以自我为中心,没有说话要礼貌一些的这个意识。但是我们当时学长学姐教我们的是一定要考虑到对方现在的状况,比如在想要发语音之前先问一句"现在发语音方便吗?",或者要发消息时尽量以文字来说明情况。他们会告诉我们这种交流的技巧和注意事项。通过学生工作,我可以更为妥善地处理人际关系问题,这样也自然可以让我的人际关系反应性评价更高。

综上分析可知,质性访谈印证了有过学生干部经历的大学生人际关系反应性评价显著高于没有过学生干部经历的大学生的结论。有学生工作经历的大学生更具备换位思考的能力,在人际交往的过程中更注重他人的感受,而不是以自我为中心对他人不管不顾。在从事学生工作的同时,也会从学长姐处学习到许多有利于提高人际交往能力的内容,对于其自身人际关系反应性评价水平的提高也是十分有益处的。学生身份凭借着大学生的人际交往能力的高低影响着人际关系反应性评价,而在学生工作过程中学到的注重换位思考、日常生活中注意礼貌用语等等都是人际交往能力高的一种体现,此类学生自然拥有较高的人际关系反应性评价。

4.大学生人际关系反应性评价具有身体健康情况差异并受其影响

通过量化分析发现,身体健康情况较差的大学生人际关系反应性评价显著低于身体健康程度较好的大学生,且身体健康情况为大学生人际关系反应性评价中的一个影响因素。本书中的身体健康同时包括生理健康与心理健康,其中生理健康程度较差的大学生表示在大多数情况下自己与身体健康程度较好的大学生没有区别,但当身体难受的时候就没有多余的心思顾及别人的感受,同时因为身体不允许无法参加许多集体活动。以上观点在受访者 A9 的访谈中有所体现。

A9:我有先天性心脏病,虽然从小就一直治疗,在大多数情况下都没有什么影响。但是我无法做一些剧烈运动,也必须经常性休息。比如其他男生经常会约着打球之类的,虽然我也很喜欢打球,但是我的身体不允许我打。这是很遗憾的吧,但也是没有办法的事情。同学们都很理解我的身体情况,但有时候我看到他们玩得那么开心,或者在运动会上为集体争光的时候,我也会挺闹心的,这种情绪具体怎样我也说不好。我觉得我这个先天性的疾病,对我的人际关系反应性评价肯定会有影响吧,如果我身体是健康的,可以毫无顾忌地和朋友们玩,多参与集体活动,我肯定会更开心。

与生理健康程度较差的同学相比,心理健康程度较差的同学对此问题有着更深的感触。此类大学生对自己的方方面面满意度都比较低,而不仅在人际关系反应性评价这一方面。目前大学生心理疾病主要有抑郁症与焦虑症,群体数量不容小觑,在 32 位受访对象中便有 2 人患有抑郁症,1 人患有焦虑症,他们都一致认为自己心理上的疾病严重影响了他们的人际交往。在访谈过程中可以明显发现抑郁症的主要表现为不易感知到开心的情绪,长时间处于情绪低落、自卑悲观的情绪状态,从而引发对包括人际交往在内的几乎所有事物的漠视与不在意,进而获得与心理健康学生相比更低的人际关系反应性评价。以上观点在受访者 A7、C6 的访谈中有所体现。

A7:我是高中的时候就得了抑郁症,到现在差不多得有 4 年病史了吧,发展到现在是重度抑郁,有在定期看心理医生和接受药物治疗,但我觉得没啥用。说实话抑郁症严重影响了我的人际关系反应性评价,准确说应该不只是这一个方面的满意度。我做什么事情都提不起精神,成功了不会有成就感,但是失败了就会很低落,自卑的情绪经常在半夜拉扯着我。这种情绪是我的敌人,我尝试过忽略它,也尝试过与它正面相对,但每次我都输了,我掉进了这种悲伤的漩涡,甚至会通过自残的方式来排解,也想过其他方式,想逃离这种情绪。但是因为我的父母我不敢迈出这一步。我不愿意交朋友,但是偶尔也会应别人的邀请和别人出去玩,就算我看起来很开心,其实我也是开心不起来的。这种心情的状态下,你很难感觉到满足。我也不知道什么时候我丧失了感受快乐的能力,很久以前的我不是这样的,以前的我自认为是个很容易开心的人啊(哽咽)。我应该就是得病了,相信有一天我会好吧。不能说我没有朋友,我知道有人在乎我关心我,但是我感受不到这种关心后的快乐,我悲伤的是我自己,但是你要让我说我为什么悲伤我有时候也说不出来。在这种状态下,我不可能会有太高的人际关系反应性评价的(苦笑)。

C6:最近半年吧,我觉得我得了抑郁症。所以我应该算是你说的心理不太健康的那种。我本来就是一个比较宅的人,宅男,不太愿意与其他人交往。也有可能是我的这个习惯让我得了抑郁症。我发现自己变得比以前敏感了,但是这种敏感主要体现在我捕捉悲伤的能力更强了。比如今天的天气就让我觉得很难过、看到路上的人在笑我也觉得很难过、看喜剧小品我也觉得很难过。所以我不太在乎与别人的交往,也没有觉得多满意,我对他们不满意,对自己更不满意。

焦虑症主要表现为高度紧绷的精神状态与情绪莫名的担心焦虑,由于焦虑使此类大学生的生活安排并没有计划中充实,从而会陷入一个实际安排永远无法到达心理安排的怪圈之中,导致焦虑症患者处于持续焦虑的状态。在此状态下的大学生无暇顾及与他人的人际交往,受访者明确表示焦虑症疏远了她与朋友之间的关系,因此其人际关系反应性评价相对较低。以上观点在受访者 B8 的访谈中有所体现。

B8:我有轻微的焦虑症,做什么事情都会想得特别多。经常半夜睡不着觉,在想自己今天做的事情是不是不对,或者自己以后的人生要怎么规划啊之类的。因为焦虑症导致我最近食欲不好,精神状态也不好。最近学习压力比较大,我每天都在想要是学不好怎么办,会不会辜负家人的期待,对自己未来的发展是不是会有很大的影响。但是因为我每天想得太多,真实的学习效率也不高,这样一来我会更加着急。生怕自己没有在学习,所以不想参与,我也觉得自己现在根本没有时间参与过多的人际交往。焦虑症确实让我与原本一些亲密的朋友逐渐疏远了。

综上分析可知,质性访谈印证了数据分析中身体健康情况较差的大学生人际关系反应性评价显著低于身体健康程度较好的大学生的结论。身体健康情况较差的大学生或由于生理上具有先天疾病、其他不适症状等,或由于心理上患有一些主要表现为抑郁症、焦虑症等的心理疾病,导致其人际关系反应性评价显著低于身体健康情况较好的大学生。生理健康程度较差的受访者在回答此问题时,可总结其关键词为"遗憾""不甘",由于身体条件限制他注定无法像同龄人一样参与激烈的体育运动,但这种情绪的表达形式是偶尔的、突发的,相对可控。心理健康程度较差的受访者在回答此问题时,可总结其关键词为"悲伤""痛苦""敏感""焦虑",由于其心理疾病本身带来的精神折磨,使他们没有多余的精力投入与人相处之中,也无法从人际交往中获得正常大学生一样的快乐,甚至会产生自责的心态,因此持有较低的人际关系反应性评价。这种情绪的表达形式往往是强烈的、持续的,相对不可控的。身体健康情况通过生理与心理健康程度两个方式影响着大学生人际关系反应性评价,其中生理健康上的影响是相对可控制、可调节的;而心理健康上的影响是不自觉的、不可控制的,情况恶劣的话可能会出现意外情况,需要引起高校管理者与高等教育研究者的绝对重视。

5.大学生人际关系反应性评价具有学习情况差异并受其影响

通过量化分析发现,学习情况较好的大学生人际关系反应性评价显著高于学习情况较差的大学生,且学习情况为大学生人际关系反应性评价中的一个影响因素。学习成绩比较好的大学生会经常被同学询问关于课业方面的问题,在学院或学校组队从事一些学术竞赛的时候也会优先考虑拉一些学习比较好的同学进行组队。学习情况较好的同学有更多的机会去认识他人并且在这过程中展示自己,因此有着较高的人际关系反应性评价。以上观点在受访者 C10 的访谈中有所体现。

C10:学习成绩比较好的话,会有人来问我问题,因为我帮助了他们,所以他们自然会对我有一个更好的印象。而且像是学院或者学校有办比赛,尤其是偏学术型的一些比赛,同学和老师都愿意找成绩比较好的同学参加一些比赛。我就有相比其他同学更多的机会去接触不同的人和事,又因为无论是答疑还是参加学术型比赛都是在做自己擅长的事情,所以一般都会有一个比较融洽的人际关系环境,自然我的体验感也比较好。所以感觉在大学成绩比较好的话,做起事来是比较方便的。

学习成绩较好的大学生在与老师相处时会更为融洽,从而影响到其整体人际关系反应性评价。此观点在受访者 B1 的观点中有所体现。

B1：成绩好的同学人际关系反应性评价应该会更高一些吧。这个现象在义务教育阶段应该更明显，但是在大学之中我觉得也是存在的。因为我们老师也是喜欢学习好的学生啊，像我是年级第一名，所以几乎有大家所谓的"好事"，老师都会找我。比如：参加个大型演讲比赛、推荐优秀学生参与评奖评优什么的，更准确地说，应该是学习好的学生与老师的关系会更好一些，那么影响到他的整体人际关系反应性评价，应该也是会相对更高的。

综上分析可知，质性访谈印证了数据分析中学习情况较好的大学生人际关系反应性评价显著高于学习情况较差的大学生的结论。学习情况较好的同学由于学习方面的优越性，使其有更多的机会认识不同的人并且有更多的机会展示自己，从而在人际交往的多个层面上均维持着较为良好的关系，获得较高的人际关系反应性评价。受访者关于此问题的回答可总结关键词为"机会"，因为学习成绩比较好所以可获得更多与人相处的机会、展示自己的机会、老师信任的机会等等。学习情况好的大学生通过他人的信任与提供的机会，获得更高的自我满足感，从而影响着大学生人际关系反应性评价。

6.大学生人际关系反应性评价具有民族差异并受其影响

通过量化分析发现，汉族大学生人际关系反应性评价显著高于少数民族大学生，且民族情况为大学生人际关系反应性评价中的一个影响因素。由于少数民族大学生的生活习俗与思想观念与汉族大学生和老师具有差异，所以在日常生活中或多或少会有些不适应的情况。此现象发生在大多数的多民族大学中，而非仅仅发生在少数民族自治地区的大学之中。以上观点在受访者B7、A1 的访谈中有所体现。

B7：在师生关系方面，我和我的老师有点观念不同。我是藏族学生，至少我的心里是信仰藏传佛教的，这是因为我的家庭和成长背景都是与这些当地习俗与观念密切结合的。但是老师经常会说我们的信仰这里也不好，那里也不好，就会让我们的心里非常不舒服。但我们也不会有什么过激的反应，应对措施一般都是玩手机，不听他讲话，把他说的这些话直接屏蔽掉。虽然我还不是党员，但我觉得这个是很自由的，如果班主任老师一直这样说的话，我很不开心，我不愿意听他讲话。一直是这个态度，这是对我们民族的一个侵犯。据我所知他每年的学生评分都很低,应该是因为他对待藏族的不屑态度。而且我们的宗教里面有很多忌讳,比如说不可以摸头等等,以前我是不怎么介意这些的,但是最近突然很介意。昨天我有两个朋友突然乱摸我的头,我特别生气。还有很多习俗方面,我会与一些汉族同学有一些冲突,比如借衣服吧,如果我把我的衣服借给一个汉族同学穿的话,我以后肯定都不会穿这件衣服了。但有些汉族同学还是会肆无忌惮地拿我的衣服穿或者套一下,我的心里其实是会很不舒服的。但总体我们学校的汉藏关系还算融洽的,这几年没有看到过因为民族观念不合打架的事情了,但是我听我们的舍管阿姨说,前几年经常会发生因为民族观念矛盾而引发的打架事件。

A1:我是一个回族学生,我们学校回族同学也有但不是很多。由于民族的原因的确给我的人际关系方面带来了一些……在这方面我的烦恼说不上但是有一点困扰。因为我是回族,所以吃饭要吃清真的,但是因为朋友都是汉族,所以有时候吃东西就吃不到一起。虽然大家也都很理解,但是就我个人而言,没有那么多机会像其他人一样和舍友朋友一起吃饭,所以会有些苦恼。我们学校的清真餐饮设置太简单了一些,就是饭菜不算好吃,汉族同学吃几次可能就不愿意再来吃了。而且说实话,就是我们回族谈恋爱的话一般只能找回族的,所以有时候我会感觉遇到喜欢的人,因为民族问题没办法进一步接触,也算是我的一个遗憾吧。这些小困扰都是我自己的困扰,不是别人带给我的,但也算是因为天然的民族原因造成的吧。

综上分析可知,质性访谈印证了数据分析中少数民族大学生人际关系反应性评价低于汉族大学生的结论,少数民族同学在人际关系上的确会存在一些困扰。这些困扰或是来源于老师对少数民族传统习俗的不认同,或是来源于同学对少数民族观念的不了解,或是来源于少数民族同学自身诉求得不到满足的遗憾。而通过访谈可知,并非所有少数民族大学生都会因为民族问题在人际关系反应性评价上受到影响,访谈对象 B2 为畲族、访谈对象 B4 为满族,他们一致认为由于他们民族汉化程度比较高并且没有突出的民族习俗与民族特征,所以在日常生活与学习中,与汉族同学交往没有任何不适应。由此可见,民族情况主要影响民族与汉族差异度较大的少数民族大学生,冲突的主要原因集中在不尊重民族传统观念、不了解民族习俗、触犯民族禁忌等等,发挥途径有由外影响即他人作为与由内影响即个人想法两种。

7.大学生人际关系反应性评价具有院校差异并受其影响

通过量化分析发现,"211 高校"(包括"985 高校")的大学生人际关系反应性评价显著高于一般本科院校的大学生,且院校层次为大学生人际关系反应性评价中的一个影响因素。在质性访谈中有九位受访者来自"211 高校"及以上层次的院校,他们在这一差异中表示可以认同但是具体原因表述并不明晰;而六位受访者来自一般本科院校,他们一致认为院校层次不同的大学人际关系反应性评价应该具有差异性。此六位受访者的想法出发点可归结为交友三观与层次、社会资源与人脉、学校平台与机会三个方面,其认为学校层面更高的大学生群体普遍更加优秀,通过集体的带动也可以使自身的水平得到提升,从而获得更加优秀的人际关系交际网;由于周边同学比较优秀,步入社会后更容易成功或有更高的起步,从而使自己的优秀校园人际关系网扩展到优秀的社会人际关系网,进而形成更优秀的社会资源与人脉关系;层次更高的学校提供的平台与机会也有所不同,一般本科院校的学生所获得的学校资源相比更高层次学校提供的资源要少一些,所以一般本科院校的学生在视野眼界与人脉关系上都相对狭窄一些。以上观点在受访者 C8、C1、D2 的访谈中有所体现。

C8:这是不得不承认的一点。好学校的学生从小学习就好,不仅是学习习惯还是生活习惯,我觉得比我们学校的学生都会好很多。很真实的一点就是我们学校很多学生从小就是不太努力学习的,三观有些也挺歪的,做事风格比较冲动和幼稚都是比较常见的。他们人品肯定没什么问题,但是要说对未来的规划或者对许多事情的看法,我觉得和好学校学生还是有挺大差别的。所以这反映到我的交友上的话,我身边的朋友在层次上肯定不如好学校的学生优秀,但是我还是有自己的好朋友。但其实要功利点来想的话,身边同学和老师的层次较好学校的还是要差一些,那我的提升可能也会受到一个限制。

C1:其实我们学校同学老师我都觉得很好,在校园里的话我感受到的人际关系与好学校的差距不算明显。但是步入社会后,这种差异就会体现出来了。社会很现实,就会更倾向于让好学校的毕业生进入到好的岗位中。我有个舍友其实他的能力也很强,但是就业单位就喜欢要毕业院校更高的学生,其实在社会中别人相信你能做好比你真的能做好更重要。学校更好的学生就会有更多人愿意相信他有这个能力可以做好。其实不仅仅是就业,以后在公司里面升职都是这样的。所以可能在校园里看不出来的差异,放在多年以后就会表现成好学校的学生社会地位更高,人脉资源更广了吧。其实主要的社会资源就是大学的人际关系,那以后这种差异就会明显地表现在社会资源的差距,想到这些的话,可能会有对目前的人际关系不太满意的感觉,但是这种是天然的,不关同学们的事情,就是对自己未来发展规划的担心。

D2:这种差距应该还是有的吧,因为我们学校和厦门大学虽然听起来很像,但是在学校提供的机会和平台上来看,其实差异很大的。所以我对我的人际交往没有更多的机会和更大的平台得到扩展感到有一些不满意。

综上分析可知,质性访谈印证了数据分析中一般本科院校的大学生人际关系反应性评价显著低于"211高校"(包括"985"高校)大学生人际关系反应性评价的结论,其原因存在于交友层次、社会资源、学校平台三方面。学校类别通过"学生层次"、学校口碑、平台机会三个方面影响着大学生人际关系反应性评价,其中的学生层次仅限在普遍的学习能力上而非在人品及其他方面。

8.大学生人际关系反应性评价具有学科差异并受其影响

通过量化分析发现,理科大学生人际关系反应性评价显著高于文科大学生,且学科情况为大学生人际关系反应性评价中的一个影响因素。从访谈中可以了解到,理科学生普遍情感会直接大条一些,而文科学生的情感会敏感复杂一点,这种情感上的差异表现在人际关系反应性评价层面,表现为文科生对人际关系的感知较敏感,更容易察觉到人际关系矛盾并且在解决的过程中比较委婉,不利于问题的直接解决。以上观点在受访者B2、B4的访谈中有所体现。

B2:我觉得理科生无论男女的思维都会更直接一些,不会夹杂太多其他的情感,一般都是就事论事的,不会过多发散。可能我们之所以会选择学理科就是和我们天生的思维模式有一些相关。理科的学习很多都是讲事实,用数据和结果说话的,所以久而久之我们的性格也会成为这样。在与人相处中察觉不到太多的人际关系问题,即便遇到了也是就事论事,不会过度发散,让自己心里添堵或者一直记着。

B4:首先学理科的男生比较多,就算是少部分女生和男生呆在一起的时间久了,可能想法也会比较偏向于男性思维吧,一般都是比较大条,不会在人际关系问题上计较过多。我女朋友是文科生,她每天都会和我说今天谁谁闹矛盾了怎么样,我听到后还是觉得挺不可思议的。有时候很小的事情都可以一直上升高度,这不是给自己添堵吗?(笑)我身边的人际关系一般都是很明显的矛盾才会体现出来,不会猜测或者光是从一些小事就推测出这么多隐藏的冰山。或者有没有可能是理科生的学业比较重,没有过多的时间去想这些呢?(笑)

综上分析可知,质性访谈印证了数据分析中理科生的人际关系反应性评价高于文科生的结论。学科差异通过学生自身的思维方式影响到大学生的人际关系反应性评价,其中理科生的思维方式比较直接,遇事不会过度分析,所以在人际关系反应性评价上呈现出比文科大学生更高的均值。

9.大学生人际关系反应性评价具有城乡差异并受其影响

通过量化分析发现,乡村大学生人际关系反应性评价显著低于城市大学生。通过访谈可发现,乡村大学生与城市大学生相比普遍存在性格更为内向、待人更为腼腆的现象,虽然随着上大学时间的增长这种差异性会缩小一些,但是天然的生长环境的不同不会将这种差异彻底消除。而内向、腼腆甚至不自信的性格与情绪表现在人际交往上则不利于人际关系网的扩展,因此乡村大学生的人际关系反应性评价低于城市大学生。以上观点在受访者 B7、C10、B1 的访谈中有所体现。

B7:我的乡村同学们性格很多都是内向的。比如说我从小的性格都是特别特别内向的,一直到上初中的时候,我的性格才外向一些,到高中就更好了。但是我发现城市里的学生性格会更开朗一些。比如说,在遇到新朋友的时候,城市来的同学就会更主动地打招呼和他说话,但是农村来的学生可能不会说话的,就在那里站着。造成这种差异性的原因,可能是因为农村的学生见到的人比较少吧,城市里的学生大胆一点,有什么想法都会直接说出来。乡村里的同学应该从小见到的生人比较少,所以大多数性格都比较内向,这样的话认识的新朋友肯定也没有城市里的同学多,人际关系反应性评价可能就会低一些。

C10:刚上大学的时候,农村和城市的学生还是有挺大区别的。来自农村的同学都比较内向,不像城市学生的表达能力和交流能力都那么强,我感觉城市的学生在交流和沟通方面会更大胆更开放一些。到现在大四了,虽然通过交流和锻炼后,农村学生的这种情况会有些改善,但是农村学生还是有一丝丝一丁点的差异。城市的同学在人际关系上处于比较主动的一方,而农村的同学比较内敛内向。

B1:的确会存在一些吧,我觉得农村同学因为先天的成长环境没有那么优越,所以性格上普遍都比较胆小、腼腆,有一些可能还会略微有一些不自信的情况。我们宿舍的话,我一般都是最安静的那个,两个城市里的同学她们玩得比较好。因为她们成长环境比较类似,待人接物都很自信的,所以自然就会更能玩到一起去。但是像我刚上大学的时候确实比较没自信。说实话,就是我怕我偶然说的哪些话或做的哪些事让别人觉得我没有见识之类的。这种小心翼翼的做事风格和比较不自信的性格,让我在人际关系方面的反应性评价降低了一些,有时候看着另外两个室友可以经常有钱一起出去玩或吃东西的话,我也挺羡慕她们的。所以你说的城市与农村学生存在的人际关系反应性评价差异,我觉得是天然的,农村成长环境下的孩子可能都普遍存在不自信、内向、比较节省的特点,而有这些特点的同学人际交往可能就会闭塞一些,满意度也就没有这么高。

综上分析可知,质性访谈印证了数据分析中乡村大学生的人际关系反应性评价低于城市大学生的结论。受访者表示这种差距是天然的成长环境造成的,由于乡村成长环境的限制,使乡村大学生总体性格偏向于内向、腼腆,甚至部分乡村大学生会体现出不自信的情绪,以上性格与情绪不利于主动扩展自身的人际关系网,故乡村大学生的人际关系反应性评价较低。

10.大学生人际关系反应性评价具有学生月支出差异并受其影响

通过量化分析发现,月支出金额在 501～1200 元的学生各个方面的人际关系反应性评价最高,月支出金额在 1201 元以上的学生人际关系反应性评价次之,而月支出在 500 元以下的学生人际关系反应性评价再次,呈现出显著差异。质性访谈的对象包含以上三个层次的大学生,其中月支出 500 元以下的大学生表示生活比较拮据,没有额外的预算供自己进行人际交往,例如聚餐、唱歌、旅行等等;个别月支出 1201 元以上的大学生表示自己的花费习惯不理想,甚至会有借款消费(花呗支出)的现象,花费过多的钱在人际交往上反而加大了自身的生活压力,为生活平添了许多烦恼。以上观点在受访者 A7、B1、C8 的访谈中有所体现,其中受访者 A7、B1 的月支出在 500 元以下,受访者 C8 的月支出在 1201 元以上。

A7:我每个月花销差不多 400～500 元之间,平时就只是吃饭,除此以外偶尔买点日用品和穿的东西,其他就没有花销了。在我们学校的话,也有人是这个消费水平,但是的确是过得比较拮据。没有额外的钱去校外吃饭,就更别提旅行、出去玩之类的了。

B1:其实这个很好理解,我每个月的预算只有 500 元。我家里条件本来就不算好,所以我上大学以后就决心经济独立了,平时还时不时会给家里寄一些钱。杭州这个消费水平的话,我只能是节衣缩食吧(笑),平时不会像其他同学一样出去玩,人际关系都是需要维系的嘛……我总是不和别人出去吃饭或者玩久了以后肯定就不如别人交的朋友多,所以我在这方面会有一些不满意。但是我自己也还是有好朋友啦。只不过有时候感到抱歉,因为不能经常和她们去她们喜欢的地方吃喝玩乐哈哈。她们有时候还调侃我,和我一起都是去食堂或者图书馆。

C8:我的消费习惯说实话真的不太好,一般都是 3000 左右吧。这还不包括偶尔要各种送礼的时候,比如给女朋友买礼物之类的。因为我的家境其实就是一般家庭,但是我天生花钱就比较大手大脚,没钱的话我就在蚂蚁花呗上预支,然后下个月再还,就可以理解为我一直在用下个月的钱办这个月的事儿。虽然我经常和朋友们出去吃饭、玩之类的,社交活动其实很多,但是质量其实不高,就是大多时候都是一些没有必要的社交活动,参与的朋友也就那么回事儿。所以感觉这些活动多了反而就是浪费钱,并没有给我带来多大的快乐。

综上分析可知,质性访谈印证了数据分析中月支出在 500 元以下的大学生人际关系反应性评价最低,月支出 1201 元以上的大学生人际关系反应性评价次之的结论,可见月支出在 501～1200 元之间的大学生人际关系反应性评价最高,消费习惯比较良好,在生活基本富裕的同时又有预算进行人际交往活动,进而使其收获了最高的人际关系反应性评价。而低消费的大学生由于没有足够的预算、生活比较拮据,往往没有机会与同学进行人际关系维系;高消费的大学生部分会认为其自身的消费习惯不良好,由于参与过多的人际交往活动,反而会给自身带来一些烦恼,因此月支出 500 元以下与月支出 1201 元以上的大学生人际关系反应性评价均低于月支出 501～1200 元的大学生。

11.大学生人际关系反应性评价具有年级差异并受其影响

通过量化分析发现,大学生人际关系反应性评价存在显著的年级差异,其中大二的大学生人际关系反应性评价最低。通过质性访谈可知,大一时期大学生对校园以及人际环境都处于一个比较陌生和保守的状态;大二时期已经变得比较熟悉,同时学生进入迷茫期最容易与他人发生人际关系矛盾,因此会形成"大二低谷";大三与大四时期大学生已经变得比较成熟,事情考虑得比较全面,同时临近毕业都会有一种彼此珍惜的情感。以上观点在受访者 A4、B4、D2 的访谈中有所体现。

A4:我现在已经大四了,回想一下我们宿舍唯一一次发生过比较剧烈的冲突就是在大二年级。当时我们可能刚变成比较亲密的朋友,对彼此的了解不仅仅是表面上的了解,更多地开始全面接触对方。在这一过程中,我们有一个舍友就让我们觉得有点不舒服吧。她属于比较有功利心的那种,团队的任务她就会让我们多做一些,她就只去忙个人的事情,包括班级里有什么好事儿她都会抢着去做。所以我们有一次很严肃地和她说了这件事情,刚开始她也不开心,和我们冷战了好几个月。后来慢慢地相处,大家也都说开问题了,到现在大四快毕业了,都希望能以一个比较融洽的气氛毕业吧。所以我认为大二和大三时期的确应该是人际关系冲突的高发期,渡过了大一的陌生期,还没有到大四的珍惜时期,这个阶段应该是最忍不住脾气的吧。

B4:我感觉的确是大二没有大一时候人际关系那么融洽了,因为大二的时候大家都已经形成了自己的小团体,只跟自己熟悉的朋友玩,少了很多和其他朋友接触的机会。而且越熟悉一个人,其实就越容易引发一些冲突和矛盾。

D2:我觉得大二的学生都挺迷茫的,有可能想象中的大学生活和真实情况的大学生活还是存在一定的差距。大一的新鲜感一过,大二还没有调整好自己的心理,所以有一种心理上的落差,导致会发生一些其他问题,比如人际关系维系上的怠慢,所以呈现出一个较低的人际关系反应性评价。

综上分析可知,质性访谈印证了数据分析中大二学生的人际关系反应性评价相对较低的结论。结合大学生成长发展规律来看,大二时期的大学生脱离了陌生期,进入到熟悉的人际关系网络之中容易发生冲突,加之成长过程中的迷茫等情绪使其忽略了对人际关系维系的重视程度,所以形成了"大二低谷"的人际关系反应性评价现象。

(二)中观系统中关于大学生人际关系反应性评价的分析

中观系统指向家庭与高校视角,分析家庭、高校与大学生之间的互动对大学生人际关系反应性评价的作用。在家庭视角下,通过量化分析结论,可知大学生人际关系反应性评价存在兄弟姐妹人数差异、父母文化背景差异、家庭经济收入差异、家庭情况差异,大学生人际关系反应性评价受到兄弟姐妹人数、父母文化背景因素的影响。在高校视角下,通过半结构访谈可知人际关系是每个学生都需要面对到的重要问题,而如何正确地应对人际冲突、如何维系良好的人际关系并不是学生天然自带的能力,往往需要通过学校的积极引导来做到提升。本部分将主要从高校课程设置、高校关于人际冲突的解决途径、高校整体风气三个方面展开论述。

1.家庭视角下大学生人际关系反应性评价的分析

通过量化分析结论可知,大学生人际关系反应性评价存在兄弟姐妹人数差异、父母文化背景差异、家庭经济收入差异、家庭情况差异,其中兄弟姐妹人数与父母文化背景同时成为大学生人际关系反应性评价的影响因素。

(1)大学生人际关系反应性评价具有兄弟姐妹人数差异并受其影响

通过量化分析发现,大学生人际关系反应性评价存在显著的兄弟姐妹人数差异,兄弟姐妹人数多的大学生人际关系反应性评价较低,独生子女的人际关系反应性评价最高。非独生子女大学生与独生子女大学生均就此结论表述了自己的观点,非独生子女表达的主要原因有两个:其一,非独生子女认为长大的过程中会明显感觉到资源或者爱的分割,尤其是家中有弟弟妹妹的同学在成长过程中需要承担更多的责任,因此在大学的人际交往过程中会经常性、不自觉地进行自我反思,有时会将问题复杂化,影响自身的人际关系反应性评价;其二,部分非独生子女大学生表示自己从小的交友意愿没有非常强烈,由于自身与兄弟姐妹之间的相处非常融洽,以至于其认为自己已经有了知心朋友,并不需要再与其他人深入交往。而上大学后发现与其他人的交往也是很重要的,由于从小社交能力锻炼上的缺失导致其不擅长与他人交往,因此人际关系反应性评价较低。以上观点在受访者 A1、C10、D2 的访谈中有所体现。

A1:独生子女从小就不太受家里选择的影响。比如像我家就是经常有些东西分起来不够,但是独生子女就不需要分,他只需要顾好自己那一部分就可以了。所以在交友的时候他也是这样子的,比如他只需要这一类的朋友,那他就只会去找他想要的朋友就交流,同类相吸这样子。独生子女从小就是自己一个人的话,感觉他们很有自己的主观想法,也是很独立。我们舍友也有两个是独生子女,他们也是这样子的,平时和我们在一块的时候也是很满意,自己平时搞自己的事情的时候也是很有效率的那种,人际关系都挺好的。

C10:独生子女是家里唯一的孩子嘛,所以家人对他的爱是没有被分割的,他就有一个比较和谐的家庭关系。如果你有一个弟弟或者妹妹的话,肯定免不了会有一些争吵。比如弟弟妹妹哭了,父母肯定会说你,可能事情的原因不是因为你,但是因为你大所以就会说你,这可能会造成一个心理上的不适吧。所以会导致他在家庭的人际关系或者与其他人的人际关系中会有一些障碍。像我自己也经历过,因为我大所以哪怕矛盾是弟弟造成的但是就会批评我,这就让我现在有一个习惯,就是经常做事后反思自己有没有做错什么,会经常主动找自己的原因。那这种性格反映到我的人际交往上,就会体现出我比较不自信或者稍微自卑的一个心理,其实朋友并没有多想,但是我还是会从自身上找原因,把事情想复杂了,这个应该就是我非独生子女的这个成长背景造成的。

D2:我父母一直以来都很注重我们几个孩子之间的关系,所以我和我的哥哥妹妹之间的关系都很好,也像是那种无话不说、无话不谈的好朋友。我本身也是比较内向的性格,如果遇到事情找哥哥妹妹一般都可以解决,我就觉得我没必要一定要去交往其他的知心朋友,有哥哥妹妹就可以了。从小到大我都是这样的想法,所以我现在就不太会与别人交往。上大学以后,我发现别人的社交能力都挺强的,只有我自己不太会与人相处,没有交到什么知心朋友。

部分独生子女认为不应该给独生子女随意地贴上"自私""娇生惯养"等标签。大多数独生子女在成长的过程中缺少非常亲密的同伴关系,所以对友谊的意愿是很强烈且渴望的,表现在人际交往中主要为更加主动,同时也会很注意对方的感受。因此独生子女对自己的人际关系反应性评价较高。以上观点在受访者 C3、B4 的观点中有所体现。

C3:有很多人一想到是独生子女立刻脑海中就会浮现出自私、娇生惯养的代名词。就我自己的成长经历和身边朋友来看,这完全就是惯性思维的标签化现象。实际上我从小都是自己长大,是比较孤独的,所以我很渴望交到同龄的朋友和我一起生活。所以从小到大我觉得在友谊的关系上,我都会更加主动一点,时常与朋友保持密切的联系。上大学以后,陌生环境让我更加渴望交到新的好朋友,所以我也是很积极主动地与别人相处。现在我也有一些关系很好的朋友,所以我对自己的人际关系反应性评价还挺高的。

B4:独生子女会更依赖自己的朋友关系吧,毕竟没有亲的兄弟姐妹,对朋友肯定是会更加依赖一些的。所以与朋友相处中我会时常考虑别人的感受,不想轻易破坏任何一段关系。当我有这个想法的时候,与别人发生人际关系冲突的概率就大大降低了,所以满意度自然就比较高了。因为有朋友一起生活,肯定比自己一个人生活强啊。

综上分析可知,质性访谈印证了数据分析中独生子女大学生的人际关系反应性评价显著高于非独生子女的结论。兄弟姐妹人数这一因素通过成长环境中的性格塑造、交友观念的形成两个途径影响着大学生人际关系反应性评价,即非独生子女在成长环境中形成的性格更为敏感、交友观念偏向于保守类型,而独生子女的交友意愿比较强烈,且由于对友谊的渴望会比较重视换位思考,所以形成了独生子女大学生人际关系反应性评价最高的现状。

（2）大学生人际关系反应性评价具有父母文化背景差异并受其影响

通过量化分析发现,大学生人际关系反应性评价存在显著的父母文化背景差异,即父母接受过高等教育的大学生人际关系反应性评价显著低于父母未接受过高等教育的大学生。父母接受过高等教育的大学生普遍表示从小到大父母对其的要求都比较高,在有形与无形中形成了一种紧张的气氛,并且对学习的要求比较高,与学习无关的事情都不是很重视。在这种成长背景下,父母接受过高等教育的大学生人际关系反应性评价相对较低。以上观点在受访者 A4、B4 的观点中有所体现。

A4:我妈是有上过大学,她一直是一个比较严格严厉的人,就是从小对我的学习要求很高,其实给我带来了不小的压力。比如小时候要是考得不好,我妈就会找我谈话,问我最近怎么回事。有一次我考了班里的 15 名,我妈第二天早上居然去找了我的班主任。我进班级里一看到都惊呆了,当时就觉得好委屈。我妈对我性格的影响很大,因为我妈本身就是一个情绪比较急躁的人,她又几乎是只关注我的成绩,所以我现在有点和她越来越像了,也变得比较暴躁。我觉得我妈妈是一个不太擅长教会我如何做情绪管理、情绪疏导的人,有时候因为她的严厉管教会让我变得更加急躁。所以现在有时候我在与人相处中就会表现得比较急躁,并且有一点"功利心"。比如大学同学出去聚会,我就会想总出去玩会不会影响我的学习,因为平时和妈妈打电话每次也会问这个嘛。所以我就会下意识地有这样的想法。

B4:我爸妈都是大学生,然后我觉得比较明显的就是他们对我的期待也很高,更喜欢规划我的生活和我的未来。比如,他们都是学医的,就也希望我去学医。现在我就如他们的愿在学习医科,但如果要我自己选可能也不会去学这个专业。这种案例很多,他们很喜欢给我安排。还有就是喜欢拿我和他们以前做比较,经常会让我觉得自愧不如的感觉,其实这些都带给我挺大压力的。

综上分析可知,质性访谈印证了数据分析中父母未接受过高等教育的大学生人际关系反应性评价显著高于父母接受过高等教育的大学生的结论。父母的文化背影主要通过成长环境中气氛打造影响着大学生进行人际交往过程中的态度与情绪，进而影响到大学生人际关系反应性评价。

（3）大学生人际关系反应性评价具有家庭经济收入差异并受其影响

通过量化分析发现，大学生人际关系反应性评价存在显著的家庭经济收入差异，即高收入家庭大学生的人际关系反应性评价最高，显著高于中等收入家庭与低收入家庭。家庭条件较好的大学生物质条件比较优越，在日常生活和与人交往的过程中几乎不会考虑花销问题，并不会因为此方面感到烦恼。而家庭经济收入较低的大学生会想更快的经济独立，表现在需要更多的时间做兼职等等，没有多余的预算在人际交往方面，并且部分家庭经济收入较差的大学生还需要承担部分家庭支出。以上观点在受访者 C3、A7、B1 的观点中有所体现，其中 C3 属于高收入家庭的大学生，A7、B1 属于低收入家庭大学生。

C3：我本来不会觉得家庭收入不同的学生人际关系反应性评价会存在差异。但是这种东西都是比较而言的，我会发现我身边一些家境没有很好的同学生活的确会更拮据一些，平时购物的时候也会关注东西的价格，北京的物价和生活成本其实都挺高的。之前我偶然问过一个学习比较好的同学为什么这么努力之类的，她的回答让我很意外，她说她要改变的不仅是她的生活还有她全家人的生活。在与人相处中可能也会有所表现，比如只要有人找我出去玩或者旅行，只要是我比较喜欢的朋友我一般都是去的，不会考虑到钱方面的问题。可能天然家境比较好的话，我在不自觉中少了很多烦恼也少了很多压力，自己生活中可能感受不到，但是比较而言的话就很明显了。所以我很幸运也很珍惜吧。

A7：我的家境挺不好的，一个月的收入也就 1000 出头，不到 1500 块钱。其实家境让我有些自卑，我总是怕别人知道我家境比较差然后会笑话我或者排挤我。而且在这么穷的情况下还要让我上大学，我想以后有能力的话多赚一点钱分担家庭压力。我平时不和同学出去玩，除了本身也没什么好朋友的情况之外，其实我也很怕多花钱，或者表现出我很没有见过世面的样子让别人嘲笑我。

B1：虽然我的家庭收入不太多，但是其实没有让我感受到太多。父母的压力都是他们自己扛下了,从来没有让我觉得很烦恼之类的。但是现在长大了以后,我尽量多地出去当家教,主要教初高中的数学,也获得了一些收入。我给自己的计划就是20岁以后做到经济独立,而且每个月要给家里寄1500元。因为这个目标我的生活就比较拮据,可能或多或少会影响到我的人际关系反应性评价,比如我除了上课就是在兼职,自然就没什么时间和其他女生一样出去逛街吃东西,就没有收获什么闺蜜之类的。这方面也算是一个遗憾吧,但是我觉得自己的目标也是要坚持的。毕竟原生家庭就是这样是没法选择的,在家里条件不太好的情况下父母也毅然决然地供我读书一直到上大学,我现在有能力了一定会尽我所能地去回报他们的。穷人家的孩子早当家吧,应该就是这样。

综上分析可知,质性访谈印证了数据分析中高收入家庭大学生人际关系反应性评价显著高于中等收入家庭与低收入家庭的大学生的结论。家庭收入较低的大学生会更早有经济独立的意识,并且会利用课余时间兼职赚生活费甚至给家里寄钱来补贴家用,因此缺少了与他人相处的时间,同时也没有多余的人际关系维系预算,因此人际关系反应性评价较低一些。

(4)大学生人际关系反应性评价具有家庭情况差异并受其影响

通过量化分析发现,大学生人际关系反应性评价存在显著的家庭情况差异,即重组家庭大学生的人际关系反应性评价最低,显著低于双亲家庭、单亲家庭、孤儿。访谈对象B7、C1为来自重组家庭的大学生,两人均认为来自重组家庭的原生家庭背景使其人际关系反应性评价较低,表现的形式有所不同,但实际均指向于父母(家庭)对其成长过程中的关心缺失,没有从家中得到想要的温暖,甚至还要承受来自继母(父)与重组兄弟姐妹之间的恶意或冷漠情绪,从而表现在人际关系上形成了自卑、不自信的情绪,因此形成了较低的人际关系反应性评价。以上观点在受访者B7、C1的观点中有所体现。

B7:其实我的亲生父母已经离婚了,我的亲弟弟只有一个,同父异母的有两个妹妹一个弟弟,我后妈对我很不好,平时给我们做东西吃饭都是分类别的,我和我后妈的孩子之间的接触不多也不好。我现在是和爸爸、后妈和爷爷奶奶在一起生活,与我的亲生母亲联系比较少,从4岁开始到现在只见了我妈妈两次，一次是小学 4 年级的时候，另一次是高三的时候，以前还偶尔会打个电话，现在连电话几乎也不打了，我感觉这个关系好像断了，最近一直琢磨着想给她打电话来着（苦笑）。其实我很想她，感觉越长大越会怀念小时候和爸爸妈妈一起生活的时候，觉得那时候很温暖，我没有好好珍惜很后悔。以前我觉得这种家庭情况对我的影响非常大，比如在我上小学的时候我的同学知道了我父母离婚的话都会嘲笑我，但是在爸爸与后妈结婚后我都已经无所谓了，什么都看淡也看清了。从小到大，尤其是上高中前因为这个原因我也没交到朋友，很少有人认识我。初中那会儿想开了一点，也交到了一些朋友。高中的时候人际关系也一般，认识了好几个朋友。那个时候最难受的时候就是在开家长会没有家长给我开的时候，我就会很难过。因为以前爸爸还会外出打工，相当于只有爷爷奶奶养我的那种。比如周末的时候别人都有爸爸妈妈来看，我只有爷爷奶奶来看的话，我就很心酸。我一个宿舍的女生她妈妈每次来看她的时候都会说什么多穿点衣服之类的，都没人和我说（笑），我就会很心酸。还有我的发小，她妈妈每次都会给她准备好上学带的日用品还会带一些好吃的，而从小到大这些都是我自己准备的。有一次我去她家的时候，我看到哪怕是一件衣服都是她妈妈亲手叠好放在她的行李箱里的，当时我的心里就是（哽咽）……嘴上不说但是我的心里非常想哭啊。家庭情况让我在不成熟的时候很不自信，我怕朋友们了解我认识我知道我的家庭情况后嘲笑我。但是我上初中的时候，我交了一个非常开朗的朋友，她让我改变了很多，可以算是我性格的一个转折点。直到现在，我对我的家庭没有任何需求了，不渴望得到什么也不怕失去什么，因为我本来就什么都没有（苦笑），所以我现在不会在乎这些了。但你说现在的人际关系会不会还受到我家庭的影响呢，肯定是有的。因为我缺失家庭的温暖，所以我既渴望得到暖暖的友谊，又不敢相信会有人愿意对我好。毕竟连我的亲生母亲都可以不要我，我凭什么还会相信有人会愿意对我好呢？每每想到这些我都很难受的，感觉我天生就是注定被抛弃的，比较自卑吧，就算是有朋友对我表现出善意，我可能还会怀疑或者不敢相信。所以现在我的朋友有很多，但是我始终不敢敞开心扉与人百分之百地坦诚相待。

C1：我父亲在我很小的时候就意外离世了，所以我就一直和妈妈住在一起。其实我很理解妈妈为什么会再婚,虽然我心里难受,但是我表面上从来都是一个很理解并且支持的态度。我不想她太辛苦。继父和哥哥姐姐和我之间的相处也是还可以的,继父虽然不怎么管我,但是毕竟也给了我很多经济上的支持。对我妈也是比较好的。我觉得我很满足但是我不幸福,很怀念我的父亲,更怀念曾经有的幸福的家庭。但是现实总是很残酷的,为了生活必须接受现在的生活状态。我很少会和别人讲这些,首先我觉得他们不能够完全理解我的心情,其次我觉得没有说的必要。这种家庭背景对我的人际关系理念有很大的影响,我是一个很封闭的人,其实我知道自己内心很脆弱。所以我能够做的就是尽量不和别人谈心或者说轻易地与人进行交往,有一点人际关系洁癖,因为不想让别人轻易地知道我的痛苦,无论是伤害我或者可怜我都会让我感到很难受。

重组家庭的大学生是一个非常特殊的学生群体,此类群体的学生大多是经历过双亲家庭、单亲家庭阶段后进入重组家庭之中的。通过访谈可知重组家庭的学生内心都比较脆弱敏感,但是外在表现会让自己看起来更加强大。这种特征表现在人际关系上是一对矛盾的存在,即渴望有人走进自己的内心但又害怕敞开心扉使自己再次受到伤害。害怕源于对自身的不自信或怀疑的态度,或者对感情的漠然与无所谓,因此获得较低的人际关系反应性评价。此类学生群体具有特殊性,而其外在表现上无明显特征,需要引起高校及高等教育工作者的高度重视。

2.高校视角下大学生人际关系反应性评价的分析

在中观系统中,高校对大学生人际关系反应性评价的作用及影响效果高于家庭对大学生人际关系反应性评价的影响。这是由高校的文化环境、大学生身心发展特征决定的。其一,大学生在进入高校后多数离开了已有的熟悉环境进入到新环境开始生活,并且生活场域主要在高校,因此高校的校园文化功能、有形与无形的文化环境对大学生的成长与发展产生直接影响。[①] 其二,大学期间,大学生身心发展达到了思维逻辑、世界观、思维创造性的形成阶

---

① 潘懋元.新编高等教育学[M].北京:北京师范大学出版社,2009:533-538.

段。① 因此,大学时期的引导与教学会直接影响大学生身心发展的结果。通过半结构访谈,高校视角下对大学生人际关系反应性评价的影响将从高校课程设置、人际冲突的解决途径、高校整体风气三部分展开。

(1)高校课程设置

课程是高校运行中至关重要的构成性因素,也是确保大学职能发挥与实现的关键渠道。通过访谈可知,32 位受访者中有 21 位曾在课堂中受到人际关系的相关课程训练,32 位同学均认为高校应开设人际关系方面的课程,锻炼学生的人际交往能力,从而可以通过能力的提高,切实提高其自身人际关系反应性评价水平。大学生初步进入高校之时,往往带有着迷茫与陌生的情绪,不同于以往在教师与家长的安排下按部就班地学习,大学生活充满着自主性,更需要学生主动地接纳与探索。无论从学习上还是生活上,许多大学生一时无法适应从被动式学习生活到主动式学习生活之间的转换,表现在人际交往方面可体现在不懂得如何进行小组合作、集体生活、主动交友、关系维系等。在此情况下,高校开展关于人际交往内容的课程成为帮助大学新生适应校园生活的重要途径。通过访谈,受访者提出高校教导人际关系内容的课程形式有四种,分别是新生研讨课、大学生心理健康课、辅导员/班主任的班会、专业课程中的偶尔讲述,这四种方式并不相互独立,而是具有交叉性的。

其一,通过开设新生研讨课的方式传授人际关系方面的知识。在访谈的过程中,有受访者认为高校入学时开展的新生研讨课非常有意义,无论对于学生身份的转换、大学生活的适应、人际交往能力的提升都有极大的积极促进作用。在新生研讨课中,人际关系部分并不是主要内容,甚至只会被简单提及,但是受访者认为高校应加大人际关系内容在新生研讨课中的分量比重。以上观点在受访者 B7、D2 的观点中有所体现。

B7:新生刚来的时候学校会开一些课程,里面会讲一些人际关系的内容,但是我记得肯定不是作为一个很重点的部分开展的。其实我觉得学校应该把这部分内容作为一个重点提出啊,毕竟人际关系在大学生的生活中非常很重

① 潘懋元.新编高等教育学[M].北京:北京师范大学出版社,2009:119-120.

要,而且很多人真的就不会维系人际关系、不会解决人际冲突什么的。

D2:我们学校会开新生研讨课,课上就有讲到我们应该要怎么和舍友相处、怎么和其他同学相处、怎么和老师相处,还会叮嘱我们要主动走出舒适圈,鼓励我们加入一些我们感兴趣的社团什么的。比如就会着重强调舍友是一群和自己很有缘分的人,我们都是来自天南海北的人却有机会在一个宿舍共处四年,所以一定要凡事相互理解,做到不打扰别人、不过多计较等等,课上都会说得挺细节的,还会举一些例子。通过上这个课,我真的觉得可以获得很多收获,感觉开设这种课程尤其是在新生刚入学的时候开设是很有必要。

其二,通过开设大学生心理健康课的方式传授人际关系方面的知识。有部分受访者提及学校会开设大学生心理健康方面的课程,并在此课程中会提及人际关系方面的内容,这使人受益匪浅。此课程在部分学校中是必修课,在部分学校中是非必修课,但总体而言提及此课程的受访者均认为此课受学生欢迎程度比较高,而且的确对学生的成长与人际交往能力的提升都有实际帮助。以上观点在受访者 C3、B2 的观点中有所体现。

C3:我们学校大一的时候会有一门校选课叫做"大学生心理健康与人际交往",同时有 7 个班,上一学期,一个班有 100 多人,选课的人还是挺多的。我认识的同学里面大多数都是有选过这个课的。这个课会把不同院系的同学随机组成一个十人的小组然后完成一些随机任务,这个过程是很锻炼人的。因为同学都是刚进入大学,可能会是第一次遇见比较划水的同学,会锻炼与人相处的能力,会学会怎么分工与怎么呈现成果,还挺有意思的。之前很少有这种形式的课程。大家几乎都是通过这堂课第一次正式地进行小组学习,现在回想感觉这个经历为今后的学习提供了许多潜性锻炼。而且课程中也会讲授许多如何与同学、老师相处的小技巧,感觉都是很受用的。

B2:我们学校的大学生心理健康课就会教一些人际交往规则的内容,也是我们学校的一门公共必修课,就是不学这门课是不能毕业的。同学们一般都会在大一就把这堂课上完,所以对今后的学习生活还是有很大帮助的我觉得。

其三,通过辅导员/班主任班会的方式传授人际关系方面的知识。有受访者表示学校虽然没有开设课程教过人际交往方面的内容,但是辅导员/班主任曾在开班会的时候讲过有关如何更好地处理校内人际关系的内容。班会的开设频率与时间均不固定,并且不同于课程学习具有周期性,班会是贯穿大学生活的一项以班级为单位的活动。一般由辅导员或者班主任主持进行,而人际关系问题是班会中的重点内容。以上观点在受访者 C8、C6 的观点中有所体现。

C8:我们导员会时不时给我们开班会,就是总结性的那种,说一说最近大家在哪些方面需要注意些什么啊之类的。其中就会经常讲到学校里又发生哪些人际冲突了,跟我们讲如果我们遇到类似的问题需要怎么办、需要注意哪些事项什么的。比如,上周就是别的学院有几个男生因为打球抢场地的事儿打起来了,然后上次开班会导员就和我们说遇到这种事情先要保持冷静,不管怎么样都不能动手,不然有理也变成没理了。班会的一个主要内容差不多就是会和我们经常讲一些要怎么待人接物会更受欢迎这些,我感觉也是从中会学到很多经验,听到很多别人的案例,那么在遇到类似问题的时候我就知道怎么处理才是正确的方式。

C6:班主任偶尔会开班会,但是频率不高,一学期 1～2 次吧。班会中有时候就会和我们说在大学生活中的人际关系需要怎么维系,有哪些是要主动做的,有哪些是不要做的。比如也会告诉我们不要和哪类人交往,要有辨识能力,平时要尊敬老师,无论是线上还是线下与老师相处一定要很有礼貌,对学校的一些其他人员比如宿管阿姨、食堂的阿姨、门卫都要态度谦逊礼貌一些,毕竟都是我们的长辈等等的忠告。

其四,其他课程中提及的人际关系知识。不同于以上三类方式本身设置目的就是为了提高大学生人际交往能力、提升大学生人际关系反应性评价水平,此类方式往往是在无意间使学生获得关于人际关系方面的意外收获,具有不定性与随机性。以上观点在受访者 C10、A4 的观点中有所体现。

C10:我们有门专业是管理沟通的课程,这门专业课是必修的,每个人都会学。这门课的老师在上课的时候讲管理中的沟通,时不时就会以我们大学生现在有的宿舍人际关系、同学关系、师生关系、情侣关系等等来举例子,对比讲授他的知识点,其实这也在无意间让我学到了一些平时人际交往的技巧。

A4：有时候一些老师上课的时候可能就会提几句这方面的内容，不会特意来讲，正好遇到了就也会和我们说一说。

（2）人际冲突的解决途径

多数受访者都提及"校园就是一个小型社会"这一概念，可见校园与社会在某种程度上具有相似性，并且主要体现于人际关系复杂性。学生在校园生活中需要同时处理多个层面的人际关系，诸如宿舍关系、与其他同学关系、与辅导员的关系、与任课教师的关系、与毕业论文指导老师/导师的关系、与学校其他职能部门工作人员的关系，在人际交往的过程中也伴随着发生人际冲突的可能性。高校及学院在发生人际冲突时的应对与解决途径直接影响冲突事件的处理结果，直接影响大学生人际关系反应性评价这一评价指标。因此高校应重视完善人际冲突的应对措施，优化人际冲突的解决途径，努力使冲突双方达成和解，避免激起更大的矛盾与争执，这也是实现和谐校园的重要保障。

在半结构访谈中，每位受访者都被问到同一个问题，即"遇到人际冲突时，你会首先选择向谁提出帮助的请求？"。32位受访者给出的答案分为两类，第一类是向父母家人寻求帮助；第二类是向同伴包括男/女朋友、舍友、朋友寻求帮助。可见绝大多数大学生遇到人际冲突时，不会主动寻求学校/学院/老师的帮助，而是会寻求与自己有更亲密关系的父母或同伴的帮助。在进一步追问后，受访者表示人际冲突的类别有很多种，若是日常生活中的小冲突小矛盾就不会想到找学校/学院老师说明，但若是难以解决的冲突矛盾则会选择找学校/学院说明情况。换言之，高校/学院经手处理的人际冲突大多是学生无法私下自行解决才上升至学校/学院层面的，应该引起学校/学院的高度重视。通过访谈可知，32位受访者中有9位受访者表示在大学生活中亲身经历或了解身边发生过人际冲突事件，并且上升到学校/学院层面解决问题，其中有3位受访者为事件当事人。冲突矛盾主要表现在宿舍人际关系、学生与辅导员之间的人际关系、学生与校内其他职能部门工作人员之间的人际关系三个层面。

其一，宿舍人际关系矛盾的解决途径。宿舍人际冲突是大学生人际冲突最集中的表现形式，而宿舍人际关系的和谐与否也在很大程度上决定了大学生人际关系反应性评价的水平。宿舍人际冲突在学院层面的处理通常以辅导员为主要负责人，首先会对冲突双方开展一对一谈话，从而希望双方达成和解；其次会选择与冲突一方或双方学生的家长取得联络，沟通学生近况，并一同商讨解决途径；再次，当遇到不可完全调和矛盾的时候，应采取换宿舍的做法来进行处理，最终目的是达成双方情绪平静与和解。但是在具体处理过程中，依据冲突的类型与激烈程度应有更为弹性的应对措施。受访者C3在大二时期曾发生过宿舍冲突，起因为舍友盗窃他人财物，学院通过受害舍友报警后得知此情况并通过双方安抚、联络父母、调换宿舍解决此问题。受访者C3具体表述如下：

C3：一般遇到人际关系摩擦的话，在不是很严重的情况下，学院是不怎么会插手的，如果已经上升到学院的话，学院一般会采取和解的态度，由学生组专门负责的老师进行处理。当时发生了一个案件，我们先去报案了，学生组老师知道了就去了解这件事情。老师有安抚，并且和同学以及家长进行沟通，事件是物品盗窃，犯案人为同寝室友。因为一开始不知道犯案人是谁，所以我首先采取了报警。我在知道丢失物品是同学偷的以后，因为我知道这个同学在心理上是有一些疾病的，所以我先是向学院提出的想法是可不可以让她先休学一年或者从宿舍搬出去看病或单独住，这样对我们大家都比较好，也就是希望通过学院调解让她先去治病，但是她没有通过学院调解后去住院治病，而是依然住在宿舍。但是通过学院的调解和劝说，她现在已经搬走了，而且我们寝室其他人都出国交换了半年，所以也无所谓。可以说人际关系冲突也算是得到了解决，她当时偷的贵重物品都追回了，其他的一些小物件我也不想计较了。

其二，学生与辅导员之间的人际冲突解决途径。辅导员是大学生成长生活中重要的参与及见证者，主要负责从事思想政治教育、学生日常管理、就业指导、心理健康以及学生党团建设等方面的学校公职人员，一般负责一个或多个班级甚至整个年级的学生直接管理工作。不同于宿舍人际冲突在较严重时会上升至学校/学院层面，学生与辅导员之间的矛盾是直接存在于学院层面的，而处理好学生与辅导员之间的关系对于该学生的成长与学习而言都是十分重要的,强烈影响其人际关系反应性评价。与辅导员之间的冲突主要源于辅导员的管理方式或处事态度无法被学生理解和接受,因此产生矛盾与冲突。在处理时,需要辅导员主动注意到问题的发生,及时与当事学生谈心,必要时需要另一老师的介入,具体处理方式应根据具体问题做弹性处理。受访者C10在大四上学期评选优秀学生干部时与其辅导员发生了人际冲突,起因是其他班级选上的优秀学生干部都是班长,而该受访者班级的优秀学生干部是团支书,该受访者为班长,认为其工作态度积极认真,基本评选条件不仅满足甚至远远超出标准,理应选为优秀学生干部,因此与负责评优的辅导员产生了冲突。辅导员的评选标准不明晰,通过学院团委领导的沟通与调节,辅导员向该同学表达了歉意,并决心以后将明确公示评奖流程。该受访者因不想在毕业前发生不美好的冲突,所以决定与辅导员达成和解。受访者C10的具体表述如下:

C10:我和我们辅导员的沟通应该算是很多的了,因为我既是学生会的又是班长,大大小小的事情很多都是我帮他一起做的。但就是在最近的评奖评优活动中,别人班都是班长当选优秀学生干部,就我们班是团支书当选。其实这件事情虽然不是什么大事,说出来可能还会有人觉得我功利心重。但是设身处地想想,自己一直为班级做事情,我们班的事几乎都是我做的,团支书什么都几乎不管。而且我自认为不比其他班的班长差,为什么没有让我评上?这件事换作是谁都会很生气的吧?这个结果公示出来我觉得很丢脸,知道的会来问我,为我打抱不平,不知道的同学还以为我这个班长到底有多不负责。我其实挺生气的,所以就去问辅导员。辅导员态度挺平静的,刚开始说以为我没有提交申请材料。我很不平衡,因为我第一时间就发送了材料,所以继续把这件事反馈给我们院的团委书记。在团委书记的沟通下,辅导员确认邮箱里收到过我的材料后向我进行了道歉。但是我得知其他班级确实有班长没有参评,是辅导员打电话让她评选的时候,我继续询问他为什么以为我没有评选没有像叫其他人一样叫我递交材料。他一直就打太极,反正最后结果肯定是改变不了的,但是也向我道歉,并且说以后所有流程都会公布公开。快毕业了,我也不想和他有什么过激冲突,所以这件事情也就算了。

其三,学生与学校其他职能部门工作人员之间的人际冲突解决途径。学生在日常学习生活中除与同学、辅导员、教学老师、导师交流外,也需要与行政老师、后勤工作人员等学校其他职能部门工作人员进行沟通与交流。学校其他职能部门工作人员的服务态度、业务能力直接影响着学生生活的便捷程度与完善程度,学生与其间的人际关系是否融洽也在一定程度上决定了学生的人际关系反应性评价。受访者M在大三下学期曾与专业教秘产生过冲突,起因为该同学因身体问题申请一门科目的补考,在经过任课教师同意并完成学院规定流程后,教秘忘记将其分数记录在学校规定的计分系统之中,导致在学院决定保送研究生名额的时候,该同学因显示一门科目的缺考记录而丧失了保研名额的申请资格。该受访者与负责此事的教秘发生了激烈的辩论与冲突,后学院以辅导员作为代表出面解决此问题,在了解具体情况后进行了归责处理,并恢复了此学生的保研申请名额。受访者C6的具体表述如下:

C6:我在上学期就是大三下的时候和我的专业教秘发生过矛盾,这件事情说出来都有点不可思议的感觉。我之前不是说我是有点抑郁症嘛,大三下期末考试的那几天我的情绪特别低落。有一天早上我起床后就头特别晕,感觉全身都在冒冷汗,夏天温度其实挺高的,但是我出门还要套冬天的厚衣服都打抖的那种。去医院就直接住院了,所以是因为生病没有参加期末考试,请了病假。但是我是拜托朋友帮忙走完了所有的申请程序,任课老师也是知道的,同意了我参加补考,并且也是很严格的考试后给了我一个分数。但是教秘忘记将我的补考成绩填写到系统中了,这个系统我是看不到的,所以我一直都不知道她居然有这样一个工作纰漏。大四上学期的时候我们专业要分配保研名额,我被通知因为有漏考不能参与报名,询问具体原因后我才知道是上学期教秘忘记把我的成绩填到系统上了。我其实当时并没有很生气,因为我以为教秘会直接帮我改了以后作证就可以了。但是她的态度很恶劣,刚开始还不承认是她的工作疏忽,直到我找到了我当时提交材料的电子版证明与任课老师的证明才承认。而且也是在学院辅导员与她进行多次沟通以后才承认这件事情,虽然最后老师为我消掉了缺考记录,但教秘会犯这样的错误并且态度恶劣真的让我很吃惊。

（3）高校整体风气

高校整体风气即学校人员的精神面貌的总体展现与学校各种风气的总和，是校园精神文化的主要表现，是校园文化建设的核心内容，也是高校软实力的集中体现之一。高校整体风气是在长期的办学过程中积累沉淀而成的行为风尚，具体包括教学风气、学习风气、生活风气。高校整体风气是一种环境要素，长期以潜移默化的形式作用于大学生群体，对大学生的身心发展与行为认知均有一定的影响作用。在半结构访谈过程中，32 位受访者一致认为高校整体风气对自身人际交往态度与人际关系反应性评价的形成具有一定的作用，因此高校应重视校园风气的建设与完善。

其一，教学风气对大学生人际关系反应性评价的影响。高校中的教学风气具体表现为高校长期倡导的教学精神、教学态度、教学方法等方面的稳定体现，也是高校教育群体德与才的统一性表现，体现了教育群体的整体素质。其中教育群体的范畴不仅包含教学老师，同时包括行政老师、学校其他职能部门工作人员等。高校的教学风气可对学生的成长与发展起到潜移默化的作用，是高校生存与发展的不竭动力之源。在半结构访谈中，有 2 位受访者针对高校教学风气与大学生人际关系反应性评价之间的关系展开了论述，其观点主要集中于师生关系这一类别，此类别中包含大学生与辅导员、与任课老师、与专业指导老师/毕业论文指导老师、与学校其他职能部门工作人员的四个层次人际关系。受访者认为师生间的人际关系是双方互动的过程，而不能仅依靠其中一方进行单方面的维系。老师对师生关系的认识与态度也在很大程度上决定其与学生的亲近程度，这一认识与态度也是教风中教学精神与教学态度的一种具体表现。若学生单方面有意愿与老师加强联系而老师仅以授课关系或工作关系作为交往原则，也是无法得到较高人际关系反应性评价的，所以老师与学生对师生关系的认知需要达到一个平衡点，而制衡点的选择则需要高校进行权衡与维系。受访者 A9、B4 的具体表述如下：

A9：有些任课老师会主动和我们强调即使在课下遇到任何问题也可以联系他们，这点令我觉得很暖心，可能真实情况是没有什么事情去麻烦老师，但是老师表达出的那种对学生很关爱的感觉，让我觉得老师真的是一个很有教师风范的好老师。我就很愿意和这样的老师亲近,对这种老师也很敬佩。

B4:我觉得有时候不是学生不想主动与老师建立一个良好的师生关系,而是老师可能对教学的定位就是上好一堂课就可以了,他们本身对师生关系的理解可能就没有到达要与学生建立比较亲密的师生关系这样的概念。比如,我们有些课程的老师只要下课立刻拎包走人,走的有时候比学生还快(笑),其实我还想问他一个问题,问他可不可以通过邮件的方式联系之类的,但是他直接就走了,我就会觉得他是不是不想我过多打扰他的生活,所以就作罢了。

其二,学习风气对大学生人际关系反应性评价的影响。高校中的学习风气是学校全体师生在治学精神、治学态度、治学方法等方面的统一风格,也是知、情、意、行在学习问题上的综合表现,代表高校多年积累沉淀而成的学习形态与传统风格,对高校的发展和建设产生深远的影响,也是高校谋求长远发展的重要动力。在半结构访谈中,有 18 位受访者认为自身高校的学习风气处于比较良好的情况,另有 14 位认为自身高校的学习风气存在较大的进步空间,其中有 4 位受访者针对高校学习风气与大学生人际关系反应性评价之间的关系展开了论述。从受访者的观点中可知,过于严厉或过于自主化的学习标准对于学生的成长与发展以及人际交往都有着较为不好的影响。过于严厉的学风建设会极大地增加学生学习压力,在此之下学生没有多余的时间与精力投入人际交往之中,从而形成了较低的人际关系反应性评价;而过于倡导学习自主性的学风建设则会出现极端现象,即自我规划能力强的同学可以充分利用时间实现自我提升,而自我规划能力差的同学则无法及时理解学业内容,导致课业落后、考试不及格、无法按时毕业现象的发生。在此情况下,学生若没有取得良好的学业成绩,在间接情况下会影响其整体人际交往,尤其是师生关系的问题上,导致人际关系反应性评价的降低。综上,学风建设的标准显得尤为重要,而如何判定严苛与自主之间的界点则需要学校在结合自身办学发展水平与师生观点后做出合理判断。受访者 C10、B7 的具体表述如下:

C10:我觉得我们学校的整体风气还是比较勤奋好学的,因为学校规定我们每个专业的每门课都要有月考,除了第一个月没有考试以外,基本上每个月都有月考。学校就想通过这个制度要我们更努力地学习,不要只在期末考试的时候才努力。在这个制度下,大家都去学习,没什么心思放在与别人的沟通交流上了,交流也都是学习上的,玩的时间相对来说是比较少的。我觉得这个制度可以改善一下,把月考的权力放到每门课老师手里,老师觉得这门课程需要有月考再考,如果老师觉得不需要的话,那就没必要考,应该加大老师对考试的自主权,而不是学校方面的一刀切吧。有些老师也对这个制度感觉到奇怪,他觉得这门课写篇论文就可以了,但是学校规定一定要考他也没办法,因为这样的话对各种考核评定的话是更客观一些。所以我觉得整体上我们学校学风建设抓得真的太严了,导致我们学生每天不是在考试就是在准备考试,根本没有时间好好维持自己的人际关系,而且很多考试其实是没有什么必要的,所以我觉得学校要是能够将考核制度设置的弹性一些就好了。

B7:我感觉我们学校的学风是一届不如一届了,也可以说是学校给学生充分的学习自主空间吧,就是在硬性条件上没有什么要求,只要满足期末考核标准就有学分。所以我们学校图书馆经常就是比较空的,只有临近期中或期末考试的时候才会有很多很多人挤在里面看书。我们私下也会讨论很多学长学姐的一些事情,就会发现有人可以发展得很好很优秀的那种;但是有人就是学分都没有修够,连按时毕业都比较困难。那些很优秀的人往往是可以安排好自己的学习生活时间的,那藏大这种很自主性的学习环境就很适合他。但是更多的是一些自主学习能力比较差,然后对自己的未来发展也没什么规划的人,他们到毕业的时候就会手忙脚乱的,也会有种自己好像没有学习到什么知识,没有得到什么收获的感觉。有个学长就是这样,大四快毕业了学分居然没有修够,就不得不申请延毕,还与任课老师、辅导员都起了冲突,在这种情况下我觉得这种比较松散的学习风格也会影响部分学生的人际关系反应性评价吧,毕竟这种东西有一种很有联系(牵一发而动全身)的感觉。

其三,生活风气对大学生人际关系反应性评价的影响。高校中的生活风气是全体师生在以校园为生活环境的过程中呈现出的整体处事态度、行事风格、思想品德水平的集中表现,直接决定了师生在校园生活中的实际体验感、满足感与幸福感,是高校人文关怀与道德风尚的主要体现。在半结构访谈中,有 20 位受访者认为自身高校的生活风气总体处于清新端正,有利于学生的成长与生活,另有 3 位受访者认为自身高校的生活风气有进步的空间,其中有 1 位受访者针对高校生活风气与大学生人际关系反应性评价之间的关系展开了论述。高校生活风气的具体表现有多种形式,受访者观点中所表达的高校生活风气问题主要集中于学生会风气偏向于"官僚化"。受访者 B5 认为其学校中学生会的发展已经脱离了为同学服务的初心,而是偏向于程式化与官僚化,学生会中也出现了类似于钩心斗角的内部斗争现象,不同于单纯提升自己的办事能力、人际交往能力的初心,而要考虑各种利益之间的权衡,并小部分出现学生干部"公权私用"的现象,使大学生人际关系反应性评价下滑。受访者 B5 的具体表述如下:

B5:提到学校风气的话,我首先想到的就是最近我也有身在其中的学生会官僚化问题。因为刚上大学的时候学生会都会招新,我也想借机进入到学生会锻炼一下自己的办事能力与人际交往能力等等,为毕业后进入社会做一个铺垫。但是在最近的校学生会换届中,我发现真的像一场小型的内部斗争,各个学院的院主席之间都会通过各种活动的利益交换来换票,力求把自己学院的候选人推到校学生会委员队伍中去。本来我也是想参与换届的,现在看来我退出真的是很明智的。比如说,某学院在承办全校型的十佳歌手大赛中是有一些分票权的,所以这个学院学生会主席就会以这个为筹码来争取其他学院的主席和他们合作,其实就是给自己学院的候选人拉票。但是据我所知,后面这个主席没有如约把票分给这些"合作"学院,还被联合攻击了一番。类似于这种小的利益交换的事情特别多。而且官僚气息严重还有一个明显的体现就是"官大一级压死人",部长可以随便谩骂部员,有时候是因为工作没有完成好,我姑且算这种情况情有可原;有时候就是单纯的看这个部员不顺眼,公报私仇。我看到过很多小姑娘被一个大男生骂哭的现象,而且真的是很难听,一点都看不出他居然是我们学校的。在这种官僚作风、形式主义盛行的学生会中待过,真的让我对人际关系尤其是与其他同学的关系这一层面的反应性评价降低很多。类似的事情真的说上三天三夜都说不完,学生会真的应该好好革新一下了。

（三）外观及宏观系统中关于大学生人际关系反应性评价的分析

本书中的外观及宏观系统指向社会视角,分析社会与大学生之间的互动对大学生人际关系反应性评价的作用。社会对大学生人际关系反应性评价的影响不仅是影响其评分高低,而是影响其判断标准的设定,使大学生对自身人际关系反应性评价的主观标准发生变化,出现向功利化倾斜的趋势。本部分将主要从经济发展水平、舆论价值导向、社会整体环境三个方面展开论述。

1.经济发展水平

我国的经济发展规模和水准取得了前所未有的突破,已经呈现出相对稳定、持续增长、经济效益明显改善的良好时期。从国际横向比较来看,尽管近年来中国经济增长率呈现出减缓的趋势,但仍然是全球增长率最高的国家之一,也是宏观经济比较稳定的国家之一。稳中有进的经济发展态势为市场发展创造优沃的成长土壤,切实有效的政策支持为市场发展施以扶持与引导的康庄大道。在此背景下,人们努力工作谋求自身进步与财富积累提升的愿望与日俱增,期待自身全方面提升的愿望本身没有问题,但是过度地注重名利也会出现负面影响。从人际交往的角度切入,绝大多数受访者都提及社会上掀起了类似于"追名逐利"的风潮。这种风潮对人际关系反应性评价的影响绝不仅是影响其评分高低,而是影响了人们关于人际关系反应性评价的判断标准。当"名""利"成为判断人际关系反应性评价的标准时,人们就会自然联想到其所拥有的人际关系是否具有其理想的名利价值,如果具有名利价值则是满意的人际关系,会带来较高的人际关系反应性评价评分,反之则相反。通过访谈可知,大学生群体中以名利为人际关系反应性评价判断标准的现象较少,但是多位受访者感受到了这种风潮的出现。追名逐利社会风潮的出现既是经济发展水平发展到此阶段的必然,也是需要得到重视的一种现象,不能任其肆意蔓延。受访者 B10 的具体表述如下:

B10:我觉得在经济建设快速发展的今天,大家都挺在乎名利的,都很希望自己可以有钱、有权。不仅仅在社会中,感觉到校园中也有这种风气,毕业找工作的时候也可以看出来都是为了那更高的工资或者比较有社会地位。其实我有时候进行人际交往的时候也会想和他接触会不会给我带来这方面的帮助,其实这是一个不太好的现象,因为人际交往的初心应该是选择和自己志趣相投的朋友,但是在社会中比较急功近利的风气下,的确会有这样比较私心的想法。

2.舆论价值导向

舆论价值导向对群众思想意识起到引导性作用,一般以电视、广播、互联网等作为传播媒介,对社会发展起到推动和促进作用。大学生群体受到社会舆论导向的类型分为有意识的接收与无意识的接收两种,有意识的接收主要表现为高校或具体负责单位组织的各种活动,学生可从中学习、思考进而形成自己的思想认知;无意识的接受主要表现为电影、电视剧、社会新闻、广告、游戏中传播的隐形价值观念,学生在日常接触中悄无声息地受到其传递价值观的影响,进而将其也逐渐融合到自己的思想认知当中。有意识的接收往往是组织单位经过缜密思考与精心策划形成的有利于大学生身心发展与成长的价值导向,例如学院组织大学生集体观影、学校定期开展的党日活动与团日活动等;而无意识的接受是带有随机性与自主性的,其中有些是学生主动选择的,而更多的则是被动、无意间的接触。将社会舆论价值与大学生人际关系反应性评价相结合,可知舆论价值不仅影响大学生人际关系反应性评价的具体分值,而且在有意与无意之间影响了大学生判断自身人际关系反应性评价的标准。通过半结构访谈可知,大学生在日常生活中会选择看电影、看电视剧、浏览社交网络平台信息等方式进行放松,但是在此过程中传递的并不全是积极、正面的舆论导向,也有少部分拜金、虚荣、不切实际等不利于大学生成长与发展的舆论导向。在这种舆论导向的影响下,判断力强且自身思想意志比较坚定的大学生会保持自身正确观点,不受其干扰与影响;但是判断能力较低,没有坚定思想意志的大学生很可能会被不正当的舆论导向影响,进而对自身的人际关系出现认知偏差,从而以错误的思想认知作为判断自身人际关系反应性评价的标准,例如:崇尚拜金主义、交友原则性较低(交友不慎)等。受访者C3、C10、B9 的具体表述如下:

C3:我有一个很深的感触就是微博、综艺以及很多电视剧中都会出现很多夜店蹦迪的部分,很多表现出来的都是那种蹦迪才是成年人的正常生活,蹦迪时认识新朋友发个朋友圈的话,别人就会觉得有种"呀,她挺活泼啊""她朋友圈子挺广啊"这种的感觉。在和其他朋友聊天的时候,我发现她们也有这种感觉。但其实我们都是从小乖乖长大没有去过夜店的,很多人就是看多了这种东西,认为成年人就应该多去夜店玩,所以自己也会去夜店玩。这就是被舆论导向带动从而自己思想出现偏差的一个表现。而且很多新闻也写了在夜店玩有很多不安全的隐患,我搞不懂为什么媒体还要这样大肆宣扬去夜店玩才是成人该有夜生活这样的价值导向,这应该是不对的吧。而且很多人都会觉得人要"社会"一点才有面子的感觉,那么其实他在交友的时候就会有这个人是不是能玩得起来、是不是"社会人"作为他交友的标准,其实这也是不对的。当然我说的是小部分的人和我自己的一些思考,我觉得大部分人还是会有自己的判断能力,知道影视化作品不能等同于生活的。

C10:我觉得现在社会对男生要求很高啊,很多女生在一些电影、电视剧价值观的引导下会对男生有很多不合理的要求。比如我知道的就有,测试他爱不爱你就要看他愿不愿意为你花钱、不要 AA 制一定要男生付所有款······这些言论本来就是错误的,背后都是有资本利益关联的,但是就会为一些本来就想不劳而获的人拿来成为自己的理论基础。崇尚拜金主义对人际关系反应性评价肯定会有影响,当他身边的人无法适应这种拜金习惯的话,矛盾是必然会产生的。

B9:你有没有发现,现在打开微博什么的,就会经常看到"塑料姐妹花"类似这种词。我觉得这完全就是把女生之间的感情玷污了,女生天生可能心思比较敏感,会比男生更容易发生小矛盾,但是总这么说的话,感觉大家的防范心都加深了,更不容易与人深交了,会不自觉地想得更多一些。

3.社会现实情况

社会现实情况即社会发展现阶段表现出来的特点,具有与发展国情有关的特殊性。以大学生群体为主要研究对象,社会现实情况影响着大学生生活的方方面面,包括人际交往方面的择友标准、交友原则、满意度判断标准等等。通过半结构访谈,可知 32 位受访者均提及社会现实情况会影响其人际交往观念。社会现实情况对大学生人际关系反应性评价施以影响主要表现在生活节奏快、人情社会的关系网、忙碌生活中对亲密关系的向往三个方面。其中快节奏生活与人情社会的社会情况会使大学生的人际关系反应性评价的判断标准偏向于功利化的需求,但通过访谈询问"你理想中的人际关系是什么样子"一题可知,所有的访谈对象都希望在忙碌的现实生活中可以有三两知心好友,可见大学生对于真情实感的亲密关系充满渴望。社会现实会在不自觉中将大学生人际关系反应性评价的判定标准向功利化倾斜,但是人际交往的初心仍然是希望心与心之间的真诚交换。

其一,社会快节奏生活对大学生人际关系反应性评价的影响。快节奏生活即表现为时间观念强,办事效率高,生活适应能力强的一种普遍的社会现象。在社会快速发展,科学技术日新月异的今日,为在社会中打拼出自己的一席之地,必须培养出高效率的工作习惯与快节奏的生活习惯。大学生作为即将步入社会的储备力量,在这种快节奏的社会情况下,逐渐受其感染并感受到功利性生活的现实存在,而对功利性交友的过度期待或因功利性交友而缺失真情实感的人际关系都有可能会影响到大学生人际关系反应性评价。受访者C2、A6的具体表述如下:

C2:快节奏生活会使人际交往变得比较功利。比如,看到一个人就会想他可以给我带来什么,他对我更好更快地完成工作任务会不会有所帮助,如果发现他会给我带来帮助,那么我就很可能希望和他进一步交往成为朋友。但是现实是除了像宿舍同学这样强组起来的亲密关系外,几乎不可能与工作伙伴相处得有多么亲密,很多都是表面朋友。

A6:在实习的时候,我发现我会不自觉地去交往一些可以方便我工作的人,其实交友有点自私了。因为和她们多接触可以让我的工作每天更便利一些,但是我常常因为和她们接触而没有多余的精力与父母亲人或老朋友接触,导致有些关系逐渐生疏了,这一点我也挺难过的。

其二,人情社会关系网对大学生人际关系反应性评价的影响。人情是人与人之间交往产生的关系,而社会就是一张无形的关系网,由各种人际关系交织而成。中国人自古以来重视人际关系,交往范围的大小很大程度上决定了自身的生活便利程度与幸福程度,尤其在中小城市人情社会的便利之处更是有着极大的体现。在此社会背景下,大学生的交友也会受到人情社会观念的影响,会有意识地扩大人际关系网,力图在人情社会中尽量扩大自己的交友圈。而是否拥有一个包含行业较全面、人数较广泛的人际关系圈子也成为人际关系反应性评价的一个判断标准。受访者 A1 的具体表述如下:

A1:虽然我还没有步入社会,但是总会有些交集,让我深刻感受到了人情社会中交友圈子广泛是有多么重要。我最近学驾照,练车的时候教练忘记带教练证,所以在路上被交警抓了。交警的态度就是特别凶,就拍照啥的,要把正在开车的小姐姐带走。后来我们驾校的校长就来了,校长的人脉特别广,给交警的上司打了个电话,瞬间就没事儿了。校长和我们说现在社会只有你有钱有人脉才能走得开,我听了以后就觉得特别不好。(笑)我觉得这种风气下,我的交友心态或多或少还是想多一些人际关系。因为我的家境也确实不是很好,怕自己如果以后遇到事情没有人会帮助我,所以我想要有钱和人脉去支撑我以后的生活,不然有点寸步难行的感觉,或者说同样的成就我需要付出比别人多很多倍的努力才可以得到。

其三,忙碌生活中对亲密关系的向往观念对大学生人际关系反应性评价的影响。半结构访谈中最后一题为询问受访者"你理想中的人际关系是什么样子?",受访者回答各有不同但均提及希望自己可以有小部分(数量 1~5 之间,多数为 3 个以内)的知心好友给予相互的支持,困难时可以相互安慰鼓励,开心时可以一起分享喜悦。由此可见,在社会生活节奏快、人情社会仍然存在的现实情况下,大学生心中理想的人际关系仍然是渴望真诚的关系,对真挚诚恳的人际关系充满了期待。即便在现实考虑层面,人际关系反应性评价的判断条件会向功利性因素倾斜,但是大学生依然保持着对人际交往的初心,主要的判断标准仍然是希望得到真诚、知心的人际关系,在此选取受访者 A2、C4、D2 的观点:

A2:希望有哪怕一个真心待我的朋友就好了,我也一定会真心待他的。我觉得我是一个很善良的人,哪怕只认识一两天的人遇到了什么事情我也会尽全力帮她的,所以我还是期待有一个真心待我的人。另外,我也希望自己的各方面人际关系都是真诚的,不要有太多的钩心斗角,希望彼此之间都是真心换真心的那种。

C4：理想的人际关系就是朋友不需要特别多，有几个比较知心交心的就可以了，大家都处于一个比较放松的状态。与老师的关系就是老师布置的任务都可以及时完成，保持一个平衡的沟通状态就可以。希望有矛盾有冲突都可以及时说明白讲清楚，不希望发生人际冲突，更不希望因为各种现实的原因失去以往真心相待的朋友、老师、亲人等等。

D2：如果我能一直有像现在这样 2 个特别好的朋友就好了，我们 3 个是最要好的。平时遇到什么困难也好，开心也好，我们都会一起分享，彼此安慰。希望我们之间不要闹什么矛盾。对于我的整体人际关系的话，我理想中就是可以有更多愿意真诚相待、坦诚相待、相互理解的人，不管是什么关系，同学也好、师生也好、工作关系也好，都希望大家可以开开心心地做事。这样我就很满意也很知足了。

四、本节小结

本书的分析由微观系统、中观系统、外观及宏观系统层层推进并得出相关结论，既回应与解释量化分析关于学生个体视角与家庭视角的相关结论，又补充与丰富高校视角与社会视角对大学生人际关系反应性评价问题的讨论与结论。

（一）微观系统中大学生人际关系反应性评价的差异存在原因与影响作用

微观系统指向大学生个体视角，量化分析得出 11 个使大学生人际关系反应性评价出现差异的个体因素，其中 8 个学生个体因素同时为大学生人际关系反应性评价的影响因素，本书通过半结构访谈印证了数据分析中的结论。

男大学生的人际关系反应性评价显著高于女大学生，且性别因素为大学生人际关系反应性评价的影响因素之一。通过半结构访谈可知，男女间的大学生人际关系反应性评价差异是由男女先天心理构造与思维差异造成的，并通过心理活动、思维模式与实际行动上的差异发挥影响作用，具体表现为遇到人际冲突时女生心理活动细腻敏感、思维方式偏向间接、实际行动通常会选择冷处理或不解决,而男生心理活动比较大条随性、思维方式偏向直接,实际行动通常会选择直接解决问题。

有恋爱经历的大学生人际关系反应性评价显著高于没有过恋爱经历的大学生,且恋爱情况为大学生人际关系反应性评价的影响因素之一。通过半结构访谈可知,不同的恋爱情况下大学生人际关系反应性评价差异是由于恋爱过程中可以培养付出精神、换位思考能力与理解他人的能力,而这些能力在人际交往中是大有裨益的。恋爱情况通过学生个体对人际关系的处理态度影响着人际关系反应性评价,具体表现为是否具有有利于人际交往的付出精神、换位思考能力、理解他人的能力等等。

有学生干部经历的大学生人际关系反应性评价显著高于没有过学生干部经历的大学生,且学生身份为大学生人际关系反应性评价的影响因素之一。通过半结构访谈可知,不同的学生身份下大学生人际关系反应性评价差异是由于学生工作经历可以使大学生具备换位思考能力与包容能力,在工作的过程中也会从学长学姐处学习许多有利于人际交往的内容。学生身份通过学生个体人际交往态度与能力的优秀与否影响着人际关系反应性评价,具体表现为有过学生干部经历的大学生无论是包容力、理解力、共情力等人际交往态度,还是沟通力、处事力等人际交往能力,都比没有过学生干部经历的大学生更优秀一些。

身体健康情况较差的大学生人际关系反应性评价显著低于身体健康情况较好的大学生,且身体健康情况为大学生人际关系反应性评价的影响因素之一。通过半结构访谈可知,身体健康情况较差的大学生分为生理不健康与心理不健康两种,其中生理不健康的大学生由于身体条件限制,无法完全参与同龄人的人际交往活动,因此会有"不甘心""遗憾"的情绪;心理不健康的大学生由于心理疾病本身带来的精神折磨使其没有多余的精力投入到与人相处之中。身体健康情况通过情绪作用,影响着人际关系反应性评价,具体表现为生理不健康的情绪表达为偶尔的、突发的、相对可控的,而心理不健康的情绪表达为持续的、不自觉的、不可控制的。

学习情况较好的大学生人际关系反应性评价显著高于学习情况较差的大

学生,且学习情况为大学生人际关系反应性评价的影响因素之一。通过半结构访谈可知,学习情况较好的大学生有更多机会展示自己,从而在多个人际交往层面都保持着较为良好的关系,获得较高的人际关系反应性评价。学习情况通过平台与机会影响着人际关系反应性评价,具体表现为学习情况较好的大学生有更多展示自我的平台与发挥作用的机会。

少数民族大学生的人际关系反应性评价显著低于汉族大学生,且民族为大学生人际关系反应性评价的影响因素之一。通过半结构访谈可知,少数民族大学生在生活中由于民族习俗、民族观念等与汉族不同,从而有着一些人际冲突,但仅限于与汉族有着较大差异性的少数民族大学生。民族差异通过汉族学生对少数民族传统、习俗、禁忌的不了解而体现出来,影响着人际关系反应性评价。

"211高校"(包括"985高校")的大学生人际关系反应性评价显著高于一般本科院校的大学生,且院校类型为大学生人际关系反应性评价的影响因素之一。通过半结构访谈可知,"211高校"(包括"985高校")的大学生在交友层次、社会资源、学校平台三方面优于一般本科院校,因此"211高校"的大学生人际关系反应性评价高于一般本科院校大学生。学校类别通过学生层次、学校口碑、平台机会三个方面影响着大学生人际关系反应性评价,其中的学生层次仅限在普遍的学习能力上而非在人品及其他方面。

理科大学生人际关系反应性评价显著高于文科大学生,且学科情况为大学生人际关系反应性评价的影响因素之一。通过半结构访谈可知,理科生的思维方式比较直接,不会对问题过度分析,因此对人际冲突的感知比较低。学科情况通过不同学科大学生的思维方式差异影响着大学生人际关系反应性评价。

乡村大学生人际关系反应性评价显著低于城市大学生。通过半结构访谈可知,乡村大学生的总体性格偏向于内向、腼腆,所以在人际交往过程中会伴有不主动交友等现象,因此人际关系反应性评价较低。

月支出金额在501~1200元的大学生人际关系反应性评价最高,高于月支出金额在1201元以上及月支出金额在500元以下的大学生。通过半结构访谈可知,月支出金额在 501~1200 元的大学生拥有良好消费习惯的同时,有足够的预算进行人际关系维系,因此具有较高的人际关系反应性评价。

大二年级的大学生人际关系反应性评价最低,呈现出"大二低谷"的现象。通过半结构访谈可知,大二学生度过了初入校园的适应阶段后,到达了比较熟悉的阶段,又没有到达大三与大四时期比较珍惜且成熟的阶段,所以容易与人发生人际冲突,因此人际关系反应性评价较低。

(二)中观系统中大学生人际关系反应性评价的差异存在原因与影响作用

中观系统指向家庭视角与高校视角,其中家庭视角下量化分析得出 4 个使大学生人际关系反应性评价出现差异的个体因素,其中 2 个因素同时为大学生人际关系反应性评价的影响因素,本书通过半结构访谈印证了数据分析中的结论;其中高校视角下,主要分析高校与大学生之间的互动对大学生人际关系反应性评价的影响。通过半结构访谈的内容转录,可将此部分的结论分为三个方面,即高校课程设置、高校关于人际冲突的解决途径、高校整体风气对大学生人际关系反应性评价的影响作用。

1.家庭视角下大学生人际关系反应性评价的分析结论

非独生子女大学生人际关系反应性评价显著低于独生子女,且兄弟姐妹人数情况为大学生人际关系反应性评价的影响因素之一。通过半结构访谈可知,非独生子女认为长大的过程中会明显感觉到资源或者爱的分割,尤其是家中有弟弟妹妹的同学,在成长过程中需要承担更多的责任,因此在大学的人际交往过程中会经常性、不自觉地进行自我反思,有时会将问题复杂化,影响自身的人际关系反应性评价。此外部分非独生子女大学生认为自己已经有了知心朋友而并不需要再与其他人深入交往。而上大学后发现与其他人的交往也是很重要的,由于从小社交能力锻炼上的缺失导致其不擅长与他人交往,因此人际关系反应性评价较低。兄弟姐妹人数这一因素通过成长环境中的性格塑造、交友观念的形成两个途径影响着大学生人际关系反应性评价,具体表现为非独生子女在成长环境中形成的性格更为敏感、交友观念偏向于保守类型,而独生子女的交友意愿比较强烈,且由于对友谊的渴望,会比较重视换位思考,所以形成了独生子女人际关系反应性评价最高的现状。

　　父母接受过高等教育的大学生人际关系反应性评价显著低于父母未接受过高等教育的大学生,且父母文化背景为大学生人际关系反应性评价的影响因素之一。通过半结构访谈可知,接受过高等教育的父母在抚养孩子的过程中会对其有着更严格的要求,从而打造出紧张的气氛。父母文化背景这一因素通过成长环境中的气氛打造影响着大学生进行人际交往过程中的态度与情绪,进而影响到大学生人际关系反应性评价。

　　家庭收入高的大学生人际关系反应性评价显著高于中等收入家庭与低收入家庭的大学生。通过半结构访谈可知,家庭经济收入较高的大学生没有经济方面的烦恼,也不需要利用课余时间赚生活费,有着足够的预算与时间维系人际关系,因此有着较高的人际关系反应性评价。

　　重组家庭大学生人际关系反应性评价显著低于双亲家庭、单亲家庭、孤儿。通过半结构访谈可知,重组家庭的大学生内心脆弱敏感,经历过双亲家庭与单亲家庭后进入到重组家庭之中,既渴望亲密关系又怕再次受到伤害。因此会对人际关系抱有怀疑及不自信的态度,从而获得较低的人际关系反应性评价。

　　2.高校视角下大学生人际关系反应性评价的分析结论

　　高校可以通过设置有关大学生人际交往的课程切实提升大学生人际交往能力,从而提升人际关系反应性评价水平。通过半结构访谈可知,高校关于人际交往方面的授课形式主要分为新生研讨课、大学生心理健康课、辅导员(班主任)班会、其他课程中提及人际关系知识四种形式。受访者一致认为学校开设关于人际交往方面的课程具有重要意义,有利于学生切实提升人际交往能力,采取更冷静理想的方式处理交往问题与冲突矛盾,从而获得更高的人际关系反应性评价。

　　高校的人际冲突解决途径的思路与方案直接决定了冲突是否可以顺利化解,对大学生人际关系反应性评价以及校园和谐具有重大意义。高校中的人际冲突形式多样,在针对高校应对人际冲突的具体做法时,受访者提及的人际冲突可分为宿舍人际冲突、学生与辅导员之间的人际冲突、学生与学校其他职能部门工作人员之间的人际冲突三个方面。纵观受访者的观点可知,大学生只有人际冲突上升到不可调节的情况下才会向学校（学院）寻求帮助，而大多数情况不算严重的人际冲突往往都会采取自行解决的方式。学校（学院）的解决思路可以归纳为归责、分别沟通、双方进行调解、解决问题、和解这一路径，调解的最终目的是解决问题并达成双方关系上的和解。

高校整体风气是一种环境要素，长期以潜移默化的形式作用于大学生群体，对大学生的身心发展与行为认知均有一定的影响作用，可分为教学风气、学习风气、生活风气三种。教学风气中老师（包括教学老师、行政老师与学校其他职能部门工作人员）对其与大学生关系的认识在很大程度上影响了大学生人际关系反应性评价；学习风气的严格与宽松都会对大学生人际交往产生影响，高校需要合理选择学风建设的标准；大学校园生活的学生会"官僚化"风气在一定程度上影响着大学生人际关系反应性评价。

（三）外观及宏观系统对大学生人际关系反应性评价的影响作用

外观及宏观系统指向社会视角，主要分析社会与大学生之间的互动对大学生人际关系反应性评价的影响。通过半结构访谈的内容转录，可将此部分的结论分为三个方面即经济发展水平、舆论价值导向、社会现实情况对大学生人际关系反应性评价的影响作用。外观及宏观系统对大学生人际关系反应性评价的影响主要发挥在对判断标准的影响作用上，而不是单纯地影响人际关系反应性评价的评分高低。

经济发展规模与水平呈现出相对稳定与持续增长的现状，但社会上也出现了追名逐利的风潮，影响着人们关于人际关系反应性评价的判断标准。从大学生群体的视角出发，可知大学生群体以名利为人际关系反应性评价判断标准的现象较少，但是多位受访者感受到了这种风潮的出现，对其人际关系反应性评价确实产生了影响。

舆论价值导向对群众思想意识起到引导性作用，大学生群体受到社会舆论导向的类型分为有意识的接收与无意识的接收两种，有意识的接收往往是组织单位经过缜密思考与精心策划形成的有利于大学生身心发展与成长的价值导向；而无意识的接受是带有随机性与自主性的，有些是学生主动选择的，但更多的则是被动、无意间的接触。舆论导向有许多具有正能量的内容，但是也存在如拜金主义、交友原则性较低等错误或低俗的内容,对判断能力较低的大学生人际关系反应性评价判断标准产生影响。

社会现实情况影响着大学生生活的方方面面,其中对大学生人际关系反应性评价判断标准也产生影响作用。社会现实情况对大学生人际关系反应性评价施以的影响主要表现在生活节奏快、人情社会的关系网、忙碌生活中对亲密关系的向往三个方面。快节奏的生活节奏已经成为年轻人的常态,大学生作为即将步入社会的储备力量也受到快节奏的感染,表现在交友方面会出现功利性交友的情况,从而缺少真情实感的人际关系,影响其人际关系反应性评价;大学生的交友观念受到社会上的人情社会关系网的影响,是否拥有全面、人数较广的圈子成为其做出人际关系反应性评价的标准;在现实且忙碌的生活中,大学生流露出对亲密关系的向往,可见社会的确对大学生人际关系反应性评价存在着偏向于负面的影响,但是大学生依然保持着人际交往的初心,渴望真挚的情感。

第二节 大学生学习收获反应性评价的实证分析

首先,主要从宏观层面概览高校大学生学习收获反应性评价现状及其呈现的基本特征,把握大学生学习收获反应性评价的整体状况。其次,从影响大学生学习收获反应性评价的人口特征、院校特征两类变量入手,从微观层面剖析不同群体大学生学习收获反应性评价的差异性,具体而言,人口特征变量包含学生的性别、家庭所在地、学生干部经历、学习成绩;院校特征变量包含年级、学科,立足于整体与不同类别学生的现状与特征,深入分析大学生学习收获反应性评价。最后,采用线性回归分析各个影响因素对于大学生学习收获反应性评价的影响作用。

一、大学生学习收获反应性评价的基本状态和水平分析

本书从全国整体层面分析高校大学生学习收获反应性评价,既有利于宏观掌握现阶段大学生总体学习收获反应性评价的现状与基本特征,同时也有利于为后续分析不同类别大学生在学习收获反应性评价上的差异性表现奠定基础并提供参考。

(一)大学生总体学习收获反应性评价基本分析

在此主要从描述性分析、频数分析等探索五个大学生总体学习收获反应性评价的现状及其特征。

1.大学生总体学习收获反应性评价的现状

基于"我国大学生学习收获反应性评价量表",对大学生学习收获反应性评价总体及各相关条目做描述性统计,以各条目的结果进行计分,从"非常不满意""不满意""基本不满意""基本满意""满意""非常满意"共分为六个等级,按照从低到高递增的顺序计为 1 分到 6 分,结果如表 4-21 所示。从描述统计结果看,大学生总体学习收获反应性评价的均值为 4.47,处于"基本满意"与"满意"之间,并偏向于"满意",表明全国大学生的总体学习收获反应性评价现状较好,总体而言对自己大学生涯的学习收获较为满意。

表 4-21　大学生学习收获反应性评价基本状态的描述性统计

	最小值	最大值	平均值	标准差
总体学习收获反应性评价	1.00	6.00	4.47	0.77638
知识收获反应性评价	1.00	6.00	4.33	0.90233
技能收获反应性评价	1.00	6.00	4.52	0.82014
态度收获反应性评价	1.00	6.00	4.56	0.79759

在各题项中,学生对"态度收获反应性评价"这一项的满意度均值最高为 4.56,说明整体而言大学生对态度收获的反应性评价呈现出良好的态势。从其他题项的均值入手,可知所有题项的均值均不低于 4.00,均处于"基本满意"与"满意"之间,可见大学生对自己各个层面的学习收获都有着相对较高的反

应性评价,且各个层面的反应性评价呈现出均衡的态势,并未在某一层面出现大幅度差距的情况。无论从整体角度还是各个层面的角度来分析,均可见高校大学生学习收获反应性评价呈现出较为良好的状态。

具体来看(如表 4-22 所示),在知识收获反应性自评方面,工作知识技能的反应性自评得分为 4.28,专业实践操作技能的反应性自评得分为 4.31,专业前沿知识的反应性自评得分为 4.29,专业基本理论的反应性自评得分为 4.43,大学生整体知识收获反应性自评处于较佳的状态。在技能收获反应性自评方面,规划未来技能的反应性自评得分为 4.54,社交技能的反应性自评得分为 4.54,领导技能的反应性自评得分为 4.45,问题分析技能的反应性自评得分为 4.57,写作技能的反应性自评得分为 4.37,阅读理解技能的反应性自评得分为 4.53,运用知识解决问题技能的反应性自评得分为 4.54,自我反思技能的反应性自评得分为 4.62,大学生整体技能收获反应性自评处于较佳的状态。在态度收获反应性自评方面,尊重他人的反应性自评得分为 4.72,背景差异理解的反应性自评得分为 4.63,激发学习兴趣的反应性自评得分为 4.45,社会责任感的反应性自评得分为 4.59,价值观和世界观形成的反应性自评得分为 4.55,自我认识的反应性自评得分为 4.57,批判性思维的反应性自评得分为 4.49,适应新环境的反应性自评得分为 4.52,大学生整体态度收获反应性自评处于较佳的状态。

表 4-22 大学生学习收获反应性评价具体题项的描述性统计

题项	最小值	最大值	平均值	标准差
工作知识技能	1.00	6.00	4.28	0.999
专业实践操作技能	1.00	6.00	4.31	0.991
专业前沿知识	1.00	6.00	4.29	1.012
专业基本理论	1.00	6.00	4.43	0.951
规划未来技能	1.00	6.00	4.54	0.965
社交技能	1.00	6.00	4.54	0.963
领导技能	1.00	6.00	4.45	0.992
问题分析技能	1.00	6.00	4.57	0.898

续表

题项	最小值	最大值	平均值	标准差
写作技能	1.00	6.00	4.37	1.023
阅读理解技能	1.00	6.00	4.53	0.930
运用知识解决问题技能	1.00	6.00	4.54	0.917
自我反思技能	1.00	6.00	4.62	0.886
尊重他人	1.00	6.00	4.72	0.902
背景差异理解	1.00	6.00	4.63	0.922
激发学习兴趣	1.00	6.00	4.45	0.961
社会责任感	1.00	6.00	4.59	0.920
价值观和世界观形成	1.00	6.00	4.55	0.919
自我认识	1.00	6.00	4.57	0.906
批判性思维	1.00	6.00	4.49	0.922
适应新环境	1.00	6.00	4.52	0.911

2.大学生总体学习收获反应性评价的特征

采用频数分析的方法对各个层面的大学生学习收获反应性评价进行分析,结果如表4-23所示。根据频数统计显示,大学生学习收获反应性评价的情况偏正向,在"基本满意"或"满意"的比例较为集中。其中大学生在总体学习收获反应性评价、技能收获反应性评价、态度收获反应性评价更集中偏向于"满意";在知识收获反应性评价上更集中偏向于"基本满意"。具体而言,知识收获反应性评价层面中的"基本满意""满意""非常满意"的比例分别为46.3%、31.9%、14.5%,技能收获反应性评价层面中的"基本满意""满意""非常满意"的比例分别为37.4%、40.2%、19.4%,态度收获反应性评价层面中的"基本满意""满意""非常满意"的比例分别为34.6%、41.9%、21.1%。由此可见,总体而言大学生对各层面的学习收获反应性评价均呈现出高的满意度,尤其在技能收获反应性评价、态度收获反应性评价两个层面中呈现出尤为满意的特征。在普遍较为满意的情况下,知识收获反应性评价这一层面有相对而言较多的不满意人数。

表 4-23　大学生学习收获反应性评价的频数统计

	非常不满意/%	基本不满意/%	不满意/%	基本满意/%	满意/%	非常满意/%
总体学习收获反应性评价	0.2	0.4	1.8	33.6	44.8	19.2
知识收获反应性评价	0.7	1.1	5.5	46.3	31.9	14.5
技能收获反应性评价	0.4	0.4	2.2	37.4	40.2	19.4
态度收获反应性评价	0.3	0.4	1.7	34.6	41.9	21.1

总结而言,从描述性统计分析结果来看,大学生总体学习收获反应性评价为 4.47,各个层面的学习收获反应性评价均在 4.0 以上,表明全国大学生的学习收获反应性评价无论在总体上还是各个层面上均呈现出良好的状态,学生对自身学习收获的反应性评价处于"基本满意"与"满意"之间。从频数分析结果来看,大学生在各个层面的学习收获反应性评价上的"基本满意""满意""非常满意"的累计比例均在 90% 以上,可见大学生对自己总体及各个层面的学习收获反应性评价均呈现出满意的状态。但是知识收获反应性评价这一层面上仍存在着较多的不满意人数,可谓是在普遍满意的情况下仍存在着不满意的现象,需要引起高校与高等教育工作者的重视。

(二) 基于人口特征变量的大学生学习收获反应性评价分析

随着高等教育规模的扩张,大学生群体的多元化、异质化特征明显,高校面对的大学生不再是少数"精英",而是具有不同家庭经济背景、不同院校特征的学生。因此有必要针对不同类型的学生群体进行更细致的研究。在此将基于学生个体特征变量,全面展现大学生学习收获反应性评价的现状及特征,具体将从性别、生源地、兄弟姐妹人数、月支出情况、家庭月经济收入差异、父亲文化程度、母亲文化程度、民族身份等出发,剖析我国大学生学习收获反应性评价在个体特征变量下的差异,进一步厘清不同类别大学生学习收获反应性评价的整体现状及其差异。

1.性别差异下大学生学习收获反应性评价分析

大学生的性别差异分为男生、女生,为厘清不同性别差异下大学生学习收获反应性评价的差异及特征表现,本书将采用独立样本 t 检验的方法,对比男生与女生在总体学习收获反应性评价及各题项中的差异,计算结果为不假设方差相等即方差均不齐性,所以采用的 t 值为方差不相等时的值,结果详见表4-24。

表 4-24　不同性别大学生学习收获反应性评价特征

检验变量	性别	平均数	标准差	t 值
总体学习收获反应性评价	男	4.44	0.82846	0.00**
	女	4.60	0.73411	
知识收获反应性评价	男	4.31	0.95499	0.00**
	女	4.34	0.86079	
技能收获反应性评价	男	4.48	0.86679	0.00**
	女	4.55	0.78240	
态度收获反应性评价	男	4.51	0.85428	0.00**
	女	4.60	0.75035	

注:* $p<0.05$；** $p<0.01$

男生与女生无论在总体学习收获反应性评价还是各个层面的学习收获反应性评价上均存在显著差异。男生的均值皆低于女生的均值,可见男生对自身学习收获的反应性评价总体低于女生对自身学习收获的反应性评价；男生的标准差皆高于女生的标准差,可见男生在学习收获反应性评价上的离散程度比女生大。

2.生源地差异下大学生学习收获反应性评价分析

大学生的生源地差异分为城市生源地与农村生源地,为厘清不同生源地的大学生学习收获反应性评价表现及其差异,本书将采用独立样本 t 检验,对比城市生源地大学生与农村生源地大学生在总体学习收获反应性评价、知识收获反应性评价、技能收获反应性评价、态度收获反应性评价等方面的差异,计算结果为不假设方差相等即方差均不齐性,所以采用的 t 值为方差不相等时的值,结果显示显著性差异,详见表4-25。

表 4-25　不同生源地大学生学习收获反应性评价特征

检验变量	生源地	平均数	标准差	t 值
总体学习收获反应性评价	城市	4.45	0.81225	0.00 **
	农村	4.42	0.75105	
知识收获反应性评价	城市	4.34	0.93879	0.00 **
	农村	4.32	0.87698	
技能收获反应性评价	城市	4.55	0.85717	0.00 **
	农村	4.50	0.79369	
态度收获反应性评价	城市	4.55	0.85717	0.00 **
	农村	4.50	0.79369	

注：* $p < 0.05$；** $p < 0.01$

　　从统计结果上看,城市生源地的大学生与农村生源地的大学生在总体学习收获反应性评价、知识收获反应性评价、技能收获反应性评价、态度收获反应性评价上均呈现显著差异。其中,在总体学习收获反应性评价方面,城市生源地大学生的得分为 4.45,农村生源地大学生的得分为 4.42,存在显著差异;在知识收获反应性评价方面,城市生源地大学生的得分为 4.34,农村生源地大学生的得分为 4.32,存在显著差异;在技能收获反应性评价方面,城市生源地大学生的得分为 4.55,农村生源地大学生的得分为 4.50,存在显著差异;在态度收获反应性评价方面,城市生源地大学生的得分为 4.55,农村生源地大学生的得分为 4.50,存在显著差异。总体而言,生源地不同的大学生在整体学习收获反应性评价及其各维度上均存在显著差异,其中在均值方面,城市生源大学生的学习收获反应性评价表现高于农村生源大学生的相应表现,表明城市生源大学生对自我的学习收获反应性评价更高一些。在标准差方面,城市生源的大学生标准差高于农村生源大学生,表明城市生源大学生的学习收获反应性评价离散性程度更大。

　　3.兄弟姐妹人数差异下大学生学习收获反应性评价分析

　　兄弟姐妹人数(包括自己)的情况分为 1 个、2 个、3 个、4 个及以上,其中兄弟姐妹人数(包括自己)为 1 个的可以视为独生子女。为厘清兄弟姐妹人数差异下的大学生学习收获反应性评价表现及差异,本书将采用单因素方差分

析的方法,对比不同类别的大学生在总体学习收获反应性评价、知识收获反应
性评价、技能收获反应性评价、态度收获反应性评价等方面的差异,计算结果
显示不同兄弟姐妹人数的大学生群体样本具有显著差异性,结果详见表4-26。

表 4-26　兄弟姐妹人数差异下大学生学习收获反应性评价的描述性统计量

检验变量	兄弟姐妹人数	平均数	标准差	F 检验
总体学习收获反应性评价	1 个	4.50	0.81945	43.404**
	2 个	4.47	0.75339	
	3 个	4.35	0.94564	
	4 个及以上	4.33	0.88130	
知识收获反应性评价	1 个	4.55	0.86245	27.314**
	2 个	4.52	0.79591	
	3 个	4.58	0.84162	
	4 个及以上	4.56	0.77301	
技能收获反应性评价	1 个	4.49	0.81945	53.627**
	2 个	4.47	0.75339	
	3 个	4.35	0.94564	
	4 个及以上	4.33	0.88130	
态度收获反应性评价	1 个	4.50	0.81945	34.297**
	2 个	4.47	0.75339	
	3 个	4.35	0.94564	
	4 个及以上	4.33	0.88130	

注:* $p < 0.05$;** $p < 0.01$

透视均值可知,不同兄弟姐妹人数的大学生在总体学习收获反应性评价、
知识收获反应性评价、技能收获反应性评价、态度收获反应性评价等方面均达
到了 4 以上,即达到了"基本满意"水平。其中兄弟姐妹数为 1(独生子女)的大
学生在总体学习收获反应性评价上平均值最高,为 4.50;兄弟姐妹数为 4 及 4
以上的大学生在总体学习收获反应性评价、技能收获反应性评价、态度收获反
应性评价等方面的得分最低,分别为 4.33、4.33、4.33。

从统计结果上看,数据拟合效果很好,不同兄弟姐妹人数的大学生在学习
收获反应性评价上存在显著差异。通过方差齐性检验发现,各题项显著性水

平均小于 0.01，因此方差不齐性。此后采用 Tamhane's T2 检验法进行方差异质的事后比较，对兄弟姐妹人数不同的大学生学习收获反应性评价进行事后检验。检验结果表明，兄弟姐妹人数为 1 的学生（独生子女学生）在总体学习收获反应性评价上高于其他类别的同学，即独生子女大学生的总体学习收获反应性评价高于非独生子女大学生，独生子女在总体学习收获上具有更好的表现，基本呈现出家庭中兄弟姐妹人数多的学生对自我学习收获反应性评价较低的现状。

4.学生月支出差异下大学生学习收获反应性评价分析

本书调查学生月支出情况指的是学生在学校的月支出情况，具体分为"300 元及以下""301～500 元""501～800 元""801～1200 元""1201～1800 元""1800 元以上"共六个支出水平。为厘清月支出差异下大学生学习收获反应性评价的表现及差异，本书采用单因素方差法，对比不同月支出状况的大学生在总体学习收获反应性评价、知识收获反应性评价、技能收获反应性评价、态度收获反应性评价等方面的差异，计算结果显示不同月支出状况的大学生群体具有显著性差异，结果详见表 4-27。

表 4-27　月支出差异下的大学生在学习收获反应性评价的描述性统计量

检验变量	月支出金额	平均数	标准差	F 检验
总体学习收获反应性评价	300 元及以下	4.17	1.27	62.69 **
	301～500 元	4.45	0.85	
	501～800 元	4.49	0.78	
	801～1200 元	4.47	0.74	
	1201～1800 元	4.47	0.76	
	1800 元以上	4.48	0.85	
知识收获反应性评价	300 元及以下	4.12	1.39	29.03 **
	301～500 元	4.33	0.96	
	501～800 元	4.37	0.90	
	801～1200 元	4.33	0.86	
	1201～1800 元	4.32	0.89	
	1800 元以上	4.32	0.99	

续表

检验变量	月支出金额	平均数	标准差	F 检验
技能收获反应性评价	300 元及以下	4.19	1.27	
	301～500 元	4.48	0.88	
	501～800 元	4.53	0.81	72.33**
	801～1200 元	4.52	0.79	
	1201～1800 元	4.53	0.80	
	1800 元以上	4.56	0.89	
态度收获反应性评价	300 元及以下	4.19	1.30	
	301～500 元	4.53	0.87	
	501～800 元	4.58	0.80	87.46**
	801～1200 元	4.57	0.76	
	1201～1800 元	4.57	0.78	
	1800 元以上	4.57	0.87	

注：* $p < 0.05$；** $p < 0.01$

从统计结果上看，数据拟合效果很好，不同月支出的大学生在学习收获反应性评价上存在显著差异。通过方差齐性检验发现，各题项显著性均小于0.01，因此方差不齐性。本书采用 Tamhane's T2 检验法进行方差异质的事后比较，对月支出不同的大学生学习收获反应性评价进行事后检验。检验结果表明，无论在总体学习收获反应性评价还是各个学习收获反应性评价子维度层面，月支出在 300 元以下的学生反应性评价都是最低的，即其他月支出金额的学生反应性评价显著高于此类学生。过低月支出学生群体在学习收获反应性评价上的整体表现偏低，但高月支出学生群体也没有一直表现出最高的学习收获反应性评价。总体而言，月支出金额在中间档位的大学生在总体及各子维度层面的学习收获反应性评价均值较高；而月支出在 300 元以下的大学生在总体及各子维度层面的学习收获反应性评价均值明显偏低，呈现出显著差异。

5.家庭月经济收入差异下大学生学习收获反应性评价特征

本书调查家庭月经济收入具体分为"10000 元及以下""10000～20000 元""20000 元以上"三个类别。其中低收入标准为月收入在 10000 元以内，中等收入标准为月收入位于 10000～20000 元之间,高收入的标准为 20000 元以上。为厘清家庭经济收入差异下大学生学习收获反应性评价的特征及差异,本书将采用单因素方差分析法,对比不同家庭经济收入状况大学生在总体学习收获反应性评价、知识收获反应性评价、技能收获反应性评价、态度收获反应性评价等方面的差异,计算结果显示不同学习情况的大学生群体样本的方差不具有同质性,结果详见表 4-28。

表 4-28　家庭月经济收入差异下的大学生在学习收获反应性评价的描述性统计量

检验变量	家庭月收入	平均数	标准差	F 检验
总体学习收获反应性评价	10000 元及以下	4.45	0.77	
	10000～20000 元	4.51	0.77	117.504**
	20000 元以上	4.54	0.88	
知识收获反应性评价	10000 元及以下	4.31	0.89	
	10000～20000 元	4.36	0.90	61.388**
	20000 元以上	4.39	1.01	
技能收获反应性评价	10000 元及以下	4.50	0.81	
	10000～20000 元	4.58	0.82	179.287**
	20000 元以上	4.61	0.92	
态度收获反应性评价	10000 元及以下	4.49	0.81	
	10000～20000 元	4.58	0.82	82.554**
	20000 元以上	4.60	0.92	

注: * $p < 0.05$; ** $p < 0.01$

从统计结果上看,数据拟合效果很好,不同家庭月收入的大学生在总体学习收获反应性评价、知识收获反应性评价、技能收获反应性评价、态度收获反应性评价等方面均存在显著差异。通过方差齐性检验发现,各题项显著性水平均小于 0.01,因此方差不齐性。本书采用 Tamhane's T2 检验法进行方差异质的事后比较,对家庭月经济收入不同的大学生学习收获反应性评价进行事后检验。检验结果表明,无论在总体学习收获反应性评价还是各个学习收获反应性评价子维度层面,低收入家庭大学生的学习收获反应性评价表现都是最低的,即中等收入与高收入家庭的学习收获反应性评价显著高于此类学生。

高收入家庭大学生的学习收获反应性评价得分最高,中等收入家庭大学生的学习收获反应性评价离散性较低,低收入家庭大学生的学习收获反应性评价最低。

6.家庭情况差异下大学生学习收获反应性评价特征

在此采用的家庭情况分类具体分为"双亲家庭""单亲家庭""孤儿""其他"共四个类别。为厘清家庭情况差异下的大学生学习收获反应性评价表现及其差异,本书将采用单因素方差分析法,对比不同家庭情况大学生在总体学习收获反应性评价、知识收获反应性评价、技能收获反应性评价、态度收获反应性评价等方面的差异。计算结果显示,不同家庭情况大学生群体样本的方差不具有同质性,结果详见表 4-29。

表 4-29　家庭情况差异下的大学生在学习收获反应性评价的描述性统计量

检验变量	家庭情况	平均数	标准差	F 值
总体学习收获反应性评价	双亲家庭	4.48	0.77	84.59**
	单亲家庭	4.42	0.78	
	孤儿	4.11	1.01	
	其他	4.32	0.85	
知识收获反应性评价	双亲家庭	4.34	0.90	60.15**
	单亲家庭	4.27	0.91	
	孤儿	3.99	1.14	
	其他	4.20	0.99	
技能收获反应性评价	双亲家庭	4.53	0.82	73.78**
	单亲家庭	4.48	0.83	
	孤儿	4.17	1.04	
	其他	4.37	0.90	
态度收获反应性评价	双亲家庭	4.54	0.82	87.20**
	单亲家庭	4.42	0.83	
	孤儿	4.13	1.04	
	其他	4.39	0.90	

注:* $p < 0.05$;** $p < 0.01$

透视均值可知，不同家庭情况的大学生群体在总体学习收获反应性评价、知识收获反应性评价、技能收获反应性评价、态度收获反应性评价等方面有着不同的均值结果。其中孤儿家庭的学习收获反应性评价相对最低，双亲家庭与单亲家庭学生的学习收获反应性评价相对较高。从统计结果上看，数据拟合效果很好，不同家庭情况大学生在学习收获反应性评价上存在显著差异。由于各维度显著性水平均小于 0.01，方差不齐性，采用 Tamhane's T2 检验法进行方差异质的事后比较，对不同家庭情况大学生群体的学习收获反应性评价均值进行事后检验。检验结果表明，无论在总体学习收获反应性评价还是各个学习收获反应性评价子维度层面，孤儿家庭的大学生学习收获反应性评价都是最低的，且呈现显著差异。

7. 父亲文化程度差异下大学生学习收获反应性评价特征

父亲文化程度差异分为接受过高等教育即"是"，未接受过高等教育即"否"。为厘清父亲文化程度差异下的大学生学习收获反应性评价表现及其差异，本书将采用独立样本 t 检验，对比父亲文化程度差异下大学生在总体学习收获反应性评价、知识收获反应性评价、技能收获反应性评价、态度收获反应性评价等方面的差异，结果详见表 4-30。

表 4-30 父亲文化程度差异下的大学生学习收获反应性评价特征

检验变量	父亲文化程度	平均数	标准差	t 值
总体学习收获反应性评价	是	4.53	0.86	0.00**
	否	4.46	0.77	
知识收获反应性评价	是	4.38	0.99	0.00**
	否	4.32	0.89	
技能收获反应性评价	是	4.59	0.90	0.00**
	否	4.51	0.81	
态度收获反应性评价	是	4.60	0.90	0.00**
	否	4.52	0.81	

注：* $p < 0.05$；** $p < 0.01$

从统计结果上看，数据拟合效果很好，父亲文化程度差异下的各类大学生群体在学习收获反应性评价上存在显著差异。从透视均值可知，父亲文化程度较高的大学生群体在总体学习收获反应性评价、知识收获反应性评价、技能收获反应性评价、态度收获反应性评价等方面的均值结果较高,父亲文化程度较低的大学生群体在总体学习收获反应性评价、知识收获反应性评价、技能收获反应性评价、态度收获反应性评价等方面的均值结果较低,即父亲接受过高等教育的学生群体在总体及各个层面的学习收获反应性评价上均呈现出较高的均值,并与父亲未接受过高等教育的学生群体呈现出显著差异。

8.母亲文化程度差异下大学生学习收获反应性评价特征

母亲文化程度差异分为接受过高等教育即"是",未接受过高等教育即"否"。为厘清母亲文化程度差异下大学生学习收获反应性评价的表现及差异,本书将采用独立样本 t 检验,对比母亲文化程度差异下大学生在总体学习收获反应性评价、知识收获反应性评价、技能收获反应性评价、态度收获反应性评价等方面的差异,结果详见表 4-31。

表 4-31　母亲文化程度差异下的大学生学习收获反应性评价特征

检验变量	母亲文化程度	平均数	标准差	t 值
总体学习收获反应性评价	是	4.54	0.88	0.00 **
	否	4.47	0.77	
知识收获反应性评价	是	4.39	1.01	0.00 **
	否	4.32	0.89	
技能收获反应性评价	是	4.60	0.92	0.00 **
	否	4.51	0.81	
态度收获反应性评价	是	4.63	0.91	0.00 **
	否	4.56	0.79	

注: * $p < 0.05$; ** $p < 0.01$

从统计结果上看,数据拟合效果很好,母亲文化程度差异下的各类大学生群体在学习收获反应性评价上存在显著差异。透视均值可知,母亲文化程度较高的大学生群体在总体学习收获反应性评价、知识收获反应性评价、技能收获反应性评价、态度收获反应性评价等方面的均值结果较高,母亲文化程度较低的大学生群体在总体学习收获反应性评价、知识收获反应性评价、技能收获反应性评价、态度收获反应性评价等方面的均值结果较低,即母亲接受过高等教育的学生群体在总体及各个层面的学习收获反应性评价上均呈现出较高的均值,并与母亲未接受过高等教育的学生群体呈现出显著差异。

9.民族差异下大学生学习收获反应性评价分析

民族差异分为汉族即"是",少数民族即"否"。为厘清民族差异下大学生学习收获反应性评价的表现及差异,本书将采用独立样本 t 检验,对比民族差异下大学生群体在总体学习收获反应性评价、知识收获反应性评价、技能收获反应性评价、态度收获反应性评价等方面的差异,结果详见表 4-32。

表 4-32 民族差异下的大学生学习收获反应性评价特征

检验变量	是否为汉族	平均数	标准差	t 值
总体学习收获反应性评价	是	4.48	0.77	0.00 **
	否	4.42	0.80	
知识收获反应性评价	是	4.33	0.90	0.00 **
	否	4.28	0.92	
技能收获反应性评价	是	4.53	0.82	0.00 **
	否	4.46	0.84	
态度收获反应性评价	是	4.54	0.82	0.00 **
	否	4.45	0.84	

注: * $p < 0.05$; ** $p < 0.01$

从统计结果上看,数据拟合效果很好,民族差异下的各类大学生群体在学习收获反应性评价上存在显著差异。透视均值可知,汉族大学生群体在总体学习收获反应性评价、知识收获反应性评价、技能收获反应性评价、态度收获反应性评价等方面的均值结果较高,少数民族大学生群体在总体学习收获反应性评价、知识收获反应性评价、技能收获反应性评价、态度收获反应性评价等方面均呈现出较低的均值,不同民族身份大学生群体呈现出显著差异。

总结而言,第一,个体变量差异下大学生学习收获反应性评价的特征。学生个体层面中性别、月支出情况、民族身份等各有差异的大学生群体在总体学习收获反应性评价、知识收获反应性评价、技能收获反应性评价、态度收获反应性评价等方面呈现出一定的差异表现。(1)大学生学习收获反应性评价存在性别差异。大学生在总体学习收获反应性评价、知识收获反应性评价、技能收获反应性评价、态度收获反应性评价等方面存在着显著的性别差异,男大学生对自身的学习收获反应性评价显著低于女大学生。(2)大学生学习收获反应性评价存在月支出情况差异。不同月支出情况的大学生在总体学习收获反应性评价、知识收获反应性评价、技能收获反应性评价、态度收获反应性评价等方面存在差异,其中月支出在 300 元以下的大学生在总体及各子维度层面的学习收获反应性评价上的均值明显偏低,呈现显著性差异。(3)大学生学习收获反应性评价存在民族差异。不同民族身份的大学生在总体学习收获反应性评价、知识收获反应性评价、技能收获反应性评价、态度收获反应性评价等方面存在差异,汉族大学生群体在总体学习收获反应性评价、知识收获反应性评价、技能收获反应性评价、态度收获反应性评价等方面的均值结果较高,少数民族大学生群体在总体学习收获反应性评价、知识收获反应性评价、技能收获反应性评价、态度收获反应性评价等方面均呈现出较低的均值,并与汉族大学生群体呈现显著性差异。

第二,家庭背景差异下大学生学习收获反应性评价的特征。家庭背景层面中不同家庭所在地、兄弟姐妹人数、家庭经济收入、家庭情况、父母文化背景的大学生学习收获反应性评价呈现出显著的差异。(1)大学生学习收获反应性评价存在城乡差异。城市生源大学生的学习收获反应性评价表现高于农村生源大学生的相应表现,表明城市生源大学生对自我的学习收获反应性评价更高一些,在标准差方面,城市生源大学生的学习收获反应性评价离散性程度更大。(2)大学生学习收获反应性评价存在兄弟姐妹人数情况差异。大学生在总体学习收获反应性评价、知识收获反应性评价、技能收获反应性评价、态度收获反应性评价等方面存在差异,独生子女大学生的总体学习收获反应性评价高于非独生子女大学生,即独生子女在总体学习收获上具有更好的表现。(3)大学生学习收获反应性评价存在家庭月经济收入情况差异。不同家庭月经济收入的大学生在总体学习收获反应性评价、知识收获反应性评价、技能收获反应性评价、态度收获反应性评价等方面存在差异,其中无论在总体学习收获反应性评价还是各个学习收获反应性评价子维度层面,低收入家庭大学生的学习收获反应性评价表现都是最低的,即中等收入与高收入家庭的学习收获反应性评价显著高于此类学生。(4)大学生学习收获反应性评价存在家庭情况差异。不同家庭情况的大学生群体在总体学习收获反应性评价、知识收获反应性评价、技能收获反应性评价、态度收获反应性评价等方面有着不同的均值结果,其中孤儿家庭的学习收获反应性评价相对最低,双亲家庭与单亲家庭学生的学习收获反应性评价相对较高。(5)大学生学习收获反应性评价存在父(母)文化程度差异。父(母)文化程度不同的大学生群体在总体学习收获反应性评价等方面呈现显著性差异,父(母)接受过高等教育的大学生群体在总体学习收获反应性评价方面的均值结果较高,父(母)未接受过高等教育的大学生群体在总体学习收获方面的均值结果较低,与父(母)接受过高等教育的学生群体之间呈现显著性差异。

(三)基于院校特征变量的大学生学习收获反应性评价分析

大学生的成长与发展不仅受自身个体特征、家庭背景等人口统计学变量的影响,院校特征也发挥着重要的作用。在此主要以大学生群体的高校类型、年级、学科为特征变量,探讨大学生在不同院校特征变量中所表现出的学习收获反应性评价差异,以完整展现不同类型学生群体的学习收获反应性评价总体情况。检验结果显示,大学生的总体学习收获反应性评价、知识收获反应性评价、技能收获反应性评价、态度收获反应性评价在不同高校、不同年级、不同学科的类别特征下呈现显著性差异,学生的发展不仅受到个人特征的影响,也同时受到院校组织特征与校园环境的影响。

1.不同类型高校大学生学习收获反应性评价分析

在此将高校类型分为双一流院校、非双一流院校。为厘清高校类型差异下大学生学习收获反应性评价的表现及差异,本书将采用单因素方差分析方法,对比不同高校类型的大学生在总体学习收获反应性评价、知识收获反应性评价、技能收获反应性评价、态度收获反应性评价等方面的差异,计算结果显示不同高校类型的大学生群体样本呈现显著性差异,结果详见表4-33。

表 4-33　高校类型差异下的大学生在学习收获反应性评价的描述性统计量

检验变量	高校类型	平均数	标准差	F 检验
总体学习收获反应性评价	双一流院校	4.51	0.89	0.00 **
	非双一流院校	4.34	0.92	
知识收获反应性评价	双一流院校	4.23	1.12	0.00 **
	非双一流院校	4.12	1.00	
技能收获反应性评价	双一流院校	4.53	0.77	0.00 **
	非双一流院校	4.21	0.76	
态度收获反应性评价	双一流院校	4.67	0.90	0.00 **
	非双一流院校	4.40	0.95	

注：* $p < 0.05$；** $p < 0.01$

透视均值可知，不同高校类型的大学生在总体学习收获反应性评价、知识收获反应性评价、技能收获反应性评价、态度收获反应性评价上有着不同的均值结果。其中双一流院校类型的大学生在总体学习收获反应性评价、知识收获反应性评价、技能收获反应性评价、态度收获反应性评价等方面表现相对更好。从统计结果上看，数据拟合效果很好，不同高校类型的大学生在学习收获反应性评价上存在显著差异。其中，在总体学习收获反应性评价方面，双一流院校大学生的反应性评价得分为 4.51，非双一流院校大学生的反应性评价得分为 4.34；在知识收获反应性评价层面，双一流院校大学生的反应性评价得分为 4.23，非双一流院校大学生的反应性评价得分为 4.12；在技能收获反应性评价方面，双一流院校大学生的反应性评价得分为 4.53，非双一流院校大学生的反应性评价得分为 4.21；在态度收获反应性评价方面，双一流院校大学生的反应性评价得分为 4.67，非双一流院校大学生的反应性评价得分为 4.40。总体而言，双一流院校大学生在总体学习收获反应性评价、知识收获反应性评价、技能收获反应性评价、态度收获反应性评价上均呈现出较高的均值。

2.不同年级大学生学习收获反应性评价分析

在此将年级变量分为"大一""大二""大三""大四及以上"。为厘清年级差异下大学生学习收获反应性评价的表现及差异，本书将采用单因素方差分析方法，对比不同年级大学生在总体学习收获反应性评价、知识收获反应性评价、技能收获反应性评价、态度收获反应性评价等方面的差异，计算结果显示不同年级大学生群体样本呈现显著性差异，结果详见表 4-34。

表 4-34　年级差异下的大学生在学习收获反应性评价的描述性统计量

检验变量	年级	平均数	标准差	F 检验
总体学习收获反应性评价	大一	4.43	0.78	
	大二	4.44	0.77	
	大三	4.49	0.77	230.278 **
	大四及以上	4.58	0.78	
知识收获反应性评价	大一	4.28	0.91	
	大二	4.29	0.90	
	大三	4.35	0.89	230.855 ***
	大四及以上	4.46	0.90	
技能收获反应性评价	大一	4.49	0.82	
	大二	4.49	0.82	
	大三	4.54	0.81	177.553 **
	大四及以上	4.62	0.82	
态度收获反应性评价	大一	4.50	0.82	
	大二	4.45	0.82	
	大三	4.53	0.81	183.738 **
	大四及以上	4.60	0.82	

注：* $p < 0.05$；** $p < 0.01$；*** $p < 0.001$

从统计结果上看，数据拟合效果很好，不同年级大学生在学习收获反应性评价上存在显著差异。通过方差齐性检验发现，各题项显著性水平均小于 0.01，方差不齐性，采用 Tamhane's T2 检验法进行方差异质的事后比较，检验结果表明，不同年级大学生在学习收获反应性评价上存在显著差异。其中，在总体学习收获反应性评价方面，大一学生的反应性评价得分为 4.43，大二学生的反应性评价得分为 4.44，大三学生的反应性评价得分为 4.49，大四及以上学生的反应性评价得分为 4.58；在知识收获反应性评价层面，大一学生的反应性评价得分为 4.28，大二学生的反应性评价得分为 4.29，大三学生的反应性评价得分为 4.35，大四及以上学生的反应性评价得分为 4.46；在技能收获反应性评价方面,大一学生的反应性评价得分为 4.49,大二学生的反应性评价得分为 4.49,大三学生的反应性评价得分为 4.54,大四及以上学生的反应性评价得分为 4.62;在态度收获反应性评价方面,大一学生的反应性评价得分为 4.50,大二学生的反应性评价得分为 4.45,大三学生的反应性评价得分为 4.53,大四及以上学生的反应性评价得分为 4.60。总体而言,各年级大学生的总体学习收获反应性评价、知识收获反应性评价、技能收获反应性评价、态度收获反应性评价等随着年级增长呈现抬升趋势。

3.不同学科类型高校大学生学习收获反应性评价特征

在此将学科类型分为"文史哲""社会科学""理学""农工医学"四类。为厘清学科类型差异下大学生学习收获反应性评价的表现及差异,本书将采用单因素方差分析方法,对比不同学科类型的大学生在总体学习收获反应性评价、知识收获反应性评价、技能收获反应性评价、态度收获反应性评价等方面的差异,计算结果显示不同学科类型的大学生群体样本具有显著性差异,结果详见表 4-35。

表 4-35　学科类型差异下的大学生在学习收获反应性评价的描述性统计量

检验变量	学科类型	平均数	标准差	F 检验
总体学习收获反应性评价	文史哲	4.47	0.77	52.295 **
	社会学科	4.50	0.77	
	理学	4.42	0.77	
	农工医学	4.46	0.78	
知识收获反应性评价	文史哲	4.28	0.90	64.848 **
	社会学科	4.36	0.89	
	理学	4.27	0.90	
	农工医学	4.32	0.91	
技能收获反应性评价	文史哲	4.53	0.82	58.749 **
	社会学科	4.55	0.81	
	理学	4.46	0.82	
	农工医学	4.51	0.83	

续表

检验变量	学科类型	平均数	标准差	F 检验
态度收获反应性评价	文史哲	4.51	0.82	33.273**
	社会学科	4.53	0.81	
	理学	4.43	0.82	
	农工医学	4.50	0.83	

注：* $p < 0.05$；** $p < 0.01$

从统计结果上看，数据拟合效果很好，不同学科类型的大学生在学习收获反应性评价上存在显著差异。通过方差齐性检验发现，各题项显著性水平均小于 0.01，方差不齐性，采用 Tamhane's T2 检验法进行方差异质的事后比较。检验结果表明，在总体学习收获反应性评价上，文史哲的反应性评价得分为 4.47，社会学科的反应性评价得分为 4.50，理学的反应性评价得分为 4.42，农工医学的反应性评价得分为 4.46。具体到各个学习收获层面而言，在知识收获反应性评价方面，社会学科、农工医学等学科的大学生反应性评价得分相对更高，分别为 4.36、4.32，文史哲、理学等学科的大学生反应性评价得分相对更低，分别为 4.28、4.27；在技能收获反应性评价方面，文史哲、社会学科等学科的大学生反应性评价得分相对更高，分别为 4.53、4.55，理学学科的大学生反应性评价得分相对更低，为 4.46；在态度收获反应性评价方面，社会学科、文史哲等学科的大学生反应性评价得分相对较高，分别为 4.53、4.51，理学学科的大学生反应性评价得分相对更低，为 4.43。总体而言，无论在总体学习收获反应性评价还是各层面学习收获反应性评价上，各个学科的大学生学习收获反应性评价表现较好，均在 4.0 以上，其中文史哲、社会学科等学科的大学生在总体学习收获反应性评价、技能收获反应性评价、态度收获反应性评价等方面表现更好。

总结高校特征差异下大学生学习收获反应性评价的特征，高校特征层面中不同院校类型、年级、学科的大学生学习收获反应性评价呈现出显著性差异。（1）大学生学习收获反应性评价存在院校差异。大学生在总体及各个层面学习收获反应性评价上的均值存在显著的院校差异，其中院校层次高的大学生在自身学习收获反应性评价上的得分表现也相对较高，表现为双一流院校大学生在总体学习收获反应性评价、知识收获反应性评价、技能收获反应性评价、态度收获反应性评价上均呈现出较高的均值。（2）大学生学习收获反应性评价存在年级差异。大学生在总体及各个层面学习收获反应性评价上的均值存在显著的年级差异。大一、大二、大三、大四及以上年级的大学生在学习收获反应性评价方面呈现随年级递增而逐步抬升的趋势。（3）大学生学习收获反应性评价存在学科差异。各个学科的大学生学习收获反应性评价表现较高，均在 4.0 以上，其中文史哲、社会学科等学科的大学生在总体学习收获反应性评价、技能收获反应性评价、态度收获反应性评价等方面表现较好。

二、大学生学习收获反应性评价的影响分析

现状与特征揭示问题的表象，影响因素探索问题的根本。本书将着重使用线性回归分析，分析学生层面的个体变量与院校变量对高校大学生学习收获反应性评价的影响。其中个体变量包括：性别、生源地、兄弟姐妹人数、月支出情况、家庭经济收入情况、家庭情况、父亲文化程度、母亲文化程度、民族身份情况；院校变量包括：院校类型、学科类型、年级。本书中个体变量与院校变量均为自变量，大学生学习收获反应性评价为因变量。

（一）影响因素定义

由于性别、生源地、兄弟姐妹人数、月支出情况、家庭经济收入情况、家庭情况、父亲文化程度、母亲文化程度、民族身份、院校类型、学科类型均为类别变量，所以应在分析之前将以上类别变量转化为虚拟变量。虚拟变量定义如下：性别变量中，女生为参照组；生源地变量中，农村为参照组；独生子女变量中，非独生子女为参照组；院校类型变量中，双一流院校为参照组；家庭情况变量中，单亲家庭为参照组；父亲文化程度变量中，未接受过高等教育为参照组；母亲文化程度变量中，未接受过高等教育为参照组；少数民族变量中，非少数民族为参照组。

（二）大学生学习收获反应性评价的影响因素分析

在此关注的问题是：不同层面的个体变量是否与学习收获反应性评价密

切相关？不同院校变量是否与学习收获反应性评价密切相关？基于前文的差异性分析发现,不同背景特征的大学生在学习收获反应性评价中存在显著差异,这说明学生层面的个体变量与院校层面的基本变量是综合作用影响大学生学习收获反应性评价的可能因素,应用多元回归的方式寻找大学生学习收获反应性评价的影响因素。多元回归中选取预测变量进入回归方程式中的方法有很多,有学者在综合各种方法后提出"使用者应该优先使用强迫进入法或逐步多元回归分析法,若是预测变量不多,则应优先使用强迫进入法"[①]。由于预测变量数量较多,故采用逐步多元回归分析法,即将自变量逐步进入回归方程之中,剔除不显著的变量,最后得出所有显著的可以预测大学生学习收获反应性评价的变量。

表 4-36　各因素对大学生学习收获反应性评价的影响

自变量	因变量:大学生学习收获反应性评价	
	标准化回归系数	t 值
男生 & 女生	−0.016	−6.017***
城市 & 农村	0.025	9.858***
独生子女 & 非独生子女	0.059	23.351***
父亲接受过高等教育 & 父亲未接受过高等教育	0.202	19.409***
母亲接受过高等教育 & 母亲未接受过高等教育	0.035	13.947***
双一流院校 & 非双一流院校	−0.012	−4.639***

注:* $p < 0.05$;** $p < 0.01$;*** $p < 0.001$

如表 4-36 所示,经多元回归分析后,共有 6 个自变量进入到回归模型之中,从标准化回归系数来看,城市 & 农村、独生子女 & 非独生子女、父亲接受过高等教育 & 父亲未接受过高等教育、母亲接受过高等教育 & 母亲未接受过高等教育的值分别为 0.025、0.059、0.202、0.035,表示与参照组相比,比较组的学习收获反应性评价更高;男生 & 女生、双一流院校 & 非双一流院校的值分别为−0.016、−0.012,均为负值,表示与参照组相比,比较组的学习收获反应性评价更低。

---

① 吴明隆.问卷统计分析实务[M].重庆:重庆大学出版社,2010:379.

总结而言,学生个体变量与院校变量对大学生总体学习收获反应性评价的累计解释表现较好,可以判断学生的个体差异与院校差异对大学生学习收获反应性评价而言是重要的影响因素。6个自变量所发挥的影响具体作用如下,男生的学习收获反应性评价低于女生、城市的学生学习收获反应性评价高于农村的学生、城市独生子女的学习收获反应性评价高于非独生子女、母亲接受过高等教育的学生学习收获反应性评价高于母亲未接受过高等教育的学生、父亲接受过高等教育的学生学习收获反应性评价高于父亲未接受过高等教育的学生、双一流高校学生学习收获反应性评价高于非双一流本科院校学生。总体观之,影响因素的分析与特征分析结果几乎吻合。

三、本节小结

在本节中,首先从宏观层面整体概览大学生学习收获反应性评价的基本状态,把握学习收获反应性评价的整体状况,继而从人口特征变量、院校特征变量两类变量入手,更细致地从微观层面剖析不同大学生群体在学习收获反应性评价中的差异,并通过大学生学习收获反应性评价的影响因素分析实现了进一步的探索,研究结论总结如下。

(一)我国大学生学习收获反应性评价的基本状态和水平分析

整体上看,我国大学生学习收获反应性评价收获水平处于较佳的状态,从描述统计结果看,大学生总体学习收获反应性评价的均值为 4.47,处于"基本满意"与"满意"之间,并偏向于"满意",表明全国大学生的总体学习收获反应性评价现状较好,总体而言对自己大学生涯的学习收获较为满意。其中,根据频数统计显示,大学生在总体学习收获反应性评价、技能收获反应性评价、态度收获反应性评价更集中偏向于"满意";在知识收获反应性评价上更集中偏向于"基本满意",从侧面反映了大学生在知识层面的收获评价相对欠佳,专业知识学习与内化尚存在很大的提升和改进空间。

(二)不同类别特征下大学生学习收获反应性评价的差异

在不同学生个体特征、不同院校特征中,大学生的学习收获反应性评价收获呈现显著的特征差异,具体结论如下。

1.大学生学习收获反应性评价存在学生个体特征的差异

第一,大学生学习收获反应性评价存在显著的性别差异。男生和女生在学习收获反应性评价中存在显著的差异,女生在知识收获、技能收获、态度收获等方面的反应性评价表现均优于男生,均值显著高于男生,表明女生在各个学习收获反应性评价层面中表现更佳;从内部差异来看,相较于男生而言,女生在各个学习收获反应性评价中的离散程度较低,说明女生在不同类型学习收获反应性评价中的差异较小。

第二,大学生学习收获反应性评价存在显著的城乡差异。学习收获反应性评价的城乡差异表现显著。相较于农村大学生而言,家庭所在地在城市的大学生在知识收获、技能收获、态度收获等方面的反应性评价得分相对高于农村大学生,由此可见,城市大学生在学习收获反应性评价中表现较为理想;从内部差异来看,城市大学生在知识收获、技能收获、态度收获等方面的反应性评价得分标准差均高于农村大学生,离散程度更高,内部差异性更大。

第三,大学生学习收获反应性评价存在显著的民族身份差异。不同民族身份的大学生在学习收获反应性评价收获中存在显著的差异。具体而言,汉族大学生群体在总体学习收获反应性评价、知识收获反应性评价、技能收获反应性评价、态度收获反应性评价等方面的均值结果较高,从标准差来看,内部差异较小。

第四,大学生学习收获反应性评价存在显著的兄弟姐妹人数情况差异。大学生的学习收获反应性评价在不同兄弟姐妹人数中呈现显著的差异。具体而言,独生子女大学生的总体学习收获反应性评价高于非独生子女大学生,即独生子女在总体学习收获反应性评价上具有更好的表现。

第五,大学生学习收获反应性评价存在显著的家庭月经济收入情况差异。大学生的学习收获反应性评价在家庭月经济收入中呈现显著的差异,其中无论在总体学习收获反应性评价还是各个学习收获反应性评价子维度层面,低收入家庭大学生的学习收获反应性评价表现都是最低的,即中等收入与高收入家庭的学习收获反应性评价显著高于此类学生。

第六,大学生学习收获反应性评价存在显著的月支出情况差异。大学生的学习收获反应性评价在月支出情况中呈现显著的差异,其中月支出在300元以下的大学生在总体及各子维度层面的学习收获反应性评价均值明显偏低,呈现显著性差异。

第七,大学生学习收获反应性评价存在显著的家庭情况差异。不同家庭情况的大学生群体在学习收获反应性评价上有着不同的均值结果,其中孤儿家庭的学习收获反应性评价相对最低,双亲家庭与单亲家庭学生的学习收获反应性评价相对较高。

第八,大学生学习收获反应性评价存在显著的父(母)文化程度差异。父(母)文化程度不同的大学生群体在总体学习收获反应性评价等方面呈现显著性差异,父(母)未接受过高等教育的大学生群体在总体学习收获方面的均值结果较低,与父(母)接受过高等教育的学生群体呈现显著性差异。

2.大学生学习收获反应性评价存在院校特征的差异

第一,大学生学习收获反应性评价存在显著的院校差异。大学生在总体及各个层面学习收获反应性评价上存在显著的院校差异,其中双一流院校大学生在总体学习收获反应性评价、知识收获反应性评价、技能收获反应性评价、态度收获反应性评价上均呈现出较高的均值。

第二,大学生学习收获反应性评价存在显著的年级差异。不同年级的大学生在总体及各个层面学习收获反应性评价中存在显著差异。具体来看,在总体学习收获反应性评价、知识收获反应性评价、技能收获反应性评价、态度收获反应性评价中,大一、大二、大三、大四及以上年级的大学生呈现随年级递增而逐步抬升的趋势。

第三,大学生学习收获反应性评价存在显著的学科差异。具体而言,各个学科的大学生学习收获反应性评价表现较高,均在4.0以上,其中文史哲、社会学科等学科的大学生在总体学习收获反应性评价、技能收获反应性评价、态度收获反应性评价等方面表现更好,学科类别的差异值得进一步关注和重视。

(三)大学生学习收获反应性评价的影响因素分析

学生个体特征、院校特征共同作用于学习收获反应性评价。学生发展是个复杂的学习结果,受多种因素的交织作用和共同影响,既包含学生个体特征等"既定的""固有的"因素,更与大学生的院校特征密切相关。基于大样本的学生自评数据,通过量化分析证实了学生个体特征、院校特征对大学生学习收获反应性评价存在显著性影响。

具体来看,男生 & 女生、城市 & 农村、独生子女 & 非独生子女、父亲接受过高等教育 & 父亲未接受过高等教育、母亲接受过高等教育 & 母亲未接受过高等教育、双一流院校 & 非双一流院校等 6 个因素发挥重要的影响作用,其中男生的学习收获反应性评价低于女生、城市的学生学习收获反应性评价高于农村的学生、独生子女的学习收获反应性评价高于非独生子女、母亲接受过高等教育的学生学习收获反应性评价高于母亲未接受过高等教育的学生、父亲接受过高等教育的学生学习收获反应性评价高于父亲未接受过高等教育的学生、双一流高校学生学习收获反应性评价高于非双一流本科院校。

第三节 大学生科研态度反应性评价的实证分析

调查结果采用 SPSS 软件进行分析,根据研究目的,主要采用量化分析的方法在此对数据进行处理和分析,考察我国高校大学生的科研态度反应性评价现状,分析不同类型大学生群体的科研态度反应性评价差异表现。首先,对大学生科研态度反应性评价采用描述性统计的方法,呈现大学生科研态度反应性评价的整体状况。然后基于学生自身特征、家庭特征和院校特征三个层面,采用单因素方差分析、独立样本 t 检验等方法,探究大学生在不同性别、年级、专业、院校、父母受教育水平,是否有大学生导师等条件下的科研态度反应性评价差异情况。

一、大学生科研态度反应性评价的基本状态及特征分析

在此主要采用量化分析的方法,考察我国高校大学生的科研态度反应性

评价现状,分析不同类型大学生群体的科研态度反应性评价差异特征。首先,通过描述性统计分析大学生科研态度反应性评价的基本状况,分别进行大学生总体科研态度反应性评价的描述和六个维度的比较分析。其次,为了更进一步地了解不同类型大学生科研态度反应性评价的差异特征,基于学生自身特征、家庭特征和院校特征三个层面对不同类型学生的科研态度反应性评价进行差异比较,全面把握我国高校大学生科研态度反应性评价的整体差异现状。

(一)大学生总体科研态度反应性评价基本分析

本部分首先对大学生科研态度的整体特征进行描述统计,然后对科研态度的六个题项维度进行频率分析,从而更为深入地把握我国高校大学生科研态度反应性评价的总体现状。科研态度反应性评价各题项计分的标准为"完全不同意""不同意""不确定""同意""完全同意",按此顺序分别计为 1 分到 5 分,中等程度观测值为 3 分。

1.大学生总体科研态度反应性评价的现状

本部分对科研态度反应性评价各条目及总体科研态度反应性评价的整体现状进行描述统计,总体科研态度反应性评价由六个题项维度的得分之和的平均分表示,主要通过比较均值和同意度百分比来分析科研态度反应性评价的现状。同意度百分比的计算公式为:百分比=(均值-1)/(量表点数-1),计算结果采取四舍五入法,保留小数点后两位。同意度百分比是以中位数为分界点,在 5 点量表中,中位数为 3,换成同意度百分比为(3-1)/(5-1)=50%,高于 50%说明整体同意度偏高,低于 50%则偏低。大学生科研态度反应性评价的总体情况如表 4-37 所示。从中可以看出,总体科研态度反应性评价的均值为 3.83,我国大学生的科研态度反应性评价整体上偏向积极,但仍有较大的进步空间,且各题项维度之间存在差异。

表 4-37 大学生科研态度反应性评价的描述统计

题项	平均数	标准差
渴望学到课程最新科研成果	3.90	0.741
想了解所学领域如何开展科研	3.95	0.734
要学会本领域的学术科研方法	3.92	0.73

续表

题项	平均数	标准差
喜欢做科研	3.54	0.908
想有自己的科研项目	3.67	0.909
喜欢在已掌握的内容上不断补充新的知识	3.97	0.706
总体的科研态度反应性评价	3.83	0.622

为了更加直观地展现大学生科研态度反应性评价的整体水平,图 4-1 展示了我国高校大学生科研态度反应性评价的同意度百分比得分情况。学生总体科研态度反应性评价的同意度百分比达到 70.75%,表明大学生的科研态度反应性评价整体偏向积极。在各条目的得分情况上,得分均处于 60% 至 75% 之间,其中学生"喜欢做科研""想有自己的科研项目"得分偏低,不到 70%,而"喜欢做科研"的得分最低,为 63.5%。学生"喜欢在已掌握的内容上不断补充新的知识"的得分最高,为 74.25%。据此也可以得出,我国大学生科研态度反应性评价整体处于中等偏良的水平,学生对于科研呈现相对积极的态度,尤其体现在想要学习科研相关的知识和方法。但是在对科研的喜爱程度和自主参与热情方面低于学习科研类知识方法的积极程度,并且大学生的科研态度反应性评价仍有较大的改善空间。

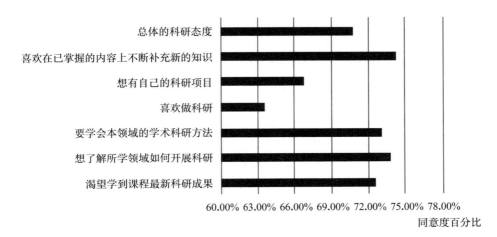

图 4-1 大学生科研态度反应性评价的同意度百分比得分情况

2.大学生科研态度反应性评价的维度特征

为了更加深入地了解学生科研态度反应性评价的整体特征,对大学生科研态度反应性评价的各题项进行频率分析,结果如表 4-38 所示。可以看出,一半左右的学生在科研态度反应性评价的各题项层面持"同意"的态度,10%至 20%的学生持"完全同意"的态度。尤其在渴望学到课程最新科研成果、想了解所学领域如何开展科研、要学会本领域的学术科研方法,以及喜欢在已掌握的内容上不断补充新的知识这四个维度上,持积极态度的学生占比 80%左右。持"不确定"态度的学生在各题项上的占比均高于 15%,尤其有超过 1/4的学生都不确定自己是否喜欢做科研和想有自己的科研项目,且有超过 10%的学生不同意甚至完全不同意自己喜欢做科研和想有自己的科研项目。

表 4-38　大学生科研态度反应性评价的频率统计

%

	完全不同意	不同意	不确定	同意	完全同意
渴望学到课程最新科研成果	0.6	3.3	19.2	58.9	18
想了解所学领域如何开展科研	0.6	3.3	15.7	60.9	19.5
要学会本领域的学术科研方法	0.6	3.1	18.1	60.1	18.1
喜欢做科研	1.7	11	31.9	42.8	12.7
想有自己的科研项目	1.8	9.1	25.4	48	15.7
喜欢在已掌握的内容上不断补充新的知识	0.6	2.4	15.7	62.1	19.2

从各题项的频率分布差异分析中得出,尽管有一半以上的大学生持积极的科研态度反应性评价,且超过 10%的大学生对科研持高度积极的态度,但仍有小部分学生对自己的科研态度反应性评价表示不确定,仍处于不明朗的倾向,这些学生尚未形成较为稳定的科研态度反应性评价。此外还有极少部分学生对科研持消极的态度,其中,不喜欢做科研和不想有自己的科研项目的学生超过 10%。对于尚未形成明朗的科研态度反应性评价和持消极态度的学生有待加以引导。图 4-2 以堆积条形图的方式更为直观地展示了各题项的频率分布差异。

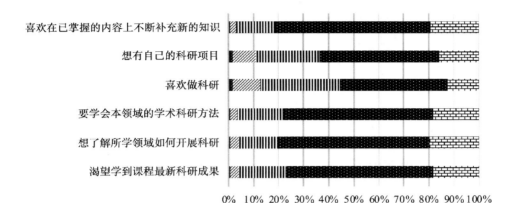

图 4-2　大学生科研态度反应性评价的频率分布情况

（二）基于人口特征变量的大学生科研态度反应性评价分析

本部分采用描述统计、独立样本 t 检验以及单因素方差分析等方法进行基于学生自身特征的科研态度反应性评价差异比较，呈现大学生的科研态度反应性评价在不同性别，生源地，学业成绩，学术沙龙、工作坊或实验室活动参加频次，科创竞赛参加频次，以及科研课题参与频次上的差异情况。

1.性别差异下大学生科研态度反应性评价分析

本科研采用独立样本 t 检验的方法，分析我国高校大学生科研态度反应性评价的性别差异。计算结果为方差均不齐性，即不假设方差相等，因此采用方差不相等时的 t 值。结果详见表 4-39。

表 4-39　不同性别的大学生科研态度反应性评价描述统计

	性别	平均值	标准差	t 值
渴望学到课程最新科研成果	男	3.93	0.783	12.273***
	女	3.88	0.711	
想了解所学领域如何开展科研	男	3.98	0.767	13.048***
	女	3.93	0.71	
要学会本领域的学术科研方法	男	3.95	0.765	14.087***
	女	3.90	0.706	

续表

	性别	平均值	标准差	t 值
喜欢做科研	男	3.69	0.901	53.659 ***
	女	3.44	0.898	
想有自己的科研项目	男	3.77	0.910	36.049 ***
	女	3.60	0.903	
喜欢在已掌握的内容上不断补充新的知识	男	4.01	0.737	19.243 ***
	女	3.94	0.683	
总体的科研态度反应性评价	男	3.89	0.651	32.841 ***
	女	3.78	0.597	

注：* $p<0.05$；** $p<0.01$；*** $p<0.001$

从表 4-39 中的数据可以看出，我国高校大学生的总体科研态度反应性评价及各维度表现都存在显著的性别差异（$p<0.001$）。男生的均值和标准差都高于女生的均值和标准差，可见男生的科研态度反应性评价普遍比女生更为积极，且男生科研态度反应性评价的离散程度也高于女生。图 4-3 以条形图的方式更为直观地展现了不同性别学生在总体科研态度反应性评价和各维度上的差异表现，可以清晰看出男生的科研态度反应性评价得分普遍高于女生，男生的同意度百分比均在 67% 以上。男生和女生在"喜欢做科研"和"想有自己的科研项目"方面差异最为显著。

2.生源地差异下大学生科研态度反应性评价分析

本科研采用独立样本 t 检验的方法，分析我国高校大学生科研态度反应性评价的生源地差异。计算结果为方差均不齐性，即不假设方差相等，因此采用方差不相等时的 t 值。结果详见表 4-40。

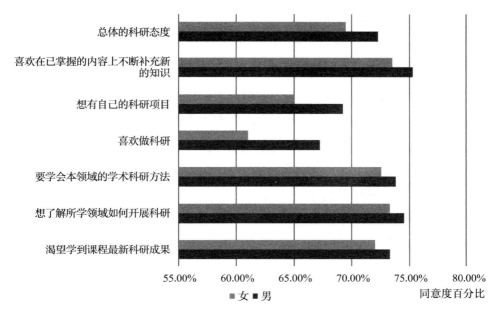

图 4-3 不同性别的大学生科研态度反应性评价同意度百分比

表 4-40 不同生源地的大学生科研态度反应性评价差异比较

	生源地	平均值	标准差	t 值
渴望学到课程最新科研成果	城市	3.92	0.78	4.879 ***
	农村	3.90	0.72	
想了解所学领域如何开展科研	城市	3.97	0.76	5.943 ***
	农村	3.95	0.72	
要学会本领域的学术科研方法	城市	3.95	0.76	10.259 ***
	农村	3.91	0.71	
喜欢做科研	城市	3.56	0.93	7.786 ***
	农村	3.52	0.89	
想有自己的科研项目	城市	3.69	0.93	6.809 ***
	农村	3.65	0.90	
喜欢在已掌握的内容上不断补充新的知识	城市	3.99	0.73	8.004 ***
	农村	3.96	0.69	
总体的科研态度反应性评价	城市	3.85	0.66	9.098 ***
	农村	3.81	0.60	

注：* $p < 0.05$；** $p < 0.01$；*** $p < 0.001$

独立样本 t 检验结果显示,我国高校大学生的总体科研态度反应性评价及各维度表现都存在显著的生源地差异($p < 0.001$)。生源地为城市的学生科研态度反应性评价的均值和标准差都高于生源地为农村的学生,可见城市生源的大学生的科研态度反应性评价普遍比农村生源的大学生更为积极,且城市生源的学生科研态度反应性评价离散程度比农村生源学生更高。图 4-4 清晰展示了不同生源地学生在总体科研态度反应性评价和各维度上的差异比较,可以看出城市生源学生的科研态度反应性评价得分普遍高于农村生源学生,城市生源学生的科研态度反应性评价同意度百分比均在 63% 至 75% 之间。不同生源地学生在"喜欢做科研"和"想有自己的科研项目"方面得分最低,均低于 70%。

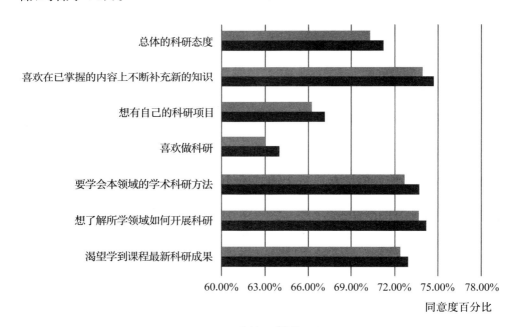

图 4-4　不同生源地的大学生科研态度反应性评价同意度百分比

3.学业成绩差异下大学生科研态度反应性评价分析

本科研根据学生的学习成绩在班里所处的水平段,将不同学业成绩分为"较好""中等""较差"三类。为厘清不同学业成绩的大学生科研态度反应性评价现状及特征,本书采用单因素方差分析的方法,对不同学业成绩的大学生总体科研态度反应性评价及各题项进行差异比较。由于单因素方差分析对不满足正态性的情况并不敏感,所以只需要对不同学业成绩组别在因变量上的得分进行方差齐性检验即可。检验结果显示不同学业成绩水平的学生在总体科研态度反应性评价及各题项上的表现均不满足方差齐性假设,即方差不具有同质性。所以,需要进一步使用 Welch Anova 检验不同学业成绩组别学生在科研态度反应性评价上的表现是否存在显著差异。如表 4-41 所示,Welch Anova 检验结果显示不同学业成绩组间存在统计学差异($p < 0.001$)。因此,本书采用 Tamhane's T2 来进行方差不齐情况下的事后比较,比较结果同见表 4-41,其中 1 代表"较好"、2 代表"中等"、3 代表"较差"。

表 4-41 不同学业成绩的大学生科研态度反应性评价差异比较

	学业成绩	均值	标准差	p 值(Welch)	事后比较
渴望学到课程最新科研成果	较好	4.08	0.73		
	中等	3.86	0.71	0.000	1>2>3
	较差	3.63	0.95		
想了解所学领域如何开展科研	较好	4.12	0.72		
	中等	3.91	0.71	0.000	1>2>3
	较差	3.71	0.95		
要学会本领域的学术科研方法	较好	4.09	0.72		
	中等	3.88	0.71	0.000	1>2>3
	较差	3.68	0.93		
喜欢做科研	较好	3.74	0.91		
	中等	3.48	0.88	0.000	1>2>3
	较差	3.36	1.05		
想有自己的科研项目	较好	3.87	0.90		
	中等	3.61	0.89	0.000	1>2>3
	较差	3.45	1.06		
喜欢在已掌握的内容上不断补充新的知识	较好	4.14	0.69		
	中等	3.93	0.68	0.000	1>2>3
	较差	3.70	0.93		

续表

	学业成绩	均值	标准差	p 值(Welch)	事后比较
总体的科研态度反应性评价	较好	4.01	0.63		
	中等	3.78	0.59	0.000	1＞2＞3
	较差	3.59	0.81		

单因素方差分析的结果显示,不同学业成绩的大学生在总体及各题项的科研态度反应性评价上均存在显著的差异(p＜0.001)。多重比较得出,在总体及各题项的科研态度反应性评价上,学业成绩较好的学生具有更加积极的科研态度反应性评价,其次是学业成绩中等的学生,学业成绩较差的学生科研态度反应性评价显示出最低的积极程度。同时,比较标准差还可以发现,学业成绩较差的学生科研态度反应性评价离散程度最大,成绩较好的学生科研态度反应性评价离散程度次之,成绩中等的学生科研态度反应性评价离散程度最小。

为了更加方便直观地表达大学生科研态度反应性评价的学业成绩差异,图4-5展示了不同学业成绩的大学生科研态度反应性评价同意度百分比得分折线图。从中可以明显看出,随着学业成绩的下降,学生科研态度反应性评价的积极程度也呈现下降趋势。

4.学术沙龙等活动参加频次差异下大学生科研态度反应性评价分析

学术沙龙、工作坊或实验室活动是学生接触科研相关知识和实践机会的重要途径,科研课题和科创竞赛是培养大学生科研能力和素质的主要平台。为了解不同科研性实践经历参加频次的大学生科研态度反应性评价的差异情况,本书分析了参加学术沙龙、工作坊或实验室活动的频次,科研课题参与频次,以及科创竞赛参加频次三个方面的大学生科研态度反应性评价差异特征。

本书将参加学术沙龙、工作坊或实验室活动的频次分为"没有""较少""有时""经常"四类。采用单因素方差分析的方法,对不同频次的学术沙龙、工作坊或实验室活动参加情况下的大学生科研态度反应性评价进行差异比较。由于单因素方差分析对不满足正态性的情况并不敏感,故只需要对不同参加频次组别在因变量上的得分进行方差齐性检验即可。检验结果显示不同频次学

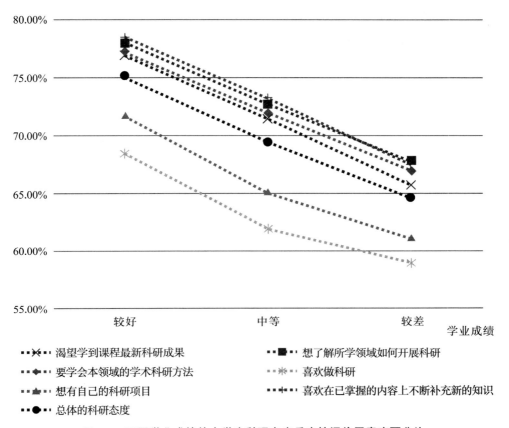

图 4-5 不同学业成绩的大学生科研态度反应性评价同意度百分比

术沙龙等活动参加情况下的学生在总体科研态度反应性评价及各题项上的表现均不满足方差齐性假设,即方差不具有同质性。所以,进一步使用 Welch Anova 检验不同参加频次的学生在科研态度反应性评价上的表现是否存在显著差异。如表 4-42 所示,Welch Anova 检验结果显示不同参加频次组间存在统计学差异($p<0.001$)。因此,本书采用 Tamhane's T2 来进行方差不齐情况下的事后比较,比较结果同见表 4-42,其中 1 代表"没有"、2 代表"较少"、3 代表"有时"、4 代表"经常"。

表 4-42　参加学术沙龙、工作坊或实验室活动频次的大学生科研态度反应性评价差异比较

	参加学术沙龙等 活动的频次	均值	标准差	p 值（Welch）	事后比较
渴望学到课程最新 科研成果	没有	3.69	0.87	0.000	1＜2＜3＜4
	较少	3.79	0.73		
	有时	3.88	0.66		
	经常	4.19	0.69		
想了解所学领域如 何开展科研	没有	3.77	0.88	0.000	1＜2＜3＜4
	较少	3.85	0.72		
	有时	3.92	0.65		
	经常	4.23	0.68		
要学会本领域的学 术科研方法	没有	3.70	0.86	0.000	1＜2＜3＜4
	较少	3.80	0.71		
	有时	3.90	0.65		
	经常	4.22	0.68		
喜欢做科研	没有	3.07	0.98	0.000	1＜2＜3＜4
	较少	3.32	0.86		
	有时	3.57	0.80		
	经常	4.02	0.83		
想有自己的科研项 目	没有	3.27	1.04	0.000	1＜2＜3＜4
	较少	3.48	0.89		
	有时	3.68	0.80		
	经常	4.09	0.82		
喜欢在已掌握的内 容上不断补充新的 知识	没有	3.77	0.82	0.000	1＜2＜3＜4
	较少	3.86	0.69		
	有时	3.94	0.63		
	经常	4.25	0.67		
总体的科研态度反 应性评价	没有	3.54	0.70	0.000	1＜2＜3＜4
	较少	3.68	0.57		
	有时	3.82	0.53		
	经常	4.17	0.60		

从表 4-42 中的数据可以看出，不同学术沙龙、工作坊或实验室活动参加频次的大学生总体科研态度反应性评价及各维度表现都存在显著的差异（$p < 0.001$），经常参加学术沙龙等活动的学生的均值最高，有时参加学术沙龙等活动的学生均值次之，再次是较少参加学术沙龙等活动的学生，没有参加过学术沙龙等活动的学生均值最低。图 4-6 清晰展示了不同学术沙龙、工作坊或实验室等活动参加频次的学生在科研态度反应性评价总体和各维度上的同意度百分比变化趋势，可见参加学术沙龙、工作坊或实验室活动的频次越高，学生的科研态度反应性评价越为积极。从未参加过学术沙龙、工作坊或实验室活动的大学生总体科研态度反应性评价及各维度的同意度百分比均低于70%，但经常参加的大学生总体科研态度反应性评价及各维度的同意度百分比均高于75%。且不同参加频次的学生在"喜欢做科研"和"想有自己的科研项目"方面差异最为显著。

5.不同科创竞赛参加频次差异下大学生科研态度反应性评价分析

本书将参加各种科创竞赛（如挑战杯或专业技能比赛）的频次分为"0 次""1～2 次""3～4 次""5 次及以上"四类。采用单因素方差分析的方法，对不同频次科创竞赛参加情况的大学生科研态度反应性评价进行差异比较。由于单因素方差分析对不满足正态性的情况并不敏感，故只需要对不同参加频次组别在因变量上的得分进行方差齐性检验即可。检验结果显示不同频次科创竞赛参加情况下的学生在总体科研态度反应性评价及各题项上的表现均不满足方差齐性假设，即方差不具有同质性。所以，进一步使用 Welch Anova 检验不同参加频次的组别学生在科研态度反应性评价上的表现是否存在显著差异。如表 4-43 所示，Welch Anova 检验结果显示不同科创竞赛参加频次组间存在统计学差异（$p < 0.001$）。因此，本书采用 Tamhane's T2 来进行方差不齐情况下的事后比较，比较结果同见表 4-43，其中 1 代表"0 次"、2 代表"1～2 次"、3 代表"3～4 次"、4 代表"5 次及以上"。

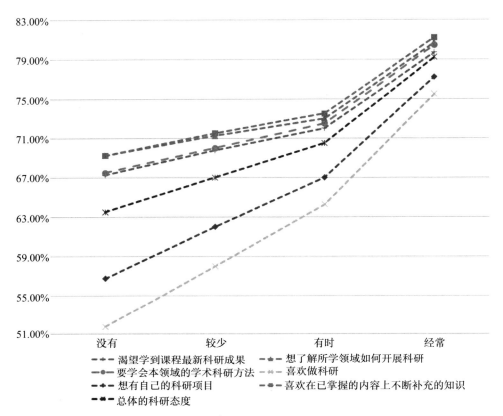

图 4-6　不同学术沙龙等活动参加频次的大学生科研态度反应性评价同意度百分比

表 4-43　不同科创竞赛参加频次的大学生科研态度反应性评价差异比较

	科研课题 参与频次	均值	标准差	p 值（Welch）	事后比较
	0	3.84	0.74		
渴望学到课程最新 科研成果	1～2	3.94	0.71	0.000	1<2<4;1<3<4
	3～4	3.92	0.77		
	5 次及以上	4.24	0.78		
	0	3.89	0.73		
想了解所学领域如 何开展科研	1～2	3.99	0.70	0.000	1<3<2<4
	3～4	3.95	0.77		
	5 次及以上	4.27	0.77		

续表

	科研课题 参与频次	均值	标准差	p 值(Welch)	事后比较
要学会本领域的学术科研方法	0	3.86	0.73	0.000	1<3<2<4
	1～2	3.95	0.70		
	3～4	3.93	0.76		
	5 次及以上	4.25	0.77		
喜欢做科研	0	3.40	0.91	0.000	1<2<3<4
	1～2	3.58	0.87		
	3～4	3.71	0.87		
	5 次及以上	4.09	0.91		
想有自己的科研项目	0	3.53	0.92	0.000	1<2<3<4
	1～2	3.73	0.87		
	3～4	3.82	0.85		
	5 次及以上	4.17	0.86		
喜欢在已掌握的内容上不断补充新的知识	0	3.90	0.70	0.000	1<3<2<4
	1～2	4.01	0.67		
	3～4	3.97	0.75		
	5 次及以上	4.29	0.76		
总体的科研态度反应性评价	0	3.74	0.61	0.000	1<2<3<4
	1～2	3.87	0.58		
	3～4	3.89	0.64		
	5 次及以上	4.22	0.70		

　　根据单因素方差分析结果可知,不同科创竞赛参加频次的大学生总体科研态度反应性评价及各维度都存在显著差异($p<0.001$)。在"渴望学到课程最新的科研成果"方面,参加过 1～2 次科创竞赛和参加过 3～4 次科创竞赛的学生同意程度不存在显著差异($p>0.05$)。从未参加过科创竞赛的学生总体科研态度反应性评价及各维度的均值得分最低,参加过 5 次及以上科创竞赛的学生总体科研态度反应性评价及各维度的均值得分最高。此外,"想了解所学领域如何开展科研","要学会本领域的学术科研方法"以及"喜欢在已掌握的内容上不断补充新的知识"三个方面均表现出,参加过 3～4 次科创竞赛的

学生均值低于参加过 1～2 次科创竞赛的学生。而在"喜欢做科研","想有自己的科研项目"以及总体的科研态度反应性评价三个方面,则呈现出参加科创竞赛的频次越多,学生越喜欢做科研,越想有自己的科研项目,总体的科研态度反应性评价越为积极。图 4-7 用折线图的方式清晰展现了不同科创竞赛参加频次的学生在总体科研态度反应性评价和各维度上的同意度百分比变化趋势,可以看出没有参加过科创竞赛的大学生在总体科研态度反应性评价及各维度上的得分差异最大,分散在 60%～73% 之间。参加过 5 次及以上科创竞赛的学生在科研态度反应性评价及各维度上的得分差异最小,集中在 77%～83% 之间。整体而言,从未参加过科创竞赛的学生科研态度反应性评价积极程度最低,参加过 5 次及以上科创竞赛的学生科研态度反应性评价最为积极。

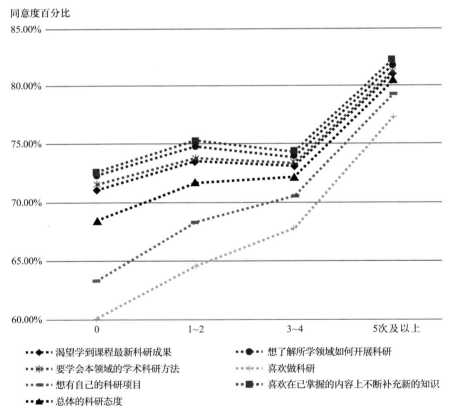

图 4-7 不同科创竞赛参加频次的大学生科研态度反应性评价同意度百分比

6.不同科研课题参与频次差异下大学生科研态度反应性评价分析

本书将参与科研课题的频次分为"0 次""1～2 次""3～4 次""5 次及以上"四类。采用单因素方差分析的方法,对不同频次的科研课题参与情况的大学生科研态度反应性评价进行差异比较。由于单因素方差分析对不满足正态性的情况并不敏感,所以只需要对不同参与频次组别在因变量上的得分进行方差齐性检验即可。检验结果显示不同频次科研课题参与情况下的学生在总体科研态度反应性评价及各题项上的表现均不满足方差齐性假设,即方差不具有同质性。所以,进一步使用 Welch Anova 检验不同频次的组别学生在科研态度反应性评价上的表现是否存在显著差异。如表 4-44 所示,Welch Anova 检验结果显示不同科研课题参与频次组间存在统计学差异($p < 0.001$)。因此,本科研采用 Tamhane's T2 来进行方差不齐情况下的事后比较,比较结果同见表 4-44,其中 1 代表"0 次"、2 代表"1～2 次"、3 代表"3～4 次"、4 代表"5 次及以上"。

表 4-44 不同科研课题参与频次的大学生科研态度反应性评价差异比较

	科研课题 参与频次	均值	标准差	p 值(Welch)	事后比较
渴望学到课程最新科研成果	0	3.85	0.74	0.000	1<3<2<4
	1～2	3.96	0.71		
	3～4	3.90	0.78		
	5 次及以上	4.30	0.81		
想了解所学领域如何开展科研	0	3.91	0.73	0.000	1<2<4;3<2<4
	1～2	4.01	0.70		
	3～4	3.92	0.77		
	5 次及以上	4.31	0.81		
要学会本领域的学术科研方法	0	3.87	0.73	0.000	1<3<2<4
	1～2	3.98	0.69		
	3～4	3.91	0.77		
	5 次及以上	4.31	0.80		

续表

	科研课题 参与频次	均值	标准差	p 值（Welch）	事后比较
喜欢做科研	0	3.41	0.90	0.000	1<2<3<4
	1～2	3.64	0.87		
	3～4	3.76	0.85		
	5 次及以上	4.23	0.89		
想有自己的科研项目	0	3.54	0.92	0.000	1<2<3<4
	1～2	3.80	0.85		
	3～4	3.84	0.83		
	5 次及以上	4.27	0.85		
喜欢在已掌握的内容 上不断补充新的知识	0	3.92	0.69	0.000	1<2<4;3<2<4
	1～2	4.03	0.68		
	3～4	3.93	0.76		
	5 次及以上	4.32	0.80		
总体的科研态度反应 性评价	0	3.75	0.61	0.000	1<3<2<4
	1～2	3.90	0.58		
	3～4	3.87	0.65		
	5 次及以上	4.29	0.74		

根据单因素方差分析结果可知，不同科研课题参与频次的大学生总体科研态度反应性评价及各题项维度存在显著差异（$p<0.001$）。在"想了解所学领域如何开展科研"和"喜欢在已掌握的内容上不断补充新的知识"方面，没有参与过科研课题和参加过 3～4 次科研课题的学生同意程度不存在显著差异（$p>0.05$）。从未参与过科研课题的学生总体科研态度反应性评价及各维度的均值得分最低，参加过 5 次及以上科研课题的学生总体科研态度反应性评价及各维度的均值得分最高。此外，总体的科研态度反应性评价、"渴望学到课程最新科研成果"以及"要学会本领域的学术科研方法"三个方面均表现较好，参加过 3～4 次科研课题的学生均值低于参加过 1～2 次科研课题的学生。而在"喜欢做科研"和"想有自己的科研项目"两个方面，则呈现出科研课题参与频次越多，学生越喜欢做科研，越想有自己的科研项目。

同意度百分比

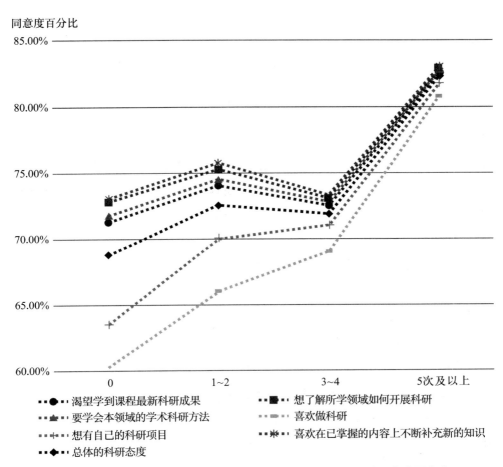

图 4-8 不同科研课题参与频次的大学生科研态度反应性评价同意度百分比

图 4-8 用折线图的方式清晰展现了不同科研课题参与频次的学生在总体科研态度反应性评价和各维度上的同意度百分比变化趋势,可以看出没有参与过科研课题的大学生在总体科研态度反应性评价及各维度上的得分差异最大,分散在 60%～73%之间。参加过 5 次及以上科研课题的学生在科研态度反应性评价及各维度上的得分差异最小,集中在 80%～83%之间。整体而言,从未参与过科研课题的学生科研态度反应性评价积极程度最低,参加过 1～2 次科研课题的学生科研态度反应性评价比参加过 3～4 次的学生更为积极,参加过 5 次及以上科研课题的学生科研态度反应性评价最为积极。

综合分析大学生的科研态度反应性评价在参加学术沙龙、工作坊或实验室活动的频次,科研课题参与频次,以及科创竞赛参加频次上的差异特征,可以明显发现,参加不同频次科研性实践活动的学生科研态度反应性评价存在显著差异。没有参加过学术沙龙等活动、科研课题或科创竞赛的学生科研态度反应性评价积极程度最低,经常参加学术沙龙等活动,参加过 5 次及以上科研课题或科创竞赛的学生科研态度反应性评价最为积极。参加学术沙龙、工作坊或实验室活动的频次和参加科创竞赛的频次越高,学生的总体科研态度反应性评价越为积极。参加过 1～2 次科研课题的学生科研态度反应性评价比参加过 3～4 次的学生更为积极。参与科研课题是大学生进行科研训练的路径之一,拥有初次科研课题参与经历使得学生增加了对于科研的好奇心和热情,虽然在参与一两次课题经历后,学生对于学习科研相关知识和方法的热情略为下降,但随着课题参与经历的积累,学习科研相关知识和方法的态度又变得更为积极。并且学生对于科研的喜爱程度和自主参与科研的积极程度都随着课题参与经历的积累不断提高。因此有理由相信,接触过科研相关知识和实践的大学生比没有接触过的学生具有更加积极的科研态度反应性评价。

(三)基于家庭特征的大学生科研态度反应性评价分析

本部分采用描述统计、独立样本 t 检验,以及单因素方差分析等方法进行基于学生家庭特征的科研态度反应性评价差异比较,呈现大学生的科研态度反应性评价在不同父母文化程度和不同家庭收入的差异情况。

1.父亲文化程度差异下大学生科研态度反应性评价分析

本书将父亲文化程度分为"接受过高等教育"和"未接受过高等教育"两类,采用独立样本 t 检验的方法,分析我国高校大学生科研态度反应性评价在父亲文化程度下的差异。除"要学会本领域的学术科研方法"之外,其余各题项和总体科研态度反应性评价的计算结果为方差不齐性,即不假设方差相等。结果详见表 4-45,其中,父亲接受过高等教育为"是",父亲未接受过高等教育为"否"。

表 4-45　不同父亲文化程度的大学生科研态度反应性评价差异比较

	父亲文化程度	平均值	标准差	t 值
渴望学到课程最新科研成果	是	3.94	0.78	8.419***
	否	3.90	0.73	
想了解所学领域如何开展科研	是	4.00	0.77	9.985***
	否	3.94	0.73	
要学会本领域的学术科研方法	是	3.98	0.76	14.191***
	否	3.91	0.72	
喜欢做科研	是	3.60	0.94	12.877***
	否	3.52	0.90	
想有自己的科研项目	是	3.73	0.94	11.815***
	否	3.65	0.90	
喜欢在已掌握的内容上不断补充新的知识	是	4.02	0.73	12.164***
	否	3.96	0.70	
总体的科研态度反应性评价	是	3.88	0.66	14.324***
	否	3.81	0.61	

注：* $p < 0.05$；** $p < 0.01$；*** $p < 0.001$

从表 4-45 的数据可以看出,父亲文化程度不同的大学生总体科研态度反应性评价及各题项维度都存在显著差异($p < 0.001$)。父亲接受过高等教育的均值高于未接受过高等教育的均值,即父亲接受过高等教育的学生科研态度反应性评价显著比父亲未接受过高等教育的学生更为积极。图 4-9 展示了不同父亲文化程度的学生在总体和各维度科研态度反应性评价上的同意度百分比,更为清晰地呈现了这一结果。

2.母亲文化程度差异下大学生科研态度反应性评价分析

本书将母亲文化程度也分为"接受过高等教育"和"未接受过高等教育"两类,采用独立样本 t 检验的方法,分析我国高校大学生科研态度反应性评价在不同母亲文化程度下的差异。除"要学会本领域的学术科研方法"之外,其余各题项和总体科研态度反应性评价的计算结果为方差不齐性,即不假设方差相等。结果详见表 4-46,其中,母亲接受过高等教育为"是",母亲未接受过高等教育为"否"。

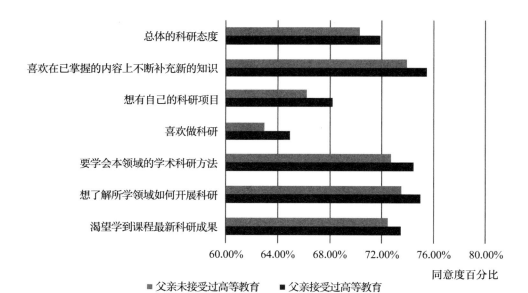

图 4-9　不同父亲文化程度的大学生科研态度反应性评价同意度百分比

表 4-46　不同母亲文化程度的大学生科研态度反应性评价差异比较

	母亲文化程度	样本数	平均值	标准差	t 值
渴望学到课程最新科研成果	是	20164	3.95	0.78	8.968***
	否	130078	3.90	0.73	
想了解所学领域如何开展科研	是	20164	4.00	0.77	9.917***
	否	130078	3.95	0.73	
要学会本领域的学术科研方法	是	20164	3.98	0.76	13.517***
	否	130078	3.91	0.73	
喜欢做科研	是	20164	3.62	0.95	13.567***
	否	130078	3.52	0.90	
想有自己的科研项目	是	20164	3.74	0.94	12.556***
	否	130078	3.65	0.90	
喜欢在已掌握的内容上不断补充新的知识	是	20164	4.02	0.73	10.34***
	否	130078	3.96	0.70	
总体的科研态度反应性评价	是	20164	3.89	0.67	14.164***
	否	130078	3.82	0.61	

注：* $p < 0.05$；** $p < 0.01$；*** $p < 0.001$

从表 4-46 的数据可以看出,母亲文化程度不同的大学生总体科研态度反应性评价及各题项维度都存在显著差异($p<0.001$)。母亲接受过高等教育的均值普遍高于未接受过高等教育的均值,即母亲接受过高等教育的学生科研态度反应性评价显著比母亲未接受过高等教育的学生更为积极。图 4-10 展示了不同母亲文化程度的学生在总体和各维度科研态度反应性评价上的同意度百分比,更为清晰地呈现了这一结果。

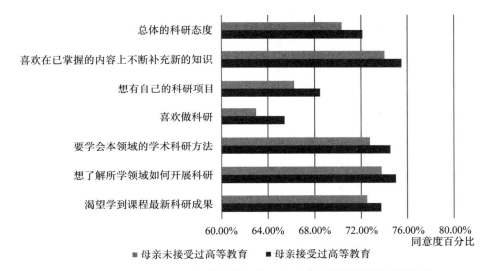

图 4-10 不同母亲文化程度的大学生科研态度反应性评价同意度百分比

3.家庭收入情况差异下大学生科研态度反应性评价分析

本书以父母月总收入作为衡量家庭收入情况的指标,并结合实际情况将父母月总收入低于 2000 元界定为"贫困家庭",父母月总收入 2000～6000 元之间界定为"低收入家庭",父母月总收入 6000～30000 元之间界定为"中等收入家庭",父母月总收入 30000 元以上界定为"高收入家庭"。为厘清不同家庭收入情况的大学生科研态度反应性评价的现状及特征,本书采用单因素方差分析的方法,对比不同家庭收入情况下的大学生在总体科研态度反应性评价及各题项中的差异。由于单因素方差分析对不满足正态性的情况并不敏感,故只需要对不同家庭收入组别在因变量上的得分进行方差齐性检验即可。检验结果显示,不同家庭收入情况的学生在总体科研态度反应性评价及各题项上的表现均不满足方差齐性假设,即方差不具有同质性。所以,需要进一步使用 Welch Anova 检验不同年级组别学生在科研态度反应性评价上的表现是否存在显著差异。如表 4-47 所示,Welch Anova 检验结果显示不同家庭收入情况组间存在统计学差异($p<0.001$)。因此,本书采用 Tamhane's T2 来进行方差不齐情况下的事后比较,比较结果同见表 4-47,其中 1 代表"贫困"、2 代表"低收入"、3 代表"中等收入"、4 代表"高收入"。

表 4-47　不同家庭收入情况的大学生科研态度反应性评价差异比较

	家庭收入	均值	标准差	p 值（Welch）	事后比较
渴望学到课程最新科研成果	贫困	3.91	0.783	0.000	$2<1<4;3<4$
	低收入	3.9	0.723		
	中等收入	3.91	0.745		
	高收入	4.00	0.839		
想了解所学领域如何开展科研	贫困	3.95	0.787	0.000	$1<4;2<4;3<4$
	低收入	3.95	0.715		
	中等收入	3.96	0.735		
	高收入	4.03	0.839		
要学会本领域的学术科研方法	贫困	3.92	0.78	0.000	$2<3<4;1<4$
	低收入	3.91	0.712		
	中等收入	3.93	0.731		
	高收入	4.00	0.841		
喜欢做科研	贫困	3.59	0.939	0.000	$2<1<4;3<1<4$
	低收入	3.52	0.889		
	中等收入	3.53	0.915		
	高收入	3.69	1.011		
想有自己的科研项目	贫困	3.7	0.937	0.000	$2<3<1<4$
	低收入	3.65	0.894		
	中等收入	3.67	0.917		
	高收入	3.81	0.98		

续表

	家庭收入	均值	标准差	p 值 (Welch)	事后比较
喜欢在已掌握的内容上不断补充新的知识	贫困	3.96	0.776		
	低收入	3.96	0.691	0.000	1<3<4;2<3<4
	中等收入	3.98	0.695		
	高收入	4.05	0.814		
总体的科研态度反应性评价	贫困	3.84	0.679		
	低收入	3.81	0.599	0.000	2<1<4;2<3<4
	中等收入	3.83	0.625		
	高收入	3.93	0.745		

　　单因素方差分析结果显示,大学生的科研态度反应性评价存在不同家庭收入情况上差异显著($p<0.001$)。低收入家庭学生和高收入家庭学生的总体科研态度反应性评价均与其他收入家庭学生存在显著差异,低收入家庭学生的总体科研态度反应性评价均值最低,高收入家庭学生的总体科研态度反应性评价均值最高。但贫困家庭学生的总体科研态度反应性评价与中等收入家庭学生没有显著差异($p>0.05$)。在科研态度反应性评价各题项维度方面,高收入家庭学生最为渴望学到课程最新的科研成果,贫困家庭的学生比低收入家庭的学生更为渴望学到课程最新的科研成果;高收入家庭的学生最想了解所学领域如何开展科研,贫困家庭、低收入、中等收入家庭的学生在这方面没有显著差异;高收入家庭的学生最想学会本领域的学术科研方法,中等收入家庭的学生比低收入家庭的学生更想学会本领域的学术科研方法;最喜欢做科研的是高收入家庭的学生,其次是贫困家庭的学生,低收入和中等收入家庭的学生对做科研的喜欢程度最低;高收入家庭学生最想有自己的科研项目,其次为贫困家庭的学生,再次是中等收入家庭的学生,低收入家庭的学生想有自己的科研项目渴望程度最低;高收入家庭的学生最喜欢在已掌握的内容上不断补充新的知识,其次是中等收入家庭的学生,贫困和低收入家庭的学生对已掌握的内容上补充新知识的喜欢程度最低。

同意度百分比

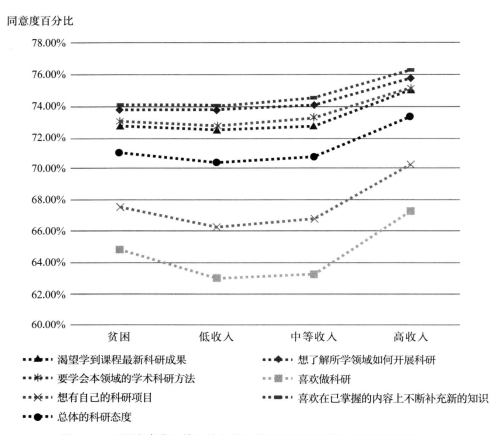

图 4-11　不同家庭收入情况的大学生科研态度反应性评价同意度百分比

　　整体而言,高收入家庭的学生在总体科研态度反应性评价及各题项维度方面均表现出最为积极的倾向。值得注意的是,贫困家庭的学生对于参与科研实践的热情和喜爱程度仅次于高收入家庭的学生,高于低收入和中等收入家庭的学生。并且低收入家庭学生在总体科研态度反应性评价及多个题项维度的得分上都呈现出最低的状态。图 4-11 更为清晰地展示了不同家庭收入情况的大学生科研态度反应性评价同意度百分比。从中也可以直观地看出,不同家庭收入的学生对参与科研实践的热情程度均明显低于学习科研相关知识和方法的热情。

（四）基于院校特征的大学生科研态度反应性评价分析

在院校特征方面,本书分析了大学生科研态度反应性评价在不同年级、不同学科类型、不同学校类型、有无大学生导师上的差异特征。

1.不同年级之间的差异比较

本书将不同年级分为"大一""大二""大三""大四及以上"四类。为厘清不同年级大学生科研态度反应性评价的现状及特征,本书采用单因素方差分析的方法,比较不同年级大学生在总体科研态度反应性评价及各题项中的差异。由于单因素方差分析对不满足正态性的情况并不敏感,所以只需要对不同年级组别在因变量上的得分进行方差齐性检验即可。检验结果显示不同年级学生在总体科研态度反应性评价及各题项上的表现均不满足方差齐性假设,即方差不具有同质性。所以,需要进一步使用 Welch Anova 检验不同年级组别学生在科研态度反应性评价上的表现是否存在显著差异。如表 4-48 所示,Welch Anova 检验结果显示不同年级组间存在统计学差异($p < 0.001$)。因此,本书采用 Tamhane's T2 来进行方差不齐情况下的事后比较,比较结果同见表 4-48,其中 1 代表"大一"、2 代表"大二"、3 代表"大三"、4 代表"大四及以上"。

表 4-48　不同年级的大学生科研态度反应性评价特征

	年级	人数	均值	标准差	p 值(Welch)	事后比较
渴望学到课程最新科研成果	大一	46292	3.88	0.75	0.000	1<3<4 2<3<4
	大二	40182	3.89	0.74		
	大三	38693	3.91	0.74		
	大四及以上	25075	3.97	0.72		
想了解所学领域如何开展科研	大一	46292	3.95	0.73	0.000	1<4 2<3<4
	大二	40182	3.93	0.74		
	大三	38693	3.95	0.74		
	大四及以上	25075	4.01	0.71		

续表

	年级	人数	均值	标准差	p 值（Welch）	事后比较
要学会本领域的学术科研方法	大一	46292	3.93	0.72		
	大二	40182	3.90	0.74	0.000	2<1<4
	大三	38693	3.90	0.74		3<1<4
	大四及以上	25075	3.96	0.72		
喜欢做科研	大一	46292	3.54	0.89		
	大二	40182	3.52	0.91	0.000	2<1<4
	大三	38693	3.51	0.92		3<1<4
	大四及以上	25075	3.62	0.90		
想有自己的科研项目	大一	46292	3.65	0.91		
	大二	40182	3.66	0.91	0.000	1<4
	大三	38693	3.66	0.91		2<4
	大四及以上	25075	3.71	0.90		3<4
喜欢在已掌握的内容上不断补充新的知识	大一	46292	3.96	0.71		
	大二	40182	3.94	0.72	0.000	2<1<4
	大三	38693	3.97	0.71		2<3<4
	大四及以上	25075	4.04	0.68		
总体的科研态度	大一	46292	3.82	0.61		
	大二	40182	3.81	0.63	0.000	1<4
	大三	38693	3.81	0.63		2<4
	大四及以上	25075	3.88	0.62		3<4

根据表 4-48 的分析结果，我国高校大学生的科研态度反应性评价各题项及总体科研态度反应性评价均存在显著的年级差异（$p<0.001$）。多重比较得出，大四及以上年级学生的科研态度反应性评价显著比其余年级学生的科研态度反应性评价更为积极。此外，在总体科研态度反应性评价和想有自己的科研项目方面，大一、大二和大三年级学生不存在显著差异；大三学生比大一和大二学生更渴望学到课程最新的科研成果；大三年级学生比大二学生更想了解所学领域如何开展科研；大一年级学生比大二、大三学生更想学会本领域的学术科研方法，更喜欢做科研；相比较大二年级学生，大一和大三年级学生

更喜欢在已掌握的内容上不断补充新的知识。

图 4-12 展示了不同年级的大学生科研态度反应性评价同意度百分比。从中也可以发现,大学生整体的科研态度反应性评价得分呈现大二、大三时略微下降或波动,到大四时增加并超过大一年级得分的变化趋势。

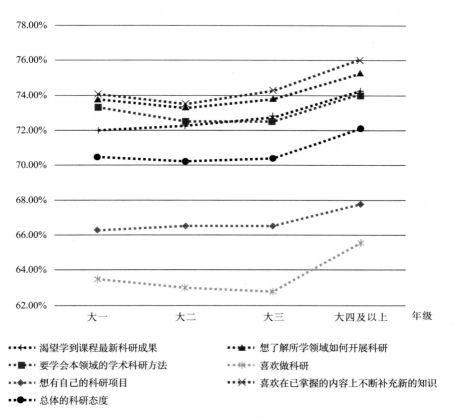

图 4-12 不同年级大学生科研态度反应性评价的同意度百分比

2.不同学科类型之间的差异比较

在学科类型方面,由于样本中军事学的大学生只有 23 人,且此学科具有特殊性,所以在进行不同学科类型之间的差异比较时予以剔除。本书依据学科差异化程度将学科类型分为"文史哲艺""经管教法""理学""工农医学"四大类。

本书采用单因素方差分析的方法进行不同学科类型大学生在总体科研态

度反应性评价及各题项中的差异比较。由于单因素方差分析对不满足正态性的情况并不敏感,所以只需要对不同学科类型组别在因变量上的得分进行方差齐性检验即可。检验结果显示不同学科类型学生在总体科研态度反应性评价及各题项上的表现均不满足方差齐性假设,即方差不具有同质性。所以,需要进一步使用 Welch Anova 检验不同学科组别学生在科研态度反应性评价上的表现是否存在显著差异。如表 4-49 所示,Welch Anova 检验结果显示不同学科类型组间存在统计学差异($p<0.001$)。因此,本书采用 Tamhane's T2 来进行方差不齐情况下的事后比较,比较结果同见表 4-49,其中 1 代表"文史哲艺"、2 代表"经管教法"、3 代表"理学"、4 代表"工农医学"。

表 4-49　不同学科类型的大学生科研态度反应性评价特征

	学科类型	均值	标准差	p 值(Welch)	事后比较
渴望学到课程最新科研成果	文史哲艺	3.94	0.71		
	经管教法	3.88	0.74	0.000	2<4<1;3<4<1
	理学	3.87	0.76		
	工农医学	3.91	0.75		
想了解所学领域如何开展科研	文史哲艺	3.97	0.72		
	经管教法	3.92	0.74	0.000	2<3<1;2<3<4
	理学	3.95	0.74		
	工农医学	3.98	0.73		
要学会本领域的学术科研方法	文史哲艺	3.94	0.72		
	经管教法	3.88	0.73	0.000	2<1;2<3;2<4
	理学	3.93	0.73		
	工农医学	3.94	0.73		
喜欢做科研	文史哲艺	3.49	0.92		
	经管教法	3.40	0.92	0.000	2<1<3<4
	理学	3.57	0.91		
	工农医学	3.64	0.88		

续表

	学科类型	均值	标准差	p 值（Welch）	事后比较
想有自己的科研项目	文史哲艺	3.61	0.91	0.000	2＜1＜3＜4
	经管教法	3.56	0.93		
	理学	3.70	0.91		
	工农医学	3.76	0.88		
喜欢在已掌握的内容上不断补充新的知识	文史哲艺	4.01	0.69	0.000	2＜3＜4＜1
	经管教法	3.94	0.70		
	理学	3.95	0.72		
	工农医学	3.98	0.71		
总体的科研态度反应性评价	文史哲艺	3.83	0.61	0.000	2＜1＜4；2＜3＜4
	经管教法	3.76	0.62		
	理学	3.83	0.63		
	工农医学	3.87	0.62		

根据单因素方差分析结果，我国高校大学生的科研态度反应性评价各题项及总体科研态度反应性评价均存在显著的学科类型差异（$p<0.001$）。多重比较得出，工农医学科的学生总体科研态度反应性评价最为积极，经管教法学科的学生总体科研态度反应性评价均值得分最低，文史哲艺学科和理学科的学生总体科研态度反应性评价不存在显著差异。在科研态度反应性评价各题项维度方面，文史哲艺的学生最为渴望学到课程最新的科研成果，工农医学科的学生次之，经管教法和理学的学生渴望学到最新成果的均值得分最低；文史哲艺和工农医学的学生最想了解所学领域如何开展科研，理学的学生次之，经管教法的学生想了解所学领域如何开展科研的均值得分最低；经管教法的学生要学会本领域的学术科研方法的均值得分最低；工农医学的学生最喜欢做科研和想有自己的科研项目，其次是理学的学生，再次是文史哲艺的学生，经管教法的学生对于做科研的喜欢程度和想有自己的科研项目渴望程度都最低；文史哲艺的学生最喜欢在已掌握的内容上不断补充新的知识，其次是工农医学的学生，再次是理学的学生，经管教法的学生对于补充新知识的喜欢程度最低。

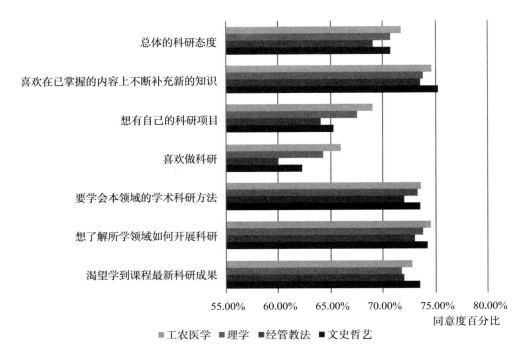

图 4-13　不同学科类型大学生科研态度反应性评价的同意度百分比

图 4-13 展示了不同学科类型的大学生科研态度反应性评价同意度百分比。从中也可以发现,理工农医学的学生对于科研参与的热情明显高于文史哲艺和经管教法的学生,即理工农医类学生比人文社科类专业的学生具有更加积极的科研参与热情。相较于其他学科的学生科研态度反应性评价,经管教法的学生不论在学习科研相关知识和技能方面,还是在科研参与热情方面,科研态度反应性评价的积极程度普遍最低。

3.不同类型高校之间的差异比较

本书按照双一流高校划分标准,将不同类型高校分为世界一流大学建设高校、世界一流学科建设高校、一般大学高校。采用单因素方差分析的办法,对不同类型高校的大学生科研态度反应性评价进行差异分析。由于单因素方差分析对不满足正态性的情况并不敏感,所以只需要对不同类型高校组别在因变量上的得分进行方差齐性检验即可。检验结果显示不同类型高校的学生在总体科研态度反应性评价及各题项上的表现均不满足方差齐性假设,即方差不具有同质性。所以,需要进一步使用 Welch Anova 检验不同类型高校组别学生在科研态度反应性评价上的表现是否存在显著差异。如表 4-50 所示,Welch Anova 检验结果显示不同类型高校组间存在统计学差异($p < 0.005$)。因此,本书采用 Tamhane's T2 来进行方差不齐情况下的事后比较,比较结果同见表4-50,其中 1 代表"世界一流大学建设高校"、2 代表"世界一流学科建设高校"、3 代表"一般大学高校"。

表 4-50　不同类型高校的大学生科研态度反应性评价差异比较

	高校类型	均值	标准差	p 值(Welch)	事后比较
渴望学到课程最新科研成果	一流大学建设高校	3.86	0.84		
	一流学科建设高校	3.87	0.77	0.000	1<3;2<3
	一般大学高校	3.91	0.73		
想了解所学领域如何开展科研	一流大学建设高校	4.00	0.79		
	一流学科建设高校	3.94	0.75	0.000	2<1;3<1
	一般大学高校	3.95	0.73		
要学会本领域的学术科研方法	一流大学建设高校	3.97	0.79		
	一流学科建设高校	3.91	0.74	0.000	2<1;3<1
	一般大学高校	3.92	0.73		
喜欢做科研	一流大学建设高校	3.54	0.95		
	一流学科建设高校	3.45	0.94	0.000	2<1;2<3
	一般大学高校	3.55	0.90		
想有自己的科研项目	一流大学建设高校	3.69	0.95		
	一流学科建设高校	3.64	0.94	0.000	2<1;2<3
	一般大学高校	3.67	0.90		
喜欢在已掌握的内容上不断补充新的知识	一流大学建设高校	3.98	0.74		
	一流学科建设高校	3.95	0.71	0.004	2<1;2<3
	一般大学高校	3.97	0.70		
总体的科研态度反应性评价	一流大学建设高校	3.84	0.67		
	一流学科建设高校	3.79	0.63	0.000	2<1;2<3
	一般大学高校	3.83	0.62		

根据单因素方差分析结果,可以看出不同类型高校大学生的科研态度反

应性评价各题项及总体科研态度反应性评价均存在显著的差异($p<0.005$)。多重比较得出,世界一流大学建设高校和一般大学高校的大学生在总体的科研态度反应性评价,以及喜欢在已掌握的内容上不断补充新的知识、想有自己的科研项目、喜欢做科研这些方面均无显著差异($p>0.05$),且科研态度反应性评价积极程度高于一流学科建设高校的学生。而在想了解所学领域如何开展科研和要学会本领域的学术科研方法方面,世界一流学科建设高校和一般大学高校的学生科研态度反应性评价没有显著差异,且积极程度均低于世界一流大学建设高校的学生。在渴望学到课程最新科研成果方面,世界一流大学和一流学科建设高校学生不存在显著差异,但一般大学高校学生比一流大学和一流学科建设高校学生更渴望学到课程最新的科研成果。

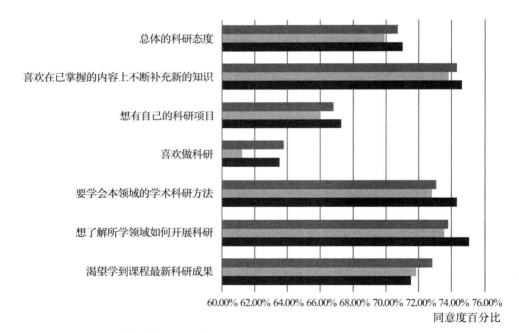

图 4-14　不同类型高校的大学生科研态度反应性评价同意度百分比

图 4-14 展示了不同类型高校的大学生科研态度反应性评价同意度百分比。从中也可以发现,与其他各维度和总体科研态度反应性评价相比,不同类型高校的学生在喜欢做科研方面得分明显最低,且世界一流学科建设高校的

学生对做科研的喜爱程度方面显著低于世界一流大学建设高校和一般大学高校。

4.有无大学生导师之间的差异比较

本书采用独立样本 t 检验的方法,分析我国高校大学生科研态度反应性评价在有无大学生导师下的差异。除"喜欢做科研"之外,其余各题项和总体科研态度反应性评价的计算结果为方差不齐性,即不假设方差相等。结果详见表 4-51。

表 4-51　有无大学生导师的大学生科研态度反应性评价差异比较

	有无大学生导师	均值	标准差	t 值
渴望学到课程最新科研成果	是	3.95	0.73	24.702***
	否	3.86	0.75	
想了解所学领域如何开展科研	是	4	0.72	22.938***
	否	3.91	0.74	
要学会本领域的学术科研方法	是	3.97	0.72	24.022***
	否	3.88	0.74	
喜欢做科研	是	3.59	0.91	23.322***
	否	3.48	0.90	
想有自己的科研项目	是	3.72	0.90	23.851***
	否	3.61	0.91	
喜欢在已掌握的内容上不断补充新的知识	是	4.02	0.70	25.455***
	否	3.92	0.71	
总体的科研态度反应性评价	是	3.88	0.62	30.452***
	否	3.78	0.62	

注:* $p < 0.05$;** $p < 0.01$;*** $p < 0.001$

从表 4-51 的数据可以看出,有无大学生导师的学生科研态度反应性评价各题项维度和总体科研态度反应性评价都存在显著差异($p < 0.001$)。有大学生导师的学生科研态度反应性评价比没有大学生导师的学生科研态度反应性评价更为积极。由此可见,大学生导师的存在能够显著提高学生参与科研的热情和学习科研相关知识方法的渴望程度。图 4-15 展示了有无大学生导师的学生在总体和各维度科研态度反应性评价上的同意度百分比。

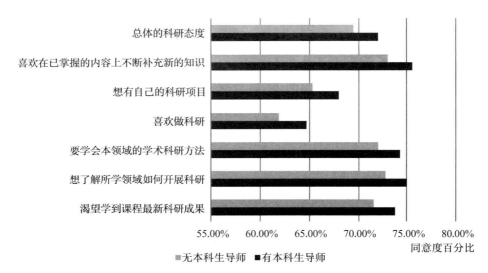

图 4-15　有无大学生导师的大学生科研态度反应性评价同意度百分比

二、大学生科研态度反应性评价的质性分析

通过量化分析得出了我国高校大学生科研态度反应性评价的总体状况与差异性特征。在此基础上采用质性分析的方法对量化研究结果进行解释、补充与拓展,从而进一步了解我国高校大学生的科研态度反应性评价形成及变化的过程,深入剖析科研态度反应性评价的影响因素,获得对我国高校大学生群体科研态度反应性评价状况的整体深入把握。在影响因素分析部分,借鉴态度改变-说服模型,并运用扎根理论的资料分析方式,即开放式编码—主轴式编码—选择性编码等步骤对研究过程中所收集到的资料进行分析,归纳提炼影响大学生科研态度反应性评价的因素。

(一)我国高校大学生科研态度反应性评价状况的原因解读

质性访谈在量化研究结果的基础上深入探究了大学生科研态度反应性评价的特征及形成改变的过程和原因,既是对量化分析的印证补充,也是对其分析结果的进一步解释。

根据受访对象科研态度反应性评价的方向和程度,可以发现受访对象的整体科研态度反应性评价自评普遍呈相对积极的倾向,但也有极少数受访者持中立或消极的态度。具体可分为四种,非常积极的科研态度反应性评价、偏积极的科研态度反应性评价、中立的科研态度反应性评价、消极的科研态度反应性评价。23 位受访者中有 2 位受访者的整体科研态度反应性评价呈消极倾向,2 位持中立态度,19 位受访者持偏积极甚至非常积极的科研态度反应性评价。这在一定程度上与量化研究结果相符。即一半以上的学生持积极的科研态度反应性评价,但仍有小部分学生的科研态度反应性评价处于不明朗的倾向,此外还有少部分学生的科研态度反应性评价偏向消极。

在渴望学到课程最新的科研成果方面,大部分受访者都表现出渴望和迫切的心理倾向,持有这种积极态度的具体原因主要是兴趣使然、有助于专业学习、拓展自身视野、与时代同频共振。但学生 A6、A9、B2 和 B7 表示并不渴望学到最新的科研成果,这四位受访者都是男生,学生 A6 是一位已经确定工作的体育教育专业大四男生,他认为自己掌握的知识已经足够应对工作需要,用不到那些最新的科研成果,因此并不渴望进一步学习。学生 A9 给出的原因是对此不感兴趣,他认为自己把课程学好即可。学生 B2 在保研失利后改变了人生规划,对于学习的态度也逐渐变得消极,因此并没有很渴望学到最新科研成果。而大二学生 B7 之所以对最新科研成果不感兴趣,是因为他认为自己的专业基础知识还没有掌握,不足以支撑自己学习前沿成果。此外,还有两位受访者女生态度中立或不够明确,原因分别是兴趣不足,未来职业规划不需要;医学专业最新科研成果更新快速,部分成果有待商榷,不能及时运用,因此更想以专业基础课程学习为主。

在想要了解所学领域如何开展科研方面,有 17 位受访者持积极甚至非常迫切的态度,具体原因主要是专业兴趣、有助于后续的专业学习或工作、为读研做准备。4 位受访者愿意了解但想法并不强烈,其中,学生 A2 认为自己知道结果就好,对于过程不感兴趣。学生 B2 认为是当前的科研生态环境降低了自身想要了解如何开展科研的渴望。学生 B3 的原因是自己的注意力容易被其他事物分散,学生 B6 尽管对专业感兴趣,但毕业后更想就业或创业,因此想要了解如何开展科研的愿望不够强烈。此外,还有 2 位受访者并不太想了解所学领域如何开展科研,具体原因皆是未来发展规划,如学生 A2 的表述,"可以这样说吧,毕竟我现在学的这门专业可能目的性是十分明确的,出来就是作为一名科学老师进入社会。还有其他的话,可能会是公务员之类的。就因为方向很明确,而且它科研性可能不如生化环工这样强,所以我对这些所学领域的科研呢,可能也不是特别感兴趣。我更感兴趣的是我怎样考到一张教师资格证,怎样去作为一名好老师进入社会"。

在想要学会本领域的科研方法方面,除 1 位受访者表示完全不感兴趣,其余受访者均表现出积极或迫切的态度。持消极态度的学生 A6 依然认为自己的工作用不到,所以放弃学习科研方法。持积极态度的学生大多将原因归结为专业兴趣、帮助专业学习、提升自身能力和素质、为研究生阶段的学习做准备。但这些受访者中还有 3 位学生表达了阻碍自己想要学会科研方法的原因,A1 同学认为自己的专业知识掌握程度还不够,因此对学会科研方法缺乏信心。学生 A9 则认为原因在于时间冲突,并且没有直接学习知识更有效率。具体的表述如下:"学习科研方法的话,(我)是有一定兴趣的。但你说想要的话肯定是我想要的呀,因为学的更多总是好的嘛。但是这又涉及很多问题,可能条件上会有一点点的不允许,体现很明显的就是时间,时间可能会有冲突的,毕竟大学不是真的除了上课都是在玩的,还有很多的像是实验室的实验要做,这想必也是知道的。而且我觉得科研这一方面的话,可能对未来的就业会有一定的帮助,但是它可能并没有像我直接去学习那些专业性更强的知识来得更有效率。"学生 B3 则是认为科研的过程相对枯燥,因此尽管很想学会科研方法,但没有达到迫切的程度。

在喜欢做科研方面,大部分学生都持相对积极的态度,持偏消极态度的受访者有 3 位,持不确定态度的受访者有 1 位。B3 同学表示他对于做科研的喜欢程度不稳定,有时很喜欢,但有时候比较懒。不喜欢做科研的受访者大都把原因归结为"不喜欢钻研""对专业的热爱程度不够""和周围的同学一样都很佛系""科研兴趣不够浓厚"。事实上,尽管大部分受访者表示自己喜欢做科研,但是他们中有很多学生也表达了喜欢程度不够强烈的原因,例如学生 A1 和 A3 均认为自身的专业基础知识掌握程度不够,或没有经过科研训练,因而缺乏做科研的信心和能力。学生 A3、A5 和 B9 则认为做科研的难度大，一定程度上削弱了对于科研的喜爱程度。学生 A6、A7 和 B8 表示，喜欢做科研的程度取决于该科研是否为自己感兴趣的课题或专业，对不感兴趣的领域则持消极态度，例如 B8 的表述："如果要是科研的方向是我比较感兴趣，很有好奇心的话，我会非常喜欢做科研。但是如果不感兴趣的话就会很枯燥。"至于喜欢做科研的原因，具体有以下五点：专业或科研兴趣、提升自身能力、获得成就感、为将来读研做准备、为专业或课题组做出贡献。

在想有自己的科研项目方面，有 17 位受访者均表示想有自己的科研项目，具体原因主要有：获得成就感、专业科研兴趣、未来发展规划（丰富个人简历；完成毕业要求；有助于未来就业；有助于未来读研和发文章等）、满足内在动机（推动专业科研发展；锻炼自身素质和能力；赚更多的钱），此外学生 A2 还表示"不能总让别人带，要独立成长"，学生 A9 表示"既然都要参加不如做自己的项目"。但尽管如此，这 17 位受访者中也有一部分同学虽然想有自己的科研项目，但是想法并不强烈，并表达了削弱自身积极程度的因素，学生 B2 认为自己未经过科研训练，不确定自己是否适合做科研；学生 B5 和 C1 认为自身的科研知识和能力储备有限；学生 B10 则认为科研的难度大，并且没有那么多时间。有 3 位受访者明确表达了否定态度，其中，学生 A5 也认为自身的能力不足，拥有自己的科研项目"还不够格"。学生 A6 认为自己专业所学内容并没有需要科研的东西，他认为自己的体育教育专业更注重知识学习、体能训练和应用。而 A7 同学不太想有自己的科研项目，是因为她认为自己的主动性不强，"负责一个大创项目已经足够了"。究其根源，她所学的法学专业是父母的选择，不是自己感兴趣的专业，而且未来的发展规划里并不想从事专业相关的科研工作，唯一主持一个大创项目也是为了完成毕业指标。还有 3 位受访者表达了中立或不确定的态度，即学生 A3、A4 和 B9。他们给出的理由主要有两点：科研的难度大；学术科研的能力和水平不足以支撑拥有自己的科研项目。由此可见，阻碍学生想有自己的科研项目的主要原因在于缺乏相关的科研能力和素养。此外，学生 B5 和 B6 均表示相关的科研参与经历帮助自身增加了对于科研的热情和兴趣。

在喜欢在已掌握的内容上不断补充新的知识方面,受访者态度的自评结果普遍非常积极。原因主要有以下几点:及时更新知识,不与时代和专业发展脱轨;喜欢构建完整的知识体系和框架;有助于专业学习;有助于充实自身能力,拓展视野;专业和科研兴趣;满足未来的工作需要;促进自身的专业兴趣;获得成就感等。A9 和 A10 两位受访者还表示,虽然喜欢在已掌握的知识基础上进行补充,但更希望去学习其他领域的新知识,补充自身的短板。此外,还有一位受访者持中立态度,一位持消极态度。学生 A5 认为没有人引导自己,不知道要往哪里补充,再加之专业学习的难度较大,因此不确定是否喜欢补充新知识。而学生 A6 不想补充新知识,认为"重新适应是很麻烦的事情"。

(二)我国高校大学生科研态度反应性评价的影响因素分析

根据态度改变-说服模型,个体态度的变化主要受到说服者、说服信息、说服情境和说服对象的影响,说服者、说服信息和说服情境三者构成了外部刺激,共同作用于说服对象,并且与说服对象的卷入程度、心理免疫和人格等特征相碰撞。在态度改变的过程中,说服对象通过学习信息内容,发生情感转移,当接收到的信息与原有态度内容不一致时,相符机制就会发挥作用,态度的改变主要取决于这些信息所引发反驳的数量和性质,如果该过程受到干扰,则会产生说服结果,即态度改变或维持。本书运用扎根理论的资料分析方式,通过开放式编码、主轴式编码、选择性编码三个步骤对半结构访谈过程中收集到的资料进行分析,提炼得出影响大学生科研态度反应性评价的因素,主要分为说服者因素、说服信息因素、说服情境因素、学生个人因素四个方面,这也与态度改变-说服模型的观点相契合。本书通过对影响大学生科研态度反应性评价的因素进行分析,构建出大学生科研态度反应性评价影响因素模型,为进一步探讨大学生科研态度反应性评价的改善路径提供理论依据和资料佐证。

1.说服者因素

说服者因素是指影响学生科研态度反应性评价的外部刺激中关于人的因素。通过访谈分析发现,学校环境中的教师和朋辈,以及家庭环境中的父母等角色都会对大学生的科研态度反应性评价产生影响。具体可分为导师指导与鼓励、朋辈榜样激励、家庭期望、家庭榜样这四个说服者因素。本研究发现,家庭期望和家庭榜样主要作用于学生的初始科研态度反应性评价,并具有较大的稳定性,不易被改变。但并非所有受访者都受到了家庭说服者的影响,也有相当一部分受访对象表示家庭因素没有对自己的科研态度反应性评价产生影响。而学校环境中的导师和朋辈是受访对象提及较多的两大说服者,在大学阶段学习中对学生的科研态度反应性评价产生不可估量的作用。

(1)导师指导与鼓励

量化分析部分进行了有无大学生导师的学生科研态度反应性评价的差异比较,结果显示有大学生导师的学生科研态度反应性评价比没有大学生导师的学生更加积极,大学生导师的存在有助于改善学生的科研态度反应性评价。大学生导师在大学教育教学过程中承担着重要角色,发挥关键作用,这一角色的设置体现了高等教育对自由、理性精神的崇尚,并在教学手段上显现出有利于心智培养的进步性。能够有效促进学生独立思考,提高深度学习水平,培养创新性思维能力。在访谈过程中,所有的受访者均表示导师在帮助学生学习科研相关的知识和技能、培养科研积极性和科研信心、参与科研实践活动方面具有重要的推动作用。例如以下受访对象的表述:

A2:有老师指导的话会让你感觉在这个科研过程当中有什么问题都可以去找老师,可以去寻找一些更专业性的帮助,就会让你更有底气更加积极地做这个研究。如果没有(导师指导)的话,我会感觉自己跟没头苍蝇一样,有的时候不知道怎么下手,明明我们看来可能是很难解决的一个问题,但是可能老师说一下,就会感觉,哦原来还可以这样子去弄,就会事半功倍吧。所以有老师指导我会更积极。

A7:老师会引导,至少让我感觉到科研这个事情是有希望的,是可以做成的,而不是说是无望的,非常困难的,根本无从下手的事情。……所以也就间接地提升对于学术科研的兴趣。

A10:从老师角度,如果会有一个或几个好的老师,能够解决一些学生在于科研啊,包括将来的发展方向的疑问的话,我觉得对于学生自身的科研态度反应性评价是有很积极的影响的。我也是比较幸运,大学阶段包括我们的班主任,其实可能其他的班主任并不是特别在乎自己的学生,但是我们的这个老师呢,他其实是比较关心学生对于学习和科研的态度的。就是比方说如果我去向他寻找帮助或者是去问一些问题的话,老师,就是不光是这一个了,其他的很多老师都会去帮你解释疑惑这个样子。就是可能学校的平台方面并不是很出色,但是非常幸运可以有很好的老师,包括他们在一些课程上面,其实是能够起到很好的引导作用,就是会让我们把眼界放宽一点。……我觉得可能从刚入学院就可以,比如说刚刚提到的分配导师这个样子,可能是每几个学生分配一个导师这样,然后定期可以去开一些像一个小班一样的讨论会,然后带领着同学去入门一些科研。比如说去入门我们专业的一些现代设计方法,入门一些软件啊,建模软件编程的内容,我觉得可能就是说师傅领进门,因为只靠学生自己去做的话,拿到一个课题他是非常摸不着头脑的。我觉得而且很多同学他是会去惧于寻求帮助的,我的话其实也是蛮害怕主动去问的,会斟酌个半天,也比较害怕耽误时间。所以我觉得如果学院能够去强制地实行这样一个导师带同学的讨论制度,其实也不要求导师多去关心,可能就只要每一个周或者每两个周,两个小时或者说一个半天吧这样子,我觉得是非常有帮助的。

B6:因为我觉得老师一对一带学生做科研好像是在研究生更为常见吧,在大学可能是缺少这一块引导的。我其实挺建议学校比如说能开设那种小班的课程,可能一个导师带几个大学生,因为可能老师资源也有限,所以才会出现现在这样的情况么。我挺建议开设那种必修课程,有一个老师带着几个学生做一些小科研,增加学生对科研的了解和经验,这样在学生决策的时候,我继续去读研究生呢,还是直接出来工作,当面临这样选择的时候,大家可能有更多的基于自身的这种科研经历,就有相对比较正确的符合自己兴趣的决定。

在大学学习阶段,导师的指导能够带领学生在迷茫之中找到方向,不至于摸不着头脑,从而有助于学生形成更为积极的科研态度反应性评价。不仅如此,导师的鼓励及其个人魅力能够给予学生更大的科研信心,激励学生倾注更多的精力和热情投入科研性学习中。受访者的相关表述如下:

A9:然后另外的话就是导师那方面,就像我的导师他会喜欢拉学生去做实验,这一点就可能有很大的机会去促进一个学生对项目的成立啊,一些过程有所了解,他了解这些之后呢,在自己立项的时候可能心里就会更加有个底嘛,他可能就会更想去做这个实验,所以导师在这一环的参与我觉得是很重要的。而且导师如果能够提供很大的帮助并且引导鼓励的话,我觉得这一点也是很重要的。就是有个人去叫他做实验,他可能更多地会去。

B10:比如说我们老师对我们指导啊,有什么不懂他会跟我们讲。而且老师人比较好,他们在我心目中是很厉害的人。然后他们又没有那种,反正他们教我的时候态度又很好,我对他们比较敬佩,我也想成为他们一样的人。

C1:嗯是的,因为如果没有老师的引导的话,那我对于如何进入科研是摸不着头脑,找不到门路的,老师的积极引导首先是可以给我们方法的引导,还有就是态度上,比如老师的鼓励啊,然后与我们的沟通啊,确实是对我产生了比较大的积极影响。

此外,受访者 A2 表示自己曾因为在某一个学术论文的比赛中缺乏老师的方向性指导而不得不中途放弃,这一半途而废的经历使她倍感无力和遗憾。缺乏导师指导与鼓励的大学教育教学是没有生命力的,大学生导师的存在与"精准导学"理念相契合,能够为学生科研素养的培养提供全面且个性化的服务。

(2)朋辈榜样激励

朋辈在大学生学习成长过程中具有重要的影响作用,由朋辈群体所构成的人际关系会对大学生学习过程产生效应。在空间与时间的支持上,紧密的朋辈群体通过亲密接触、频繁互动呈现互相理解、高度共识的效应,同时群体内的成员保持自我个性发展。[①] 由于朋辈群体所处的时代环境、对于事物的认知和情感都具有一定程度的同质性,因而朋辈之间更容易互相理解和彼此影响,且同伴交往之间具有倾向于"趋同"的心理。容易达成共识和倾向趋同的心理都使得朋辈激励在影响大学生科研态度反应性评价改变过程中发挥不可替代的作用。朋辈间的榜样激励可以激发学生的科研性学习动力和积极性,多位受访者在回答影响自身科研态度反应性评价的原因时,都提及朋辈的榜样激励,例如以下受访者的表述:

---

① 史秋衡,李平.大学生室友关系:学习过程的成长支点[J].现代教育管理,2020,369(12):95-101.

B3：因为我们学校在一些年终总结大会或者是那种述职大会的时候，学校会讲出自己的很多那种的项目，像学长学姐们参加的一些社会工作或者是这种科研类的课题之类的，就会分享出来。然后我们作为学弟学妹听的话就会感觉很厉害，也很想自己能参与到其中吧。

B4：我觉得可能是因为周围的环境，因为优秀的人很多，自己也要像他们一样优秀，不能落后。……我们本专业的学长学姐们，他们会有一些很优秀的作品展示出来，我也去看过，然后都觉得非常漂亮，希望自己也能做出这样的作品。

B10：一种是人为影响，就是学长学姐啊对我的影响，他们很积极，然后我也就一开始跟着他们去做科研以后，我也变得积极了。

除此以外，学生 B10、C2 等人也都表示自己受到了团队或室友的影响，由于身边的人都在积极参与科研实践活动，自己也会被带动，觉得应该做点什么。学生 C3 则是一个反面的例子，她周围的同学们几乎都不太喜欢做科研，偏向于接受知识型的"佛系"特征，她也和周围的同伴一样，缺乏参与科研的兴趣和主动性。

（3）家庭期望

父母的期待也是影响大学生科研态度反应性评价的重要因素之一。当家庭向学生传递科研相关的积极信息时，学生的科研态度反应性评价普遍也会更为积极。父母对子女的期望一般来自自身的经验认知，因此父母的职业类型、文化程度、家庭经济条件等通过影响家庭期望进而作用到子女的科研态度反应性评价中。这也和量化分析中不同父母文化程度和家庭收入情况的大学生科研态度反应性评价具有显著差异的结果相符。家庭期望对学生科研态度反应性评价起到促进作用的相关受访者表述如下：

A10：从小父母就觉得学习是放在第一位的，所以，所以慢慢的自己就真的喜欢上了科研。……我觉得对我而言更重要的就是一个根本性的因素，是家庭因素。从小父母就这方面抓的，就是学习抓得很紧。整个对于学习的态度，可能高中有一段时间会有一点抵触反感，但是后面慢慢慢慢意识到就是学习这个科研，包括绩点这些东西都是给自己未来在做一个铺垫的作用。后来意识到这一方面的话就会去理解,原先家庭就是父母给我可能我当时认为的一些压力,其实是为了让我能够在往后社会上或者说学校里一些竞争中能够有一个比较好的(结果),能够站到一个比较好的位置。所以这一方面可能是最重要的,后来也是慢慢自己去理解了这样的一些问题。

B5:家庭方面是很大影响吧,因为父母在这方面如果不鼓励你,在学业上他不督促你,笼统概括就是差不多这样讲。就是来自父母的期待和督促会让我对于科研持更加积极的态度。

B7:这个我觉得还是有一定影响的。因为我父母是支持我读研的,并且希望我能去读研。我觉得如果家里人比较支持去做科研的话,对学生本人还是有一定积极影响的。

B10:家里比较支持,会鼓励我。比方说他觉得我在大学里面做这个事情比较有意义,然后很支持我。有些时候做得好了会鼓励我,做得不好也会鼓励,反正也有这个原因。因为父母嘛,有些时候会跟别人提起自己儿子在大学里面在做什么,跟别人讲感觉就很骄傲,自己就不想让他们失望。

但来自家庭的期望并不一定都起到正向推动作用,正如态度改变-说服模型中所阐释的,说服者的专业程度、可靠性和喜爱性会影响说服对象对于说服信息的接纳程度。当家庭中来自父母的期望与学生的相关态度认知存在巨大偏差,或期望的表现形式超过学生的认可范围,学生对于父母建议的信任度大打折扣,此时的家庭期望将会对子女的态度起到有害无利的作用。家庭期望对学生科研态度反应性评价起到消极作用的相关受访者表述如下:

A3:家庭对我的科研态度反应性评价是有影响的,因为家里有些人可能会希望你考研或者希望你做科研什么的,他们是为了让你有一个更好的工作,或者说是以后能够(获得)一些比较实际性的,比较功利性的一些东西,然后他们可能会跟你的想法会有点不一样,这样肯定会在言行中啊,或者说在一些压力方面可能会给到你,然后对你的态度肯定是会有所影响的。

A7:因为我家里面的话是主要母亲管我的学业,她自己就是国企的员工。然后我觉得挺讽刺的就是有一个鄙视链,国企觉得看不起社会上自由职业的,但是又觉得自己是国企员工,比不上真正的公务员,也就是对于她来说就是一个狭义的公检法工作人员,对她是这样子的。所以她作为一个国企的员工,她就希望我能够成为公检法系统里面的一分子,然后就是我觉得这个是职业的影响。而且因为她是国企员工,所以她所处的那个职场环境也比较单纯一些,所以就导致她对于我这个职业选择,对于这个看法也比较单纯。……因为我个人的家庭的教养方式是比较严苛的,然后父母为我选择这个法学的初衷很简单,就是她想让我进入体制,这个也是比较传统的一种对于子女的未来职业规划的观点吧。所以就说是,我觉得就是稍微有点跟她的期望适得其反吧,反正我觉得不是很想要走上她期待的这种朝九晚五的活法里面。

B9:我觉得家庭方面会影响科研态度反应性评价吧,因为我妈妈是老师,小时候她对我要求比较多,就是规矩比较多,然后我觉得就让我在科研方面会比较,嗯,就是会有这个畏难情绪,不敢去大胆做一些那种项目。

尽管有诸多受访者表示家庭期望对于他们的科研态度反应性评价产生了影响,但也有相当一部分的受访者认为自身的科研态度反应性评价并未受到来自家庭的影响。

(4)家庭榜样

通过访谈发现,榜样激励不仅体现在校园环境里的朋辈群体之中,也体现在家庭环境当中。家庭成员中的榜样力量是影响学生初始态度的重要因素,结合态度改变-说服理论的观点,由于这种初始态度先入为主且保持了很长时间,故对学生的科研态度反应性评价的作用具有更强的稳定性,这种内化了的态度不容易被改变。家庭榜样促进学生形成积极态度的相关受访者表述如下:

B4:因为我的一个姐姐也是学这个专业的,所以我选择这个专业的话有一定程度是因为我姐姐也是本专业的。……家庭中有榜样的存在。

C1:我父母都是比较勤恳,朴实的人。他们在自己的专业范围内有比较好的掌握,然后我也希望我在自己所学的专业知识上能有比较好的掌握。……我父母都是医生,选择这个专业,对于专业的热情都有受到家庭父母职业的影响。

值得注意的是,家庭榜样既可能是正榜样也可能是"负榜样",当家庭成员在与科研相关的影响作用中表现出了相反的榜样力量,也会使学生的科研态度反应性评价形成消极的倾向。例如学生 B6 在访谈中所表达的,通过对其哥哥专业科研学习过程的观察,她形成了对于科研的初始认知,认为科研是一件无聊枯燥的事情。以至于当她进入大学阶段学习后,尽管参与一些课题项目帮助自身点燃了科研热情,但当项目完成之后又恢复到初始的消极的态度倾向。此外还有其他相关受访者表述如下:

B5:因为我家就是做生意的,所以我自己对出来外面就业和自己创业,我也同样有自己的兴趣。嗯,我觉得就是,我先跳一下这个问题。就是说如果纯粹做科研的话,我对这件事情是有点犹豫的,因为如果纯粹去做科研,我觉得它的发展前景是比较受限的,就可能会考虑到比较实际的问题啊,包括像工资啊或者怎么样,可能不如直接出来就业更可观一些。……我觉得家庭环境给我的影响可能反而是弱化科研的。就是可能我自己家庭的环境影响,让我更想去从业,更想去创业。因为我觉得创业对我来说也是一个未知的比较让我好奇的东西。所以我心里就是有两种动机,一种支持着我去科研,一种让我更想快速从业。

2.说服信息因素

学生必然是接受了科研相关的信息和内容才会形成或改变科研态度反应性评价。而大学生对于说服信息的获取主要通过课程教学这一途径,课程是教师与学生进行科研相关沟通和互动的主要场所。通过访谈分析发现,科研方法课程的设置和专业课程教学模式与水平是影响学生科研态度反应性评价的两大说服信息因素。

(1)科研方法课程设置

工欲善其事,必先利其器。受访对象普遍表示设置科研方法类的课程将有助于学生了解和掌握专业领域如何开展科研,对于科研方法的掌握程度会影响学生参与科研实践的积极性。例如学生 C1 的表述:

C1:从学校层面来说,我们学校开设的一些科研方法的课程算是给我们未来的科研打下了比较好的基础和播下了比较好的种子吧。同时学校开设了一些实验课啊,科研性的教学模式,还有老师比较积极耐心的引导,这是一个比较积极的因素。

透过访谈可知,尽管大部分受访者所在的学院开设了科研方法类的课程,但一般都作为选修课被安排在大三学年。而大三作为未来发展道路的重要抉择期,相当一部分同学由于不打算继续深造,便很少修读科研方法类课程。正如学生 B2 所说的。

B2:科研方法可能选修课有吧,但没有纳入这个必修课。你也懂得这到后期都明白是个怎么回事儿了,这选修课不都选那些又容易,分又高,过程又不麻烦的课。……特别是大二下学期到大三这个过程,都明白自己保研无望了,而且介于这个疫情防控期间,出国也无望了。所以说对成绩都很佛系的,都是通过,为什么不搞得轻松一点,自己还有一些时间盈余去做一点自己喜欢的事情呢。

此外,还有少部分受访者表示,自己所在的学院并未开设科研方法课程,只能通过自学获得。学生 A10 的表述如下:

A10:我是大一的时候,私下里会经常在知乎搜一些科研方法,然后慢慢地就会掌握一点信息搜索的一些方法。其实我觉得还是比较必要的,可能对学院在这方面并没有开设课程,我觉得还是不是特别的合适。

科研方法课程的开设和修读将会在很大程度上影响学生对于科研方法的掌握程度,进而影响学生的科研态度反应性评价。尤其在涉及"想有自己的科研项目"和"喜欢做科研"两个问题时,对于科研方法掌握的缺失成为大部分受访者望而却步的重要原因。例如学生 A9 所言:

A9:学生本身可能对这些方面要有所了解他才会去参加吧,就像你完全不了解一个项目,你突然跟老师说我想成立一个项目来研究这个东西,这个有点不太现实。所以我觉得学校在排课的时候就可以让学生知道怎么去做一个项目,我觉得这应该作为一个课程被排进课表里。

(2)课程教学模式和水平

受访对象普遍认同,相较于传递-接受式的教学模式,探究式、启发式等教学模式更有助于引导学生自身形成积极的科研态度反应性评价。通过互动研讨、独立思考来解决实际问题是一个"奇妙"的过程,它可以培养学生的科研兴趣,提升自主学习和科研的能力。例如学生 A7、B1、B8 的相关表述:

A7：教学模式和水平的改善能够帮助学生对科研持一个更加积极的态度是肯定的。而且我觉得这个东西，可以说是比学生自己个人的兴趣还要重要。就是可以这么说，如果要是所有的课程老师都会用这种启发性的教学模式来上课的话，说不定像我这样的人也可能会因此而改变对人生的规划，想着也许我也去考个硕士也是不错的。但是现在就没有，就是这个样子。

B1：我更喜欢研讨式课程模式吧，因为我们能参与互动嘛，课堂会有更多互动。……因为我们老师把相关的话题抛出来，他就需要我们私底下自己去查阅资料什么的，然后我们去查阅的过程中也会不断接受新的观点吧，我就感觉会跟自己原来的观点产生碰撞，因为可能会接纳和吸收新的观点，就觉得这挺奇妙的。

B8：我觉得我应该更喜欢科研型的课程教学模式，它对于你对科研的态度有一个比较积极正向的影响，我觉得就这种的话比较能让我有兴趣往下学下去。

学生对于课程教学模式与水平的诉求反映了深度教学对于改善学生科研态度反应性评价的重要意义。调整过于注重传授知识的倾向，倡导并支持学生主动学习、独立思考、乐于探究。

3.说服情境因素

态度的说服过程需要在一定的情境条件中得以进行，说服情境中的强化作用、预先警告、分心、重复等都会影响说服力。通过访谈分析归纳发现，影响学生科研态度反应性评价的说服情境因素主要来自团队、校园和社会环境，分别有团队合作环境、校园学术氛围、基础设施和经费条件、政策和制度支持、学术生态、社会期望、学术认同氛围。

（1）团队合作环境

团队合作环境主要体现在项目团队成员在课题合作中合理默契的协作程度。当项目团队成员具有较为合理的分工和默契程度时，将会对学生的科研态度反应性评价产生促进的作用，反之则会降低学生参与科研的积极性。但短期性质的团队合作环境并不是影响学生科研态度反应性评价的决定性因素，毕竟在这个团队合作不愉快还可以组建或加入其他团队。相关受访者表述如下：

A10：我就觉得只要是能够比较勇敢地去开始，然后能与团队合作得还比较好，就是比较好比较合理的话，那么我觉得可能对于这个科研来讲就能够继续下去，就可能会有还可以的结果。……团队合作会影响我对科研的态度。我觉得可能并不一定说是非得要多好的朋友，或者说，嗯，因为我觉得一定得是分工比较明确，大家都在尽力，就是能够感受到每个人都在出自己的一份力，就是不能说自己去划水，这个样子不太好。然后我觉得可能在大家的能力方面，能力相近是比较合适的吧，因为我也不是很想被别人带飞这样，会觉得心里很难受。

B2：我参加过一个课题项目，后来这个队友比较惰，就没搞成。……我觉得团队协作的话，以我现在有的经历来假设，如果在一个团队里团队协作对我造成非常不好的影响的话，会打击我在这方面的热情或者兴趣。但这个我觉得它不是致命的，因为你脱离了这个团队，还可以再找一个团队。……它可以说是锦上添花，或者给你造成一点非决定性但又有点影响性的这个影响。

B5：我平常做一些课题，做一些竞赛，也会因为有一些在这个方面有兴趣的同学，我们就互相努力，互相促进。

B9：就像我之前没有怎么参加过那种科创比赛，就是因为没有找到和自己一起想做那种项目的同学。

B10：还有比如说自己团队里面的人，大家一起共同去解决问题，共同去努力做好这个事情，就会比较有那种团队感。在大学里面有一群跟自己有共同兴趣的人，然后大家都很努力，反正就是起到一种互相影响嘛。有些时候我可能因为连着几天去实验室忙得很晚，然后就累了想休息，就不想动了，但是团队里面有一些小伙伴，他们就会还是坚持每天很努力去做，然后我就会也跟着去做，也有这个原因。

从他们的表述中可以看出，关系良好、水平相当、努力且具有责任感的团队成员是营造默契和谐的团队合作环境的基础条件，良好的团队合作不仅有助于团队整体的科研进展，也会对团队成员的科研态度反应性评价产生积极的影响。

（2）校园学术氛围

在访谈过程中，大部分受访者都提到了"氛围"的影响，包括校园学术的氛围、社会对于科研的认同氛围，以及学术生态环境。校园是学生所处时间最长的场域，校园的学术氛围将会影响许多学生对于科研的态度。当周围的学术气氛较为浓厚的时候，学生受到身边人的影响，也会不由自主地想要学习科研知识技能，参与各类科研实践活动。相关受访者表述如下：

B4：其次就是所处环境的氛围影响也是很大的。身边如果有那种比较好一点的氛围，它能影响到我们对一种事物的求知欲的积极态度。就是如果周围的氛围都是那种大家都对科研非常充满热情的话，然后这种氛围也会影响到大学生自己，能够对科研充满更多的积极性。

B10：我觉得氛围很重要，氛围，其实就是很多时候团队，还有这些学长学姐啊，老师给我的影响真的很大，氛围很浓郁，在里面你感觉自己也该干点啥，也该给团队里面做点啥，给他们做一点贡献。

C2：在学校的话，我们宿舍也是经常去实验室做一些科学实验之类的。很多同学，我宿舍的同学，基本上每周几乎每天都会去实验室做实验，周围有科研的氛围。……我认为可以开设更多的这种科创类的竞赛，然后是一些知识讲座可以更多地普及。在校园的生活中可以形成良好的科研氛围。班级整体定期进行组团的科研讨论，感觉会更好。

（3）基础设施和经费条件

专业相关的基础设施和科研经费条件是开展科研性教学和实践的必要前提，这一因素尤其对于理工农医类学科专业的学生更为重要，它们对基础设施和经费的依赖程度高于人文社科类学科专业。经访谈分析发现，基础设施和经费将会影响学生的科研态度反应性评价，完备的基础设施和充足的科研经费有助于增加学生的科研兴趣和积极性，相反，则会阻碍学生积极性的发挥。例如以下相关受访者的表述：

A7：人都是很现实的对不对，如果能够申请到更多的经费的话，肯定会能够让学生的这个心理上，会更加愉悦更加积极地去做这个事情。

A10：我们学院主要的问题，其实是一个比较大的学院，也是学校里面老牌的一个学院,但是最近这几年经费不是很多,我们有一次进行创新设计大赛是因为经费不足够,然后项目被砍掉的情况出现,算是一个比较负面的影响。我觉得如果可能会保证经费包括一些设施更充足的话,会对学生的科研热情有很正向的影响。……我觉得还是经费得给够,想到那个砍掉的项目就很头疼。

B5:还有一个原因就是基础设施条件也还可以,因为做实验用的那些仪器什么的基本上都是新的,这也会影响到我对科研的态度。

B10:学校实验室这种器材啊什么都很充足,这种是肯定要具备的,如果没有这种条件,可能我的兴趣也没那么大。

(4)政策和制度支持

为大学生的科研性学习提供制度性保障是引导学生形成更为积极的科研态度反应性评价的重要举措。受访者普遍建议学校能够制定和完善相关激励措施,创设更多科研训练的平台,为学生提供更多参与科研的资源,加大宣传力度,使学生从刚进校开始就涉足有关科研的知识和讯息,这对于培养大学生的科研能力和素养都是更加有利的。量化分析中比较了不同年级学生的科研态度反应性评价差异性,结果发现大四年级学生的科研态度反应性评价比大一至大三年级学生更为积极,这也与学校相关政策制度不到位有关。政策制度支持促进学生科研态度反应性评价的相关受访者表述如下:

A4:我们学校的奖励机制挺好的。就是你获取成果之后,钱奖的还是蛮多的。

B3:我觉得学校层面的因素会影响到我的科研态度反应性评价吧,首先学校方面,像有些渠道之类的东西会(影响)。如果我什么都不知道的话,我说我要做科研,可能会感觉有点空口说大话。如果学校会有这种类似的活动和项目,还有那种老师之类的会指导的话,我觉得会给我提供很多的方便吧。因为我们学校之前大一(的时候)有个课题小组之类的东西,但是当时因为有点忙,所以没去参加讨论。但是我们班有些同学就参加了这种课题,课题科研还获了奖,所以我就觉得其实学校这方面做得还可以,如果能把渠道给拓宽的话,让更多人知道有这些项目,我觉得会有很多人去参加吧。

学校相关制度和政策不到位将会削弱学生对于科研的积极性,例如以下受访者的表述:

A7:我觉得学校的这个教育环境,以及老师的教学方法,还有学院的这个培养的方式和课程的设置,不能非常吸引我。有一些能够帮助对法学一无所知的新生逐渐培养起对它的兴趣,但是有一些做得不是特别的好。

B2:就以我个人而言,尽管我很贪玩,但我的各种成绩都可以保持在中上游,但就差一点不够人家的那个…反正你如果申请大创啊,或者想去探索一下这个专业的科研啊,反正都不达标。……就是在那个门槛周边嘛,这无形之中就把一些想去尝试一下科研的这种同学直接劝退了。……它通过前期参加一个这样的项目,参加一个那样的项目,限制一下你的成绩排名。从大一的时候,我不了解其他同学怎么想呢,我当时就认为,我的这个在要求边缘的名次,可能按惯性思维来讲,如果我主动去找一个老师尝试下科研的话,他可能也会有这样一套标准,所以就不敢去尝试。

(5)社会期望

在访谈过程中,许多受访者都提到了社会期望对于自身科研态度反应性评价的影响作用。影响学生科研态度反应性评价的社会期望主要是由时代发展速度和社会竞争压力带来的。例如以下受访者的表述:

A2:如果只是局限于你已经学会的一些东西上,一方面(知识)可能会比较陈旧吧,然后补充新的知识就可以帮助你又了解一些新的资讯,可以对自己的这个专业知识了解得更多一点。我们老师也说,就像比如说会计学什么的,一些经济法还有会计法等也都是经常会变形跟改动的嘛,不断地学习肯定是有必要的,这样才能帮助你掌握到一些最新的东西,你的知识层次知识层面才不会跟这个时代脱轨。

A3:如果比如说我喜欢的一个内容,然后我掌握了这么多知识之后,当然是更希望是有新的,不然如果一直是老的会有那种停滞不前的感觉吧,然后新的(知识)话会比较跟上这个时代潮流。

A4:时代一直在变的嘛,不能只掌握原有的,比如说你做竞赛不能只用上一届的,你在下一届肯定要去改进。不然的话,你永远超不过别人,你也会被别人超越了。

B1:"我觉得翻译(专业)应该也是需要跟时代保持一致的吧,因为你如果有新的科研成果的话,肯定也会涉及我们,也是需要我们去学习的嘛,反正与时俱进嘛。

B4:我非常喜欢(在已掌握的内容上补充新的知识),因为我们周围的那种环境时代都在不断的变化,我们要赶上进度才不会被这个时代所淘汰。

社会竞争压力和个人未来发展规划共同作用于学生的科研态度反应性评价。如学生 A9 所言:"我自身大概就是因为我了解到这一个专业,将来出来竞争可能会比较激烈,需要在大学里面做出一些东西为自己提供一下竞争力,方便自己未来找到一份大概合自己心意点的工作。"

(6)科研认同氛围

访谈分析中,还有 2 位受访者提及社会对于自身专业领域科研的认同将会影响自己的科研态度反应性评价。社会环境对于自身所学科研内容的认可度会作用到学生的科研动机,一方面影响学生的成就感获取,另一方面激发学生通过专业科研为本领域学术发展和国家社会做出一定的贡献。2 位受访者相关表述如下:

C2:如果可以的话,就是希望能够树立一种科研者比较受人尊重,就是(停顿),体现的比较良好的,以科研者为荣的,对一些科研领域怀有敬畏之心,比较敬佩的那种氛围吧。

C3:比较多的是环境的因素,就是看到微博还有一些其他的媒体相关的报道,文章还有新闻,以及学校老师的鼓励宣教,推动我形成这种比较积极的科研态度反应性评价。就是一种身份、价值的认同,尤其是在今年新冠期间,对于医生的报道以及对于医学新发现的报道,对于新冠病毒的报道,都是对于医学生以及医生这个职业的认同。就是认同感。这个身份这个职业它是被认同的,然后它是很有价值的,就是会鼓励我更加积极地想要去接触科研。

(7)学术生态

在访谈过程中,还有 1 位受访者提及学术生态对于自身科研态度反应性评价的影响。对于这位受访同学 B2，学术生态环境影响到自身对于学习科研相关知识技能的渴望程度和参与科研活动的积极性。事实上他原本非常喜欢做科研，也想要在未来从事科研相关的工作，但对于学术生态不尽人意的认知极大挫伤了他的科研热情。通过他的个人表述，笔者发现其本人科研态度反应性评价的转变以保研失利为重要节点，似乎保研失利让他更加笃定了自己对学术生态环境的认知。一方面，他认为走学术科研这条路的门槛越来越高，缺乏背景和资源使自身发展受限。另一方面，他认为现在的学术科研领域生产了许多的"学术垃圾"，而其本人不想迫于生计加入其中。此外，他借用室友参与科研项目的事例谈了身边大学生参与科研项目的实际情况，表述如下：

> 我其实就想跟你说一下大学生阶段接触的这个学术科研是一个什么样的事儿，我们学院是一个 300 多人的编制（大学生），在这一块能大放异彩的，一年能出三个左右吧，就非常了不起了。……就大学生做这个嘛，进去都是水一水，他们功利性都很强的。我室友他去做了一个，还趁了一个文章的三作，他跟我说他到里面就什么没做，人家让干什么干什么，该烧烧炉子就烧烧炉子。

4.学生个人因素

学生个人特征和条件是影响学生科研态度反应性评价变化的关键因素，根据态度改变-说服模型，许多外部刺激因素都是通过影响学生个人特征进而改变学生的科研态度反应性评价。通过访谈分析归纳发现，影响学生科研态度反应性评价的个人因素主要有学生的科研兴趣和动机、科研类知识能力掌握程度、科研性学习实践经历、学习方式、学业成绩、有无时间。

（1）科研兴趣和动机

在影响学生科研态度反应性评价的原因中，科研兴趣和动机是受访者提及最多的一大因素，普遍被受访对象认为是影响科研态度反应性评价的根本因素。在态度改变-说服模型中，态度变化过程会受到相符机制的作用，当个体接受了新的信息时其态度可分为接受的区域、不明朗的区域和拒绝区域，如果新的信息位于接受区域，那么个体就会接受该信息，改变原有态度。如果新信息位于不明朗的区域也会引起原有态度的转变，但位于拒绝区域时，个体态度将难以改变。通过访谈分析发现，科研兴趣和促使自身接触科研的动机就是这个接受的区域,如果学生对科研充满好奇心和求知欲,或是想要通过科研性学习满足内在动机需求,那么当外部环境发出鼓励科研的信息时,学生将会更容易接受该信息,积极参与科研相关学习和实践活动。例如以下受访者的表述:

A3:因为本来就是希望能学中文嘛,然后还是进了(这所大学)之后,本来也不是中文的,好不容易通过二次选拔一样地转到那个中文了,我就觉得非常要珍惜这个机会,因为真的比较喜欢中文。

A10:我会对于专业不是特别基础的部分,比方说是仿真一类的,一些力学仿真、流体仿真、气体仿真,这一方面最新的科研成果是比较感兴趣的,会去主动地去搜索一些该领域比较出色的学者,会去看看他们的文章,就是说会比较关注一些这样的最新的科研成果。就还是比较看兴趣,可能是某一块的科研比较感兴趣,就会想去多了解一些,但是另外的一方面的话就不太想去涉及(笑)。……我可能是会对于,比方说领域的科研方法,它对于某一个项目怎么进行一个,比如说拿到这个课题就是如何切入的,(对)这样的方法是非常感兴趣的。然后目前也在进一步地学习,就可能只是牵涉到的一些皮毛,我还没有很透彻地去了解,但是我是非常愿意去了解的。

B2:不管是老师啊或者给出的分数或者评价啊,反正各方面的影响都不会影响我对科研这一块的热爱。就我来说,我有点理想主义者吧。你带来的影响,你虽然会影响我,但不会改变我对这个的看法。

B5:因为我自己对这个专业的热爱吧。就平时,理科嘛,高中的时候理科学得还行,所以觉得还行之后有了兴趣,然后大学就选了这个专业,有了兴趣之后你才会有动力去科研。如果没有兴趣的话,并不会有这种兴趣去科研这些,我觉得兴趣是最重要的。

当然并不是所有学生都对科研充满兴趣,对科研不感兴趣的学生一般会形成消极的科研态度反应性评价。例如学生 A9 和学生 B6,相关表述如下:

A9:我对这些其实不是很感兴趣了,我觉得在大学里面能把上课学的,学校安排的课程学好就挺不错的了。……可以这样说吧,毕竟我现在学的这门专业的话可能目的性是十分明确的,出来就是作为一名科学老师进入社会。

还有其他的话,可能会是公务员之类的,就因为这样方向很明确,而且它科研性可能不如生化环工这样强,所以我对这些所学领域的科研呢,可能也不是特别感兴趣。我更感兴趣的是我怎样考到一张教师资格证,怎样去作为一名好老师进入社会。

B6:我对它的热爱程度不够,我个人觉得科研的过程可能会相对枯燥一些,有一种对这个东西的热爱才能坚持,所以我觉得我可能不够喜欢做科研,就是中等的这种程度。

影响学生科研态度反应性评价的内在动机主要体现在专业科研使命感、满足毕业指标、个人生涯发展规划、获得成就感、提升个人能力素养这五个方面。通过访谈分析发现,有 4 位受访者提到了专业科研能够为国家、社会或专业领域做出贡献,这种专业学习的使命感有利于推动学生形成更加积极的科研态度反应性评价。

想要为国家、社会和专业发展作出贡献的相关受访者表述如下:

A1:我是很渴望学到我们大气科学最新的科研成果,因为像我们研究大气嘛,它肯定就是研究大气中各种现象,还有它们的变化过程。大气它可以带来一些好的一些温暖吧,可以是造福人类的,当然它也会有像酷暑严寒冰雹啊,就会有灾害性的天气产生,它会影响我们人类的生产和安全,是这样。然后如果要是有最新的科研成果,就是可以能够及时并且准确地预报未来的天气气候,并且呢,能够对于这种不利的天气,在一定的条件下进行人工调节和防御的话,那肯定就是最好不过的。……学好了比较造福于人类。就很有用。

A5:我挺渴望学到课程最新的科研成果的,因为我们这个道路与桥梁工程专业,这个科研领域对于整个国家不管交通、经济,还是它所联系的各个方面都是大有裨益的。如果我能对这个领域有很好的科研的话,将来对我们的发展是非常有帮助的。……就是希望能为自己的国家做一点贡献。

B1:因为我觉得,如果想要在自己的专业有很大的发展的话,应该是要有自己的科研项目。这不仅是专业带给你(发展),这也是你推动专业发展的一个机会吧。

C1:因为我学的是园艺,然后通过平时一些阅读资料啊,觉得自己学的专业还是很有用的,想在这里做出一些有价值的事情。

满足学校规定的毕业要求,为了毕业达标也是影响学生科研态度反应性评价的内部动机之一。学生 A7 和 A9 的相关表述如下:

A7:因为我本身可以说是……对学术科研不是很大的兴趣。现在做的所有的学术科研,最朴素的直接目的就是要大学毕业。所以我必须完成学校所要求这些硬性指标,包括大创也是,大创的项目就是只有做了这个项目才能获得那个必修的创新学分嘛,是这样的。

A9:我想有自己的科研项目。第一呢,最明确的就是毕业论文会需要这一点。然后第二点呢,就是在竞赛这方面可能也是需要有一个项目来为你那个参赛做准备的,然后得奖可能也在以后的就业啊这方面会有很大的用处,就很现实的两点,是我做科研最基本的目的。

学生对个人职业生涯规划的考量将会直接影响科研态度反应性评价。例如对于选择读研的学生来说,他们会对学习专业知识和参与科研实践表现出更大的主动性和积极性,在科研态度反应性评价的各维度上都表现出较为积极的态度。选择毕业后直接就业或创业的学生分为两类,一类是想通过科研性学习和实践丰富个人履历,在求职面试中增加竞争力,因此具有较为积极的科研态度反应性评价。另一类是考虑到未来工作中不会用到这些科研相关的知识技能和经历,因此表现出较为消极的科研态度反应性评价。此类受访者相关表述如下:

A9:就是让我去做的话,我肯定会去做一个项目的。但是怎么说呢,如果一定要我去做一个和我将来就业这些机会可能没有任何,没有太大关系的项目,我可能会拒绝。就像平时平白无故让你去做一个很累的项目,我可能会拒绝。

B2:特别是大二下学期到大三这个过程,都明白自己保研无望了,而且介于这个疫情防控期间,出国也无望了,所以说对成绩都很佛系的。都是通过为什么不搞得轻松一点,自己还有一些时间盈余去做一点自己喜欢的事情呢。……如果我走这个路子的话,就是如果我接下来要走直博,然后去专门做学术科研,把这个作为我的工作的话,我是非常渴望学会本领域科研方法的。

B3：可能有些人会觉得，通过科研可以就是说丰富自己的履历，会在未来面试中有竞争优势之类的吧。我自己会觉得这有点功利性，但是也可能会是我未来如果要做科研项目要考虑的一方面的因素。

在学生内在动机方面，获得成就感也是许多受访者提到的关键一点。成就感是能力的自我证明，会带来持续参与的动力，由此形成科研态度反应性评价积极倾向的良性循环。例如以下相关受访者的表述：

A10：就是可能觉得自己可以做到，比方说去独立完成一个课题，或者说去学习一个新的东西，为了完成一个课题，比如说学习一种编程语言类似的，这样子会觉得很有成就感，就会觉得自己做到了自己想不到的事情。……自身方面的因素我觉得更多的还是一个正反馈吧，只要是有一个两个很少的正反馈，我觉得我可能就会比较有动力继续下去。即使是长期处在一个落落落落的状态，然后想到某一次的起的话，就会觉得还是很有动力可以再继续坚持下去。

B4：有自己的项目，就会有那种学业上的成就感。有自己的项目的话就代表自己的能力这些也是得到认可的。

B8：第三点就是成就感，如果要是真的科研出什么我比较新奇的东西会十分地有成就感。

B10：因为很多时候科研过程就是你不断地解决一些问题，然后就比较有成就感，感觉是真真正正掌握一些知识。很多时候科研的东西跟课程上可能是不大相同，但是科研的话你会自己去解决问题，这个过程就会学到很多东西，我比较有成就感。……因为肯定有自己的项目是感觉你去带着别人去做，肯定人都是喜欢……对吧。我个人的话肯定喜欢当一个领导者，所以有自己的项目的话，肯定是觉得自己高大上一点，因为还能带着别人共同进步，共同去成长，就会比较有成就感。

C3：就是你做了问卷调查之后，开始有人慢慢地鼓励你去这样做，然后这样做你也可以去获得一些现在的环境市场中，别人可能获取不到的一些知识。你通过你自己的调查做科研，这种获得的稍微成功的那种喜悦，它会鼓励着你去前行，就鼓励着你做科研。

为了提升个人能力素养也是影响许多受访者科研态度反应性评价的一个重要动机。受访者 A1 认为科研性学习和实践能够帮助自身学习更多专业知识、培养团队合作能力、解决问题的能力、阅读文献的能力、批判性思维。表述如下：

A1：在这个过程中除了能够学会跟这个专业领域有关的一些理论，也能够逐渐掌握比如团队合作这样的一种技能吧，这也能够提高我很多的除了学习以外其他的一些能力。……而且就像我们除了掌握一些必要的专业知识以外嘛，也能够锻炼我们其他方面的能力，比如说就是在实验过程中一些解决问题的能力，还有团队合作的能力，而且肯定也会培养我们阅读文献的能力吧，还会提高一些比如说批判性的那种思维。

学生 A2 认为科研性学习和实践能够提升自己运用专业知识的能力、拓展思维。在这个过程中还能够结识更加优秀的人物，汲取他人长处，帮助自己也成为更加优秀的人。其他受访者相关表述如下：

B1：我觉得我挺想学习的。因为如果你学习了科研方法的话，你就可以研究出属于自己的观点和立场，这样感觉会有很多收获啊，或者感觉就是你有属于自己的东西吧。……因为我觉得在科研的过程中也是可以收获的吧。比如说，借鉴和吸收别人的学习成果啊或者什么，然后跟自己的进行比较啊，查漏补缺之类的。

B3：我想有自己的科研项目，因为我们学校会举办那种互联网＋或者是各种实践活动，还有什么课题科研之类的，我觉得我要是有时间和精力的话，我也想准备一下。因为首先可以锻炼自己的能力吧，毕竟我感觉大学生活确实需要一些这种项目来锻炼锻炼自己的专业素质跟各种能力。

B10：反正就是感觉科研是比较高大上一点，比较有意义，然后我做的过程中就感觉要是我不断进步，能锻炼自己很多东西，也能锻炼到自身能力，比如说你的心态啊什么的，能帮助自身有更多的收获和成长。

（2）科研类知识能力掌握程度

在态度改变-说服模型中，态度改变的过程需要信息学习机制的参与，个体在学习信息的基础上才能发生态度的变化。通过访谈分析发现,学生对于专业知识的掌握,科研方法的掌握,以及团队协作能力都会影响学生的科研态度反应性评价,这三者可以归为学生的科研类知识能力掌握程度。

首先,专业知识的掌握程度会影响学生的科研态度反应性评价。只有学生对专业领域的知识有了一定的了解和把握,才能激起学生的专业学习兴趣和科研积极性。例如以下受访者的表述:

A10:我觉得只要掌握到比较平均的水平之后,可能大家只要是积极一点的同学,我认为都是会想去不断地再学更多的东西,掌握更多的内容。

B3:因为我觉得有时候可能会因为只是对这方面又没有那么多的了解,会稍微降低我对它的渴望程度。但是如果我对这个课程稍微学过,我可能会去看一看最新的一些科研成果之类的。……我觉得我挺喜欢在已掌握的内容上补充新的知识,就是如果是自己掌握的,如果能发现一些新的,反而会更加促进我的那种学习的渴望程度了。

B7:目前我学的这些知识啊这些还不足以支撑我学习特别深入的科研成果,所以可能在未来学习更多知识,学了更多东西之后,才会更想去了解一些成果吧。

C1:因为如果自身对于这个知识了解得太少的话,那对于科研,遇到的挫折太多会打消我们的积极性。

其次,科研方法的掌握程度也会影响学生的科研态度反应性评价。掌握了专业科研方法就相当于获得了参与科研的工具,只有知道如何开展科研才能在各种科研活动中找到努力的方向。反之会让学生无所适从。

A3:因为如果没有科研的方法的话,那我就可能像无头苍蝇一样,然后就什么也不知道怎么干,会很迷茫,如果有一个方法能够教给我,知道怎么去调查科研的话,那我应该会方向感更明确一点。

A7:我很迫切想要了解所学领域如何开展科研,我其实很希望学院能够教一下我们怎么样具体地用科研的方法对法学进行学习和探究,但是(现在)感觉还是有点摸不着头脑。

B1:我觉得我挺想学习(科研方法)的。因为如果你学习了科研方法的话,你就可以科研出属于自己的观点和立场,这样感觉会有很多收获啊,或者感觉就是你有属于自己的东西吧。

B5:扣分的原因就是掌握程度还有一些缺陷吧,有一些科研方法和实践经验还不是特别足。

B6:当时在做建模比赛的时候,我对很多经典模型是自己都不清楚的,所以当时给我的感觉可能就是形成一种冲击,让我有一种渴望,想去了解一些新的经典模型。等到后面我自己了解了一些经典模型,我觉得我面对做科研的这种态度就会发生变化。我已经知道了可以用这种方法来处理这种情况,但是我同样会想要知道一些别的方法来处理这种模型。

再次,团队协作能力作为科研能力的重要组成部分,也会影响到学生的科研态度反应性评价。只有具备一定的团队协作能力,才能保证在团队项目合作中进展顺畅。缺乏团队协作能力将会损伤科研参与过程中的心理体验。学生 B8 正是面临这一状况。

B8:我觉得科研肯定不能自己一个人,要团队一块去,大家一块去。然后我觉得我自己本身也不是太擅长团队合作,我觉得这也是科研积极性没有特别高的原因之一。

(3)科研实践经历

参与科研性学习实践活动的频次在一定程度上反映了学生对于科研的卷入程度。根据态度改变-说服模型,个体对于某事件的态度与其相对该事件的卷入程度有着密切联系,事件卷入程度将会影响个体态度的改变。根据该理论,学生的科研态度反应性评价也会受到学生与科研相关活动卷入程度的影响。在量化分析部分进行了不同学术沙龙、工作坊或实验室活动,不同科创竞赛以及不同科研课题参加频次的大学生科研态度反应性评价的差异比较,结果均显示学生的科研态度反应性评价在相关科研学习实践活动的不同参加频次上存在差异,具有较多科研相关经历的学生具有更为积极的科研态度反应性评价。通过访谈分析也发现,受访者普遍认为科研性学习实践经历会影响到自身的科研态度反应性评价。学生亲自接触科研,在课题项目或比赛中体验科研的过程有助于培养学生的科研兴趣,增加导师与学生的互动交流,削弱

学生对于科研的畏惧感,增加科研信心和积极性。例如以下受访者的表述:

A2:嗯对呀,(科研性学习实践经历对我的科研态度反应性评价)肯定会有积极的帮助。而且在这个过程中经历了一次就会很想去做下一次,这种想法跟想要去做的这种感觉就会越来越强烈一点。因为一方面就是可能有一些经历了,它这个东西成熟一些了,那你下次就会更想去做了,因为想获得更好的成绩。但如果会失败的话,可能会因为自己当时怎么就这样轻易放弃了,不坚持下去,就会带着一种弥补遗憾或者惋惜的态度,下次做的时候可能就会更加积极一点,坚持得更久一点,积极的帮助都会更大一些。

A3:虽然(我参加的这些课题项目)它跟我的专业是没有什么关系的,但是我感觉就是这样,在老师的引领下嘛,这种科研的一开始会感觉很难,但是一步一步走上去的话,会发现成果也是慢慢积累起来嘛,感觉也是一个比较充实的过程。然后就是发现,有些科研也不是必须一个人全部扛在身上,几个人分工合作也是蛮有意思的。那个实地考察的话,就感觉也有点,不像以前一样一直窝在家里吧,就是实地考察调查问卷这种采访呀,我感觉还蛮有意思的。

A7:这样的科研参与经历有帮助我形成更加积极的科研态度反应性评价,因为原先,成为一个大学生就肯定要开始从基础的普通受教育,然后转向科研性的学习,但是这个时候我们基本上都是不知道该怎么办,就是可以说有点像在黑暗中随便摸索,但是找不到方向。但是因为通过这么一个项目之后,导师就会给你提供嘛。如果我没有参加这个项目,我还只是一个普通大学生的话,我只是每天普通地去上老师上完课就走的那种大课,对于我的这个大学的专业学习,我感觉还是帮助不是很大。但是现在因为这个项目之后,它就会客观上帮助你跟导师有更多的交流,导师对你的关注也会更多更主动,然后这样我们才能接触到更多的资源,不然的话我自己单独一个人去找任何一个学校的一个老师,请他去教教我怎么样去研究法学,我觉得这个也不太可能吧(笑)。

A10:我觉得(这些科研经历)可能会让我更加不惧怕去开始某一件事情。以前的话可能对于,比如说我们专业大家都要画图,以前会对于建模,三维建模这件事情会有一定的恐惧,就是不想去碰那些作图软件。但是经过那样的一次比赛,一次两次比赛之后会觉得,嗯,好像开始了之后进行下去也没有特别的困难。我觉得可能会在开始科研这方面的这个步骤上,会比以前少了很多惧怕。在科研态度反应性评价上更积极了。

B2:我给出的这个原因,是我还没有经过研究生这个科研的入门,科研训练这个过程。我不确定自己是否适合走这条路,所以就想有自己的科研项目,而又不是特别想。

B5:这些科技前沿的东西,你越做就会越有兴趣。然后因为有些课题也是比较高大上的,所以你就会有一种想要去钻研,然后去解决问题的心态。

对于事物的了解是兴趣的前提,通过科研性学习实践经历帮助学生在实践过程中认识科研,体验科研,从而有产生兴趣的动力。在实践过程中开展团队协作,经历一系列步骤操作获得科研成果也能够给予学生成就感和自信心,这些都成为帮助学生形成更为积极的科研态度反应性评价的重要推力。例如学生 B6 和 B10 的经历描述:

B6:我之前参加过建模比赛,冲击蛮大的,因为一起合作的有计算机专业的同学们,和他们对这个东西的建模,让我对建立模型有了更完善的概念。其实也算是通过参加这样的比赛,让我自己发现了我对建模这一块的热情吧。……我觉得就是你问了我这个之后,我突然想起之前建模其实让我对这个做科研的热情都一度是高涨的。因为当时做项目,那是我第一次就是可能类似做科研,虽然时间很短吧,但是我就感觉到了就是那种,因为我当时做的是一个衡量当地经济发展的一种状态,我从来没有想象过可以把这么抽象的东西通过建立模型具体化,当时有一种创新的魅力,让我觉得特别有意思。但是后来因为我没有过多的什么科研的经历,所以我对科研可能有一种自己的想象,我会把它想象成比较枯燥的一个过程嘛。

B10:以前就抱着试一试(的态度),但是你人都去做了之后,你会发现自己很喜欢的话,就会比较喜欢去做这个东西。一开始我去做这个东西的时候是想试一试,是同学说一起组个团,然后就去了,当时没有太上心。但是这个过程就是会让我觉得这个东西很有意义,我很喜欢,我就会一直想去做。……因为有些人他一开始没有真正去做这个东西,单凭想象他是不会有兴趣的,很多东西做了才会发现自己是真的感兴趣。有些学生他没做,他觉得很枯燥很乏味,但是他做了,很大可能他就喜欢上了。

(4)学业成绩

在量化分析部分比较了不同学业成绩的学生科研态度反应性评价的差异情况,结果显示学业成绩越好的学生具有更加积极的科研态度反应性评价。访谈分析结果也证实了这一结论,受访对象普遍表示较好的学业成绩会使自己具备科研信心,从而对科研持更为积极的态度。较差的成绩会降低科研自信,打击学生参与科研的热情,分散学生参与科研的时间和精力。例如学生B3和C3所说的:

B3:如果自己的学习成绩很差,然后又去搞科研,可能会觉得自己能力不行就会产生怀疑吧。

C3:学习成绩在一定程度上会影响我的科研态度反应性评价。如果学习成绩比较好的话,可能就正向鼓励你更加优秀。如果学习成绩比较差的话,可能自己学习知识储备能力还不够,就没有那么多的时间和精力去准备科研。

学生B6表示,学习成绩能够反映科研态度反应性评价的状况。学生B2认为学习成绩所处的段位会影响自身的科研态度反应性评价,只要保证成绩在一定的区间,就不会发生科研态度反应性评价的改变,反之一旦脱离该区间,就会使得他的科研态度反应性评价发生转变。相关表述如下:

B6:我觉得个人的学习成绩对于科研态度反应性评价会有影响,因为你整个人就是在学习,当你这段时间学习成绩比较好的时候,其实也反映了你这段时间状态比较好,对学术比较渴求,或者是比较愿意去学习,然后这段时间的科研态度反应性评价也会比较好。

B2:学习成绩我觉得应该设一个卡,就像成绩60分达标,我觉得只要在相对良好就不会影响。如果我通过一些外部的反应来说,我就不适合你这个学术科研这条路,我就很知趣地改行了。所以说学业成绩会影响到我。

(5)有无时间

通过访谈分析发现,有无时间也是影响学生科研态度反应性评价的重要因素之一。部分受访者表示由于时间的因素,降低了科研相关活动的参加频次或是科研积极性。留给学生参与科研实践的时间过少是学生科研热情和科研参与的一大阻碍。例如以下受访学生的表述：

A2：如果是时间允许的话，基本上都会去参与一些。但就是因为可能其他的事情会挤占，有的时候不能很好地得到一个最终的结果，就不会把它进行到底。感觉有点进行不下去了，然后各种原因就会放弃了。

A6：因为我的课程跟我所喜欢的去科研的这些内容可能是不太相符，所以说对于我就是要去科研一些，可能在科研的时候会产生一些时间上的冲突，或者是会有一些就是安排不过来的情况。

A9：可以这么说吧，因为我现在学的课程，学的专业，它的课程排布是非常非常紧凑的，基本一个星期下午还是早上开始，一直到下午都是没有什么空闲时间的，或者有一两个晚上可能会比较空，大概是这样。所以很多呢，我寝室里也有人去参加了老师成立的一个项目，然后他就是在晚上 9 点之后还要去实验室帮导师做一点实验，我觉得这是很打压学生科研兴致的。因为你上了一天的课了，谁会自愿再跑出寝室去实验室做一些事情呢？是吧？

B10：因为有自己的项目的话，很多时候就觉得自己比较高大上一点。但是想有自己的项目又很难，要花很多时间跟精力。然后大学很多时候又没那么多时间，比如说其实大学很闲，但是你要是做很多事情的话，其实也没有那么闲。

（6）学习方式

学生在长期的学习过程中已经形成了一定的学习方式和学习习惯，例如有些学生倾向于深度学习，而有些学生倾向于浅层学习。深度学习重视知识的运用、批判性理解，以及知识的拓展等，而浅层学习与之相对，具有机械记忆、缺乏知识体系、学生通过教师灌输获取知识、难以运用知识解决复杂问题等特征。通过访谈发现，有一些受访者在科研性学习中习惯采取深度学习的策略，喜欢不断拓展知识体系，进行批判学习、理解性学习和建构性学习。例如学生 A7 和 B2 的表述：

A7：我还是挺想在已掌握的内容上补充新的知识的。因为我可能个人有点强迫症吧，就是了解了之后肯定会想要把这门课程的整个知识体系完整地构建起来。

B2：我个人是个轻微的完美主义者，如果我有时间有精力，我会不断把以前所学的知识进行修葺。

然而也有小部分学生并不具备深度学习的习惯，更倾向于浅层学习方式。他们更喜欢通过被灌输获取知识，不喜欢主动探索。例如学生 B4 和 C3。

B4：我还是比较，是属于比较喜欢那种直接拿来用的，不太喜欢钻研（笑）。

C3：我对于做科研仅仅局限在认知上面，可能与我这个人的性格有关系，比较佛性，探索精神是不够强烈的。

不同的学习方式对于学生的科研态度反应性评价也会产生不同的影响，具有深度学习倾向的学生对待科研更加积极，而浅层学习倾向的学生缺乏对于科研的热情。

三、本节小结

总结而言，这一部分主要对我国高校大学生的科研态度反应性评价总体现状和差异化特征进行量化分析，并采用质性分析的方法深入挖掘大学生科研态度反应性评价状况背后的原因，并采用扎根理论分析方法，结合态度改变-说服模型，提炼归纳大学生科研态度反应性评价的影响因素。

（一）我国大学生科研态度反应性评价的基本状态和水平分析

分析大学生科研态度反应性评价的总体状况，结果显示我国高校大学生的科研态度反应性评价整体较为积极，但仍有较大的进步空间。科研态度反应性评价的各题项维度之间存在差异，尤其体现在学生对科研的喜爱程度和自主参与热情低于学生学习科研相关知识和方法的渴望程度。虽然有超过一半的大学生持积极的科研态度反应性评价，但仍有超过 15％的学生科研态度反应性评价处于不明朗的倾向，尤其有超过 1/4 的学生并不确定自己是否喜欢做科研和想有自己的科研项目，这些学生还未形成较为稳定的科研态度反应性评价。此外还有少部分学生的科研态度反应性评价偏向消极，甚至有超过 1/10 的学生不喜欢做科研和不想有自己的科研项目。对于尚未形成明朗的科研态度反应性评价和持消极态度的学生需要引起重视。

（二）不同类别特征下大学生科研态度反应性评价的差异

基于学生自身特征、家庭特征和院校特征三个层面对不同类型学生的科研态度反应性评价进行差异分析。结果显示：

第一，在自身特征层面，大学生的科研态度反应性评价存在性别、生源地、学业成绩、学术沙龙等活动参加的频次、科创竞赛参加频次、科研课题参与频次等六个方面的显著差异。具体表现总结如下：

不同性别的大学生科研态度反应性评价存在显著差异。男生的科研态度反应性评价普遍比女生更为积极，且男生科研态度反应性评价的离散程度也高于女生。男生和女生对科研参与热情和喜欢程度的差异最为显著。

不同生源地的大学生科研态度反应性评价存在显著差异。城市生源的大学生科研态度反应性评价普遍比农村生源的大学生更为积极。

不同学业成绩的大学生科研态度反应性评价存在显著差异。学业成绩较好的学生具有更加积极的科研态度反应性评价，其次是学业成绩中等的学生，成绩较差的学生科研态度反应性评价显示出最低的积极程度。

不同学术沙龙等活动参加频次的大学生科研态度反应性评价存在显著差异。经常参加学术沙龙、工作坊或实验室活动的学生具有最为积极的科研态度反应性评价，没有参加过学术沙龙、工作坊或实验室活动的学生科研态度反应性评价的积极程度最低。参加学术沙龙等活动的频次越高，学生的科研态度反应性评价越积极。

不同科创竞赛参加频次的大学生科研态度反应性评价存在显著差异。从未参加过科创竞赛的学生科研态度反应性评价积极程度最低，参加过 5 次及以上科创竞赛的学生科研态度反应性评价最为积极。参加过 1～2 次科创竞赛的学生对于学习科研相关知识方法的积极程度高于参加过 3～4 次的学生。但总体而言，参加科创竞赛的频次越多，学生越喜欢做科研，越想有自己的科研项目，总体的科研态度反应性评价也越为积极。

不同科研课题参与频次的大学生科研态度反应性评价存在显著差异。从未参与过科研课题的学生科研态度反应性评价积极程度最低，参加过 1～2 次科研课题的学生科研态度反应性评价比参加过 3～4 次的学生更为积极,参加过 5 次及以上科研课题的学生科研态度反应性评价最为积极。科研课题参与频次越多,学生越喜欢做科研,越想有自己的科研项目。

第二,在家庭特征层面,大学生的科研态度反应性评价存在父母文化程度和家庭收入情况的显著差异。具体表现总结如下:

不同父母文化程度的大学生科研态度反应性评价存在显著差异。父母接受过高等教育的学生的科研态度反应性评价显著比父母未接受过高等教育的学生更为积极。

不同家庭收入情况的大学生科研态度反应性评价存在显著差异。高收入家庭的学生具有最为积极的科研态度反应性评价。低收入家庭学生的科研态度反应性评价积极程度大体呈现出最低的状态。贫困家庭和中等收入家庭的学生总体科研态度反应性评价不存在显著差异,但贫困家庭的学生对于科研的喜爱程度和自主参与的热情仅次于高收入家庭的学生,高于低收入和中等收入家庭的学生。

第三,在院校特征层面,大学生的科研态度反应性评价存在年级、学科类型、高校类型、有无大学生导师的显著差异。具体表现总结如下:

不同年级的大学生科研态度反应性评价存在显著差异。大四及以上年级学生的科研态度反应性评价显著比其余年级学生更为积极。大学生整体科研态度反应性评价的积极程度呈现大二、大三时略微下降或波动,到大四时增加并超过大一年级的变化趋势。

不同学科类型的大学生科研态度反应性评价存在显著差异。相较于其他学科的学生,经管教法的学生科研态度反应性评价积极程度处于最低的状态。理工农医的学生对于科研参与的热情和喜欢程度明显高于文史哲艺和经管教法的学生。

不同院校类型的大学生科研态度反应性评价存在显著差异。世界一流大学建设高校的学生具有最为积极的科研态度反应性评价。一般大学高校学生的科研态度反应性评价比一流学科建设高校的学生更为积极。

有无大学生导师的大学生科研态度反应性评价存在显著差异。有大学生导师的学生,其科研态度反应性评价比没有大学生导师的学生更为积极。由此可见,为学生分配大学生导师能够显著提高学生参与科研的热情和学习科研相关知识方法的渴望程度。

(三)大学生科研态度反应性评价的影响因素分析

第一,在大学生科研态度反应性评价状况及其原因解释方面,访谈分析得出如下结果:

受访对象的科研态度反应性评价现状分析结果与量化研究结果基本相吻合,大部分受访者在总体科研态度反应性评价及各维度上都表现出相对积极的态度倾向,也有少部分受访者的科研态度反应性评价呈现不明确或消极的倾向。且受访对象的各维度科研态度反应性评价表现存在差异。同时,半结构访谈对于各维度学生科研态度反应性评价表现的原因及过程进行了追问。

在渴望学到课程最新的科研成果方面,持积极态度的具体原因主要有兴趣使然、有助于专业学习、拓展自身视野、与时代同频共振。持消极态度的原因主要有未来职业发展不需要、兴趣不足、对学术生态感到失望、专业基础知识掌握不足、不能及时运用。

在想要了解所学领域如何开展科研方面,持积极态度的具体原因主要有专业兴趣、有助于后续的专业学习或工作、为读研做准备。阻碍积极态度倾向的原因主要有兴趣不足、对学术生态失望、注意力容易分散、未来发展规划不需要。

在想要学会本领域的科研方法方面,持积极态度的具体原因主要有专业兴趣、帮助专业学习、提升自身能力和素质、为研究生阶段的学习做准备。阻碍积极态度倾向的原因主要有未来职业发展不需要、专业知识掌握不足致使缺乏信心、时间冲突、科研过程枯燥。

在喜欢做科研方面,持积极态度的具体原因主要有专业或科研兴趣、提升自身能力、获得成就感、为读研做准备、为专业或课题组做出贡献。阻碍积极态度倾向的原因主要有兴趣不足、氛围影响、专业知识掌握不足、缺乏科研经验、科研难度大。

在想有自己的科研项目方面,持积极态度的具体原因主要有获得成就感、专业科研兴趣、未来发展规划(丰富个人简历;完成毕业要求;有助于未来就业;有助于未来读研和发文章等)、满足内在动机(推动专业科研发展;锻炼自身素质和能力;赚更多的钱)。阻碍积极态度倾向的原因主要有缺乏科研经验、科研知识和能力储备不足、科研难度大、没有时间、未来发展规划不需要。

在喜欢在已掌握的内容上不断补充新的知识方面,持积极态度的具体原因主要有与时代和专业发展与时俱进、喜欢构建完整的知识体系和框架、有助于专业学习、有助于充实能力拓宽视野、专业和科研兴趣、未来职业发展需要、促进自身的专业兴趣、获得成就感等。阻碍积极态度倾向的原因主要有更想补充自身的短板、缺乏老师引导、专业学习难度大、兴趣不足。

第二,在大学生科研态度反应性评价的影响因素方面,访谈分析得出如下结果:

通过对访谈资料进行自下而上的归纳分析,结合态度改变-说服模型,提炼出影响大学生科研态度反应性评价的因素主要有说服者因素、说服信息因素、说服情境因素、说服对象因素。在此基础上构建了大学生科研态度反应性评价影响因素理论模型。说服者因素中包含了导师的指导与鼓励、朋辈激励、家庭期望、家庭榜样四个方面的影响。其中,家庭期望和家庭榜样主要形成了学生的初始科研态度反应性评价,这种原有态度一旦形成不易改变。而导师和朋辈的影响则是强化或改变学生初始科研态度反应性评价的重要因素。受访对象普遍认为导师的指导和鼓励对自身科研态度反应性评价具有积极促进作用,而室友、学长学姐、团队成员等朋辈的影响也是不容忽视,容易达成共识和倾向趋同的心理既有可能使朋辈带动学生自身形成更为积极的科研态度反应性评价,也可能会削弱学生对于科研的积极性。

说服信息因素包含了科研方法类课程设置,课程教学模式和水平两个方面的影响。课程教学是学生获取科研类知识的主要途径,科研相关的课程设置、模式和水平自然而然地会影响到学生对于科研的认知和情感倾向。受访者普遍认为在课程学习中没有获得足够的科研知识和技能,以至于缺乏科研信心,增加学生参与科研实践的难度和畏难心理。并且根据受访者表述,大多数学校将科研方法类课程设置为大三学年的选修课,学生也很少修读这类课程。另一方面,受访者普遍表示更喜欢采用科研型的教学模式学习专业前沿知识,例如基于问题的教学,基于项目任务的教学等。此类教学模式指向深度教学,有助于点燃学生的科研热情,增加学生的科研兴趣,培养科研性思维,促进深度学习。

说服情景因素包含了团队合作环境、校园学术氛围、基础设施和经费条件、政策和制度支持、社会期望、科研认同氛围、学术生态等七个方面的影响。影响学生科研态度反应性评价的说服情景不外乎微观小团体环境、中观学校环境和宏观社会环境。第一,团队合作环境即是小团体环境,项目团队成员之间较为合理的分工和默契的协作有助于学生保持积极的科研态度反应性评价,反之则会削弱学生的积极性,但这一因素一般不具有决定性。第二,校园学术氛围、基础设施和经费条件、政策和制度支持构成了影响科研态度反应性评价的学校环境因素。当周围的学术气氛较为浓厚的时候,学生受到身边人的影响,更容易潜移默化地形成积极的科研态度反应性评价倾向;完备的基础设施和充足的科研经费有助于增加学生的科研兴趣和积极性,反之则会阻碍学生积极性的发挥;为大学生的科研性学习提供制度性保障有助于引导学生形成更为积极的科研态度反应性评价,政策不到位则会削弱学生对于科研的积极性。第三,社会期望、科研认同氛围、学术生态构成了影响学生科研态度反应性评价的社会环境因素。社会期望主要是由时代发展速度和社会竞争压力带来的,在这种社会期望下,许多学生为了与时俱进,不与时代脱轨,提升自身实力以应对社会竞争,由此促成更为积极的科研态度反应性评价;社会环境对于本专业领域的认可度会给学生带来成就感,并激发学生专业科研学习的使命感,从而增加学生的科研积极性;学术生态环境也有可能影响学生的科研态度反应性评价,公平良好的学术生态更能保留住学生的科研热情。

学生个人因素包含了科研兴趣与动机、科研类知识能力掌握程度、科研实践经历、学习方式、学业成绩、有无时间等六个方面的影响。科研兴趣是影响学生科研态度反应性评价的根本性因素,而内在动机则是影响学生科研态度反应性评价的关键性因素,内在动机主要包括未来发展规划、获得成就感、提升自身能力和素养、专业科研的使命感、满足毕业指标五个方面,兴趣和动机共同决定了科研态度反应性评价的基本倾向,影响学生科研态度反应性评价的科研类知识能力掌握程度主要包括专业知识的掌握、科研方法的掌握,以及团队协作能力,当知识能力储备充足时,有助于提升学生的科研积极性,不足时则会打击学生对于科研的热情和信心,从而产生畏难心理;科研性学习实践经历的参与频次也会影响到学生的科研态度反应性评价,学生积累科研经验有助于培养科研兴趣,增加导师与学生的互动交流,增加科研信心和积极性;学习方式影响学生的科研态度反应性评价,持有深层学习方式的学生具有更为积极的科研态度反应性评价,持浅层学习方式的学生科研态度反应性评价普遍偏消极;学业成绩的高低也会影响科研态度反应性评价,较好的学业成绩有助于增加学生科研信心和积极性;时间因素也是影响科研态度反应性评价的重要因素之一,没有足够的时间会阻碍学生参与科研实践,进而影响科研态度反应性评价。

总的来说,说服者因素、说服信息因素、说服情景因素三者共同构成了影响大学生科研态度反应性评价的外部刺激条件,它们大多对学生个人因素的各维度产生影响,进而作用到学生的科研态度反应性评价。例如,科研方法课程的设置和课程教学模式与水平的优化有助于提高学生的科研相关知识与能力的掌握程度;家庭期望和榜样会影响学生参与科研性学习的兴趣和动机,指导学生的个人未来发展规划,以此影响科研态度反应性评价;导师指导和鼓励以及朋辈激励有助于学生充实科研相关学习实践的经历,根据量化研究结果也可得知,较多的科研参与频次的学生具有更为积极的科研态度反应性评价;此外,浓厚的校园学术氛围和社会科研认同氛围都有助于提升学生的科研兴趣,增加对于科研的好奇心和求知欲;等等。

不仅如此,学生个人因素内部也存在一定的联系和影响,大多是作用到科研兴趣和动机。比如增加科研相关知识能力的储备以及科研性学习实践经历频次有助于提升科研信心和成就感。值得一提的是,每个学生的科研态度反应性评价并非都受到以上所列全部因素的影响,且不同的影响因素对于不同学生科研态度反应性评价的作用方式和强度都存在一定差异。比如学业成绩对科研态度反应性评价的影响并非人人适用;家庭环境的影响也并非人人都有;家庭期望既可能提高部分学生对科研相关知识的学习热情和参与科研的积极性,也可能造成适得其反的结果。总而言之,大学生科研态度反应性评价的影响因素之间并不是独立存在,非此即彼的关系,这些因素相互影响和作用,作为一个整体共同构成了科研态度反应性评价的影响因素系统。

第四节　大学生反应性评价的结构分析

以大学职能理论为基础,本书从职能要素的角度梳理了大学生反应性评价的内在结构,重点从大学对人、对学、对研的三重职能指向,聚焦于大学生人际关系反应性评价、大学生学习收获反应性评价、大学生科研态度反应性评价进行量化分析与质性探索。基于这一理路,本书以大规模学情调查为测量工具,收集相关数据进行分析,立足于内部结构因素与外部因素相结合,实现了基于结构剖析的大学生反应性评价实证分析。

一、不同结构要素的整体状态

依据大学职能理论,大学生对整个大学学习过程及其成效的反应性评价可以剖析为对人、对学、对研的反应性评价,聚集形成大学生人际关系反应性评价、大学生学习收获反应性评价、大学生科研态度反应性评价,成为大学生反应性评价的内部结构要素。而为了廓清不同内部结构性要素的大学生反应性评价整体表现,有必要基于调查设计和数据分析进一步分析大学生反应性评价的内部结构表现,满足不同结构要素大学生反应性评价的探索性需求,进而依据不同结构要素的特点来提高大学生反应性评价水平。为此,本书通过全国性的大学生学情抽样调查与数据收集分析,显示不同内部结构性要素的大学生反应性评价表现水平不同,且由于个体因素和院校特征的差异,大学生反应性评价呈现出不同的结构要素特点,外部因素影响着大学生反应性评价内部结构性要素的具体指标表现。

从调查数据中可以看出,"基本满意"和"满意"这两个评价可以总结当前不同结构要素大学生反应性评价的基本表现特征。从水平上看,我国大学生反应性评价水平总体处于较为良好的状态,但是具体到不同维度和特征变量上还有很大的可期望提升空间,表现出大学生反应性评价在实然层面上的特征表现;从地位上来说,我国大学生反应性评价水平总体处于较为肯定性的状态,大学生在面对总体与各题项反应性评价指标时多做出的是认可性评价,积极性表现较为明显,表现出大学生反应性评价在应然层面上的理想高度。依据半结构访谈转录与分析,我国大学生反应性评价受到输入变量、过程变量及输出变量等各个层面维度因素的综合影响,无论自身情况如何,在入学和完成学业的过程中逐步基于自身真实体验的加总统合而做出不同程度的反应性评价,并基于自我报告的调查结果外显出水平差异,各有不同的人际关系反应性评价、学习收获反应性评价、科研态度反应性评价。从现实性角度来看,大学生反应性评价并非一个固定不变的节点表现,而是大学生实时状态的反应,以连续性的动态过程形成多点组合的反应性评价生成时刻,各个时点状态下的大学生反应性评价之间相互影响,构成了整体的大学生反应性评价。在实证分析中也表明,大学生反应性评价的得出源自大学生自身所具有的自觉性,大学生本身能够基于内部评价自觉做出自己的认知判断和选择,形成整体性的大学生反应性评价表现。而在半结构式访谈中,可以发现,大学生对大学教育的反应性评价态度基本上是积极的,反映了大学生对其大学生涯的认知状况,但对于具体的特征变量和维度有不同的反应性评价选择,从而使得大学生基于内外整体环境因素形成相对系统的大学生反应性评价影响机理。

二、不同结构要素的具体状态

具体来说,大学生学情调查和数据收集拓宽了调查的范围,提供了从不同内部结构要素考察大学生反应性评价的可行路径,基于专门量表调查和半结构访谈了解大学生反应性评价的基本状况。由于大学生可以根据人口统计学指标和院校特征指标划分为不同的学生群体,因此各个类型群体的大学生呈现出具有差异性的反应性评价结构要素特征,且依据内部结构要素的不同,特定类别学生表现出不同的反应性评价水平。

在大学生人际关系反应性评价方面,量化分析结果显示,我国高校大学生人际关系反应性评价总体呈现出良好的状态,但存在进一步提升的空间。人际关系反应性评价较低的大学生群体主要分为以下三类:其一,天然性格偏向于敏感、内向的大学生,具体表现为女大学生、农村生源大学生、文科大学生。其二,原生家庭背景较特殊的大学生,具体表现为低收入家庭大学生、重组家庭大学生、父母接受过高等教育的大学生、非独生子女大学生。其三,在成长过程中经历较少或情况较特殊的大学生,具体表现为学习情况较差大学生、身体健康情况较差大学生、没有过学生干部经历的大学生、没有恋爱经历的大学、月支出过低或过高的大学生、少数民族大学生、一般本科院校大学生与大二学生。

在大学生学习收获反应性评价方面,量化分析结果显示,我国高校大学生学习收获反应性评价总体呈现出良好的状态,在"基本满意"或"满意"的比例较为集中,但存在进一步提升的空间。其中,在自身特征因素方面,女生、汉族等大学生群体在总体学习收获反应性评价、知识收获反应性评价、技能收获反应性评价、态度收获反应性评价等方面的均值结果较高;在家庭特征因素层面,城市、独生子女、中高月经济收入家庭、非孤儿家庭、父母接受过高等教育的大学生类型群体在总体学习收获反应性评价、知识收获反应性评价、技能收获反应性评价、态度收获反应性评价等方面相对表现更好;在院校特征因素层面,双一流院校大学生在总体学习收获反应性评价、知识收获反应性评价、技能收获反应性评价、态度收获反应性评价上均呈现出较高的均值,且不同年级的大学生在总体及各个层面学习收获反应性评价中存在显著差异,大一、大二、大三、大四及以上年级的大学生呈现随年级递增而逐步抬升的趋势,其中文史哲、社会学科等学科的大学生在总体学习收获反应性评价、技能收获反应性评价、态度收获反应性评价等方面表现更好,学科类别的差异值得进一步关注和重视。

在大学生科研态度反应性评价方面,量化分析结果显示我国高校大学生的科研态度整体呈现相对积极的倾向,但仍有较大的进步空间。各题项维度得分存在差异,学生对学习相关研究知识和技能的渴望程度高于学生对研究的喜爱程度和自主参与热情。在自身特征层面,性别为男、城市生源、学业成绩较好、经常参加研究类活动的大学生具有更为积极的科研态度反应性评价;在家庭特征层面,父母接受过高等教育、高收入家庭的大学生具有更为积极的科研态度反应性评价;在院校特征层面,一流大学建设高校、工农医学专业、大四及以上年级、有大学生导师的学生具有更为积极的科研态度反应性评价。

总体而言,使用人口统计学特征变量,考察大学生的自然人属性对于其大学生反应性评价的影响。其中,性别、学生干部背景、家庭兄弟姐妹人数等对大学生总体反应性评价产生了影响,以这些因素为分类标准所形成的不同大学生群体之间的总体反应性评价具有显著性差异。使用院校特征变量,考察大学生所在高等教育机构及其背景对于其大学生反应性评价的影响。其中,年级、所在专业的学科大类、院校类型对大学生总体反应性评价都产生了影响,以这些因素为分类标准所形成的不同大学生群体之间的总体大学生反应性评价具有显著性差异,现象吻合且一致反映出大学生在总体大学生反应性评价方面的群体特征。

三、不同结构要素的影响因素表现

个体特征变量与院校特征变量从外部因素的角度对大学生反应性评价产生了影响,使其具有显著性差异。大学生的大学生涯在理论上是不同关系交织汇集的动态过程,也受到这些要素的影响,因此以人口统计学特征变量和院校特征变量为外部因素,考察人口统计学特征变量、院校特征变量对大学生反应性评价的影响作用具有必要性。

在相关分析的基础上,所得数据能够形成回归模型,能够解释较高的变异量,影响因素回归结果与不同类型特征下大学生反应性评价的表现分析具有较高的吻合度。通过对访谈材料的描述分析与归因分析,深入挖掘各个因素对大学生反应性评价的具体作用与机理,发现各个因素之间形成合力影响大学生反应性评价。以人际关系反应性评价为例,可知微观系统立足于学生个体视角,中观系统立足于家庭视角与高校视角,外观及宏观系统立足于社会视角。微观系统中的各因素通过大学生天然性格与环境经历的原因对其人际关系反应性评价产生作用与影响,中观系统中家庭视角下的各因素通过大学生家庭背景的原因对其人际关系反应性评价产生作用与影响;高校视角下通过高校课程设置、高校人际冲突解决途径、高校整体风气对大学生人际关系反应性评价产生影响,外观及宏观系统通过社会经济发展水平、舆论价值导向、社会现实情况对大学生人际关系反应性评价产生影响。其中微观与中观系统对大学生人际关系反应性评价施以直接影响,主要表现为影响其分值高低,而外观及宏观系统对大学生人际关系反应性评价施以间接影响,主要表现为影响其反应性评价判断标准。此外,针对科研态度反应性评价的质性分析结果显示,影响大学生科研态度反应性评价的因素有说服者因素、说服信息因素、说服情境因素和学生个人因素。说服者因素包含导师指导和鼓励、朋辈激励、家庭期望、家庭榜样;说服信息因素包含研究方法类课程设置,课程教学模式和水平;说服情境因素包含团队合作环境、校园学术氛围、基础设施和经费条件、政策和制度支持、社会期望、研究认同氛围、学术生态;学生个人因素包含研究兴趣与动机、研究类知识能力掌握程度、研究实践经历、学习方式、学业成绩、有无时间。其中,研究兴趣与动机是影响科研态度反应性评价的根本性因素。不同的影响因素对于不同学生科研态度反应性评价的作用方式和强度存在差异。这些因素并非独立存在,非此即彼,而是相互影响,共同作用于学生的科研态度反应性评价。

总体而言,人口统计特征变量和院校特征变量所形成的外部因素对大学生反应性评价的影响,一方面在于勾勒出不同类型大学生总体大学生反应性评价的特征,另一方面在于通过特征找准改革需要的关键突破口,有的放矢,提升大学生反应性评价水平的同时,强化大学教育的成效。

本书以结构的视角剖析大学生反应性评价,是将大学生反应性评价进行深刻解构,加强研究的精细度;通过梳理大学生反应性评价的内部结构,找准构成大学生反应性评价的各个分支、节点,以便能够在学习过程的各个要素内部挖掘大学生反应性评价的内涵和成因,强调研究的深入性。综合考虑,以结构为视角、要素为单位，理论梳理结合实证分析，能更好地呈现目前我国大学生反应性评价的现状，回答改革需要解决的问题，促使大学生反应性评价研究往纵深方向前进。

第五章

大学生反应性评价的
要义总结

高等教育内涵式发展是社会高质量转型的重要组成部分,而实现高等教育内涵式发展的最关键因素在于"人",关注"学生"这一人才培养主体和教育规律的载体,探索大学生反应性评价的现状与影响因素,是提振高等教育质量的必经之路,也是建设教育强国的重要一环。[①] 结合立论价值、学术现状、研究设计、实证分析、对策建议的逻辑理路,本书分别展开深入分析,得出相应的研究结论、研究亮点与研究建议。

第一节 研究结论

以史秋衡教授主持的"国家大学生学情调查研究数据库"为基础,本书基于大学职能视角,分别就大学生对人际、对学习、对科研的态度/评价性反应,深入展开大学生人际关系反应性评价的自我评价与提升、大学生学习收获反应性评价的差异化表现与对策、大学生科研态度反应性评价的基本状态及影响因素等方面的探索,分析得出以下结论。

---

① 史秋衡,季玟希.面向教育强国的教育学科建设[J].教育发展研究,2021,41(19):28-32.

一、大学生人际关系反应性评价的研究结论

基于大学生对人际关系的反应性评价,探索大学生人际关系反应性评价的自我评价与提升,结合实证分析探究大学生人际关系反应性评价的现状、特征与影响因素,在方法上选取量化分析与半结构访谈相结合的研究方法。首先,采用量化分析的方式,从人口学变量与院校变量的角度将大学生分类,探究不同类别的大学生群体人际关系反应性的表现差异及诸多变量中对大学生人际关系反应性评价存在影响作用的因素有哪些。其次,在已有量化分析结论的基础上进行半结构访谈,对已有研究结论进行分析与解释,并对研究问题进行丰富与补充,从微观系统、中观系统、外观及宏观系统,全方位、多系统地对大学生人际关系反应性评价这一部分进行分析与解释。

(一)大学生人际关系反应性评价的总体表现

大学生人际关系反应性评价总体呈现出良好的状态,但存在进一步提升的空间。对大学生人际关系反应性评价总体及各相关条目做描述性统计,以各条目的结果进行计分,从"非常不满意""不满意""基本不满意""基本满意""满意""非常满意"共分为六个等级,按照从低到高递增的顺序计为1分到6分。从描述统计结果看,大学生总体人际关系反应性评价的均值为4.67,处于"基本满意"与"满意"之间,并偏向于"满意",表明全国大学生的总体人际关系反应性评价现状较好,总体而言对自己所处的人际交往环境较为满意。在各题项中,学生对"与室友的关系"和"与其他同学的关系"两项反应性评价均值最高为4.76,说明整体而言大学生对与同学交往的反应性评价呈现出良好的态势。从其他题项的均值入手,可知所有题项的均值均不低于4.50,均处于"基本满意"与"满意"之间,并偏向于"满意",可见大学生对自我所接触的各个人际交往层面都有着相对较高的反应性评价,且各个层面的满意程度呈现出均衡的态势,并未在某一层面出现大幅度差距的情况。无论从整体角度还是各个层面的角度来分析,均可见高校大学生人际关系反应性评价的现状呈现出较为良好的态势。

但是在普遍较为满意的情况下,"与室友的关系""与辅导员的关系""与学校职能部门工作人员的关系"三个层面仍有一定的不满意人数。校园不和谐事件往往是小概率事件,而一旦发生将会对师生产生较大的影响与严重的后果,所以比重虽小也不能忽视。因此,高校与高等教育工作者需要注意大学生在此三个层面的人际交往过程并找到合理的提升满意度路径。

(二)不同类别大学生人际关系反应性评价的差异化表现

通过量化分析可知,大学生人际关系反应性评价总体呈现出良好的状态。以人口学变量与院校变量的视角对大学生群体进行分类后可知,不同类别大学生人际关系反应性评价存在差异性特征,具体表现如下:大学生人际关系反应性评价存在性别差异,其中男大学生人际关系反应性评价显著高于女大学生;大学生人际关系反应性评价存在学习情况差异,其中学习情况好的大学生人际关系反应性评价高于学习情况差的大学生;大学生人际关系反应性评价存在身体健康情况差异,其中身体健康情况好的大学生人际关系反应性评价显著高于身体健康情况差的大学生;大学生人际关系反应性评价存在学生身份差异,其中有过学生干部经历的大学生人际关系反应性评价显著高于没有学生干部经历的大学生;大学生人际关系反应性评价存在恋爱差异,有过恋爱经验的大学生人际关系反应性评价高于没有过恋爱经验的大学生;大学生人际关系反应性评价存在月支出差异,月支出在 501～1200 元之间的大学生人际关系反应性评价显著高于月支出 500 元以下以及月支出 1201 元之上的大学生;大学生人际关系反应性评价存在民族差异,汉族大学生人际关系反应性评价显著高于少数民族大学生;大学生人际关系反应性评价存在城乡差异,城市大学生人际关系反应性评价显著高于农村大学生;大学生人际关系反应性评价存在兄弟姐妹人数差异,独生子女大学生人际关系反应性评价显著高于非独生子女大学生;大学生人际关系反应性评价存在家庭经济收入差异,高收入家庭大学生人际关系反应性评价显著高于中等收入家庭与低收入家庭大学生;大学生人际关系反应性评价存在家庭情况差异,重组家庭大学生人际关系反应性评价显著低于双亲家庭、单亲家庭与孤儿;大学生人际关系反应性评价存在父母文化差异,父母未接受过高等教育的大学生人际关系反应性评价显著高于父母接受过高等教育的大学生;大学生人际关系反应性评价存在院校差异,985高校大学生人际关系反应性评价显著高于211高校(除985高校外的211高校)与一般本科院校;大学生人际关系反应性评价存在年级差异,大二学生的人际关系反应性评价显著低于其他年级大学生;大学生人际关系反应性评价存在学科差异,理科生的人际关系反应性评价显著高于文科生。在以上个体因素与院校因素中,性别、兄弟姐妹人数、恋爱经历、学生干部经历、身体健康情况、学习情况、父母受教育程度、民族、学科、院校因素为大学生人际关系反应性评价的影响因素。

总体而言,人际关系反应性评价较低的大学生群体主要分为以下三类:其一,天然性格偏向于敏感、内向的大学生,具体表现为女大学生、农村生源大学生、文科大学生。其二,原生家庭背景较特殊的大学生,具体表现为低收入家庭大学生、重组家庭大学生、父母接受过高等教育的大学生、非独生子女大学生。其三,在成长过程中经历较少或情况较特殊的大学生,具体表现为学习情况较差大学生、身体健康情况较差大学生、没有过学生干部经历的大学生、没有恋爱经历的大学生、月支出过低或过高的大学生、少数民族大学生、一般本科院校大学生与大二学生。其中性别、兄弟姐妹人数情况、恋爱经历、学生干部经历、身体健康情况、学习情况、父母受教育程度、民族、院校情况、学科因素同时为大学生人际关系反应性评价的影响因素。

(三)多维系统的大学生人际关系反应性评价影响因素深耕

结合半结构访谈,将大学生人际关系反应性评价这一部分指向微观系统、中观系统、外观系统与宏观系统的互动。可知微观系统立足于学生个体视角,中观系统立足于家庭视角与高校视角,外观及宏观系统立足于社会视角。其中,量化分析中的人口学变量与院校变量可归属于微观系统与中观系统,半结构访谈对已有结论进行原因探究;而中观系统中的高校视角与外观系统及宏观系统的互动在量化分析中并未涉及,主要通过半结构访谈的方式对此部分进行丰富与补充,从而多系统、全方位地分析大学生人际关系反应性评价。

1.微观系统的研究结论

微观系统中的各因素通过大学生天然性格与环境经历的原因对其人际关

系反应性评价产生作用与影响,中观系统中家庭视角下的各因素通过大学生家庭背景的原因对其人际关系反应性评价产生作用与影响;高校视角下通过高校课程设置、高校人际冲突解决途径、高校整体风气对大学生人际关系反应性评价产生影响,外观及宏观系统通过社会经济发展水平、舆论价值导向、社会现实情况对大学生人际关系反应性评价产生影响。其中微观与中观系统对大学生人际关系反应性评价施以直接影响,主要表现为影响其分值高低,而外观及宏观系统对大学生人际关系反应性评价施以间接影响,主要表现为影响其反应性评价判断标准。

立足于微观系统的分析结论如下:大学生人际关系反应性评价的性别差异是由男女先天心理构造与思维差异造成的,性别通过心理活动、思维模式与实际行动上的差异发挥影响作用;大学生人际关系反应性评价的恋爱情况差异是由于恋爱过程中可以培养付出精神、换位思考能力与理解他人的能力,恋爱情况通过学生个体对人际关系的处理态度影响着人际关系反应性评价;大学生人际关系反应性评价的学生身份差异是由于学生工作经历可以使大学生具备换位思考能力与包容能力,在工作的过程中也会从学长学姐处学习许多有利于人际交往的内容,学生身份通过学生个体人际交往态度与能力的优秀与否影响着人际关系反应性评价;大学生人际关系反应性评价的身体健康情况差异是由于生理不健康的大学生由于身体条件限制无法完全参与同龄人的人际交往活动中,因此会有"不甘心""遗憾"的情绪,而心理不健康的大学生由于心理疾病本身带来的精神折磨使其没有多余的精力投入到与人相处之中,身体健康情况通过情绪作用影响着人际关系反应性评价;大学生人际关系反应性评价的学习情况差异是由于学习情况较好的大学生有更多机会展示自己,从而在多个人际交往层面都保持着较为良好的关系,获得较高的人际关系反应性评价,学习情况通过平台与机会影响着人际关系反应性评价;大学生人际关系反应性评价的民族差异由于民族习俗、民族观念等与汉族不同,从而可能出现一些人际冲突,但仅限于与汉族有着较大差异性的少数民族大学生,民族差异通过汉族学生对少数民族传统、习俗、禁忌的不了解而表现出来,影响着人际关系反应性评价;大学生人际关系反应性评价的院校差异是由于"211

高校"(包括"985 高校")的大学生在交友层次、社会资源、学校平台三方面优于一般本科院校,因此"211 高校"的大学生人际关系反应性评价高于一般本科院校大学生,学校类别通过学生层次、学校口碑、平台机会三个方面影响着大学生人际关系反应性评价,其中的学生层次仅限在普遍的学习能力上而非在人品及其他方面;大学生人际关系反应性评价的学科差异由于理科生的思维方式比较直接,不会对问题过度分析,因此对人际冲突的感知比较低,学科情况通过不同学科大学生的思维方式差异影响着大学生人际关系反应性评价;大学生人际关系反应性评价的城乡差异是由于乡村大学生的总体性格偏向于内向、腼腆,所以在人际交往过程中会伴有不主动交友等现象;大学生人际关系反应性评价的月支出差异是由于月支出金额在 $501\sim1200$ 元的大学生拥有良好消费习惯的同时,有足够的预算进行人际关系维系,因此具有较高的人际关系反应性评价;大学生人际关系反应性评价的年级差异是由于大二学生度过了初入校园的适应阶段后到达了比较熟悉的阶段,又没有到达大三与大四时期比较珍惜且成熟的阶段,所以容易与人发生人际冲突,因此人际关系反应性评价较低。

2.中观系统的研究结论

在家庭视角下,大学生人际关系反应性评价的兄弟姐妹人数差异是由于非独生子女认为长大的过程中会明显感觉到资源或者爱的分割,因此在大学的人际交往过程中会经常性、不自觉地进行自我反思,有时会将问题复杂化,影响自身的人际关系反应性评价。此外,部分非独生子女大学生认为自己已经有了知心朋友(兄弟姐妹)而并不需要再与其他人深入交往,由于从小社交能力锻炼上的缺失导致其不擅长与他人交往,因此人际关系反应性评价较低。兄弟姐妹人数这一因素通过成长环境中的性格塑造、交友观念的形成两个途径影响着大学生人际关系反应性评价。大学生人际关系反应性评价的父母受教育程度差异是由于接受过高等教育的父母在抚养孩子的过程中会对其有着更严格的要求,从而打造出紧张的气氛。父母文化背景这一因素通过成长环境中气氛的打造影响着大学生进行人际交往过程中的态度与情绪,进而影响到大学生人际关系反应性评价。大学生人际关系反应性评价的家庭收入差异是由于家庭经济收入较高的大学生没有经济方面的烦恼，也不需要利用课余时间赚生活费，有着足够的预算与时间维系人际关系，因此有着较高的人际关系反应性评价。大学生人际关系反应性评价的家庭情况差异是由于重组家庭的大学生内心脆弱敏感，经历过双亲家庭与单亲家庭后进入到重组家庭之中，既渴望亲密关系又怕再次受到伤害。因此会对人际关系抱有怀疑及不自信的态度，从而获得较低的人际关系反应性评价。在高校视角下，高校可以通过设置有关大学生人际交往的课程切实提升大学生人际交往能力从而提升人际关系反应性评价水平，具体为通过新生研讨课、大学生心理健康、辅导员（班主任）班会、其他课程中偶尔提及的形式，可以有效传递关于大学生人际交往的相关知识，切实提高大学生人际关系反应性评价水平。高校的人际冲突解决途径的思路与方案直接决定了冲突是否可以顺利化解，对大学生人际关系反应性评价以及校园和谐具有重大意义。大学生只有在发生不可调节的人际冲突时才会选择提升到学院（学校）层面来解决，学校（学院）的解决思路可以归纳为归责、分别沟通、双方进行调解、解决问题、和解这一路径，调解的最终目的是解决问题并达成双方关系上的和解。高校整体风气作为环境要素对大学生的身心发展与行为认知均有一定的影响作用，可分为教学风气、学习风气、生活风气三种，具体表现为老师（包括教学老师、行政老师与学校其他职能部门工作人员）对其与大学生关系的认识在很大程度上影响了大学生人际关系反应性评价，学习风气的严格与宽松都会对大学生人际交往产生影响，高校需要合理选择学风建设的标准，大学校园生活的学生会"官僚化"风气在一定程度上影响着大学生人际关系反应性评价。

3.外观及宏观系统的研究结论

宏观系统对大学生人际关系反应性评价的影响是存在于其判断标准之上的，而非单纯影响其分值高低。大学生群体在经济发展速度较快的今日，感受到追名逐利的社会风潮，通过半结构访谈可知大学生群体以名利为人际关系反应性评价判断标准的现象较少，但是不可否认这种风潮的出现对其人际关系反应性评价的判断标准产生切实影响。舆论价值导向对群众思想意识起到引导性作用，大学生群体受到社会舆论导向的类型分为有意识的接收与无意识的接收两种,有意识的接收往往是组织单位经过缜密思考与精心策划形成的有利于大学生身心发展与成长的价值导向,而无意识的接受是带有随机性与自主性的,多数情况下是被动、无意间的接触。舆论导向有许多具有正能量的内容,但是也存在如拜金主义、交友原则性较低等错误或低俗的内容,对判断能力较低的大学生人际关系反应性评价判断标准产生影响。社会现实情况对大学生人际关系反应性评价判断标准产生影响作用。社会现实情况对大学生人际关系反应性评价施以影响主要表现在生活节奏快、人情社会的关系网、忙碌生活中对亲密关系的向往三个方面。快节奏的生活节奏已经成为年轻人的常态,大学生作为即将步入社会的储备力量也受到快节奏的感染,表现在交友方面会出现功利性交友的情况。大学生的交友观念受到社会上的人情社会关系网的影响,是否拥有全面、人数较广的圈子成为其判断人际关系反应性评价的标准。在现实且忙碌的生活中,大学生流露出对亲密关系的向往,可见社会的确对大学生人际关系反应性评价存在着偏向于负面的影响,但是大学生依然保持着人际交往的初心,渴望真挚的情感。

二、大学生学习收获反应性评价的研究结论

基于大学生对学习的态度/反应性评价,探索大学生学习收获反应性评价的基本状态及影响因素,结合实证分析探究大学生学习收获的现状及提升策略,基于前文实证分析进行总结和讨论,提出如下研究结论。

(一)大学生学习收获反应性评价的总体表现

整体上看,我国大学生学习收获反应性评价水平处于较佳的状态,从描述统计结果看,大学生总体学习收获反应性评价的均值为 4.47,处于"基本满意"与"满意"之间,并偏向于"满意",表明全国大学生的总体学习收获反应性评价现状较好,总体而言对自己大学生涯的学习收获较为满意。其中,根据频数统计显示,大学生在总体学习收获反应性评价、技能收获反应性评价、态度收获反应性评价上更集中偏向于"满意";在知识收获反应性评价上更集中偏向于"基本满意",从侧面反映了大学生在知识层面的收获评价相对欠佳,专业知识

学习与内化尚存在很大的提升和改进空间。

（二）不同类别大学生学习收获反应性评价的差异化表现

在不同学生个体特征、不同院校特征中，大学生的学习收获反应性评价呈现显著的特征差异，具体结论如下。

第一，大学生学习收获反应性评价存在学生个体特征的差异。（1）大学生学习收获反应性评价存在显著的性别差异。男生和女生在学习收获反应性评价收获中存在显著的差异，女生在知识收获、技能收获、态度收获等方面的反应性评价表现均优于男生，均值显著高于男生，表明女生在各个学习收获反应性评价层面中表现更佳；从内部差异来看，相较于男生而言，女生在各个学习收获反应性评价中的离散程度较低，说明女生在不同类型学习收获反应性评价中的差异较小。（2）大学生学习收获反应性评价存在显著的城乡差异。学习收获反应性评价的城乡差异表现显著。相较于农村大学生而言，家庭所在地在城市的大学生在知识收获、技能收获、态度收获等方面的反应性评价得分相对高于农村大学生，由此可见，城市大学生在学习收获反应性评价中表现较为理想；从内部差异来看，城市大学生在知识收获、技能收获、态度收获等方面的反应性评价得分标准差均高于农村大学生，离散程度更高，内部差异性更大。（3）大学生学习收获反应性评价存在显著的民族身份差异。不同民族身份的大学生在学习收获反应性评价中存在显著的差异。具体而言，汉族大学生群体在总体学习收获反应性评价、知识收获反应性评价、技能收获反应性评价、态度收获反应性评价等方面的均值结果较高，从标准差来看，内部差异较小。（4）大学生学习收获反应性评价存在显著的兄弟姐妹人数情况差异。大学生的学习收获反应性评价在不兄弟姐妹人数中呈现显著的差异。具体而言，独生子女大学生的总体学习收获反应性评价高于非独生子女大学生，即独生子女在总体学习收获上具有更好的表现。（5）大学生学习收获反应性评价存在显著的家庭月经济收入情况差异。大学生的学习收获反应性评价在家庭月经济收入中呈现显著的差异，其中无论在总体学习收获反应性评价还是各个学习收获反应性评价子维度层面，低收入家庭大学生的学习收获反应性评价表现都是最低的，即中等收入与高收入家庭的学生学习收获反应性评价显著高于此类学生。(6)大学生学习收获反应性评价存在显著的月支出情况差异。大学生的学习收获反应性评价在月支出情况中呈现显著的差异,其中月支出在300元以下的大学生在总体及各子维度层面的学习收获反应性评价均值明显偏低,呈现显著性差异。(7)大学生学习收获反应性评价存在显著的家庭情况差异。不同家庭情况的大学生群体在学习收获反应性评价上有着不同的均值结果,其中孤儿家庭的学习收获反应性评价相对最低,双亲家庭与单亲家庭学生的学习收获反应性评价相对较高。(8)大学生学习收获反应性评价存在显著的父(母)文化程度差异。父(母)文化程度不同的大学生群体在总体学习收获反应性评价等方面呈现显著性差异,父(母)未接受过高等教育的大学生群体在总体学习收获方面的均值结果较低,与父(母)接受过高等教育的学生群体呈现显著性差异。

第二,大学生学习收获反应性评价存在院校特征的差异。(1)大学生学习收获反应性评价存在显著的院校差异。大学生在总体及各个层面学习收获反应性评价上存在显著的院校差异,其中双一流院校大学生在总体学习收获反应性评价、知识收获反应性评价、技能收获反应性评价、态度收获反应性评价上均呈现出较高的均值。(2)大学生学习收获反应性评价存在显著的年级差异。不同年级的大学生在总体及各个层面学习收获反应性评价中存在显著差异。具体来看,在总体学习收获反应性评价、知识收获反应性评价、技能收获反应性评价、态度收获反应性评价中,大一、大二、大三、大四及以上年级的大学生呈现随年级递增而逐步抬升的趋势。(3)大学生学习收获反应性评价存在显著的学科差异。大学生的学习收获反应性评价呈现显著的学科差异。具体而言,各个学科的大学生学习收获反应性评价表现较高,均在4.0以上,其中文史哲、社会学科等学科的大学生在总体学习收获反应性评价、技能收获反应性评价、态度收获反应性评价等方面表现更好,学科类别的差异值得进一步关注和重视。

(三)大学生学习收获反应性评价的影响因素深耕

学生个体特征、院校特征共同作用于学习收获反应性评价。学生发展是个复杂的学习结果,受多种因素的交织作用和共同影响,既包含学生个体特征等"既定的""固有的"因素,更与大学生的院校特征密切相关。基于大样本的学生自评数据,通过量化分析证实了学生个体特征、院校特征对大学生学习收获反应性评价存在显著的正向影响。具体来看,男生 & 女生、城市 & 农村、独生子女 & 非独生子女、父亲接受过高等教育 & 父亲未接受过高等教育、母亲接受过高等教育 & 母亲未接受过高等教育、双一流院校 & 非双一流院校等 6 个因素发挥重要的影响作用,其中男生的学习收获反应性评价低于女生、独生子女的学习收获反应性评价高于非独生子女、母亲接受过高等教育的学生学习收获反应性评价高于母亲未接受过高等教育的学生、父亲接受过高等教育的学生学习收获反应性评价高于父亲未接受过高等教育的学生、双一流高校学生学习收获反应性评价高于非双一流本科院校,结论之间具有吻合性和一致性。

三、大学生科研态度反应性评价的研究结论

基于大学生对科研的态度/反应性评价,探索大学生科研态度反应性评价的基本状态及影响因素,结合实证分析探究大学生科研态度的现状及提升策略,基于前文实证分析进行总结和讨论,提出如下研究结论。

（一）大学生科研态度反应性评价的总体表现

科研态度反应性评价是实现大学教育目标的关键着力点,引导大学生形成积极的科研态度反应性评价也是促进大学生深度学习的基本诉求,然而现阶段我国的大学人才培养存在知行偏差,有待将科学研究放置在与教学相对等的地位,加强科研职能促进大学生培养的理论研究和实践发展。为弥补这一现实落差,与国际相关研究进展接轨,以科研态度为切入点推进大学生反应性评价和高等教育质量改革。通过量化研究,对 NCSS 项目的相关量表数据进行统计分析,总体测量和分析全国高校大学生科研态度反应性评价的整体倾向和强度,获得全国高校大学生科研态度反应性评价的总体现状。从统计数据来看,我国高校大学生的科研态度反应性评价整体呈现相对积极的倾向,各题项维度之间存在差异,仍有较大的改善空间。其中,学生在"喜欢做研究"

方面的得分最低,"喜欢在已掌握的内容上不断补充新的知识"得分最高。整体而言,学生对研究的喜爱程度和自主参与热情低于学生学习研究相关知识和技能的渴望程度。超过一半的大学生持积极的科研态度反应性评价,但仍有超过 15％的学生科研态度反应性评价处于不明朗的倾向。此外相当一小部分的大学生仍持不明朗或消极的科研态度反应性评价,有超过 1/10 的学生不喜欢也不想参与研究活动,尤其在对科研的喜爱程度方面,持不明朗或消极态度倾向的学生占比竟高达 44.6％,在想有自己的科研项目方面这一占比也达到了 36.3％。可见,高校有待对科研态度反应性评价尚不明确和持消极倾向的学生进行适当的分类引导,在引导大学生形成更为积极的科研态度方面大有可为。

（二）不同类别大学生科研态度反应性评价的差异化表现

依据不同维度,比较了不同类型大学生科研态度反应性评价的差异化表现,得出差异性分析结果,显示我国大学生科研态度反应性评价存在学生自身特征、家庭特征和院校特征三个层面的差异。

在自身特征层面,大学生的科研态度反应性评价存在性别、生源地、学业成绩、学术沙龙等活动参加的频次、科创竞赛参加频次、科研课题参与频次等六个方面的显著差异。具体表现为男生的科研态度反应性评价普遍比女生更为积极,尤其在喜欢研究的程度和研究参与热情上体现最为明显。城市生源的大学生科研态度反应性评价普遍比农村生源的大学生更为积极。学业成绩较好的学生具有更加积极的科研态度反应性评价,其次是学业成绩中等的学生,成绩较差的学生科研态度反应性评价显示出最低的积极程度。经常参加学术沙龙、工作坊或实验室活动的学生具有最为积极的科研态度反应性评价,没有参加过学术沙龙、工作坊或实验室活动的学生科研态度反应性评价的积极程度最低。参加学术沙龙等活动的频次越高,学生的科研态度反应性评价越积极。从未参加过科创竞赛的学生科研态度反应性评价积极程度最低,参加过 5 次及以上科创竞赛的学生科研态度反应性评价最为积极。参加科创竞赛的频次越多,学生越喜欢做研究,越想有自己的研究项目,总体的科研态度反应性评价也越为积极。从未参与过科研课题的学生科研态度反应性评价最不积极,参加过 1～2 次科研课题的学生科研态度反应性评价比参加过 3～4 次的学生更为积极,参加过 5 次及以上科研课题的学生科研态度反应性评价最为积极。科研课题参与频次越多,学生越喜欢做研究,越想有自己的研究项目。总体来说,性别为男、生源地为城市、学业成绩较好、研究相关活动的参与经历较丰富的大学生具有更为积极的科研态度反应性评价。此外,在学习研究相关知识和方法的热情方面,参加过 3～4 次科创竞赛和科研课题的学生积极程度低于参加过 1～2 次的学生。参加过 3～4 次的学生在研究实践活动中积累了一定的研究知识和方法,对于此方面的渴望程度低于初次参加的学生。然而随着研究经历的继续丰富,学生在研究中的学习热情进一步增加,研究活动对于学生的相关知识和能力储备要求也有所提高,因此参加过 5 次及以上科创竞赛或科研课题的学生具有最为积极的科研态度反应性评价。

在家庭特征层面,大学生的科研态度反应性评价存在父母文化程度和家庭收入情况的显著差异。具体表现为父母接受过高等教育的学生科研态度反应性评价显著比父母未接受过高等教育的学生更为积极;高收入家庭的学生具有最为积极的科研态度反应性评价,贫困家庭的学生对于研究参与的热情和喜爱程度仅次于高收入家庭的学生,高于低收入和中等收入家庭的学生。总体来说,父母接受过高等教育、高收入家庭的大学生具有更为积极的科研态度反应性评价。值得注意的是,贫困家庭的大学生总体科研态度反应性评价与中等收入家庭的学生没有显著差异,低收入家庭的学生科研态度反应性评价的积极程度最低。

在院校特征层面,大学生的科研态度反应性评价存在年级、学科类型、高校类型、有无大学生导师的显著差异。具体表现为大四及以上年级学生的科研态度反应性评价显著比其余年级学生更为积极,大学生整体科研态度反应性评价的积极程度呈现大二、大三时略微下降或波动,到大四时增加并超过大一年级的变化趋势;相较于其他学科的学生,经管教法的学生科研态度反应性评价积极程度处于最低的状态,理工农医的学生对于研究参与的热情和喜欢程度明显高于文史哲艺和经管教法的学生,工农医学的学生总体科研态度反应性评价最为积极;世界一流大学建设高校的大学生具有最为积极的科研态度反应性评价,世界一流学科建设高校的学生对于做研究的喜爱程度低于世界一流大学建设高校和一般大学高校的学生;有大学生导师的学生,其科研态度反应性评价比没有大学生导师的学生更为积极,由此可见,为学生分配大学生导师能够显著提高学生参与研究的热情和学习研究相关知识方法的渴望程度。总体来说,大四及以上年级、工农医学专业、世界一流大学建设高校、有大学生导师的大学生具有更为积极的科研态度反应性评价。

(三)大学生科研态度反应性评价的影响因素深耕

基于大学生科研态度反应性评价总体显著及差异化表现的研究结论,深挖背后的原因,归纳整理我国高校大学生科研态度反应性评价的影响因素,挖掘我国高校大学生科研态度反应性评价特征及其背后的过程和原因,并采用扎根理论方法,结合态度改变-说服模型对访谈资料进行整理和分析,归纳提炼影响大学生科研态度反应性评价的因素,并构建大学生科研态度反应性评价影响因素理论模型。

在大学生科研态度反应性评价状况及其原因解读方面,访谈分析结果表明,大部分受访者在总体及各维度的科研态度反应性评价上都表现出相对积极的态度倾向,也有极少部分受访者的科研态度反应性评价呈现不明确或消极的倾向。且受访对象的各维度科研态度反应性评价表现存在差异,这与量化分析结果相符。以下是形成这种科研态度反应性评价现状的具体原因。

总的来说,学生对于学习研究相关知识技能和参与研究实践活动持积极态度倾向的原因主要有:专业或研究兴趣、专业研究的使命感、提升自身素质和能力、有助于未来发展规划、帮助专业学习、获得成就感、与时代和专业发展与时俱进。阻碍学生科研态度反应性评价积极倾向的原因主要有:未来职业发展不需要、兴趣不足、对学术生态感到失望、专业基础知识掌握程度限制、知识不能及时运用、注意力容易分散、研究氛围不浓厚、缺乏研究经验、专业学习和研究难度大、研究能力储备不足、没有时间、更想补充自身的短板知识、缺乏老师的引导。结合态度改变-说服模型,提炼大学生科研态度反应性评价的影响因素,最终得出说服者因素、说服信息因素、说服情景因素和学生个人因素这四大因素。

第一,说服者因素包含了导师的指导与鼓励、朋辈激励、家庭期望、家庭榜样四个方面。家庭期望和家庭榜样主要形成了学生的初始科研态度反应性评价,导师和朋辈的影响则是强化或改变学生初始科研态度反应性评价的重要因素。导师的指导和鼓励对学生科研态度反应性评价具有积极促进作用,朋辈之间容易达成共识,且存在倾向趋同的心理,故对科研态度反应性评价具有双向影响。第二,说服信息因素包含了研究方法类课程设置、课程教学模式和水平两个方面。研究方法类课程的开设有助于提升学生研究知识技能的掌握程度,进而增加研究信心,促进积极的科研态度反应性评价倾向。研究型课程教学模式有助于培养学生的研究兴趣和深度学习能力。第三,说服情境因素包含了团队合作环境、校园学术氛围、基础设施和经费条件、政策和制度支持、社会期望、研究认同氛围、学术生态等七个方面。团队合作环境不是决定性因素,但项目团队成员之间较为合理的分工和默契协作有助于学生保持积极的科研态度反应性评价。浓厚的校园学术氛围有助于潜移默化地促进学生积极的科研态度反应性评价倾向。完备的基础设施和充足的研究经费有助于增加学生的研究兴趣和积极性。大学生研究性学习的制度性保障有助于引导学生形成更为积极的科研态度反应性评价。社会期望主要是由时代发展速度和社会竞争压力带来的,许多学生为了与时俱进,提升自身实力以应对社会竞争,由此促成更为积极的科研态度反应性评价。社会环境对于本专业领域的认可度会给学生带来成就感,并激发学生专业研究学习的使命感,从而增加学生的研究积极性。公平良好的学术生态更能保留住学生的研究热情。第四,学生个人因素包含了研究兴趣与动机、研究类知识能力掌握程度、研究实践经历、学习方式、学业成绩、有无时间等六个方面。研究兴趣是影响学生科研态度反应性评价的根本性因素,而内在动机则是影响学生科研态度反应性评价的关键性因素,兴趣和动机大致决定了科研态度反应性评价的基本倾向。专业知识和研究方法的掌握程度及团队协作能力较好时,有助于提升学生的研究信心和积极性。学生积累研究经验也有助于培养研究兴趣,增加研究信心和积极性。持有深层学习方式的学生具有更为积极的科研态度反应性评价,持浅层学习方式的学生科研态度反应性评价普遍偏消极。较好的学业成绩也有助于增加学生研究信心和积极性。学生研究性学习的时间充足也有助于促进积极的科研态度反应性评价倾向。

说服者因素、说服信息因素、说服情景因素三者共同构成了影响大学生科研态度的外部刺激条件,它们大多对学生个人因素的各维度产生影响,进而作用到大学生的科研态度反应性评价。学生个人因素内部也存在一定的联系和影响,大多是作用到研究兴趣和动机。每个学生的科研态度并非都受到全部因素的影响,且不同的影响因素对于不同学生科研态度反应性评价的作用方式和强度都存在一定差异。总而言之,大学生科研态度反应性评价的影响因素之间并不是独立存在、非此即彼的关系,这些因素相互影响和作用,作为一个整体共同构成了科研态度的影响因素系统。

第二节 研究亮点

基于对不同内部性结构要素的大学生反应性评价进行系统分析,不仅从理论上剖析了大学生反应性评价的基本结构要素,而且基于实证分析廓清了不同结构要素大学生反应性评价的基本现状及其影响因素。对大学生反应性评价内部结构要素的研究,不仅是从理论层面纵深发展大学生反应性评价研究的起点,更是为大学生反应性评价的现实发展提供了事实依据,找到适切、准确的反应性评价指标,从而为高等教育内涵式改革实践提供了参考信息。此外,从大学生反应性评价的内部结构要素所衍生出来的实证指标结果不仅反映了大学生反应性评价这一现象本身,而且为进一步深入研究大学生反应性评价的本质根源奠定了基础,使当前的知识生产领域能够从大学生反应性评价这一现象追溯其内在本质,探究其现实根源

一、理论层面的研究亮点

本书在分析阐明我国大学生反应性评价现状的同时,也在试图从大学职

能视角分析大学生反应性评价的内部结构及其影响因素,对于深入探讨大学生反应性评价具有重要的理论意义。大学生反应性评价是大学生学情研究的重要组成部分,从大学职能视角系统支撑着大学生反应性评价的内在结构框架,对丰富和发展大学生学情理论具有重要的理论价值,也是大学生学习理论、高等教育质量理论和管理理论的重要创新亮点。

(一)推进大学生反应性评价理论的系统化

本书从大学职能视角出发,聚焦大学职能对人、对学、对研的要素指向出发,构建了大学生反应性评价内在结构要素,完善了大学生反应性评价理论的系统性和完整性,为大学生反应性评价提供了理论支撑。一方面,大学职能理论为大学生反应性评价的内部结构要素指明了方向,在理论的系统指导下获取了大学生对高等教育质量的感知性信息,聚焦分析大学生的人际关系反应性评价、学习收获反应性评价、科研态度反应性评价,以缓解学生感知与院校实践之间的信息不对称困境。另一方面,从评价的角度来看,对于个体学生而言,大学生人际关系反应性评价、学习收获反应性评价、科研态度反应性评价的要素结构分析,可以分别对应于大学对人、对学、对研这三大功能要素指向的自我质量评价,是大学生基于大学整个场域进行体验后形成的反应性评价,从而系统地反馈大学职能的发挥成效,探讨大学生反应性评价的结构、影响因素及其重要性。就管理理论的发展而言,大学生反应性评价的研究成果和结论对于推进高等教育内涵式发展转型具有重要意义。

从目前的研究情况来看,大学生反应性评价的实证研究导向较为突出,采用实证研究方法进行调查统计和质性分析,但是当前大学生反应性评价的系统理论研究相对薄弱,大多数研究通过直接分析调查结果来描述实际情况,具有较强的问题认知导向。由于缺乏系统理论的指导,大学生反应性评价的学理性构建需要还未得到完全的响应。因此,有必要基于大学职能理论和高等教育内在特征而对我国大学生反应性评价进行全方位、多角度的结构要素分析,在阐述我国大学生学情的基础上,将其以结构要素的形式纳入理论分析框架,促进系统大学生反应性评价理论体系的建立和完善。

（二）助推大学生学习质量理论的完善

提高大学生的学习质量不仅是满足各方利益相关者的现实需要，更是我国高等教育质量建设的必然使命。众所周知，大学生学习质量是一个多维度、复杂的概念，涉及众多利益相关者，不同的利益相关者会基于不同的立场站位提出不同的大学生质量逻辑标准，表征为不同的大学生学习质量需求。由于这种利益主体的多样性、复杂性与大学生学习质量的多维性交织在一起，意味着可以从不同的角度切入大学生学习质量的提高，由此折射到大学生反应性评价，不仅可以从大学生自身特征因素改变大学生反应性评价，还可以从外部教育资源、教育制度等方面优化大学生反应性评价。

大学生反应性评价作为折射大学生学习质量的重要因素，是反映大学生学习质量的重要窗口，也是优化学生学习成效体验、强化内在学习动机的基础性条件。所谓"外因通过内因起作用"，虽然不同的利益相关者对大学生的学习质量有不同的内在判别基准和要求，但这些要求集中于大学生反应性评价上，同时使得外部教育资源和教育体系也可以通过大学生学习过程中的参与和体验发挥作用，[①]从而提高大学生反应性评价及其学习质量，因此研究大学生反应性评价，探索大学生学习质量评价的相关理论，是大学生学习质量理论发展的创新性亮点，具有重要的现实意义。

（三）充实高等育质量治理理论

大学生反应性评价本身是学生主体基于整个教育场域真实体验而持续形成的自评反馈，是大学生的真实感受的一种表现，与整个高等教育的质量建设密切相关。因此，探讨大学生反应性评价，促进反应性评价理论的系统化，对高等教育质量治理理论具有重要的现实意义。质量是高等教育内涵式发展的生命线，质量治理是世界高等教育发展历程中的永恒追求。高等教育质量治理是一个内涵丰富、外延广泛的多维概念，既包括院校名望、院校影响力、服务质量和系统运行质量等宏观性要素，又包括教学质量、科研质量等中观性要

---

① 史秋衡,林秀莲.中国大学本科生学习过程规律研究:以厦门大学为个案[J].清华大学教育研究,2007,96(2):62-67.

素,还包括学生发展质量、教师发展质量和学生学习质量等微观性要素。因此,质量保障与改进成为高等教育发展过程中必然面临的重要问题,大学生反应性评价所反映的学习质量可以关系到高质量的大学生成长与高等教育质量治理,关系到如何更好地提高高等教育人才培养质量并实现高质量的高等教育,为促进高等教育的内涵式发展做出积极贡献。

基于大学职能理论的大学生反应性评价研究具有诸多亮点,其中之一便是大学内在结构要素的质量控制,丰富了高等教育质量治理理论。在质量治理过程中,通过大学生反应性评价的不同内在结构性要素,可以了解大学职能在大学生整个场域过程体验中如何发挥作用,从大学生的角度把握质量过程治理操作是否恰当,质量过程治理环节是否适切,从而形成一个系统、完善的质量过程治理保障。从质量过程治理的角度来看,大学生反应性评价可以表征为客观、直接的评价结果反馈,从学生的角度反映大学职能的实际成效发挥,了解质量过程治理改革的进展情况,从而影响高等教育质量治理理论与质量治理标准的修订与完善。因此,无论是在大学生反应性评价研究的切入点还是在大学生反应性评价研究的过程立足点,都紧紧围绕着"质量"这一关键词,以帮助高等教育质量治理理论基于大学职能视角的大学生反应性评价向前发展。

(四)多学科视野研究大学生反应性评价

反应性评价并不是源自教育领域的原生性概念,但是却在高等教育研究中占有重要地位。从反应性评价概念的产生和发展来看,大学生反应性评价的研究必将是一个跨学科融合交流的产物,因此我国大学生反应性评价基于多学科的角度进行全面而深入的分析。从反应性评价发展的起源来看,反应性评价起源于管理学,市场管理与顾客假设反馈模型是反应性评价的缘起初衷,涉及质量管理的诸多方面,对质量管理具有重要影响,这种基于管理学的反应性评价理论与模型已成为研究大学生反应性评价的支撑性范式之一。应用到教育领域,大学生反应性评价根据测量研究对象的差异性与独特要求,使得其必须在原本管理学的基础上进行适应性调试与发展,必须考虑到测量研究对象的身心发展特点,以提高反应性评价水平的科学性和针对性,避免顾客假设反馈模型与大学生反应性评价的错误重叠,最终使得大学生反应性评价研究成为多学科交叉发展的综合结果。

基于这种跨学科的范式交融,大学生反应性评价将研究范围置于高等教育领域,必须以高等教育为核心学科基础,以高等教育学生参与为研究对象,立足于高等教育服务质量,遵循高等教育规律,调整原有的学科框架形成教育学范式下的总体设计。也因此,我国当代大学生反应性评价是以大学生为出发点和归宿的大学生反应性评价研究,以高等教育研究为理论基础和出发点,是教育内外部关系规律的渗透,从促进人的全面发展的角度实现了高等教育内部结构与外部因素的对话,呈现大学生反应性评价的跨学科亮点。

二、实践层面的研究亮点

对大学生反应性评价的研究和探讨,不仅是从理论创新突破的角度出发形成学理亮点,还是从改革发展的角度出发形成实践亮点。大学生反应性评价直接关系到大学生的学习体验,直接影响到大学生的学习质量及其高等教育忠诚度,以此分析大学生反应性评价,对我国大学生反应性评价真实情况摸底和应对具有重要价值,是大学生反应性评价的亮点所在。

(一)探底我国大学生反应性评价的真实状况

大学生学习质量受到多种因素的制约和影响,其中大学生反应性评价是明晰其中内部影响关系及其表现的关键环节,对探索大学生质量表现的变化和发展起着积极的作用。为了获取大学生的第一手信息,了解大学生反应性评价的现状信息,本书基于大学职能理论探讨了我国大学生反应性评价的结构要素及其影响因素,实证探析了我国大学生反应性评价的基本现状及其影响关系,为我国高等教育治理政策提供实证建议参考,是大学生反应性评价研究之中最为基本、最为直接的实践创新亮点。

由于我国幅员辽阔,高等教育入学规模迅速扩展,大学生数量增长极为迅速,具有不同个体特征、院校背景、学习基础、认知倾向的学生进入大学,在院校类型和学科结构上分布十分广泛,再加之大学生反应性评价本身是一个复杂、多元、极不稳定的概念框架,因此想要深入不同内在结构要素全面获悉大学生反应性评价基本状况并非易事。本书基于大学职能理论,以大学生反应性评价为研究内容,运用实证调查工具,按照科学抽样的方法,对我国大学生反应性评价的实际情况进行调查,并运用相关的统计方法对数据进行处理,描述我国大学生反应性评价的基本状态,并试图根据个体特征变量与院校特征变量剖析不同结构要素大学生反应性评价的特征,阐明不同个体特征和类型院校大学生的反应性评价表现,为进一步研究大学生学习理论,制定相关政策措施,改革高等教育质量治理提供了坚实的基础。

(二)呼吁进一步重视大学生学情调查研究

针对当前大学生反应性评价研究所反映出来的大学生成长发展问题,表明大规模大学生学情调查的重要性。现实大学生学情治理的智库支撑与行动改革急需数据循证支持,为此十分有必要进一步重视建立全国性、系统性的数据库,采用大规模大学生学情调查,完善大学生学情数据的分析和利用,多维度检验人才培养质量的立足点,从实践中检验理论应用和改革的效果。从发达国家的经验来看,大学生信息的收集和管理对高等教育的发展起着重要作用。大学生反应性评价是大学生学情调查研究的重要组成部分,有助于完成大学教育的使命,提高各类高校的竞争力并促进各类高校的发展。目前,有学者主张从运行环境等宏观层面建立循证调查体系,但是深入大学生学习情境研究仍然是循证调查体系的一个重要组成部分,需要进一步发展大学生学情调查,将大学生反应性评价研究贯穿于学习情境研究的始终。本书以大规模大学生学情调查为支撑,以我国大学生反应性评价的第一手调查数据为基础,采用适当的统计方法挖掘大学生反应性评价的内在结构及影响因素,从不同影响因素层面维度探讨大学生反应性评价的内在作用机制,为进一步开展周期性、制度性的全国大学生学情调查做出贡献。

(三)敦促高等教育治理方式的改进

按照"十四五"规划的要求,重点建设高质量高等教育体系,推进高等教育现代治理能力与治理体系转型。面对复杂性、多样性的高等教育生态,高等教育治理改革的目标、方法、内容、路径都需要进行慎重的统筹规划。大学生作为高等教育治理的对象，必须处于高等教育治理的汇集中心，强调和保障大学生的主体地位，才能使高等教育治理改革深入微观大学生生长过程情境，实现高等教育治理的有效性、创新性、前瞻性。当然，高等教育治理关系到整个社会系统的运行，也关系到大学生内在感知与院校现实实践之间的关系问题。作为高等教育治理的对象，大学生既是高等教育治理改革的切入点，又是高等教育治理实现实质性突破的关键。大学生反应性评价的调查数据和结论也可以用来检验高等教育治理改革的进展和效果。基于大学生反应性评价的调查数据，本书统计分析了我国不同类型大学生的反应性评价以及与各种影响因素之间的关系，从不同层面维度归纳探索影响因素如何作用于不同结构要素的大学生反应性评价，以全面、立体地掌握大学生反应性评价状况，从大学生对高等教育经验的自我评价出发，为高等教育治理模式的改革提供最真实的参考事实，将"以学生为中心"的改革思路纳入高等教育治理的质量保障体系，具有针对性地实现高等教育治理模式的改革。

（四）全面提高高等教育质量的切入点

"全面提高高等教育质量"不仅是国家高等教育发展高层次制度设计的价值期许，也是我国未来高等教育院校改革发展的使命目标。提高质量是高等教育发展的核心任务，是建设高等教育强国的基本要求，我国高等教育决策层、研究层、实践层为实现这一目标作出了不懈的努力。作为我国高等教育质量建设的中心工作，提高人才培养质量的地位不可动摇，需要专门针对当前人才培养质量的关键领域和薄弱环节进行突破，以人才培养质量带动全面进步。国家层面的政策表明，人才培养质量是我国高等教育内涵式发展的关键，以学生主体为出发点，关注大学生主体感知，重视人才培养手段。大学生反应性评价研究正是以此为出发点，调查和掌握大学生参与高等教育及其过程性学习的感知经验，基于大学生在感知大学职能对应要素的过程中形成总体性反应性评价，是从大学生的角度对高等教育质量进行评价的尝试，大学生反应性评价的结果也在呼吁从大学生的角度全面提高高等教育质量。

大学生反应性评价作为各方利益相关者视野汇聚的窗口，反映了各方利益相关者的多元要求，同时也为各方利益相关者与高等教育院校场域的互动提供了一个交互平台。通过对我国大学生反应性评价的调查、分析和研究，内部利益相关者可以从交互协同的角度达到彼此之间的理解和沟通，形成共识；外部利益相关者可以通过大学生反应性评价了解高等教育质量的发展，避免高等教育信息不对称。同时，从大学生的经历和感受出发，分析大学生反应性评价来探讨高等教育质量问题，可以促进高等教育要素和外部资源的交互互动。本书以大学生反应性评价为研究对象，揭示了大学生反应性评价的内部结构与基本情况，分析了大学生反应性评价的特点及其影响因素，以此提出优化大学生反应性评价的对策和建议，有助于形成更加完善的资源配置和要素配置，提高高等教育的整体质量。

第三节　研究建议

基于以上研究分析与结论总结，主要呈现以下三点建议，其一当前大学生反应性评价整体偏向积极的状态，进一步坚持学生主体地位，加快理念转向，以大学生反应性评价为依据推进大学生增值成长；其二围绕不同类别大学生在人际关系反应性评价、学习收获反应性评价、科研态度反应性评价等方面的差异化表现，抓住主要矛盾，层层突围，采取针对性的措施，切实提升大学生反应性评价指标；其三立足大学生反应性评价的影响因素及其机理，把握多元导向，促进多方协调形成合力，建设互助共荣大学生成长生态，提振高等教育质量建设。

一、坚持理念转向，推进大学生多方位增值发展

十年树木，百年树人。在不同结构要素大学生反应性评价整体偏向积极的趋势中，学习长效机制要继续发挥作用，因此需要进一步坚持长期性的树人心态，将育人工作作为一个持续性工程坚持下去，固本培优，打造更为完善的教育教学育人环境。

（一）坚持学生主体，夯实高校教育育人成效

根据实证分析可知，从大学生主体出发探索是提升大学生反应性评价水平的根基所在，需要转向大学生主体，加强对学生主体的重视。以科研态度反应性评价为例，大学生对于专业科研的兴趣是影响科研态度反应性评价的根本性因素，它在一定程度上直接决定了大学生科研态度反应性评价的倾向。因此，注重激发大学生专业科研兴趣来改善学生的科研态度反应性评价是根本举措。科研知识和技能的掌握程度、科研参与的经历、充足的时间、政策支持等都会影响大学生的科研兴趣，高校可以从以上这些方面入手激发大学生的科研兴趣，帮助学生在大一入学阶段就开始逐步接触相关科研知识和参与渠道，尽早为学生种下了解和喜爱科研的种子。其中，学术氛围对大学生的影响是潜移默化且不容小觑的，小到项目团队的合作氛围，大到整个校园的学术科研风气，都将影响大学生的科研热情，撼动大学生的科研态度反应性评价。说服者们对于营造学术氛围起到了至关重要的作用，例如导师的指导与鼓励、朋辈之间的榜样激励。在课程设置和教学模式方面增加科研性比重，学校提供更多的资源和鼓励学生参与科研实践都有助于改善学术科研氛围。因此需要将培养学生的科研兴趣和营造更为浓厚的科研氛围作为引导大学生科研态度反应性评价的突破口，并以此为基点规划大学生科研态度反应性评价的引导路径。

在学习性活动中，继续谋求创新引导，明确不同大学生类型的长期性、阶段性人才培养方案，依据问卷调查、结构访谈等方式，把握不同大学生类型的学习愿景，推进大学生创新创业项目、学术活动周、学术研讨会、学术技能培训会等校园活动，跟进导师制、第二课堂制、实习实训制、跨院校合作等培养项目，打造一流课程品牌和教育教学实践育人基地，应对疫情新形式，落实线上线下教育教学资源整合，因材施教，构建更有针对性的长效育人机制；在生活性活动中，不断寻求改善改进，加强思想政治引领，鼓励各类大学生青年肩负起强国责任，针对主体性差异特征发挥高校思政教育主阵地作用，同时根据各类大学生的学习特点与成长需要，结合新媒体发展和互联网优势，引入多元功能性社团、创新创业中心、个人心理辅导、就业咨询服务、成长生涯规划等，完

善图书馆、资料室、24 小时自习室等基础设施建设运行制度,建立健全有效畅通的高校信息反馈平台,确保各个大学生类型的不同成长取向基本得到满足,实现更有支撑力的高校大学生成长环境,保持各类大学生反应性评价不断积极发展的总体趋势。

(二)树立增值理念,纵深多方位增值发展轨迹

"大以大成,小以小成,无弃人也。"[1]在高等教育普及化趋势下,高校人才培养面临的是生源背景、学习经历、潜在能力等各有不同的学生群体。[2] 本书基于个体特征因素和院校特征因素,分析得出了反应性评价各有差异的异质性大学生类型群体,这也使得"一刀切"的举措难以避免地存在适得其反的可能。面对这种差异,一方面应当坚持多元导向,尊重各类学生的不同学习倾向,改变人才培养评价方式,引入过程性评价机制,避免我国当前相对统一的高校人才培养方案与评价标准"误伤"各个潜在的学生类型群体,进一步推进因材施教;另一方面,整合形成各类大学生取长补短、共荣共生的学习生态,实行书院制、一对一帮扶、互助小组等,帮助学习特质各异的学生类型群体之间进行互动合作,构建整合包容性人才成长平台,激发学习兴趣,维持学习活力,引导大学生反应性评价走向正向发展的良性轨道,提升大学生反应性评价水平。

因此正视、理解、承认大学生群体之间的客观差异是有针对性地提升大学生反应性评价水平的起点。推进实现高校大学生各因其长、各尽所能地充分成长发展这一培养目标离不开各方主体的共同发力,亟待将因材施教的理念贯彻于整个高校教育教学培养过程之中。一方面,高校教育教学培养工作应进一步贯彻因材施教的理念转向,高校与教育教学工作者应当尊重客观存在的大学生类型差异,认识到当前我国大学生类型群体的多元分化与多重异质,使得理解大学生类型成为一种必要,关注到具有不同社会特征属性与学习过程表现的潜在学生群体,结合教育教学经验深挖大学生类型差异的缘由,深深

---

① 朱熹.四书章句集注·论语集注:卷十三[M].北京:中华书局,1983:362.

② 鲍威.扩招后中国大学生的学习行为特征分析[J].清华大学教育研究,2009,30(1):78-87.

扎根于大学生本身的学习体验与生命历程之中,以此为准确理解、及时廓清各类学生基本面貌的基本立足点,透析在不同群体结构分布中所呈现的性别优势、生源地优势等,促使各类大学生群体不断增进自我理解,积极反馈学习过程体验与成效,持续明晰自己的学习类型,加快自我成长激励,面对问题保持良好心态,放眼长远,主动谋求不同学生类型群体相互帮助、群己相益的良性循环,不因一时之困而轻言放弃,强化自我反思、自我行动、自我引领,顺应反应性评价良性发展趋势实现自我激励,不断实现自我超越。另一方面,高校教育教学培养应进一步落实高校人才分类培养机制。高校人才培养应当转变大而化之的一统性思路,将总体目标与群体特质结合起来,纳入高校人才培养运行机制之中,坚定学生成长发展信念,为高校教育教学培养制度留下弹性灵活空间,建立一线教育教学重点追踪机制,通过大学生基本学情调查、各类大学生成长反馈等形式,引导各类大学生走向正向发展轨道,在提升教育教学专业化水平的基础上,帮助各类学生明晰多元化成长图景,跟进教育教学支持性供给,在异质化的学生类型群体成长轨迹中把握各类学生的成长困境与解决策略,实现因材施教,重点关注大学生反应性评价较低的大学生类型群体,及时根据追踪调查结果,迅速调整高校大学生群体的对应教育教学策略,及时落实干预举措,确保各类学生正向的大学生反应性评价趋势能够继续延续下去。

二、抓住关键矛盾,构建评价指标长效提升机制

为优化大学生反应性评价指标,应进一步依据大学生反应性评价的内部结构,立足于对人际、对学习、对科研的态度/反应性评价方面,层层突围,分别采取针对性举措。

(一)正视差异表现,采取针对性举措提升

圣贤施教,各因其才。基于个体特征因素和院校特征因素的大学生反应性评价分析透析了各类学生群体所感知的不同学习体验及结果,其内生性地源自客观存在的主体异质性,因此这也使得提升大学生反应性评价水平的基本理路必然要遵循这种主体差异而因材施教、顺势而为,而非简单地同等发

力。结合教育发展中的实践动向与改革议题,遵循微观层面大学生群体的异质化反应性评价表现顺势而为,有的放矢,有针对性地提升不同大学生类型的反应性评价表现水平,推进高校人才分类治理与培养。对此,应当坚持因材施教,尊重大学生类型的成长分化差异,破除所谓"好学生""坏学生"的绝对二元标尺,着眼不同大学生类型的独特学习特征与学习规律,针对性地提升大学生反应性评价水平。

以人际关系反应性评价为例,从学生类别角度而言,不同类别的学生群体具有不同的人际关系反应性评价特征,需要根据各个群体自身的特点施以有针对性的提升措施。在前文分析中,主要根据个体特征因素和院校特征因素将大学生分为不同群体,具体划分依据为学生的性别、生源地(城市/乡村)、学习情况、兄弟姐妹人数、身体健康状况、学生干部任职情况、恋爱状况、月支出情况、家庭收入情况、家庭情况、父母文化程度、少数民族情况、院校类型、学科类型、年级等。通过量化分析得知,不同的大学生类别确实存在着独特的人际关系反应性评价特征,并且其中 11 个自变量成为大学生人际关系反应性评价的影响因素;通过半结构访谈分析得知,不同类别的大学生在性格特征、心理活动、行为表现等方面确实存在着颇具差异性的表现。因此,高校若想实现大学生人际关系反应性评价水平的整体提升,需要对不同类别大学采取具有针对性的措施,尤其是优化量化分析中反应性评价较低群体的反应性评价指标。为更清楚明晰地对不同大学生群体提出有针对性的建议,先将不同类别大学生之间存在人际关系反应性评价差异的原因进行分类,可归类为天然性格原因、家庭背景原因、环境经历原因三种。

其中性别、生源地、学科不同的大学生人际关系反应性评价存在显著差异的原因可归为天然性格不同,即因为天生或成长环境对性格的特殊塑造获得较低的人际关系反应性评价。女大学生的性格更敏感、心理活动更复杂、思维模式更细腻,相比男大学生更容易发生一些人际关系的矛盾与摩擦;农村生源大学生的总体性格偏向于内向腼腆,甚至部分农村大学生会存在不自信的情绪,不擅长交友与维系自己的人际关系网;文科学生的天然思维方式相比理科生会更加细腻复杂,因此以上几种类别的大学生人际关系反应性评价相对较低。对此,高校应更多地关注女生群体、农村生源大学生与文科学生,加强以学院为单位,以辅导员为主要负责人,对此类别学生进行人文关怀,具体表现为鼓励发挥班长的积极带头作用,通过与班长的沟通交流,了解班级学生的学习与生活情况,可以考虑设置男女班长,防止发生男性班长对班级女生同学近况不了解的现象;辅导员需与农村生源大学生保持密切交流,入学时即与此类别大学生展开谈话,了解其具体性格并针对学生的具体问题展开鼓励与指引,并且在大学生成长的过程中做到实时跟进,可以不定时谈话的方式与此类学生保持沟通;文科学院的辅导员在处理日常工作中态度应该更加谨慎,并且可以通过定期或不定期班会的形式,向学生教授一些日常人际交往技巧,提升学生的人际交往能力,进而提高文科学生的人际关系反应性评价水平。

其中家庭经济收入情况、家庭情况、父母文化程度、兄弟姐妹情况不同的大学生人际关系反应性评价存在显著差异的原因可归为家庭背景不同,即因为家庭背景的特殊性获得较低的人际关系反应性评价。家庭经济收入情况较低的大学生较早拥有金钱独立意识,大多数学生会在学习生活之余兼职赚钱,从而减少了与人相处的时间精力,也没有多余的人际关系维系预算,因此人际关系反应性评价较低;重组家庭大学生是一个非常特殊的群体,由于家庭的变故此类大学生大多数是在经历过双亲家庭、单亲家庭后进入重组家庭之中的,内心脆弱敏感,对情感有着自身诉求,但仍会抱有不自信的态度,因此获得较低的人际关系反应性评价;接受过高等教的父母会对自己的孩子要求更加严格,从而打造出一种偏向于严肃紧张的气氛,影响大学生的人际交往态度与情绪;非独生子女大学生在成长的过程中交友愿望较低、交友观念属于保守型。对此,高校首先需要做到学生基本信息的保密,尊重每位同学的家庭隐私,不能轻易将学生的隐私曝光;其次,高校可以通过设立助学金等方式,鼓励贫困家庭大学生,扶持贫困大学生的日常学习与生活,使其也可以无经济之忧地享受和体验大学生活,但需要保证助学金确实发给有实际困难的大学生;再次,重组家庭大学生、父母接受过高等教育的大学生、非独生子女人际关系反应性评价较低主要是由于家庭背景的影响,所以学院应加强与此类大学生家庭之间的沟通,而不单单与大学生个体进行沟通,可以通过日常电话联系或寒暑假家访的形式进行交流。通过学校与家庭之间的沟通与互动,强化家庭对大学生发展的重视意识,缓解严肃紧张的家庭气氛,具有针对性地提出建议。

其中学习情况、身体健康情况、学生身份、恋爱情况、月支出情况、民族情况、院校类型、年级不同的大学生人际关系反应性评价存在显著差异的原因可归为环境经历不同,即因为特殊的经历或身处于特殊的环境之中从而获得较低的人际关系反应性评价。学习情况较差的学生在大学生活中展示自己的机会更少一些,更不容易通过自我展示获得满足感得到他人的认同;身体健康程度较差的学生在生理上无法达到与同龄人一样的运动能力,或是在心理上没有多余的精力与良好的心态投入到人际交往之中;没有过学生干部经历与恋爱经历的大学生较少有特殊经历锻炼自身的换位思考能力与理解能力;月支出过低的大学生没有足够的人际交往预算而月支出过高的大学生消费观念或人际交往模式存在一些问题;少数民族大学生由于生活习惯、传统习俗等与汉族不同,因此在日常相处中会有不便之处;一般本科院校的大学生获得的平台资源会相对少一些;大二学生脱离了陌生期进入到熟悉的人际关系网络之中,容易发生冲突,加之成长过程中的迷茫等情绪,使其忽略了对人际关系维系的重视程度。对此,高校首先应为学生创造更多的平台与机会。从学校层面而言,学校应挖掘自身发展优势,打造具有学校品牌性质的活动,给更多数的学生提供平台与机会;从学院层面而言,学院应全方面地培养学生而不单以学习成绩决定一切,尽可能为每位同学创造可以展示自身的机会,尽量使每位同学身上都担负着一定的责任,通过锻炼大学生的学生工作能力,培养其人际沟通与冲突协调能力。其次,高校应加强对学生的公共教育,例如多民族大学更应有意识地让汉族师生对少数民族同学的生活习俗与信仰保持尊重,减少由民族冲突引发的人际冲突概率,学校的公共课中应完善关于身体健康程度欠佳同学的心理疏导工作,将学校心理咨询机构的作用落到实处,同时也需注意对学生隐私的保密工作、对大学生的消费观进行正确引导等。再次,高校关于人际交往内容的课程不应仅开设在新生入学时期,而应该在各个年级均开设相关课程,授课形式可以丰富多样,如不定期的班会形式等等。

总计而言,首先,不同性别、生源地、学科的大学生在人际关系反应性评价方面的差异源于天然性格不同,高校措施应以加强人文关怀为重点,具体为设置男女班长、与学生进行谈话、对行政老师展开培训等。其次,家庭经济收入情况、家庭情况、父母文化程度、兄弟姐妹情况不同的大学生人际关系反应性评价差异源于家庭背景不同,高校措施应以加强学校与家庭之间的沟通与交流为重点,具体为设置更多助学金名额、与学生家庭保持定期沟通与交流等。再次,学习情况、身体健康情况、学生身份、恋爱情况、月支出情况、民族情况、院校类型、年级不同的大学生人际关系反应性评价差异源于环境经历不同,高校措施应以增加学生自我展示的机会并积极完善高校的公共教育体系为重点,具体为创造更高的平台与更多展示机会、完善公共教育包含对少数民族文化习俗与信仰的尊重与心理压力疏导、将公共教育贯穿于大学四年之中等。

(二)构建长效机制,加强各类大学生成长增益趋势

改变大学生反应性评价是一个长期性的系统工程,应深入分析不同大学生类型的短板所在与内在需求,及时抓住大学生反应性评价的关键结构,引导大学生类型积极提升各类反应性评价水平。一方面,这需要以构建大学生反应性评价长效追踪机制为基础,尝试第三方评估机构合作、专家队伍进校、学生自评反馈等方式,立足不同校情,建设大学生反应性评价指标在内的学情追踪方案,及时把握大学生反应性评价指标基本情况,分析大学生在大学生涯所产生的反应性评价学情数据,及时提升大学生反应性评价的总体水平,做到"优中培优"和"弱中助强"。此外,更应将长效识别结果及时转化为行动方案,快速、准确、有效地反馈给多方主体,采取学生学情肖像汇报、成长发展方案反馈等形式,帮助高校、学院、指导教师等了解当前院校潜在的大学生反应性评价分布,关注不同学生各自对应的类型区间及学习指标,着重提升大学生反应性评价等各项指标,实现更为和谐积极的学习过程体验,促进学生群体向反应性评价表现更好的学生类型进行转化。

其中,尤其关注"大二现象"。在大学生群体成长轨迹中,大二年级不同于大一新生阶段,在大学学习生活中初步脱离懵懂状态,逐步深入接触大学世界,不可避免地会开始遭遇更多学习发展矛盾,反映为更明显的专业学习困境、职业生涯困惑等,呈现出大二低谷现象。对此,高校教育教学实践应当在

教育过程中重点沿着大二时期的学生学情表现,抓住关键节点,及时干预可能存在的学习低谷期,阻断原有问题的传导方式,避免将其传递到下一个学生学习周期,扭转可能的大学生类型反应性评价取向。一方面,采用"学校—学院—辅导员—班干部"联动机制,重点针对大二群体等进行全面摸排,明晰各个大学生类型群体在学习过程中随时可能发生的发展问题或挑战,将当前不同大二学生类型群体的可能性发展困境等形成问题清单,通过同辈群体、教师谈心、第二课堂、通识教学等方式一一化解。同时,对遭遇挑战的学生群体及时重点关注,将在大二年级等阶段中所存在的游走于学习边缘的学生类型群体列为重点关注对象,把握这一类群体的学习动向,合理引导,采取事前预防、事后跟进和总结机制,确保干预成效,在实践中总结学生学习变化规律,形成规律认识,从根本上避免大学生类型群体原有反应性评价困难挑战反复出现,阻断其进一步延叠到之后的学习周期中。

在注重构建长效追踪机制来及时提升大学生群体反应性评价指标的同时,更应具体问题具体分析,抓住主要矛盾,引导不同大学生类型群体发展优势、弥补不足,而非等同于简单的同等施力。因此,在实际教育教学工作中,院校教育教学工作者可以有目的、有计划地对各类学生进行引导,了解不同大学生群体所怀抱的学习愿景,或为追求学术志趣,或为寻求立身之本,或已找准未来方向,或仍在广泛探索,抓住各类学生的需求重点采取针对性的方案,通过采用团队宣讲、论坛形式、同辈群体、新媒体平台等形式发动新一代群体力量,促进专家团队与同学校友共同参与,有针对性地帮助其真正做出行动,及时为各类学生解决学习障碍,鼓励化知为行,[①]成为真正提升反应性评价水平的不竭驱动。

大学之道,最终在于止于至善,求善是教育教学的天然使命和立身之本。反应性评价的提升是贯穿大学生整个大学生涯的持续性要求。因此,应当引入过程性观点,把握各类学生生长变化规律性特征,分析大学生群体在学习过程环节中可能遭遇的困惑、问题或挑战,确保能够及时调转大学生反应性评价

① 李伟,梅继霞.内在动机与员工绩效:基于工作投入的中介效应[J].管理评论,2013,25(8):160-167.

问题。一方面,要采用过程性观点,不仅要关注高校学生分类治理与培养的成效,更要将关注点代进大学生群体的整个学习过程之中,打开过程"黑箱",在高校大学生处于学业低谷期与职业发展迷茫期时及时展开干预举措,设置专业帮扶团队,引入科研活动、兴趣小组等高影响力教育活动,确保在扭转大学生反应性评价低谷阶段及时解决问题。另一方面,在各类学生学习过程中,引入过程性评价,发挥教育教学评价指挥棒作用,促使过程性评估与结果性评估相结合,及时厘清不同大学生的反应性评价表现,反映不同大学生类型的反应性评价变化趋势,以评促改、以评促学、以评促育,加强评价指引,将出现较低反应性评价的大学生类型群体及时引向正途。

三、立足多方合力,建设互助共荣大学生成长生态

不同层面的影响因素在大学生反应性评价的影响机制中发挥着不同的作用,其中应以高校为中间枢纽,协调多方力量,构建多系统共同作用机制建设,构建互助共荣大学生成长生态。

(一)以高校为枢纽,合力提升大学生反应性评价水平

高校在促进大学生反应性评价指标提升的进程中具有无可替代的重要作用。高校在微观与中观系统中通过加强对学生的人文关怀、完善公共教育体系、优化课程设置、完善冲突解决途径、净化高校风气等发挥作用,在外观及宏观系统中通过对学生正确三观与判断能力的培养发挥间接影响作用。以大学生人际关系反应性评价为例,通过多系统观点介入大学生人际关系反应性评价问题,可以将其分为微观系统、中观系统、外观及宏观系统。在本书中微观系统指向学生个体视角,中观系统指向家庭视角与高校视角,外观及宏观系统指向社会视角。高校的价值功用使其不仅可以通过自我调节实现高校视角的外观系统改善,同时可以通过与各个系统的互动实现多系统的优化,即高校可以在推进大学生人际关系反应性评价的进程中,立足于不同层面维度起到中坚力量。其一,高校在微观系统改善的进程中发挥作用的主要途径为加强对学生的人文关怀与完善高校公共教育体系,针对不同类别的大学生实现有针

对性的人际关系反应性评价改善。其二,高校在家庭视角的中观系统改善进程中发挥作用的主要途径为加强学校与家庭之间的沟通与互动,通过高校对学生家庭尤其是学生父母的交流,建立起高校与家庭的共同体,有针对性地提出意见与建议,目的为提升大学生人际关系反应性评价水平,从而促进大学生实现更好的发展。

高校视角下通过自我调节与完善可实现外观系统的改善,可将具体的改善措施分为高校课程设置、高校冲突的解决途径、高校整体风气三个部分。首先,高校应开设与反应性评价内容有关的课程,且此部分教育不应仅集中于新生入学时期而是应贯穿大学生活之中。已有相关课程设置有新生研讨课、大学生心理健康课、辅导员/班主任班会、其他专业课中的偶尔提及四种。已有的相关课程可以保留,其中可以加大人际交往相关内容在前三种授课方式中的比重,并考虑单独开设诸如大学生反应性评价交流课程,专门为提升大学生反馈转化反应性评价能力而设置,及时干预解决,从而获得更高的大学生反应性评价。其次,高校应重视完善冲突的应对措施,同时不仅重视对大学生反应性评价内容的教育,也应该重视行政老师的业务能力与工作态度培训。因此对教师的业务能力与工作态度进行培训工作是非常重要的,可以从根本上防止部分冲突事件的出现,从而提升大学生反应性评价水平。再次,高校应重视校风建设,并从教学风气、学习风气、生活风气多方面入手进行校园风气革新,需要教师与学生的相互配合、共同努力;学习风气应把握在适当的程度,过于严厉或过于倡导学生自主化的学习风气均不利于大学生反应性评价水平的提升。高校应通过深入师生的调查,找到适合自身学校的学习风气制衡点,并且需要充分考虑学生与教师的意见,做到综合考虑、全面衡量;生活风气建设过程中应该注意学生机构去官僚化,否则一味的纵容将不仅会严重影响大学生反应性评价,同时令本应为学生服务的学生机构不断复杂化从而背离了学生会设置的初衷。

社会对大学生反应性评价的判断标准施以影响,而非反应性评价分值本身。高校无法对外观及宏观系统即社会视角施以整体影响或调整作用,但可以通过对学生的培养与教育使其更多关注到社会的积极性,而不会被具有干扰性的信息所迷惑,从而提高大学生反应性评价水平并调整大学生反应性评价的判断标准。通过半结构访谈可知,社会的经济发展、舆论价值导向、社会整体环境对大学生反应性评价产生影响。高校应通过对学生的教育从而规避以上具有负面影响的社会现象,重点在于引导大学生形成积极正确的三观,培养其认真踏实的奋斗精神与良莠信息的判断能力。首先,学校应在校级选修课以及公共必修课中注重培养学生信息判断能力以及艰苦奋斗的精神,并将这一计划写入课程目标之中得到落实;其次,树立榜样并在校园中广泛传播,通过榜样的力量带动大学生形成正确的人生观、世界观、价值观;再次,成立人生规划办公室及类似的学校部门,专门为学生提供就业规划、人生规划等相关咨询。大学生在高校的带动下形成积极正确的三观,养成踏实奋斗的生活态度与善于判断信息正确与否的辨别能力后,方可以面对复杂的社会情况而保持较高的反应性评价,不会轻易被社会风潮所左右。

(二)协调多元力量,拓深拓宽成长成才培育路径

大学生反应性评价是多方协调共同施力的过程。以科研态度反应性评价为例,在量化分析中比较了有无大学生导师的学生科研态度反应性评价的差异,结果显示有大学生导师的学生比没有大学生导师的学生具有更为积极的科研态度反应性评价。质性分析结果也显示,导师的指导与鼓励是影响大学生科研态度反应性评价的重要因素之一,那些接受过导师指导和培训,受到导师鼓励的学生更加具有科研自信,参与科研活动的积极性也更高。因此,加强教师和学生在科研性学习中的互动,发挥导师制的影响力能够有效引导学生形成更加积极的科研态度反应性评价。导师制可以有效增加学生与教师之间的互动与沟通频率,为学生创造更多求问和接受指导的机会,帮助学生了解更多专业科研的相关知识和方法,尤其是提供方向性的指导。就如受访者所言,不至于让学生自己"在黑暗中摸索","摸不着头脑"。导师的激励也能带给学生极大的科研信心,激发学生的科研热情。当前国内高校导师制的实践基本上形成了全程式导师制、半程式导师制、精英式导师制、阶梯式导师制、专项式导师制五种运行模式。不同类型高校、不同学院以及不同学科专业可以根据人才培养目标等实际情况的独特性,选择适合自身学生的导师制模式,以便发

挥导师制引导大学生科研态度反应性评价的最大效益。科研态度反应性评价指向深度学习。本研究发现,持有深层学习方式的学生具有更为积极的科研态度反应性评价倾向,而持有浅层学习方式的学生科研态度反应性评价偏向消极。大学生具备深度学习能力也意味着学生具有积极的科研态度反应性评价。而引导学生形成积极的科研态度反应性评价,提升学生深度学习能力,就要对教师课程教学提出要求。深度教学主张改变过于注重知识传授的倾向,强调形成积极主动的学习态度,倡导学生主动参与,乐于探究。实施深度教学,有必要优化课程设置和教学模式。在半结构访谈中,许多受访者表示,科研方法类课程设置和课程教学模式都会影响到他们的科研态度反应性评价。由于鲜少修读过科研方法类的课程,一些受访者不知道如何开展科研,在参与科研类活动中便容易产生畏难心理,极大影响学生参与科研的热情。采用科研型的教学模式也有助于他们增加专业学习和科研的积极性。基于以上研究结果,本书建议学院提早开设专业科研方法类课程,可将其设为必修课,或加大相关选修课程的开设力度,帮助学生跨越接触专业科研的门槛,了解学术科研方法。在涉及专业前沿知识的课程中,建议增加科研性教学比重,例如基于问题的教学和项目式教学等,为学生提供更多独立思考、主动探究、团队合作,及师生交互的机会。改进课程设置和教学模式,实施深度教学,对于提高学生科研知识和能力的掌握程度,增加科研信心和科研经验,引导更为积极的科研态度反应性评价倾向大有裨益。

总体而言,多元理论的发挥在于政策和制度的保障,是引导大学生形成更为积极的反应性评价的关键举措。比如许多受访者反映,他们希望学校能够增设更多科研训练的平台和渠道,提供更为完善的基础设施和充足的科研经费等资源,并在大一刚入学时期就鼓励支持学生接触相关科研知识和活动,尽早培养专业科研兴趣,转变学生的学习方式,增加自主科研性学习比重。制度的激励和支持能够在一定程度上满足学生以上诉求,有效促进学生参与科研的热情。根据量化和质性分析结果,相比较大一至大三年级的学生,大四及以上年级大学生具有较为积极的反应性评价,而且相关知识和方法的掌握程度和实践活动参加频次都会影响到学生的反应性评价。许多大学生到大四阶段已经具备了一定的专业知识和技能,了解并参与了实践活动之后,反应性评价才达到了最为积极的倾向。因此,高校有必要加大科创竞赛、课题项目等活动的宣传力度,进一步鼓励学生参与学习、科研等实践活动,尽早进入课题、实验室和团队。各高校应根据人才培养目标,制定切合自身特色的激励措施,如双一流高校可以依托自身优势鼓励大学生走进课题组,参与一些合适的学习交流项目或课题科研项目,强化实践教学,提高实践教学质量,借助制度支持和激励,帮助大学生尽早跨过门槛,形成更加积极的反应性评价,将会为大学生的专业学习乃至未来发展带来意想不到的惊喜。

参考文献

一、著作类

[1]陈向明.质的研究方法与社会科学研究[M].北京:教育科学出版社,2019.

[2]程颐.河南程氏遗书:卷十九[M].北京:商务印书馆,1935.

[3]仇立平.社会研究方法[M].重庆:重庆大学出版社,2015.

[4]辞海编辑委员会.辞海[M].上海:上海辞书出版社,1989.

[5]代俊,袁晓艳.大学生心理健康实录[M].成都:西南交通大学出版社,2016.

[6]杜威.评价理论[M].冯平,余泽娜,等译.上海:上海译文出版社,2007.

[7]哈贝马斯.交往与社会进化[M].张博树,译.重庆:重庆出版社,1989.

[8]金子元久.大学教育力[M].徐国兴,译.上海:华东师范大学出版社,2009.

[9]金子元久.高等教育财政与管理[M].刘文君,译.上海:华东师范大学出版社,2010.

[10]库恩.科学革命的结构[M].李宝恒,纪树立,译.上海:上海科学技术出版社,1980.

[11]刘宝存.为未来培养领袖:美国研究型大学本科生教育重建[M].北京:高等教育出版社,2011.

[12]马克思恩格斯选集:第1卷[M].北京:人民出版社,2012.

[13]梅贻琦.梅贻琦教育论著选[M].北京:人民教育出版社,1993.

[14]帕尔菲曼.高等教育何以为"高":牛津导师制教学反思[M].冯青来,译.北京:北京大学出版社,2011.

[15]潘懋元.新编高等教育学[M].北京:北京师范大学出版社,2009.

[16]潘懋元.潘懋元文集:卷6讲课录[M].广东:广东高等教育出版社,2020.

［17］史秋衡,汪雅霜.大学生学习情况调查研究［M］.北京:教育科学出版社,2015.

［18］史秋衡,王芳.国家大学生学习质量提升路径研究［M］.厦门:厦门大学出版社,2018.

［19］市川博.社会科的使命与魅力:日本社会科教育文选［M］.沈晓敏,译.北京:教育科学出版社,2006.

［20］泰勒,佩普劳,希尔斯.社会心理学:第十版［M］.谢晓非,谢冬梅,张怡玲,等译.北京:北京大学出版社,2004.

［21］陶德清.学习态度的理论与研究［M］.广州:广东人民出版社,2001.

［22］陶美重.高等教育消费研究:基于"学生消费者"的视角［M］.武汉:华中师范大学出版社,2008.

［23］王杰,祝士明.学府典章［M］.天津:天津大学出版社,2020.

［24］文静.大学生学习满意度实证研究［M］.北京:教育科学出版社,2005.

［25］吴明隆.问卷统计分析实务:SPSS 操作与应用［M］.重庆:重庆大学出版社,2010.

［26］张念宏.中国教育百科全书［M］.北京:海洋出版社,1991.

［27］张兆瑞.智者不惑之儒家［M］.北京:群众出版社,2018

［28］朱熹.四书章句集注·论语集注:卷十三［M］.北京:中华书局,1983.

［29］ASSOCIATION OF AMERICAN COLLEGES AND UNIVERSITIES. Greater expectations:a new vision for learning as a nation goes to college［M］.Washington,DC:Association of American Colleges and Universities,2002.

［30］ASTIN A W,ANTONIO A L.Assessment for excellence:the philosophy and practice of assessment and evaluation in higher education［M］.Rowman & Littlefield Publishers,2012.

［31］CENTRA J A.Reflective faculty evaluation:enhancing teaching and determining faculty effectiveness［M］.San Francisco:Jossey-Bass,1993.

［32］COUNCIL FOR HIGHER EDUCATION ACCREDITATION. Statement of mutual responsibilities for student learning outcomes:accreditation,institutions and programs［M］.Washington,DC:Council on higher Education Accreditation,2003.

［33］GREEN D.What is quality in higher education? ［M］.Buckingham:Society for Research into Higher Education & Open University Press,1994.

〔34〕LYTLE D E. Play and educational theory and practice〔M〕. Praeger Publishers,2003.

〔35〕EISNER E.The educational imagination〔M〕.New York:Macmillan,1979.

〔36〕FORGAS J P. Feeling and thinking:the role of affect in social cognition〔M〕.Cambridge:Cambridge University Press,2000.

〔37〕NEWMAN J H.The idea of a university〔M〕. New Haven: Yale University Press,1996.

〔38〕CLARK K.The uses of the university〔M〕.London:Harvard University Press,2015.

〔39〕KRATHWOHL D R.Methods of educational and social science research:an integrated approach〔M〕.Longman,1998.

〔40〕LAWRENCE A C.Public education〔M〕.New York:Basic Books,1976.

〔41〕MOON J.The module and programme development handbook:a practical guide to linking levels,outcomes and assessment criteria〔M〕. London:Psychology Press,2002.

〔42〕PACE C R.The undergraduates:a report of their activities and college experiences in the 1980s〔M〕.Los Angeles:Center for the Study of Evaluation,UCLA Graduate School of Education,1990.

〔43〕BROWN R.Quality assurance in higher education:the UK experience since 1992〔M〕.New York:Routledge Falmer,2004.

〔44〕SKELTON A.International perspective on teaching excellence in higher education:towards a critical approach〔M〕.London:Routledge,2007.

〔45〕TINTO V,PUSSER B.Moving from theory to action:building a model of institutional action for student success〔M〕. National postsecondary education cooperative,2006.

二、期刊类

〔1〕白华,周作宇.大学教育如何影响大学生的学习收获:基于 CCSEQ 实证调查数据分析〔J〕.教育学报,2018,14(3):81-88.

〔2〕鲍威.扩招后中国大学生的学习行为特征分析〔J〕.清华大学教育研究,2009,30(1):78-87.

[3]曹瑞琳,梅松丽,梁磊磊,等.感恩与大学生网络成瘾的关系:核心自我评价和生命意义感的中介作用[J].心理发展与教育,2023,39(2):286-294.

[4]曹燕南.以"学"为中心的高校教学评价实践:英国"教学卓越框架"的特点与启示[J].江苏高教,2019,217(3):13-20.

[5]曹钰,吴洁清,陶嵘.人际关系亲密度对大学生妒忌程度及类型的影响[J].中国临床心理学杂志,2018,26(1):56-59,34.

[6]陈勤,史秋衡.可见的大学教学:内涵,特征与实践[J].江苏高教,2021,239(1):89-96.

[7]陈翔,张晓文.大学生共情能力与人际交往的相关研究[J].新疆大学学报(哲学·人文社会科学版),2012,40(6):41-43.

[8]陈永湧.青海少数民族大学生人际交往关系探析[J].青海社会科学,2009,175(1):187-189.

[9]楚婷,鲁明娟,段功香.护理本科生科研态度、知识及能力的调查与分析[J].现代护理,2006,12(17):1652-1653.

[10]崔军,汪霞,胡小芃.英国高等教育"教学卓越框架":形成、实施及评价[J].教育研究,2018,39(7):146-154.

[11]窦芬,王曼,王明辉.大学生同伴依恋与抑郁:自我认同感和宿舍人际关系的中介作用[J].中国临床心理学杂志,2018,26(4):772-775,779.

[12]窦心浩,金子元久,林未央.解读当代日本大学生的学习行为与意识:简析2007年度日本全国大学生调查[J].复旦教育论坛,2011,9(5):79-85.

[13]冯磊,马星.大学外部评价的英国探索:卓越框架体系的形成、特征与发展趋势[J].教育发展研究,2021,41(5):69-76.

[14]甘标,靳晓霞.高职生人际关系现状调查研究:以广西电力职业技术学院为例[J].教育科学论坛,2017,381(3):70-73.

[15]高凯.基于态度改变理论的大学生人际冲突解决策略[J].辽宁工业大学学报(社会科学版),2009,11(4):90-93.

[16]高巍,毛俊芳,叶飞,等.高校如何提升学生评教效度?:澳大利亚高校学生评教最大差异量规及其启示[J].开放教育研究,2020,26(1):28-36.

[17]何源.大学生学习满意度测度模型及其实证研究[J].高教探索,2011,118(2):34-40.

[18]胡树鲜.苏霍姆林斯基的"研究态度"与"研究性学习"[J].北京教育学院学报,2003,17(3):39-41.

[19]胡晓辉,王唤明.对高等教育顾客满意度的初步研究[J].国家教育行政学院学报,2006(5):33-37.

[20]胡效芳.高校体育专业学生学习动机、兴趣、态度的理论与实证分析[J].陕西师范大学继续教育学报,2002,19(2):120-122.

[21]姜永杰,谭顶良.大学生宽恕与主观幸福感的关系:人际关系的中介作用[J].南通大学学报(社会科学版),2016,32(1):136-140.

[22]雷希,王敬群,张苑,等.核心自我评价对大学生抑郁的影响:应对方式和人际关系困扰的链式中介作用[J].中国临床心理学杂志,2018,26(4):808-810,830.

[23]李金德,刘惠珍,伍业光.中国贫困大学生心理健康与经济发展的相关性[J].中国学校卫生,2014,35(7):1005-1007.

[24]李敏,戈兆娇.蒙汉大学生人际关系,社会支持和人际信任关系探讨[J].民族教育研究,2017,28(2):38-44.

[25]李茹婷,张鹃,林海烟,等.大学生对科研的认知,态度及其影响因素的调查研究[J].全科护理,2014,12(15):1430-1431.

[26]李瑞琳,HAMISH COATES.我国大学社会服务职能发展:国际经验、现实问题与政策建议[J].高校教育管理,2020,14(4):96-106.

[27]李伟,梅继霞.内在动机与员工绩效:基于工作投入的中介效应[J].管理评论,2013,25(8):160-167.

[28]李晓华,郑美丹.提升大学人才培养质量的根本出路:构建大学三大职能的共生系统[J].江苏高教,2020,237(11):35-38.

[29]李晓敏,高文斌,罗静,等.农村留守经历大学生成人依恋及其影响因素分析[J].中国公共卫生,2010,26(6):748-750.

[30]李晓阳.跨学科研究:高等教育学研究范式的必然选择[J].大学(研究与评价),2007,12(5):47-51.

[31]李作章.以学评教:澳大利亚大学教学质量评价新趋向及其对我国的启示[J].四川师范大学学报(社会科学版),2020,47(6):99-105.

[32]梁凤华,段锦云.社会面子意识,冲突处理策略与人际关系满意度[J].心理学探新,2018,38(6):527-533.

[33]林红.德育在大学生人际交往中的作用[J].中国高教研究,2001(8):73-74.

[34]凌东山,王树涛,张德美.大学生主观幸福感的性别特征研究[J].中国健康心理学杂志,2008,16(4):413-414.

[35]刘峰.端正中国化领导力的研究态度[J].行政管理改革,2017,90(2):58-59.

[36]刘徽.机智地教学:循着学生的线索:评介日本学情卡教学模式[J].当代教育科学,2010,289(10):40-42,51.

[37]刘嘉庆,区永东,吕晓薇,等.华人人际关系的概念化:针对中国香港地区大学生的实证研究[J].心理学报,2005,37(1):122-135.

[38]刘俊学,李正辉,赵雄辉,等.大学生求学满意度影响因素及其程度的实证研究[J].高等教育研究,2006,27(11):91-97.

[39]刘凯,张传庆.中外高等教育满意度研究述评[J].高教发展与评估,2013,29(02):45-52,106.

[40]刘武,李海霞,杨雪.中国高等教育顾客满意度指数模型的构建:基于辽宁省的数据[J].高教发展与评估,2008,24(4):59-65.

[41]刘献君.论"以学生为中心"[J].高等教育研究,2012,33(8):1-6.

[42]刘永贵.大学生研究性学习中行为、态度、情感变化研究:阿亮《学习科学与技术》课程学习历程分析[J].现代教育技术,2008,84(7):122-126.

[43]马万民,张美文.高等教育服务过程的顾客满意度模型[J].统计与决策,2006(5):150-151.

[44]欧阳文珍.人际关系训练对大学生心理健康水平的影响[J].中国心理卫生杂志,2000,14(3):186-187.

[45]欧用生.课程实施的叙说研究[J].全球教育展望,2006,35(10):12-19.

[46]庞颖.美国院校研究问题域的范畴及其更迭:基于《院校研究新动向》(1974—2017年)的批判话语分析[J].高等教育研究,2018,39(9):37-45.

[47]渠立松,梁晓燕.认知归因团体心理咨询对大一新生人际交往困扰的改善效果[J].中国心理卫生杂志,2016,30(2):109-114.

[48]任培江,张峰.我国高校师生学习生活条件满意度调查报告[J].华北电力大学学报(社会科学版),2010,65(3):125-128.

[49]荣婷.手机依赖强度对大学生身心健康、人际关系、学习状态的影响研究:基于全国2240所高校调查的实证分析[J].黑龙江高教研究,2018,36(6):114-118.

[50]石卫林.大学生成长变化的院校影响理论评述[J].教育学术月刊,2011,228(7):4.

[51]史秋衡,冯路玉.论高质量教育体系设计的逻辑指向[J].重庆高教研究,2022,10(1):15-20.

[52]史秋衡,郭建鹏.我国大学生学情状态与影响机制的实证分析[J].教育研究,2012,33(2):109-121.

[53]史秋衡,季玟希.面向教育强国的教育学科建设[J].教育发展研究,2021,41(19):28-32.

[54]史秋衡,季玟希.我国大学职能内涵嬗变的多维分析[J].高等教育研究,2021,42(4):21-26.

[55]史秋衡,季玟希.中华人民共和国成立70年来大学职能的演变与使命的升华[J].江苏高教,2019,220(6):1-7.

[56]史秋衡,矫怡程.不同类型高校大学生源质量的实证研究:基于"国家大学生学习情况调查"的数据分析[J].复旦教育论坛,2014,12(1):18-23.

[57]史秋衡,李平.大学生室友关系:学习过程的成长支点[J].现代教育管理,2020,369(12):95-101.

[58]史秋衡,林秀莲.中国大学本科生学习过程规律研究:以厦门大学为个案[J].清华大学教育研究,2007,96(2):62-67.

[59]史秋衡,刘丽丽.认同危机:我国高等教育质量管理的隐忧[J].中国高等教育,2007,388(24):25-27.

[60]史秋衡,卢丽君.大学文化:提升学生学习的育人文化[J].云南师范大学学报(哲学社会科学版),2012,44(3):128-133.

[61]史秋衡,宁斌.美国社区学院教学质量监控体系的结构及设计思想[J].高等教育研究,2006,27(8):91-96.

[62]史秋衡,王芳.我国大学生就业能力的结构问题及要素调适[J].教育研究,2018,39(4):51-61.

[63]史秋衡,文静.大学生学习满意度测评逻辑模型的构建[J].大学教育科学,2013,140(4):53-60.

[64]史秋衡,文静.中国大学生的就业能力:基于学情调查的自我评价分析[J].北京大学教育评论,2012,10(1):48-60,188.

[65]史秋衡,谢玲."双一流"建设成效评价的价值逻辑[J].中国高等教育,2021,671(11):7-9.

[66]史秋衡,谢玲.构建服务全民终身学习的教育体系的价值解读[J].北京大学教育评论,2021,19(3):178-187.

[67]史秋衡,杨玉婷.构建顶尖人才培养体系的特征与路径[J].中国高等教育,2022,688(7):10-12,27.

[68]史秋衡.《中华人民共和国高等教育法》20年发展报告:基于高校分类人才培养提质增效视角[J].国家教育行政学院学报,2020,266(2):15-25,87.

[69]史秋衡.从大学带走什么算得上优质毕业生[J].教育发展研究,2019,39(11):3.

[70]史秋衡.大学生学习情况究竟怎样[J].中国高等教育,2015,538(Z1):68-70.

[71]司显柱.译论研究中应确立的认识论、方法论和研究态度[J].外语教学,2001,22(5):31-35.

[72]隋颖.参与体育锻炼对大学生生活满意度的影响分析[J].当代体育科技,2014,4(27):122,124.

[73]孙利红.心理拓展训练对大学生自我和人际关系的研究[J].北京体育大学学报,2012,35(1):102-106.

[74]唐继亮.罗杰斯和马斯洛人本主义教育思想的比较[J].台州学院学报,2017,39(5):53-56.

[75]汪雅霜,赵畅.国际大学生学习投入度研究的进展与趋势:基于CiteSpace和VOSviewer的文献计量分析[J].重庆高教研究,2021,9(2):111-127.

[76]王淙一,漆昌柱.大学生人际关系与家庭功能的相关性研究[J].教育学术月刊,2017,302(9):96-102.

[77]王广震,李玉运.大学新生人际关系改善研究[J].教育与职业,2012,723(11):77-79.

[78]王洪才.论当代高等学校的五大职能[J].黑龙江高教研究,1993(6):6-9.

[79]王佳明,张丽娜.北京高校大学生对授课教师满意度的实证研究[J].中国科教创新导刊,2011,603(19):23-24.

[80]王军.工科院校大学生人际交往能力及其归因特点的研究[J].心理科学,2003,26(4):743-744.

[81]王文茹.试论大学生生活满意度及其影响因素[J].文教资料,2011,541(17):
223-224.

[82]王中奎,郭婧,胡啸天.绩效导向的大学本科教学质量评估模式探析:基于英
国"卓越教学框架"的技术性分析[J].外国教育研究,2019,46(3):58-74.

[83]魏华飞,方文敏.高校顾客满意度内容体系研究[J].辽宁教育行政学院学报,
2005,22(9):28-29.

[84]魏晓东.国外科学态度测评研究进展与启示[J].外国中小学教育,2019,323
(11):20-28.

[85]文静.大学生学习满意度:高等教育质量评判的原点[J].教育研究,2015,36
(1):75-80.

[86]文静.大学生学习满意度的模型修订与动向监测[J].教育研究,2018,39(5):
50-58,75.

[87]文雯,陈丽,陈强,等.课堂学习环境与来华留学生学习收获的研究:以清华大
学为例[J].清华大学教育研究,2014,35(2):107-113.

[88]吴军.浅析大学生人际交往能力的培养[J].教育理论与实践,2010,30(3):
59-60.

[89]吴康宁.人才培养:强化大学的根本职能[J].江苏高教,2017,202(12):1-4.

[90]吴雷鸣.态度改变理论在高校思想政治教育中的应用研究[J].思想理论教育
导刊,2010,141(9):95-97.

[91]肖鹤,郭义坤.电子邮件与大学生人际关系满意感的关系研究[J].科教文汇
(上旬刊),2007,28(4):201,205.

[92]徐辉.试析现代高等学校的六项基本职能[J].高等教育研究,1993(4):18-20.

[93]徐建平,张雪岩,胡潼.量化和质性研究的超越:混合方法研究类型及应用
[J].苏州大学学报(教育科学版),2019,7(1):50-59.

[94]杨凡,杜德斌,林晓,等.职能衍生视角下大学对地方经济发展的影响:基于中
国地级市的实证研究[J].中国高教研究,2018,296(4):86-92.

[95]杨艳茹,胡羽.态度理论视野下的自我教育[J].思想政治教育研究,2008,24
(6):29-32.

[96]叶玉霞.基于态度理论的高职教师科研倦怠探因及对策[J].职教论坛,2012,
508(36):21-23.

［97］张灵，郑雪，严标宾，等.大学生人际关系困扰与主观幸福感的关系研究［J］.心理发展与教育,2007,89(2):116-121.

［98］张明霞.大学生人际交往状况调查及对策研究［J］.中国劳动关系学院学报,2006,20(6):120-122.

［99］张业清,杨秋霞.大学生宿舍人际关系现状分析［J］.思想战线,2011,37(2):390-391.

［100］章培恒.研究方法与研究态度［J］.文学遗产,1985(3):3-4.

［101］赵慧莉.当代大学生人际交往障碍分析［J］.青海师范大学学报(哲学社会科学版),1998(4):115-117.

［102］赵叶珠,钱兰英.九十年代大学生专业选择行为研究［J］.青年研究,1999(4):12-15.

［103］周蕾,史秋衡.大学生课堂体验对学习成果的影响研究［J］.江苏高教,2021,250(12):95-99.

［104］周正怀.少数民族师范生人际关系与总体幸福感特点的相关研究［J］.贵州民族研究,2010,31(3):182-186.

［105］GARCiA-ARACIL A.European graduates' level of satisfaction with higher education［J］.High education,2009,57(1):1-21.

［106］ALICIA H,PAUL G M.Psychometric properties and factor structure of the attitudes toward research scale in a graduate student sample［J］.SAGE publications,2019,18(3):259-274.

［107］BAUMGARTNER H，STEENKAMP J-B E M. Response styles in marketing research：a cross-national investigation［J］.Journal of marketing research,2001,38(2):143-156.

［108］BEKELE T A.Motivation and satisfaction in internet-supported learning environments:a review［J］.Educational technology & society,2010,13(2):116-127.

［109］BETTIS A H,COMPAS B E,COIRO M J.College students coping with interpersonal stress:examining a control-based model of coping［J］. Journal of American college health,2017,65(3):177-186.

［110］SOJKIN B，BARTKOWIAK P，SKUZA A.Determinants of higher education choices and student satisfaction:the case of Poland［J］.High education,2012,63(5):565-581.

［111］BOYRAZ G，WAITS J B. Interpersonal trauma and physical health symptoms in college students：mediating effects of substance use and self-blame [J].Journal of loss and trauma,2018,23(1):70-87.

［112］TROTT C D，MCMEEKING L B S，BOWKER C L,et al.Exploring the long-term academic and career impacts of undergraduate research in geoscience：a case study[J].Journal of geoscience education,2020,68(1):65-79.

［113］MCCLURE C R.A test of leadership：charting the future of U.S. higher education，a report of the commission appointed by secretary of education margaret spellings[J].The library quarterly,2007,77(1):89-92.

［114］DARLING C A,MCWEY L M,HOWARD S N,et al.College student stress:the influence of interpersonal relationships on sense of coherence[J].Stress&health:journal of the international society for the investigation of stress,2007,23(4):215-229.

［115］CARR D L,AVIES T L,LAVIN A M. The impact of instructor attire on college student satisfaction[J].College student journal, 2010,44(1):101-111.

［116］DISETH A. Approaches to learning，course experience and examination grade among undergraduate psychology students：testing of mediator effects and construct validity[J].Studies in higher education,2007,32(3):373-388.

［117］FURAIKH S S A，OMAIRI B E A，GANAPATHY T .A cross-sectional survey on nursing students' attitude towards research ［J］.Health specialties,2017,5 (4):185-191.

［118］PIKE G.NSSE benchmarks and institutional outcomes:a note on the importance of considering the intended uses of a measure in validity studies[J].Research in higher education,2013,54(2):149-170.

［119］KUH G D.Assessing what really matters to student learning: inside the national survey of student engagement[J].Change,2001,33(3):10-17.

［120］GEORGE F H,JEFFREY M B.The adult student and course satisfaction: what matters most? ［J］.Innovative high education,2012,37(3):215-226.

［121］GRAHAM L M,MENNICKE A,RIZO C F,et al.Interpersonal violence prevention and response on college and university campises:opportunities for faculty leadership[J].Journal of family violence,2019,34(3):189-198.

[122] COATES H. Development of the Australasian Survey of Student Engagement (AUSSE)[J]. Higher education,2010,60(1):1-17.

[123]BETANCUR H M R,VILLAMIZAR R M, PRADA Á R.Index of attitude towards research in undergraduate students[J].Entramado,2012,8(2):216-229.

[124]YIN H B,WANG W Y.Undergraduate students' motivation and engagement in China:an exploratory study[J].Assessment & Evaluation in higher education,2016, 41(4):601-621.

[125]WACHTEL H K.Student evaluation of college teaching effectiveness:a brief review[J].Assessment & evaluation in higher education,1998,23(2):191-212.

[126]ROSS J G,BURRELL S A.Nursing students' attitudes toward research: an integrative review[J].Nurse education today,2019,82(11):79-87.

[127] LEE J A. Students' perceptions of and satisfaction with faculty diversity [J]. College student journal,2010,44(2):400-412.

[128]KAHU E R.Theorising student engagement in higher education[J].Studies in higher education,2013,38(5):758-773.

[129]WILSONA K L, LIZZIO A, RAMSDEN P.The development, validation and application of the course experience questionnaire[J].Studies in higher education, 1997,22(1):34.

[130]KUH G D,HU S P.Learning productivity at research universities[J].The Journal of higher education,2001,72(1):1-28.

[131]KUH G D.The national survey of student engagement:conceptual and empirical foundations[J].New directions for institutional research,2010,2009(141):8.

[132] LAWRENZ F. The prediction of student attitude toward science from student perception of the classroom learning environment[J].Journal of research in science teaching,1976,13(6):509-515.

[133] LONDAHL E, TVERSKOY A, D'ZURILLA T. The relations of internalizing symptoms to conflict and interpersonal problem solving in close relationships[J].Cognitive therapy&research,2005,29(4):445-462.

[134]LONG M.The course experience questionnaire and Australian universities [J].Unicorn,1995,21(3):27-35.

[135]MACELI K M,FOGLIASSO C E,BAACK D.Differences of students' satisfaction with college professors:the impact of student gender on satisfaction[J].Academy of educational leadership journal,2011,15(4):35-45.

[136]MARSH H W,GINNS P,MORIN A J S,et al.Use of student ratings to benchmark universities:multilevel modeling of responses to the Australian course questionnaire[J].Journal of educational psychology,2011(103):733-738.

[137]MARSH H W.Students' evaluation of university teaching:research findings,methodological issues,and directions for future research[J].International journal of educational research,1987,11(3):253-388.

[138]MARTON F,SALJO R.On qualitative differences in learning-outcome and process[J].British journal of educational psychology,1976,46(1):4-11.

[139]NEUMANN R.Communicating student evaluation of teaching results:rating interpretation guides[J].Assessment & evaluation in higher education,2000,25(2):121-134.

[140]ENTWISTLE N,TAIT H.Approaches to learning,evaluations of teaching,and preferences for contrasting academic environments[J].Higher education,1990,19(2):169-194.

[141]PASCARELLA E T.College environment influences on learning and cognitive development:a critical review and synthesis[J].Higher education:handbook of theory and research,1985,1(1):1-61.

[142]GRIFFIN P,COATES H,MCINNIS C,et al.The development of an extended course experience questionnaire[J].Quality in higher education,2003,9(3):259-266.

[143]PAUL RAMSDEN.Student learning and perceptions of the academic environment[J].Higher education,1979,8(4):411-427.

[144]RAMSDEN P,MARTIN E,BOEDEN J.School environment and sixth form pupils' approaches to learning[J].British journal of educational psychology,1989,59(2):129-142.

[145]RAMSDEN P.A performance indicator of teaching quality in higher education:the course experience questionnaire[J].Studies in higher education,1991,16(2):129-150.

［146］REEVE J. Why teachers adopt a controlling motivating style toward students and how they can become more autonomy supportive[J].Educational psychologist,2009,4(3):159-175.

［147］RICHARD J.Academic standards and the assessment of student learning: some current issues in Australian higher education[J].Tertiary education and management,2003,9(3):187-198.

［148］RICHARD J.Research on language learning and teaching:1997—98[J].Language teaching,1999,32(3):137-156.

［149］SIMPSON P M, SIGUAW J A. Student evaluations of teaching: an exploratory study of the faculty response[J].Journal of marketing education,2000,22(3):199-213.

［150］CHEN S X, CHEUNG F M, BOND MH,et al.Going beyond self-esteem to predict life satisfaction:the Chinese case[J].Asian journal of social psychology,2006:24-35.

［151］TERENZINI P. Assessment with open eyes: pitfalls in studying students outcomes[J].The journal of higher education,1989,60(6):644-664.

［152］TILFORD M P.Toward the development of an instrument to measure the attitude toward science of negro students: a research report[J].School science & mathematics,1973,73(5):367-372.

［153］ÜNVER S,SEMERCI R, ÖZKAN Z K,et al.Attitude of nursing students toward scientific research: a cross-sectional study in Turkey[J].Journal of nursing research:JNR,2018,26(5):356-361.

［154］VALLERAND R J,BLSSONNETTE R.Intrinsic,extrinsic,and amotivational styles as predictors of behavior:a prospective study[J].Journal of personality,1992,60(3):599-620.

［155］WESTABY J D.Behavioral reasoning theory:Identifying new linkages underlying intentions and behavior［J］.Organizational behavior and human decision processes,2005,98(2):97-120.

［156］WILLIAM B L.Interpersonal relationships as mediators of structural effects: college student socialization in a traditional and an experimental university environment[J].Sociology of education,1978,51(3):201-211.

三、学位论文类

[1]汪雅霜.大学生学习投入度的实证研究:基于"国家大学生学习情况调查"数据分析[D].厦门:厦门大学,2014.

[2]王芳.我国大学生学习力模型研究[D].厦门:厦门大学,2019.

[3]王芳.不同类型高校大学生的学习收获方式研究[D].厦门:厦门大学,2014.

[4]文静.大学生学习满意度研究[D].厦门:厦门大学,2013.

[5]杨院.我国大学生学习方式研究:基于学习观与课堂学习环境的探讨[D].厦门:厦门大学,2012.

[6]张湘韵.我国大学生人际交往对学习力影响研究[D].厦门:厦门大学,2014.

[7]KAREN L P.A study of satisfaction and perceived learning and development of peer mentors in higher education[D]. Morgantown:West Virginia University,2011.

[8]CUNNINGHAM M.A national study of the perceptions of male and female higher education student personal administrators: job satisfaction, job involvement, job-related tension, and self-esteem[D].Little Rock:Philander Smith College,1962.

四、其他类

[1] NATIONAL SURVEY OF STUDENT ENGAGEMENT. Improving the college experience: national benchmarks of effective educational practice[R].Bloomington: Indiana University Center for Postsecondary Research,2001:3.

[2] QAA. Handbook for institutional audit: England[R]. Gloucester: Southgate House,2009:12.

[3]NATIONAL SURVEY OF STUDENT ENGAGEMENT.The NSSE 2000 report: national benchmarks of effective educational practice[R].Bloomington:Indiana University Center for Postsecondary Research,2000:2.

[4]NATIONAL SURVEY OF STUDENT ENGAGEMENT.Converting data into action:expanding the boundaries of institutional improvement[R].Bloomington:Indiana University Center for Postsecondary Research,2003:24.